KB151325

갈등의 이해와 해결

조정을 중심으로

—

배길한

박영story

갈등의 관리나 해결에 대한 공부를 시작하면서, "갈등"과 그 "해결"에 관련된 이론과 방법에 대한 설명뿐 아니라 실무기술까지 포함된 근본부터 차근차근 체계적으로 다루어 주는 마음에 드는 책을 찾지를 못하였습니다.

"갈등"이란 무엇이며, 그것이 어떻게 해서 생겨나고, 그 갈등을 어떻게 대처하고 해결하여야 하며, 그 "해결"이라 함은 무엇이며, 다양한 갈등의 해결을 위해 제시되고 있는 실제 적용 가능한 이론과 방법에는 어떠한 것들이 있는지 등 여러 가지 많은 궁금증들을 풀어보기 위해 열심히 관련 저서나 문헌들을 찾아보는 동안, 상담과 조정업무에서 10여년이란 실무적인 경험도 쌓이게 되었습니다. 그리하여 그동안 얻어진 나름대로의 지식과 경험들을 저자의 30여년 학자로서의 관점에서 정리하여, 저와 비슷한 노력 과정에 있는 분들이나 갈등해결 분야의 전문가들, 그리고 개인적인 여러 가지 갈등으로 고심하고 계신 많은 분들과도 나누어야겠다고 결심하게 되었습니다. 독자들에게 실제 적용이 가능한 기술방법들을 제공하면서도 그 방법들을 좀 더 잘 이해함에 필요하다고 생각될 때에는 관련된 학문적 배경이나 이론에 대해서도 가능한 쉽게 소개해드리고자 노력하였습니다.

내용으로는 개인내적 갈등에서부터 부부, 가족, 직장, 지역이나 사회 및 공공갈등을 포함한, 우리 모두가 직면할 수 있는 다양한 여러 갈등 원인의 분석과 그 관리와 해결, 그리고 갈등의 해결에 따르는 윤리문제까지 포함하였습니다. 해당 분야의 전문가가 아닌 일반인들도 이해하기에 어려움이 없도록 풀어쓰기도 하고, 외국자료를 참고한 기술에서는 가능한 그 원어를 병기하여, 저의 부족함으로 인해 우리말로 옮기면서 생긴 용어의 오류나 오해를 줄이고자 하였습니다. 또 부득이하게 사용한 전문용어에 대해서는 간략한 설명을 붙이기도 하였습니다. 대부분의 내용들이 저의 독창적인 생각이나 견해라기보다는 선인들이 각고의 깨달음으로부터 얻은 자료들을 활용한 것이기에 가능한 인용문헌으로 모든 근원을 밝히려고 애를 쓰기도 하였습니다. 그러나 너무 잦은 인용에 따른 출처의 명시가 오히려 읽으시는 분들에게 흐름을 방해하거나 불편을 드릴 수도 있겠기에, 편의상 더러는 참고 내용을 일괄하여 명기하기도 하였습니다. 저의 저서에서 미흡한 부분은 참고에서 제시된 원문으로부터 많은 도움을 얻으셨으면 합니다.

심리학자 매슬로(Abraham H. Maslow)의 말처럼, 이 세상 그 누구도 완전하지는 못하기에(There are no perfect human beings) 우리는 삶에 따르는 갈등을 피할 수가 없을 것입니다. 인생을 살아가면서, 누구나 겪고 있는 여러 가지 갈등들을 어떻게 이해하고 잘 대처하면서 살아갈 수 있을 것인지에 대해 도움을 얻고자 하시는 분들에게도 이 책이 작은 힌트라도 될 수 있었으면 합니다. 그리하여 나의 생각과 대처하는 방법에 따라 갈등 또한 성장의 기회이며 인생의 새로운 출발과 전환점이 될 수 있음을 다시 생각할 수 있게 하는 계기가 되었으면 하는 바람입니다.

한편 이 책에서 발견될 수 있는 여러 잘못이나 모자람, 실수 등에 대해서도 선배 동료 여러분들께서 많은 꾸짖음과 가르침, 그리고 도움을 주실 것을 간곡히 청합니다. 그리하여 앞으로 더욱 발전되고 향상된 책으로 거듭날 수 있게 해주셨으면 감사하겠습니다.

책을 쓸 수 있도록 많은 지지와 격려를 주었던, 40년 가까운 세월을 함께 해온 인생 여정의 동반자, 아내 朴鈺奎 리오바씨에게도 저의 고마움과 깊은 사랑을 전합니다.

2016년 5월 2일
지은이 南麓 裵吉漢

차 례

제1장 | 갈등의 이해

제2장 | 갈등에서 벗어나기 – 갈등의 해결

제3장 ┃ 조정인의 윤리

제 1 장

갈등의 이해

갈/등/의/이/해

제 1 장

갈등의 이해

1. 갈등(葛藤, conflict)이란 무엇인가?

1) 갈등의 정의

갈등을 한자어로 풀이해보면 재미있다. 갈(葛)은 칡, 등(藤)은 등나무를 의미한다. 둘 다 덩굴식물인데, 이들은 스스로 곧게 서질 못하고 다른 식물의 줄기나 기둥 등을 감으면서 생장한다. 그런데 칡이나 댕댕이, 나팔꽃, 다래나무 덩굴 등은 오른쪽(관찰자를 기준으로 위에서 볼 때 시계 반대방향)으로, 등나무나 인동초 덩굴 등은 왼쪽(시계방향)으로 감아 오르는 성질이 있다고 한다. 물론 더덕처럼 좌우 가리지 않는 식물도 있다.

고유한 회전방향이 있는 원인은 아직 정확히 설명되지 못하고 있으므로, 현재로서는 유전적 요인으로 돌릴 수밖에 없다. 북극을 중심으로 할 때 지구는 반시계방향으로 회전하면서 태양주위를 나선으로 돌고 있는데, 뿌리에서 진행방향을 볼 때는 덩굴식물의 약 90%가 반시계방향으로 회전한다고 한다. 동양학에서는 시계방향회전을 상생으로, 반대방향을 상극이라고도 한다.

아무튼 칡과 등나무는 모두가 질기고 자르기도 힘들며 뿌리까지도 뽑기가 힘든 식물이다. 여기에 줄기의 나선운동방향마저도 다른 것이다. 같은 방향으로

순행하지 못하는 두 덩굴식물을 함께 심어 놓으면, 서로가 얽히고 설켜서 둘 다 생장에 어려움을 겪기도 하겠거니와, 제3자가 나서서 얽힌 것을 풀거나 아예 뽑아버리려고 해도 쉽지 않은 상황이다. 이렇게 어느 식물의 특성까지 관찰하여, 그 복잡한 상황을 고려하여 "갈등(葛藤)"이란 용어를 작명해낸 선인들의 지혜는 놀랍다.

사전에서는 갈등을 "칡과 등나무" 또는 "일이나 사정이 서로 복잡하게 뒤얽혀 화합(和合)하지 못함을 비유"하며, "서로 상치되는 견해·처지·이해 등의 차이로 생기는 충돌"이며, "정신 내부에서 각기 틀린 방향의 힘과 힘이 충돌하는 상태(NAVER 한자사전)"이고, "서로 상치되는 견해, 이해 따위의 차이로 인해 생기는 충돌 또는 정신적인 세계 내부에서 각기 다른 방향을 지닌 힘들이 충돌하는 상태(심리학용어사전)"라고 정의하고 있다.

영어로는 갈등을 콘프릭트(conflict)라고 하는데, com(together 의미)과 fligere(strike의 의미)의 합성어로, 서로 때리고 찌르고 부딪치며 싸우거나 양쪽에서 잡아 당겨 찢어진다는 의미를 가지고 있다. 15C 초기 프랑스어로 "무력대치, 전투(armed encounter, battle)"를 의미하는 "conflit"로부터, 더 직접적으로는 "라틴어 "confligere"의 과거분사형인 "conflictus"에서 유래된 말이라고 한다. 15C 중반에는 "투쟁(암투 struggle)이나 언쟁(quarrel)"의 의미로, 1859년부터는 "한 인간 내부의 양립 불가능한 충동(incompatible urges in one person)"을 설명하는 심리학 용어(형용사 용법의 과거분사형 "conflicted")로 사용되기 시작했다고 한다(online etymology dictionary). 불일치(disagreement)가 큰 것, 합의를 이루기 어려운 차이(difference), 힘이라든지 재산을 얻기 위한 투쟁 등을 뜻한다고도 했다(Merriam-Webster).

어원에서 보듯이, 처음에는 갈등이 신체적 대립을 일컫는 말이었으나(Wright, 1990), 점차 대상 간의 신체적, 심리적 대립은 물론, 개개인의 마음 안에서의 여러 형태의 얽힘과 충돌까지 포함되었다.

삶에 대한 본질적인 의문, 삶의 방식과 선택, 또 신앙과 이념, 가치나 전통적 관습이나 문화의 차이, 이에 더하여 인간관계에서 생겨나는 차이나 다름은 혼란스러움과 복잡함, 충돌과 혼란을 가중시키고 있다.

이러한 모든 경우를 우리는 일반적으로 갈등 또는 갈등상황이라고 말한다. 그러므로 갈등은 발생상황이 다양하고 그 유형도 여러 가지이다 보니 한마디로 정확하게 정의내리는 것도 쉽지 않다.

도이치(Morton Deutch, 2003)는 시대적 배경에 따라 갈등이 어떻게 정의되었는지를 다음과 같이 설명하였다.

갈등을 정의함에 있어서, 초기 갈등이론의 바탕에는 다윈(Charles Robert Darwin, 1809~1882)의 "적자생존을 위한 경쟁적 투쟁(the competitive struggle for existence)", 마르크스(Karl Heinrich Marx, 1818~1883)의 "계급투쟁(class struggle)", 프로이트(Sigmund Freud, 1856~1939)의 "심리성적발달(psychosexsual development)이론"을 근거로 한 유아의 원초아(id)와 부모의 대리자격인 초자아(superego) 간의 투쟁 등 소위 "경쟁적 투쟁"의 관점이 깔려있다. 1차 세계대전(1914~1918)과 1920~30년대의 경제공황 그리고 나치와 전체주의 체계의 출현 등과 같은 시대적 상황이 맞물리면서, 이러한 관점은 더욱 강화되었다.

그러나 "인간의 마음속에는 무엇이 진행되고 있는지", "전쟁을 일으키는 긴장"의 실체는 무엇인지 등을 설명하려는 노력 중에, 경험의 결과로 획득한 것, 사람들이 처한 특정 상황과 역할에 따라서 활성화 된 인식이나 신념과 가치 그리고 이념, 동기, 심리적 상태, 성격 등 개인의 "심리적 토대(psychological mode)"가 갈등 정의의 출발점이 되기도 했으며, 한편으로는 정치적, 경제적 이익을 목적으로 하는 소위 "사회-정치-경제적 토대(socio-political-economic mode)" 위에서 갈등을 인식하려고도 하였다. 이들이 서로 영향을 주고받으면서 발전되어 가는 중에 당시대를 지배하던 사회적 다위니즘(social Darwinism), 즉 "경쟁적 투쟁"의 관점에서 갈등을 해석하려는 방식은 점차 퇴조하기에 이르렀다.

1930년대에 이르러 장의 이론(field theory)으로 유명한 레빈(Kurt Lewin, 1931, 1935)이 갈등관계에서 생겨나는 새로운 역동적 개념(심리적 갈등의 3가지 형태인 접근-접근, 회피-회피, 접근-회피)을 도입하였으며, 뉴만 등(Neumann and Morgenstern, 1944)은 게임이론(The Theory of Games and Economic Behavior)을 통해 갈등에 협동적이면서도 경쟁적인 이해관계가 공존함을 추가하였다. 또한 도이치(Deutsch, 1949)는 협동과 경쟁관계에서 생겨나는 개인과 집단의 사회심리적 과정과 결과들까지 갈등의 정의에 포함시키고자 하였다.

갈등에 관한 관심이 점차 높아지면서부터, 부시(Bush and Pope, 2002)는 그동안 여러 측면에서 이루어졌던 갈등에 대한 정의를 몇 가지 이론적인 배경을 기준으로 분류하려는 시도를 하였다. 그것이 권력이론(power theory), 권리이론(right theory), 필요성과 이해이론(needs and interests theory), 전환적 이론(transformative theory)이다.

즉, 대립관계에 있는 당사자들이 자원이나 힘과 지위 등을 지배하고 독점하려는 목적으로 승패에 집착하면서 경쟁을 하게 된다는 것이 권력이론의 입장에서 갈등을 정의하려는 것이다. 자신의 목표나 목적을 달성하려 할 때는 다른 사람의 간섭이나 방해를 받을 수 있으며, 나의 기대나 원하는 바와 다르게 행동하는 상대방의 태도나 행동이 불쾌감과 충돌을 만들어 내기도 한다. "경쟁적 투쟁"이라는 관점에서 갈등을 정의하려 함도 이 범주에 속한다고 할 수 있다.

자신의 생명과 자유와 재산에 대한 주장과 같은 소극적인 권리의 주장과 이러한 소극적 권리의 실현을 위해 외부로부터 자원을 요구하는 것과 같은 적극적인 권리의 주장에서처럼 자신의 권리를 주장하는 당사자들 사이의 다툼을 갈등으로 정의하기도 하였는데, 이것은 권리이론의 관점에서 갈등을 본 것이다.

만일 제한된 자원을 두고 당사자들이 다툼을 하게 될 때는 양립할 수가 없는 욕구(needs)를 서로 채우려고 하며, 여기서 갈등이 생겨난다고 하는 것은 필요성과 이해이론의 관점에서 보는 갈등이다.

갈등이 인간의 상호관계에서 생겨나는 것이라는 생각의 바탕에서 갈등을 정의하려 함은 전환적 이론에 근거함이다.

어떤 형태로든 관계되어 있는 사람들끼리 서로 다투는 상황일 때는 긴장과 초조, 좌절과 적대감이 생겨날 수도 있다. 이 상황에서는 나의 목표나 기대수준을 낮추거나 포기하는 등의 적절한 조절이 필요하다. 아니면 관련된 당사자들을 변화시키거나 그들의 목표를 포기시키도록 해야 할 것이다. 그래서 갈등은 본질적으로 "상호의존성(Wilmot and Hocker, 2001)"으로부터 나온다고도 했다.

근래 들어 여러 학자들이 내린 갈등에 대한 정의를 연대순으로 몇 가지만 들면 다음과 같다.

① 도이치(Morton Deutch, 1977)는 갈등이란 "서로 양립 불가능한 활동이 발생할 때 존재한다"고 정의하였다. 개인에서부터 사회와 국가 간에 이르기까

지 다양한 당사자들의 입장(position)과 이해(interest)가 충돌하는 상태라고 설명될 수 있다. 이것은 진퇴양난(dilemma)의 구도로 이행되는데, 결국엔 누군가를 희생시키거나 목표를 바꾸게 한다.

② 루빈스(Rubbins, 1987)는 갈등의 공통된 특성으로 "이해당사자 간의 인식이고, 반대(opposition)와 희소성(scarcity) 및 방해(blockage)의 개념이며, 관심과 목표에서의 양립 불가성"이라고 했다.

③ 호크 등(Wilmot and Hocker, 2001)은 "양립할 수 없는 목적과 불충분한 자원, 목적달성에 다른 사람들의 방해를 인지하는 최소 2명 이상의 상호의존적 당사자들 간에 생겨나는 다툼"이라고 정의하였다.

④ 오웬즈(Robert G. Owens, 2003)에 따르면, 갈등을 정의하는 여러 견해 가운데 대체로 일치되는 것이 "견해의 차이"이며, "이 견해들이 서로 양립할 수 없음"에 갈등이 기초한다고 하였다.

⑤ 사회심리학자 루탄스(Fred Luthans, 2010)는 갈등이란 "목표나 가치관이 양립하지 못하는 상태이며, 다른 사람의 목표나 성취를 의도적으로 방해하는 행위이고 감정적으로는 적개심"이라고도 정의하였다.

⑥ 램스보탐(Ramsbotham, Oliver, 2011) 등은 아주 넓은 의미로 말해서 "당사자들이 상호양립할 수 없는 목표를 가졌음을 인식하는 상황(circumstances)"이라고 하였다.

결론적으로 말하자면, 어떤 개인이나 집단 또는 그 관계에서, 자신들이 원하는 것이나 기대 또는 현실과 당위 간의 차이로 인해서, 동시에 만족될 수 없는 두 개 이상의 욕구(입장이나 이해)가 서로 대립되는 심리상태에 놓여 있는 것이 갈등이라고 할 수 있다.

그러고 보면, 이렇게 생각해야 할까, 저렇게 살아야 할까? 하는, 어쩜 이 세상을 살아가는 사람들의 존재방식에서 생겨나는 모든 것이 갈등의 요인이 된다고 할 수 있으며, 함께 살아가는 사람들의 다양한 삶의 방식과 각기 다른 문제들과 그 해결방식들 그리고 그 과정에서의 상호관계까지 관련되면서 갈등요인은 한층 복잡하고 다양해진다고 할 수 있다.

그럼에도 같은 사안을 두고도 어떤 사람에게는 심한 갈등이 될 수도 있겠지만, 다른 사람에게는 대수롭지 않은 내용일 수도 있을 것이다. 그래서 일반화하여 설명되는 갈등의 사례는 실제로는 다분히 주관적일 수 있다.

매이어(Dick Mayer, 1989)는 갈등을 우리가 어떻게 다루느냐에 따라서 기쁨이나 고통의 원천이 될 수도, 축복이나 저주가 될 수도, 선물이거나 고뇌가 될 수도 있다고 했다. 관리하기에 따라서는 성장과 자기실현의 기회이며 우리의 잠재력을 일깨워주는 선물(gift)이 될 수도 있다는 것이다.

2) 갈등(葛藤, conflict)과 분쟁(紛爭, dispute)

갈등이 생겨나는 상황에 따라, 그것을 "싸움(fights)"이나 "게임(games)"으로, 혹은 단순한 "토론(debate)" 등 다양한 용어나 정의를 사용함으로써 갈등에 대한 의미상의 논란을 불러오기도 하였다(Rapoport, 1960).

"분쟁(紛爭, dispute)"이란 용어도 그러한 예의 하나이다. 우리말로 주로 "분쟁"으로 번역되는 영어 "dispute"는 라틴어의 disputare(dis+putare, dis는 반대나 분리를 뜻하며, putare는 count나 consider의 뜻)로부터 온 말로, 사전적 의미(Merriam-Webster)로 보면, 어떤 것을 두고 논쟁(argue)을 하거나 지배하려고 싸우는 것, 어떤 문제에 대한 견해가 다양함으로 인해 소란이 생겨나거나 화난 말이 오가는 상태를 뜻하고 있다. 특정 관심사를 두고 개인이나 조직, 혹은 집단 사이에서 합의가 이루어지지 않은 상태로도 볼 수 있다.

학자에 따라서는, 앞으로 타결이 요청되는 상황이긴 하지만 아직 갈등수준까지는 도달하지 아니한 갈등인 경우를 분쟁으로 부르자는 제안을 하기도 했다(Burton, 1990). 채워지지 못한 인간의 필요성(needs)처럼 생존에서 더 본질적인 요소로 괴로움을 당하는 상황까지 간 것을 "갈등"이라고 칭하여야 하며, 그 이전까지는 갈등이라는 용어의 사용을 보류하고 "분쟁"이라는 말로 대신하자는 주장이다. 로빈스(Stephen P. Robbins, 1987)에 의하면, 분쟁이란 "행동주체 사이에서 적대적 상호작용으로 생겨나는 심리적인 대립감과 대립적 행동을 포괄하는 개념"이라고도 하였다.

김용웅과 차미숙(1997)이 인용한 바에 따르면, 첫째, 분쟁은 둘 이상인 개인, 집단, 조직이 관여되어야 하며, 둘째, 관련된 개인과 집단 그리고 조직 간에 특정 사안에 대한 직접적이거나 간접적인 공통의 이해관계가 존재하여 상호영향을 줄 수 있어야 하며(그렇지 않다면 의견 불일치가 생겨도 분쟁이라고 볼 수 없으며, 개인의 심리적이고 내면적인 모순과 대립상태까지를 포함하면 분쟁의 개념이 아니라 갈등이 된다고 함), 셋째, 관련당사자 간에는 양립 불가능한 반대의견이 존재할 뿐만 아니라 그것이 외부적으로 표출되어야 하며(외부로 표현되며, 적극적으로 이를 실현시키려는 노력이 없는 경우는 분쟁이라고 볼 수 없다는 것임), 마지막으로, 관련당사자 간에 양립 불가능한 의견 불일치 상태가 지속됨으로 인하여, 추구하는 목적달성에 장애가 초래되거나 초래될 위험이 있어야 한다고 요약했다. 즉, 특정 사항이 추구하는 목적달성에 부정적인 영향이나 그에 대한 우려가 없을 경우는 분쟁이 아니란 의미이다. 양립 불가능함에 대한 견해표명 정도로서는 분쟁이 아니라고도 할 수 있다.

그린(Marie Greene, www.eHow.com)은 갈등해결과 분쟁해결의 차이점을 비교하면서, 갈등과 분쟁을 다음과 같이 구분하였다.

① 시간구도(time frame)로 볼 때, 분쟁은 단기적 현상이나, 갈등은 장기간에 걸친 현상이다(John Burton의 구분을 인용).
② 협상(negotiation)을 하려고 할 때, 갈등은 분쟁과는 달리 당면 현안(issues)에 대한 협상이 불가능한 것처럼 보인다(John Burton의 입장).
③ 연결성(connectivity)으로 비교한다면, 갈등을 큰 우산이라고 본다면, 분쟁은 그 아래 더 작은 우산이며 더 짧은 기간에 발생하는 것이라고 생각할 수 있다.
④ 필요성(needs)으로 비교 시, 갈등은 한쪽 혹은 양쪽 당사자의 필요성 충족에, 분쟁은 필요성이 아닌 사실에 초점을 맞추고 있다.
⑤ 가치(values)문제는 해결이 어려운 주제의 하나이다. 중대한 이해관계가 걸린 도덕적 가치와 같은 것은 쉽게 협상이 되지 않는 갈등의 요소이며 분쟁의 주제로 보지는 않는다.

우리말에서는 폭력이 수반된 갈등에서도 흔히 분쟁이라는 용어를 사용하며, 갈등을 다루는 국외의 많은 서적에서도 갈등(conflict)과 분쟁(dispute)을 수시로 섞어 사용하면서 갈등해결 혹은 분쟁해결이라는 설명을 붙이고 있어, 갈등과 분쟁은 거의 혼용되는 수준에 있다. 분쟁이 있으면 대체로 갈등이 따른다고도 생각할 수 있고, 혹은 갈등으로 분쟁이 생긴다는 표현도 하고 있으니, 더러는 뒤죽박죽이 될 소지가 많다.

가장 일반적으로 통용되는 구분을 따르자면, "갈등"이 개인내적 심리갈등, 개인 간 갈등, 조직이나 집단 혹은 사회적인 갈등 등을 모두 포함하는 광의의 개념이라면, "분쟁"은 흔히 사회적 갈등만을 포함한다. 또한 이해당사자 간의 심리적 의견 불일치를 포함한 일체의 대립적인 상태까지 포함하는 것이 갈등이라면, 분쟁이란 외부로 표출된 다자간 의견 불일치 상태까지로 한정하는, 흔히 협의의 개념으로 활용된다고 요약될 수 있다.

일치나 조화를 이루고자 하지만 의견충돌이 생겨서 수레바퀴가 구르는 듯 삐걱거리는 불협화음이 나는 상황은 단순히 알력(軋轢, discord)이라는 표현을 써서 갈등이나 분쟁과 구분하기도 한다.

2. 갈등에는 어떤 종류가 있을까? – 갈등의 분류

갈등을 그 종류별로 구분해보려는 시도도 있다. 주로 학자들의 관심사항이겠지만, 갈등을 종류별로 나눠보는 것은, 갈등해결의 방법을 선택할 때 도움이 될 수 있다.

1) 개인갈등과 집단갈등

갈등은 그 주체에 따라 개인갈등이나 집단갈등으로 구분될 수 있다.

개인갈등은 앞으로 그 측정을 위한 척도가 더 개발되어야 할 분야이지만, 주로 심리학적으로 접근하는 분야이다. 개인갈등은 개인내적 갈등과 개인 간 갈등으로 나눌 수 있을 것이다.

개인내적 갈등이란 개인의 마음을 혼란하게 하여 내적 조화를 파괴하는 갈등이라고 할 수 있다. 일반적으로 말해, 욕구나 지향점의 상실로 인한 좌절갈등, 양립 불가능한 2개 이상의 목표를 두고 선택과정에서 겪는 목표갈등, 역할 내에서나 역할 간 혹은 지위 불일치 등과 같은 역할기대에 따른 역할갈등, 의사결정에 따르는 수용과 비교, 대안의 결정과 여러 불확실성으로 생겨나는 의사결정갈등 등이 포함될 수 있다. 이것은 주로 조직갈등에서 활용되는 내용이긴 하지만, 개인내적 갈등을 설명함에도 유용한 듯하다.

개인 간 갈등이란 두 사람 이상이 같은 문제나 가치관, 성격 등에서의 차이로 인해 생기는 갈등이다. 불신과 불안, 거부감과 같은 부정적 감정이 수반된다. 계층에 따라 상급자와 하급자 간의 갈등이라면 수직적 갈등이라 할 수 있고, 동료 간의 갈등은 수평적 갈등으로 이름 붙일 수가 있을 것이다.

반면에 의사결정을 함께 해야 할 주체가 집단이 되면 집단갈등(집단 내 혹은 집단 간 갈등을 포함)이 될 것이다. 가족이나 이웃 간 갈등, 직장이나 조직에서 집단구성원의 차이나 권위와 지위 구조에 따른 조직 안에서나 조직 사이에서 생겨나는 조직갈등, 공동체나 지역사회와 국가 내에서의 양립 불가능한 이해나 가치, 목표, 수단 등에서 생겨나는 갈등, 공공정책의 수행과정에서 공공기관이 갈등의 중요 당사자로 등장하는 공공갈등, 기타 국가 간, 국제적 갈등 등도 집단갈등에 포함시킬 수 있을 것이다. 부부갈등은 개인 간 갈등일 수도 있지만, 상황의 전개에 따라 자녀와 부부 간, 가족 전체의 갈등, 혹은 이웃공동체 간 갈등으로 확산될 소지도 있다.

2) 사실갈등과 관계갈등

갈등은 그 내용에 따라서, 사실차원의 갈등과 관계차원의 갈등으로 나눠 볼 수도 있다. 어떤 사실에 대한 확신과 관점의 차이, 정보나 자료의 처리 그리고 그 평가와 해석의 차이가 갈등의 원인을 제공할 때는 사실갈등이 생긴다. 당사자들이 서로 중요성과 상황, 그 결과를 달리 평가하기 때문이다. 그러나 이러한 사실적 차원의 갈등도 실제로는 그 깊은 곳에 중요한 내용들이 숨겨져 있는, 어쩌면 사실갈등이란 빙산의 일각에 불과할 때도 있다.

관계갈등은 사람 사이에서 주로 성격이나 가치관, 신념과 행동방식의 차이,

의사소통의 문제로부터 시작한다. 결국에는 상대방에 대한 기대가 무너지고 자신의 권리도 침해당했다고 생각하면서, 점점 관계가 악화되어 관계 자체가 갈등 대상이며 주제로 되어간다. 상대의 태도도 싫고 그 사람의 성격도 싫고, 그 사람만 생각하면 모든 게 다 싫고 짜증나고 열 받는다. 이것은 인간관계에서 흔히 발생되는 갈등이다.

　대인관계 측면에서 생기는 갈등원인을 평가할 때 "조해리의 창(Johari's Window)" 이론이라는 게 있다. 인간관계에서 생기는 갈등의 원인을 다른 각도에서 보게 하는 이론이다. 심리학자 루프트 등(Joseph Luft and Harry Ingham, 2004)에 의해서 개발되었기에 두 사람 이름을 합성해서 붙인 명칭이다. 총 4개의 영역으로 되어 있다(그림 1).

그림 1　죠 해리의 창 모델(Johari's Window Model)

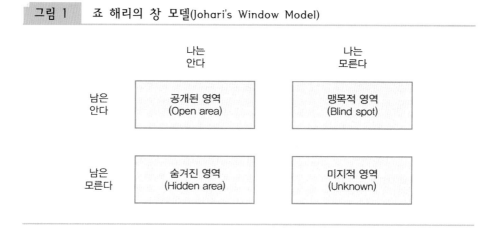

　첫째, 사람과의 관계를 맺음에는 개방된 혹은 공개된(open, the public) 영역(arena)이 있다. 나에 관한 정보가 나뿐 아니라 다른 사람에게도 알려져 있는 경우를 공개된 영역이라고도 한다. 자신뿐 아니라 다른 사람들에게도 알려져 있는 자신(self)이므로 상호작용이 가능하다. 따라서 비교적 개인 간 갈등이 적은 영역이다.

　둘째, 숨겨진(hidden, the facade) 영역이다. 이것은 겉으로만 드러나는 표면적 영역일 수도 있고 사적인 영역일 수도 있다. 나는 알고 있거나 믿고 있는 것이지만 다른 사람들에겐 잘 알려지지 않은 정보이다. 나의 약점이나 비밀처럼 다른 사람에게 숨기는 나의 부분을 뜻하기도 한다. 의도적으로 숨기려는 것도 있겠지만 스스로 나타내지 않아서 깊은 관계가 아니면 알지 못하는 모습일 수도 있다. 알려지지 않은 사실(reality) 영역이 드러나면 관계상황은 나빠질 수도 있고, 개인이 자기감정이나 태도를 개방 않고 방어적으로 나올 때는 갈등을 깊게 할 수 있다.

셋째, 맹목적(blind) 영역이다. 우리 자신은 볼 수 없지만, 다른 사람이 우리보다 더 분명하게 보는 영역이다. 나를 바라보는 상대방은 알고 있으나 정작 나 자신은 알지 못하거나 인식하지 못하는 행동이나 말을 하기도 한다. 이상한 나의 행동습관, 특이한 말버릇, 독특한 성격 등 남들은 알고 있지만 자신은 잘 모르는 자신의 모습이 있다. 친구나 직장 상사, 우리 아이들은 우리 자신의 지각보다 더 가치 있는 지식을 줄 수 있다. 자신도 모르게 다른 사람을 괴롭혀 갈등을 유발할 수도 있는 경우이다.

넷째로는 미지적(unknown) 영역이다. 나도 모르고 다른 사람도 알지 못하며, 스스로도 내가 어떻게 행동하는지 알지 못하는 부분이다. 우리 자신뿐 아니라 다른 사람들도 우리가 가지고 있는 재능, 견해, 두려움, 동기를 모른다. 내버려두면 자기 방어적이며 문제의 소지를 키우게 될 뿐 아니라, 서로가 몰라서 생기는 관계갈등의 소지도 높아진다.

3) 실제적(혹은 실질적) 갈등과 감정적 갈등 및 기타 갈등

실제적 혹은 실질적 갈등과 감정적 갈등으로 구분하는 사람도 있는데, 정책이나 관습에 대한 의견 불일치나 불신, 거부 등이 주제가 되는 것을 실제적 갈등이라고도 하지만, 사실갈등과도 가까운 개념이고, 결국은 관계갈등이나 감정적 갈등으로 변모될 가능성이 높다.

정책결정 과정에서나 권리의 주장을 다룰 때, 법이나 관습과 도덕적 규범으로부터 생기는 규범갈등도 있다. 법의 형태를 띨 때는 공적이고 강력한 규제력을 가지므로 법리논쟁이 생길 수 있을 것이다. 사회관행으로 사람의 행동을 규제하거나 일상행동에서 규범이 되는 도덕적 관습에서는 종교, 문화적 배경과 상황여건에 따라서 갈등이 매우 복잡하고 첨예한 대립양상으로 전개될 수도 있다.

갈등은 나타나는 형태에 따라서도, 서로 다투는 모습처럼 겉으로 드러나 보이는 표면갈등, 드러나지는 않으나 마음속의 욕구좌절로부터 생기는 심층갈등으로 나눌 수도 있을 것이다.

또 갈등당사자들이 동일한 것을 원할 때면 당사자들의 이해관계에 있어서는 상호목표가 일치된 갈등(consensual conflict)이라고 하지만, 당사자가 서로 다른 목표나 원하는 바가 다를 경우에는 불일치된 갈등(dissensual conflicts)이라고 하였다 (Aubert, 1963).

신념이나 가치관처럼 해결이 어려운 갈등, 인간행동의 옳고 그름에 관한 도덕적 갈등(moral conflict, Pearce and Littlejohn, 1997) 또는 여타의 난제의 고질적 갈등(intractable conflict, Berkovitch, 2003) 등도 불일치된 갈등으로 분류하기도 하였다.

어떤 공동집단이 자기들의 안전이라든지 승인과 수용 그리고 정치제도나 경제적 참여의 정당한 접근 등의 기본적 욕구를 달성하기 위해 지속적이고도 폭력적인 투쟁을 전개할 때 생겨나는, 오래 지속되는 소위 고질화된 사회갈등 (Theory of Protracted Social Conflict: PSC)도 불일치된 갈등의 범주에 포함하였다 (Edward Azar, 1986).

이렇게 갈등의 종류를 열거하자면 한이 없고, 더러는 종류별로 딱 구분되기보다 뒤섞여 있기도 하며, 보는 관점에 따라 달리 구분될 수도 있다. 그리고 보면, 어떤 갈등인지를 분명하게 구분하는 것이 그 갈등해결에 꼭 도움이 된다고만 말할 수도 없을 것 같다.

3. 갈등이 생겨나는 이유는 무엇일까?

인류 역사에서 위대한 족적을 남겼던 선인들의 말을 먼저 빌려보자.

마키아벨리(Niccolò di Bernardo Machiavelli, 1469~1527)는 갈등이 생겨나는 이유는 자기보존과 힘을 획득하려는 인간욕망의 결과라고 했으며, 홉스(Thomas Hobbes, 1588~1679)는 획득을 위한 경쟁, 불안전성에 대한 두려움, 명예에 대한 방어야말로 자연상태에서 인간을 갈등으로 이끄는 중요한 3가지 원인이 된다고 하였다. 또한 흄(David Hume, 1711~1776)은 인간을 갈등하게 만드는 조건에는 자원의 희소성과 한정된 인간의 이타심이 있다고 하였고, 루소(Jean Jacques Rousseau, 1712~1778)는 "전쟁상태"와 같이 심한 갈등상태는 "사회상태" 그 자체로부터 태어나는 것이라고 하였다. 특정의 갈등상황에 대해서는 특정의 정치적 또는 역사적 설명이 가능하다하더라도, 여러 상황에서 생겨나는 다양한 형태의 갈등을 통일된 갈등이론으로 설명하기에는 적절하지도, 가능하지도 않을 것이라고도 하였다(Vasquez, 1995).

갈등의 근원에 접근하려는 이론들을 보면, 갈등의 원인을 내부(internal)에서 찾으려는 이론, 관계(relational)에서 유래된다고 보는 이론 그리고 맥락적(contextual) 접근을 하는 이론 등으로 대별할 수도 있다.

내부 접근이론들은 갈등의 원천이 주로 갈등주체의 본성 그 안에 있다는 것으로, 행동학이나 인류학적 이론에 기반하고 있다. 관계적 접근이론들은 행동사회학과 사회심리학 이론들과 관련되어 있으며, 주로 갈등당사자들의 관계에서 원인을 찾는 것이다. 또 맥락적 접근 이론들에서는 외부(outside), 즉 갈등의 조건을 구성하는 맥락에서 주로 그 원인을 찾기도 하며, 어느 신사실주의나 마르크스주의자들의 말처럼 구조가 갈등당사자 자체를 만들어 낸다고 보기도 하였다.

종합적으로 말한다면, 갈등당사자들은 그들 각자가 어떤 내부적 요인의 갈등을 가지고 있을 수 있으며, 그것이 관계와 맥락 안에서 또 다른 형태로 발전 또는 변화될 수 있는 것이라고 볼 수도 있다.

한편, 좀 더 실제 활용적인 측면에서, 갈등을 일으키거나 더 심한 갈등관계로 몰아가거나 혹은 갈등관계를 원만하게 수습하도록 갈등당사자들을 연결시켜 주는 잠재적 혹은 실재적 요인이 무엇인지를 밝히려고도 하였다. 그러한 갈등의 과정을 이해함으로써 그 해결을 위한 개입에 유용한 단서를 제공하려는 것이다.

학자들에 따라 다르게 표현될 때도 있지만, 일반적으로 말해 갈등의 가장 깊은 내면에는 인간의 생명이나 권리, 정체성에 관련된 필요성(needs)이 있으며, 이것은 여러 가지 이해관계(interests)라는 껍질로 포장되어 있다고 설명된다. 그리고 바로 드러나지 않은 이해관계는 단순히 입장(positions)이 어떠한 것이라고 말해지기도 한다(그림 2. 갈등의 구조). 또한 갈등의 가장 외곽에는 갈등에 직접적으로 개입되어 있는 당사자와 당면갈등에 직접 개입하지는 않고 있으나 당사자들의 차이에 대한 관심과 갈등이 어떻게 다루어질는지 그 결과를 주목하고 있는 제2자(secondary parties) 또는 단지 과정이나 관계개선을 위해 당사자의 자발적 해결에 도움을 제공하는 제3자(third parties) 그리고 당사자에게 믿을만하고 가치 있는 정보를 제공해줄 수 있는 전문가(experts)까지도 포진할 수 있으며 이들 모두가 갈등의 상호작용에 영향을 준다.

그림 2 갈등의 구조

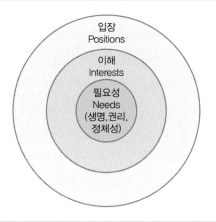

무어(Moore, 2014)에 따르면, 진정한(genuine) 갈등은 당사자 간에 실제적(real)이고 명백하며(tangible) 객관적(objective)인 차이로 생기는 결과라고 하면서, 당사자 간 불일치의 가장 핵심을 이루고 있는 것은 사안(issues)과 필요성(needs) 및 이익(interests)이라고 하였다. 여기에 더하여 합의(understandings)를 위한 선택(options)과 그 과정에 따른 결과(outcomes)가 있다. 만족할만한 해결을 위해서는 반드시 밝혀져야 할 핵심요소(core factors) 또는 주요소들(major elements)은 ① 정서(emotions), ② 역사와 관계(history and relationships), ③ 의사소통(communications), ④ 정보(informations), ⑤ 신념·가치 및 태도(beliefs, values, and attitudes), ⑥ 구조적 요소(structural factors), ⑦ 힘과 영향력(power and influence) 그리고 ⑧ 과정(procedures)이라고 하였다. 이들은 갈등에 기여하는 요소(contributing elements)이기도 하지만, 더

러는 불필요한 갈등(unnecessary conflicts)을 만들기도 한다. 불필요한 갈등은 갈등 당사자의 주관적인 관점이나 생각이나 믿음, 느낌 등에서 생기는 갈등을 말하며, 사실일 수도 있지만 대개는 객관적인 원인을 찾을 수 없는 경우도 많다. 흔히 갈등상황과는 상응하지 않는 느낌이라거나 오인, 전달의 잘못, 잘못된 정보, 부정확한 자료, 고정관념 등이 이에 해당한다.

아울러 "만족의 삼각형(The Triangle of Satisfaction)" 모형을 제시하면서, 필요성과 이해를 만족시키기 위해서는 과정적(procedural)이고 실재적(substantive)이며, 심리적·관계적(psychological/relationship)이라는 3면으로 구성된 각 삼각형의 모든 측면을 만족시켜야 하며, 이를 위해서는 통합적 선택(integrative options)이 이루어져야 한다고 하였다. 진정한 갈등의 요소에 선택(options)이 포함된 이유가 여기에 있다고 생각된다(그림 3).

그림 3   갈등만족의 삼각형(The Triangle of Satisfaction, Moore, C. W. 2014)

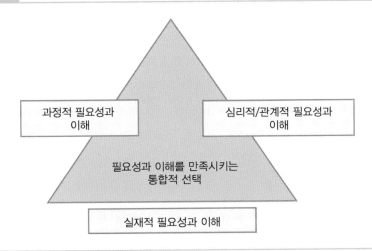

갈등은 또한 현재나 과거의 부정적인 역사나 관계, 외상적 사건의 기억이나 갈등역동, 상황에서의 태도나 행위 등 갈등으로 몰아가는 많은 요인들(driving factors)이 개재되어 있으며, 이는 갈등당사자들을 분리시키고, 더욱 심한 갈등으로 몰아갈 수 있다고 했다.

한편으로는 관계를 연결시키는 요인(connecting elements)도 있는데 이것은 갈등에 긍정적인 영향을 주는 요소로서 갈등당사자 간 과거에 가졌던 관계나 신뢰, 공통의 가치, 긍정적인 태도나 행동, 잘 들어주는 것 그리고 상호정확한 정보를 공유한다든지 등이다(Moore, 2014).

1) 평화학의 입장에서 보는 갈등의 원인들

갈등에 관련된 응용학문적인 뿌리는 평화학(peace studies, paxology)에 있다고도 한다. 평화가 깨어진 구체적인 상태가 갈등이라고 보기 때문이다. 평화학이란 다양한 여러 학문 분야가 함께 참여해서 연구를 진행하는, 소위 학제 간의 학문 분야(interdisciplinary academic field)로서 갈등에 대한 다양한 원인을 이해하고 그 해결방안을 모색하여 평화롭고 정의로운 세상을 만드는 방법을 연구하는 학문이다. 평화학의 입장에서 갈등의 원인에 접근하는 방법들은 대개 다음과 같다.

(1) 구조적 접근방법(structural approach)

평화학의 아버지로 불리는 노르웨이의 평화이론학자 요한 갈퉁(Johan Galtung, 1930~)은 갈등의 발생원인을 사회 구조의 모순적 상황에서 찾는 거시적 차원의 접근을 하였다. 이 이론을 구조적 접근방법이라고 부르며, "갈등은 사회제도 안에 있는 행위자들이 가진 목표와 가치가 양립할 수 없는 상황"이라고 정의하면서, "최소한 배타적으로 실현될 수 없는 두 개의 목적이 존재할 때 갈등이 발생한다"고 하였다(Galtung, 1996). 그는 갈등을 갈등삼각형(Conflict Triangle) 모델로 설명하였는데, 갈등의 표면적 원인과 근본원인을 이해하는데도 도움이 된다. 삼각형의 각 꼭지점에는 태도(A=attitude), 행동(B=behavior) 그리고 모순(C=contradiction)이 위치하며, 각기 대칭적(symmetric) 또는 비대칭적(asymmetric)인 갈등을 포함한다. 대칭적 갈등에서는 이해(interests) 문제가 놓여 있으며 당사자 간에서 그 이해가 충돌하고 있다. 비대칭적 갈등이란 관계(relationship)와 그 관계 안에 내재된 이해의 갈등을 말한다.

갈등당사자들의 행동(B)이란 협력행동이나 강제행동처럼 몸짓(gestures)으로 드러내 보이는 화해나 적의(敵意, hostility) 같은 것이다. 예를 들어, 상호비방이라든지, 공격과 위협, 강요 등과 같은 말과 행동, 몸짓 등이 겉으로 드러나면 대립적 상황을 만드는 원인이 된다. 비가시적인 것을 가시화시켜 상대에게 메시지를 전달하는 방법이 행동이라 할 수 있다.

그런데 이런 행동은 당사자의 인식이나 오인 혹은 상대에 대한 적개심, 무시, 편견, 차별 등의 태도(A)로부터 표출되는 것이다. 이 인식은 긍정적이거나 부정적일 수도 있으며, 상대에 대한 고정관념으로 발전될 수 있다. 태도(A)는 흔히 공포나 분노, 비통함, 증오 등과 같은 감정의 영향을 받는다고 한다.

갈등은 행동(B)의 표출로 전개되지만, 그 이면에는 태도(A)와 행동(B)의 형성에 절대적인 영향을 주는 모순(C)이 감추어져 있다. 모순(C)은 갈등의 밑바닥을 형성하고 있는 상황이며, 갈등당사자들 간에 실제적인 것이던 혹은 단순히 인식하고만 있는 것이던 간에, "양립 불가능한 목표(incompatibility of goals)"가 있음을 말한다. 크리스(Chris Mitchell, 1981)의 말을 빌리면, "사회가치와 사회구조가 부조화(miss match)"인 상태에 있음을 말한다. 변화를 기대할 수 없을 것만 같은 모순적 상황이 지속됨은 절망을 만들고 분출구 없이 누적된 절망은 공격적 태도와 행동으로 이어질 것이다.

이렇게 행동, 태도, 모순적 상황 세 가지 요소가 모두 존재할 때 갈등이 완전한 모습으로 드러나게 되며, 모순적 상황이지만 태도나 행동을 통해 표현되지 않을 때는 갈등이 잠재적으로만 존재하게 된다. 이 세 가지 요소는 끊임없이 변화하고 서로 영향을 주고 받으면서 갈등의 역동을 지속하게 하는 것이라고 설명한다(Ramsbotham, O. Woodhouse, Tom, and Miall, Huge, 2011).

사회의 구조적 모순과 폭력은 힘의 불균형적 분배에서 기인하며 이는 다양한 자원의 불평등한 분배로 이어지게 하며, 이것이 다시 부당한 사회환경을 가져오는 역동으로 작용한다고 설명된다. 구조적 폭력은 바로 이러한 사회의 구조적 모순 때문이라는 것이다. 갈퉁(Galtung)은 큰 틀의 사회구조로부터 완전 독립된 개별 단위의 갈등은 거의 존재하지 않는다는 입장이므로 가족 내 갈등 같은 것도 사회의 고용불안이나 빈부격차 등의 사회의 구조적 문제와 관련되어 있다고 본다. 갈퉁(Galtung)의 이론은 특히 사회갈등의 발생원인을 이해하고 해결하는 데 도움이 되는 접근방법일 수 있다.

(2) 인간필요이론(human needs theory)

존 버턴(John Burton, 1979)은 인간필요이론(human needs theory)으로 갈등의 원인을 설명한다. 겉으로 보기에는 다른 입장이나 이해의 충돌이 원인인 것으로 보이는 여러 가지 다양한 사회 내 갈등도 근본적으로는 인간의 필요성 결여가 원인이라는 것이다. 인간에게는 사회제도나 규범에 구속되지 않으면서도 보편적으로 인간에게 필요한 것으로 정체성(identity), 안전(security), 인정(recognition), 자율(autonomy)이 있다고 하면서, 이들은 인간의 존재이유를 결정짓는 것이어서 협상이나 통제, 억압의 대상이 될 수 없다는 것이다.

그러므로 개인이건 집단이건 살아가는 환경에서 이 필요성들을 충족시킬 수 없게 되면 절망하게 된다. 별다른 대안이 없다고 판단되면 사회제도나 규범과의 대결을 선택하게도 된다. 필요성이 충족되어야만 갈등이 예방되거나 해결이 되는 것이며 그냥 억지로 누르기만 하면 갈등은 장기화, 폭력화되기도 하며 인간은 그에 수반되는 비용을 기꺼이 지불하려고도 한다. 다른 종교 간, 혹은 민족 간 갈등 같은 것도 인간의 필요성 충족의 결여에서 그 근원을 찾고자 하였다.

(3) 제로섬(zero-sum) 문제해결방법

단순히 사람들의 문제해결방식에 갈등의 원인이 있다는 주장도 있다.

서로우(Lester C. Thurow, 1980)의 제로섬(zero-sum) 문제해결방법에서 보는 바와 같이, 게임에 참가하는 승자 쪽이 얻는 이득과 패자 쪽이 잃는 손실의 총합이 0(zero)이 되는 게임, 즉 양측이 게임을 해서 내가 10을 얻으면(+) 상대는 10을 잃고(-), 상대가 10을 얻으면(+) 내가 10을 잃게(-) 되는 게임이다. 이처럼 내가 얻는 만큼 상대가 잃고 상대가 얻는 만큼 내가 잃는 승자독식의 게임에서는 치열한 대립과 경쟁을 불러올 것이다. 양립할 수 없는 이해와 입장의 충돌이 갈등을 유발한다는 것이다. 자신이 원하는 것을 얻기 위해 서로 자기입장을 확정하고 그것만 주장하기 때문이다.

(4) 전환적 접근(transformative approach)방법

존 레드라크(John Paul Lederach, 2003)는 구조적 차원으로부터 더 나아가서 문화적, 관계적, 개인적 차원에서 모두 갈등의 원인이 있다고 보았다. 이는 갈등에 대해 더 구체적이고 포괄적으로 원인을 규명하려는 소위 전환적 접근(transformative approach)방법이다.

구조적 차원에서 보는 갈등의 원인은 힘과 자원의 부당한 분배라든지 모든 구성원들의 요구에 부응 못하는 사회, 경제, 정치적인 구조이며, 당사자들을 배제하는 의사결정방식과 그것을 유지시키고 있는 제도적인 모순이다.

문화적 차원에서 볼 때는 문제발생 시 대응이나 접근방식이 그 사회와 문화전통에서는 비록 관례적이라고 할지라도 일방 통보식이거나 소수의 임의결정에 의하는 방식 등일 때는 갈등의 요인이 된다는 것이다.

관계차원의 갈등요인은 주로 불평등한 힘의 관계로 인한 의사소통이나 상호작용의 부재, 불신과 편견 등으로 인한 상호이해부족 등이라고 했다.

개인적 차원의 갈등요인은 개인의 삶에서 필요성의 미충족, 개인의 안녕이나 자존 또는 정서적 안정을 해치는 일방적, 차별적, 강제적인 정치, 경제, 사회, 문화적인 요소나 조건 등이라고 하였다.

또 갈등의 근본 발생원인을 설명함에 있어서 갈등이 가시적이고 구체적으로 분출되는 상태를 표현하는 "갈등사건(episode)"과 갈등사건의 역사가 축적되어 있으며 새로운 사건과 현안이 발생하고 갈등에너지가 생성되는 중심지점인 "갈등진원지(epicenter)"가 있다고 하였다.

2) 심리·사회학적인 갈등의 원인 분석

이번에는 갈등이 생겨나는 원인을 심리·사회학적 방식으로 설명해보자.

(1) 장(場)의 이론(field theory)

장(場)의 이론으로 유명한 레빈(Kurt Zadek Lewin, 1890~1942)이란 사회심리학자는 갈등은 인간집단에서 피할 수 없는 요소라고 하면서 갈등수준은 집단이 주는 지지와 구속 정도에 따라 달라진다고 했다.

구성원들이 각기 적합한 생활공간과 자신만을 위한 공간을 필요로 하므로 이 공간을 지키기 위해서 서로 경쟁을 하기 때문에 갈등이 발생하는데, 적어도 두 개 이상의 장이 겹치는 상황에서 발생한다고 하였다. 즉, 서로 대립하는 욕구의 속성이 가지는 유의력(誘意力, valence, 생활공간 속의 특정 구역이 심리적으로 끄는 힘이나 압력)이 긍정적인가 또는 부정적인가를 기준으로 갈등유형을 구분하려고 하였다. 목표선택에 따른 어려움인 것이므로, 목표갈등의 범주에 속한다고도 할 수 있다.

첫째, 다른 방향에 있는 매력적인 목표물들이 거의 동시에 같은 힘으로 끌어당길 때(접근-접근갈등 approach-approach), 둘째, 피하고 싶은 여러 상황이 함께 작용할 때(회피-회피갈등 avoidance-avoidance), 셋째, 어느 것을 취하더라도 긍정적인 면과 부정적인 면을 함께 가진 뭔가를 선택해야 할 때(접근-회피갈등 approach-avoidance), 넷째는 2~3개의 접근-회피갈등이 동시에 작용하는 경우(다중접근-회피 갈등 multiple approach-avoidance conflict)에 갈등이 생겨난다는 것이다(Kurt Zadek Lewin, 1952).

이는 과거에 누구에게 무엇을 하였는가 보다는 지금-여기(here and now)서 생겨나고 있는 것에 집중하기 때문에 역사성이 고려되지 않는다.

예를 들자면 이런 것이다.

남여 소개 모임장소에서, 내 마음에 쏙 드는 사람 둘을 동시에 만났다고 상상해보자. 그 두 사람도 모두 나한테 호감이 있다는 신호를 보낸다. 그러나 나는 한 사람만 선택해야 한다면(접근-접근갈등), 누구를 택해야 하나?

살던 집에서 몇 년 더 있고 싶으나 전세 값을 올려주지 못할 처지여서 집을 비워주어야 할 상황이다. 여유 돈이 많지 않아 은행융자로 전세 값을 메꾸려니 이자도 부담스럽고, 돈에 맞추어 다른 곳으로 이사하려니, 아이들 교육환경이 지금보다 영 못하다(회피-회피갈등). 어떻게 할 것인가?

직장 일을 제대로 처리하기 위해서는 매일 늦도록 일을 해야 하고, 그 결과로 상급자에게도 잘 보여 승진도 하고 싶다. 한편, 일찍 퇴근하여 가족들과도 즐거운 시간을 보내고 싶다(접근-회피갈등). 어떤 것을 택해야 하나?

혼기가 차서 잘 아는 여러분들이 추천하는 여러 명과 맞선을 보았다. 학벌이나 재산, 가족관계도 자신과 맞으며, 특히 인물이나 체격, 배우자 될 사람의 직업도 중요한 요건이라고 생각하였다. 대상자들을 만나 보니 호감과 비호감이 뒤섞여 있어, 어떤 선택을 해야 할지 헷갈리고 갈등이 생겼다. 어느 점에 더 비중을 두고 선택해야 하나? 우리가 흔히 경험하는 갈등이다(다중접근-회피갈등).

(2) 인지부조화(cognitive dissonance) 이론

레빈박사 아래에서 심리학을 공부하였던 미국의 사회심리학자 페스팅거(Leon Festinger, 1957)는 인지부조화(cognitive dissonance) 이론을 제안하였는데, 양립 불가능한 인지적 요소들의 대립이 갈등을 불러올 수 있다는 것이다.

자신의 행동과 신념 간에 충돌(부조화)이 일어나면 심리적 불편함이 생겨나게 되고, 이때는 자신의 행동을 정당화하거나 거짓된 사실을 믿으려 한다. 행동에 따라 믿음을 변화시킴으로써 부조화를 의도적으로 회피하거나 무시하려 한다는 것이다.

인지부조화 상태에 있을 때 건강한 인격체는 이 상황을 새로운 깨달음과 배움의 기회로 활용할 수도 있겠지만 그렇지 못한 경우는 견뎌내기 힘든 갈등상황에 들게 된다. 그리하여 인지내용 자체를 왜곡시키거나 자기 합리화를 통해 탈출하려고도 한다.

자신이 그릇된 생각과 판단을 하고 있음이 명백해졌음에도 불구하고 끝까지 자신의 주장과 고집을 꺾지 못하고 있는 사람들을 우리 주변에서도 볼 수 있다.

자기 신념과 일치하는 것, 원하는 결과에 부합하는 정보만을 받아들이고 일치하지 않는 것은 무시하거나 걸러내는 인지적인 편견을 "확증편향(確證偏向, confirmation bias)"이라고 하는데, 보고 싶은 것, 믿고 싶은 것만 보거나 믿겠다는 태도이다. 한번 믿어버린 사안의 정보만을 수집하려는 현상을 나타내는 인지부조화와도 일맥상통한다. 어떤 결과를 얻기를 간절히 원하고 있거나 과도하게 어떤 일에 집중하거나 몰두, 긴장되어 있으면 사실과 다르게 원하는 방향으로의 착각이나 편향을 일으키는 일이 생기는 경우도 있겠지만, 같은 생각을 가진 사람들끼리 집단을 이루기도 하고 지속해서 자신들의 신념을 강화하면서 극단화되면서 심각한 갈등상황을 초래할 수 있다. 여러 가지 인과관계의 변수를 무시하면서 일의 원인을 초점이 되는 사람의 인격이나 어떤 하나의 내적 특성에 집중하는 "귀인오류(歸因誤謬, fundamental attribution error)"도 일종의 인식의 편향현상이라고 할 수 있다.

이러한 사람들은 자신의 내부적 갈등을 회피나 합리화 또는 왜곡을 통해 벗어날 수 있을지 모르나, 생각과 행동이 다른 사람, 이를 시정하려는 사람들과는 심각한 적대적 관계나 갈등을 초래할 수 있다.

(3) 한계상황(限界狀況)

한계상황(grenzsituation, limit situation)이란 극한상황(critical situation)이라고도 표현되는데, 원래는 독일의 실존철학자 야스퍼스(Karl Theodor Jaspers, 1883~ 1969)가 사용한 용어이다. 그에 따르면, 실존으로서 불완전한 인간은 회피할 수도, 바꿀 수도, 뛰어넘을 수도 없는 한계상황, 즉 죽음(tod, death), 고통(leiden, suffering), 투쟁(kampf, struggle), 죄책감(schuld, guilt) 등의 상황에 처하면, 좌절(scheitern)과 갈등으로부터 진정한 실존과 자신에 대한 깨달음을 얻으며 초월자가 주는 언어로서의 암호의 해독에(신에 대한 경험) 이르게 된다고 하였다.

내가 가진 능력의 한계로 인해 채울 수 없는 간격을 실감할 때, 법이나 제도적인 제약으로 인해서 넘어서지 못할 것 같은 한계에 직면할 때에도 우리는 좌절감과 함께 덫에라도 걸린 듯한 답답함을 느낀다. 이것은 내가 처한 상태(be state)와 내가 도달하거나 원하는 당위상태(should state)와의 간격 때문이기도 하다. 원하는 것, 도달하고 싶은 것, 이루고 싶은 것에 대해 현재 깊은 욕구가 있으나 현실에서 나의 처지는 내 욕구를 채워주지도 못하며 따라가지도 못한다. 이것이 내 안에서 생기는 갈등의 뿌리가 된다. 이는 인간필요이론과도 상통하는 면이 있다.

(4) 차이(差異)

뿌리를 가까이 둔 칡과 등나무가 자라는 동안 서로를 붙들고 꼬아대는 괴로운 생존경쟁을 하는 것처럼, 개인내적 차원을 넘어 사람과의 관계에서 생기는 갈등에서도 전제조건, 혹은 필요조건이 붙게 된다. 차이(差異)라는 것이다. 상대와 인지, 사고, 감정, 의도, 기대 등에서 일치되지 않음을 차이라고 한다.

상호작용을 하는 행위자가 있을 때, 인간관계에서 서로 원하는 것이나 기대와 내면적 욕구 간에는 차이가 생김은 어쩜 당연할지도 모른다. 더하여, 서로가 상대에게 뭘 원하는 지를 명확히 알지 못하는 소위 불분명한 당위상태에서 생기는 모호한 차이도 있다. 그러한 상태에서 각자는 나름대로 바라는 바를 채우려고 시도하며 그 과정에서 상대에게는 불편함과 불만감을 주기도 한다. 이때 내 기대나 욕구를 채울 수 없음을 내 탓이 아니라 상대 탓이라고 생각하게 되면 갈등의 골은 더 깊고 넓어지게 된다.

뿐만 아니라 차이에 대한 인식은 나의 심리적인 여러 가지 욕구좌절을 가져 오면서 상대가 내게 피해를 주거나 위협이 된다는 생각으로 발전한다. 이러한 상황이 상대방 때문에 생긴 것이라고 판단하면서부터 상대방의 행동에 대해서 도 불가피하게 나의 대응이 필요하다는 생각을 하게 된다.

이렇게 각자는 상대가 자신의 욕구를 채워줘야 하며 그것이 행동으로 드러 나기를 기대하지만 서로의 원하는 바나 기대행동은 흔히 빗나가게 된다. 그러기 에 갈등은 우리가 삶의 도처에서 개인적인 욕구좌절로부터 직면하게 되는, 어쩜 숙명 같은 것인지도 모른다.

4. 갈등이 생기면 우리 몸은 어떤 반응을 나타낼까?

1) 스트레스 반응

여기서 갈등에 따른 우리 몸의 반응을 살펴보기로 하자.

긍정적이든 부정적이든 일종의 긴장유발(스트레스)요인이 될 수 있을 갈등에 대해 우리 몸은 어떻게 반응할 것인가?

캐나다 내분비학자 한스 셀리에(Hans Selye, 1907~1982)가 행한 유명한 실험이 있다.

그는 쥐에게 만성적인 스트레스를 일으킬 수 있는 열이나 추위, 외부 상처 등과 같은 자극을 주었다. 그랬더니 부신피질의 확대, 흉선과 림프선의 축소, 위와 십이지장의 궤양과 같은 생리적 반응을 나타내었다고 보고하면서, 이런 현상을 일반적 혹은 범적응증후군(汎適應症候群, general adaptation syndrome)이라고 이름 붙였다. 어떤 동물이든 위해자극에 지속적으로 노출되면 호르몬의 생산과 분비를 촉진하여 위협에 대처하게 되는 ① 경고반응단계, ② 지속적인 스트레스에 반쇼크 반응으로 국지적 방어를 일으키는 저항단계 그리고 ③ 스트레스가 계속되면 더 이상 저항을 못하게 되는 소진단계로 진행된다고 했다. 경고반응 단계에서는 스트레스 상황임을 알아채고 대처함이 중요하다. 그럼에도 저항단계로 이행하여 참고 견디면서 좋아지겠거니 무시하게 되는데, 이것은 결국 치료를 해도 흔적을 남길 수 있는 소진 내지 재앙을 초래하는 상태로 이행하게 된다고 설명한다. 셀리에는 생체에 스트레스를 일으키는 상해나 자극을 스트레스 유발원(stressor)이라고 정의하면서 "스트레스"라는 말을 사용하였기에, 나중에 "스트레스 학설"로 널리 알려지게 되었다(Selye, H., 1955, 1976). 그리고 스트레스란 생체에 가해지는 여러 상해자극에 대하여 체내에서 일어나는 비특이적 (非特異的)인 생물반응이라고 정의되었다. 어떤 특정의 스트레스라기보다 다양한 스트레스에 대해서도 같은 유형의 생리적 변화가 생기므로 비특이적 반응이라고 하는 것이다.

심리적 스트레스의 요인으로는 재적응이 요구되는 여러 가지 생활변화(가족의 사망이나 실직과 같은 부정적 사건뿐 아니라, 혼인이나 승진 같은 긍정적 사건, Holmes, T. H. and Lahe, R. H., 1967)뿐 아니라, 일상의 사소한 골칫거리도 스트레스 자극이 되며, 아마도 이러한 사소한 자극들이 신체질병이나 우울 등과 더 직접적인 관계가 있다고도 했다(DeLongis, A. 등, 1982). 예를 들자면, 남편의 귀가시간이나 부인의 잔소리, 아이들의 공부나 성적, 진학문제, 밀린 집안일 등과 같은 가정과 가사일, 건강문제, 시간제약에 따른 압박감이 있다. 또 자신의 생활과 관련된 의미부여나 사회적 관계도 스트레스가 되며, 소음이나 공기오염, 먼지발생 등과 같은 일상 속에서의 환경문제, 작은 빚, 용돈 부족 등과 같은 경제문제, 업무관계 등에서 생기는 사소한 갈등, 미래에 대한 불확실성과 걱정과 같은 것 등도 있다. 사소하게 보이는 이러한 것들에 대해서 일상생활에서의 어려움을 호소하는 사람일수록 걱정이 많으며 신경이 예민하고 의욕도 떨어져 있고 고립감에 쌓여있는 경우가 많다고 하였다(Lazarus, R. S. 등, 1985).

러시아 생리학자 파브로브(Ivan Petrovich Pavlov, 1849~1936)의 실험을 기억해 보자. 개에게 먹이를 줄 때(먹이는 무조건적 자극 unconditioned stimulus) 침을 흘리는 반응은 자연적으로 일어나는 생리적 반응(무조건적 반응 unconditioned response)이라고 할 수 있지만, 개한테 종소리를 들려주면서 먹이주기를 반복학습시키면 종소리만 들어도 침을 흘리게 되는데(이것을 조건반사라고 함), 이것은 다양한 자극으로 조건화 되면 무조건적 자극에 대한 자동적 반응과 같은 유형의 반응을 보이게 된다는 것이다. 개가 꼭 특정 음식에만 반응을 보이는 것만도 아닐 터이고 다양하게 조건화된 경우에서도 침을 흘리는 것처럼, 스트레스에 대한 생물반응도 이와 유사하다고 볼 수 있다.

셀리에의 연구가 주로 물리적 스트레스 반응에 대한 결과였지만, 심리적 스트레스도 그와 비슷한 생리적 반응을 일으킴이 이미 잘 증명되고 있다.

사람들이 스트레스 상황에서 보이는 반응을 좀 더 구체적으로 살펴보자.

미국의 생리학자 캐논(Walter Bradford Cannon, 1871~1945)은 사람이 스트레스 상황에 처하면 그 생존수단으로 투쟁-도피반응(fight or flight response, Cannon, W. B., 1915)을 일으킨다고 했다. 이것은 갈등상황에 처한 사람의 반응으로 설명될 수 있으며, 이러한 반응은 셀리에가 말한 경고반응단계에 해당된다. 힘과 시간과 공간적 상황에 따라 위협에 맞서 싸우든가 아니면 도망을 치든가, 둘 중의 하나를 선택하게 된다는 것이다. 여기에 "동결(freezing)반응"이 추가되기도 한다. 근육의 수축으로 그 자리에 얼어붙은 듯이 꼼짝 못하며 말하기나 숨쉬기도 힘들어지는 경우도 생긴다는 것이다. 어떤 상황에서는 동작을 멈추고 얼어붙은 듯이 꼼짝 않거나 죽은 척 하는 것이 최선의 방어가 될 수도 있을 것이다.

공포반응을 오랫동안 연구한 막스(Marks, I., 1987)도 동물들이 위협에 대처하는 전략으로, 철수(위험을 미리 피하거나 도망감), 정지(동결반응), 방어적 공격(위협적으로 보이게 함이나 싸움) 그리고 항복(또는 유화적 태도)이란 네 가지의 선택전략을 들었다. 위협적인 상황에서 동물들은 깜짝 놀라면서 털을 곤두세우거나 배변을 일으키기도 한다. 또 방향을 돌리거나 동결반응을 보이며 혹은 공격을 취하기도 한다. 이 순차적 반응의 선택은 수많은 포유동물을 비롯한 인류가 오랜 세월동안 위기나 스트레스 상황에 대처하면서 자신의 생명보존을 위해 학습되어진 일반적이고 보편적인 역사적 산물이라고도 할 수 있다. 적의 미사일이 근접하면 자동추적하여 발사되는 요격체계와도 비슷하다고 할 만하다. 이 반응은 어떤 긴장된 자극 혹은 위협이 주어졌을 때, 반사행동처럼 매우 신속히 이루어지는 과정이며 어떠한 의식적이고 자의적으로 의도된 행동들보다 앞선다. 즉, 이러한 위협적 자극은 대뇌피질의 도움이나 지령을 직접 받지 않고도 더욱 신속하게 반응할 수 있는 체계를 갖추고 있음을 보여주는 것이다.

그러면 이러한 스트레스나 위기상황에서 우리 몸을 신속하게 대처할 수 있도록 하는 생리학적 작동은 어떻게 이루어지는 것일까? 관련된 기관들과 그 기능을 알게 되면 갈등현상과 그 자극에 대한 사람들의 반응에 대한 이해를 더욱 깊게 할 수 있을 것이며 갈등에 대처할 수 있는 자원으로도 활용할 수 있을 것이다.

2) 갈등에 반응하는 우리 몸

(1) 뇌(腦, brain) (그림 4)

잘 알려진 바와 같이, 우리 몸에는 신경기관(神經器官, nervous system)이라는 게 있다. 몸의 안팎에서 생기는 자극을 받아들이고 그 자극을 다른 부위로 전달하고 반응을 일으키는 기능을 가진 기관을 말함이다. 여기에는 뇌(腦, brain)나 척수(脊髓, spinal cord)와 같이 주로 뼈로 둘러싸여 있으면서 몸의 여러 감각기관에서 오는 많은 신경정보들을 모아서 통합하고 조정하는, 소위 중앙처리장치의 역할을 하는 중추신경(中樞神經, central nerve) 그리고 자율신경이나 뇌신경처럼 감각과 운동자극을 중추신경으로 보내는 연결통로의 역할을 하는 말초신경(末梢神經, peripheral nerve)이 있다. 뇌(腦, brain)라는 것은 대뇌(cerebrum), 소뇌(小腦, cerebellum), 뇌간(腦幹) 또는 뇌줄기(brain stem) 등 형태 및 기능상으로 구분되는 여러 부분을 종합해서 부르는 명칭이다. 성인의 뇌는 1.4kg 정도 되지만 영양을 공급하고 노폐물을 제거하는 130㎖ 정도의 뇌척수액에 담겨있으므로 그 부력 때문에 실제로는 50g 정도 더 가볍다. 대뇌의 방대한 부분이 대뇌피질(대뇌겉질, cerebral cortex)로 뇌 전체의 약 80%를 차지한다. 우리 뇌 속에 대뇌피질의 두께는 2~3mm쯤 되는데, 쭈글쭈글한 모양인 것은 표면적을 최대로 만들기 위한 방안이다. 주름을 모두 펼치면 신문지 한 장 쯤은 된다. 대뇌피질은 거미줄처럼 연결된 수십 ㎛(1천분의 1mm) 크기인 약 1천억 개의 신경원(神經元, neuron, 단순히 신경세포라거나 신경세포체 soma 혹은 cell body로도 불리지만, 여기에 수상돌기, 축삭돌기까지 포함하기도 함)이 분포하고 있다. 뇌의 신경세포를 잇는다면 지구를 네 바퀴나 돌 수 있는 약 17만km나 된다는데, 다른 신경세포끼리의 연결지점(synapse)은 약 100조 개(하나의 신경세포가 만드는 시냅스는 약 1천 개)로 추정된다(김제완, The Science Times, 2016. 3. 5.). 이들 연결망을 모두 확인하게 된다면 뇌지도(connectome)로 완성될 것이고, 그렇게 되면 기억과 감정에 대한 이해가 더욱 깊어질 것으로 예상된다. 대뇌피질은 두 개로 분명하게 나누어져 소위 반구(大腦半球, cerebral hemisphere)로 구성되었다.

좌우의 대뇌반구 사이는 깊은 홈(대뇌종렬)으로 벌어져 있지만, 그 밑은 백질의 뇌량(腦梁)으로 연결되어 있다. 그리고 각각의 반구는 다시 4개의 엽(lobe)으로 나누어지는데, 전두엽(이마엽 frontal lobe), 두정엽(마루엽 parietal lobe), 측두엽(관절엽 temporal lobe), 후두엽(뒤통수엽 occipital lobe)이다. 기능적으로 우뇌는 공간지각, 좌뇌는 언어 및 여타 인지기능을 담당한다. 전두엽은 주로 사고와 기억 등의 기능과 사람이 사회적 존재로 행동하게 하는 데 관여한다. 두정엽은 여러 가지 촉각의 인지에, 측두엽은 장기기억에 관련되며, 후두엽은 여러 시자극(視刺戟)을 통합하는 것으로 밝혀져 있다.

그림 4   뇌(腦, Brain: 신경계 최고의 중추)의 구조

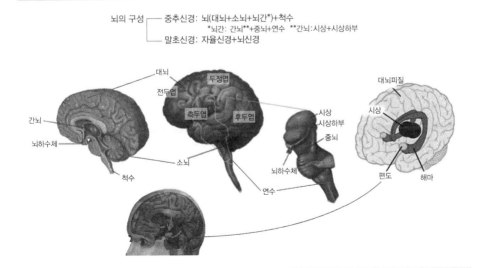

1996년 37세의 나이에 뇌졸중(腦卒中)으로 좌측 뇌의 기능마비가 와서 8년간의 투병 후 회복한 하버드대의 뇌과학자 테일러(Jill Bolte Taylor) 박사가 자신이 체험한 내용에 대한 TED강연(My Stroke of Insight, 2008년, TED=Technology, Entertainment, Design; 미국의 비영리 재단에서 정기적으로 개최하는 기술, 오락, 디자인에 관련된 강연회)은 인상 깊다. 이 분은 논리·언어적 기능을 하는 좌뇌의 재잘거림을 잠재우고, 이타심, 공감능력, 창조 및 직관력을 관장하는 우뇌만으로 세상을 경험하면서, 지금 이 순간(right here, right now)에만 집중하며 소위 열반(涅槃)에라도 오른 듯한 기분을 경험하였노라고 했다. 좌뇌는 뭔가를 행하는 것이 중요하지만, 우뇌는 어떤 존재상태인가를 더 중요하게 여긴다고도 했다.

뇌간이란 것은 학문적으로는 좀 애매한 편의상 용어인데, 학자에 따라 포함 범위가 약간씩 달라 혼란을 일으키기도 한다. 척수와 대뇌를 연결하는 줄기모양을 하며, 대체로 뇌 전체에서 좌우 대뇌반구와 소뇌를 제외한 나머지 부분이라고 보면 된다. 즉, 간뇌(間腦, diencephalon, 사이뇌라고도 함. 시상과 시상하부로 됨), 중뇌(또는 中間腦, midbrain, mesencephalon, 뇌줄기 아래쪽 부위와 사이뇌 사이의 비교적 작은 영역으로 주로 안구운동, 홍채조절 역할을 함), 교(橋, pons, 바롤리오 교, 다리뇌라고도 함. 소뇌와 함께 후뇌를 형성하고 좌우의 소뇌반구를 다리처럼 연결하므로 이런 이름을 얻게 됨. 뇌신경의 기시핵이 있고 삼차신경, 외전신경, 안면신경, 내이신경 등이 나감) 그리고 척수로 이어지는 연수(延髓, medulla oblongata, 숨뇌라고도 함), 대뇌반구 깊숙이 자리하면서 간뇌의 바로 옆에 있는 대뇌핵(대뇌기저핵, 大腦基底核)까지 뇌간의 일부로 포함되기도 한다.

자율신경은 말초신경계로 분류되고는 있지만, 통합중추는 대뇌반구(종뇌, 終腦, telencephalon라고도 함)와 함께 대뇌를 구성하는 간뇌에 있다.

시상(視床, thalamus)은 냄새를 제외한 모든 감각으로부터 온 신경세포가 대뇌의 피질 수용영역으로 가는 중간에 신경세포끼리의 접속(시냅스)을 이루는 곳으로, 감각의 정보가 일단 이곳에 모였다가 다른 행선지로 가는 길목의 역할을 하는 곳이라고도 할 수 있다.

시상하부(視床下部, hypothalamus)는 자율신경계의 조절을 담당하는 최고의 중추로서 시상(thalamus) 바로 밑에 위치한다. 모든 척추동물에서 볼 수 있다. 뇌의 안쪽, 중뇌와 대뇌 사이의 간뇌, 즉 척수와 곧바로 연결되는 부분에 위치하며,

아몬드 크기 정도로 무게는 약 4g 정도 되는 회백질이다. 뇌 전체의 약 1/300 크기에 달한다. 많은 뉴런과 신경섬유가 매우 복잡하게 얽혀있는데, 그러한 뉴런집단이 과립모양으로 뚜렷한 곳을 핵(nuclei)이라고 한다. 뇌실곁핵 또는 실방핵(室旁核, paraventricular nucleus)으로 불리는 곳도 그 중 하나이다.

시상하부의 깔때기 모양으로 오목한 형태의 누두(漏斗, infundibulum)에 타원형의 뇌하수체(腦下垂體, pituitary gland)가 매달려 있다. 뇌하수체는 코의 바로 뒤쪽, 입천장의 바로 위, 뇌의 바닥부분의 두개강(頭蓋腔, cranial cavity)에 위치하며 호르몬의 분비를 총괄하는 곳이다. 여기서 분비된 호르몬들이 부신이나 갑상샘 등의 다른 샘의 활동을 자극하므로 중심 샘(gland)이라고도 한다. 분비된 물질은 특정 관 없이 혈관을 통해 신체 여러 부위로 전달된다.

뇌의 판단과 지령으로 대부분 신체의 행동조절이 이루어지지만, 뜨거운 것에 닿으면 무의식적으로 손을 움츠린다거나 무릎반사운동(뻗기의 신경반사 stretch reflex)과 같은 순간적 반사운동은 뇌의 각 부분 사이의 흥분전달을 맡고 있는 척수가 이 역할을 한다. 인간행동의 95%는 의식되지 않은 상태에서 이루어진다고도 한다. 무의식적 반응은 대개가 습관화된 조건반사운동이다. 우리가 의식적으로 노력하지 않아도 숨을 자연스럽게 쉬게 되는 것도 연수에 있는 호흡중추의 기능 때문이다.

(2) 자율신경계(自律神經系, autonomic nervous system) (그림 5)

그런데, 지금 우리가 특히 주목하고자 하는 것은 소위 자율신경계(自律神經系, autonomic nervous system)이다. 갈등이나 스트레스 상황에서의 역할 때문이다.

자율신경계는 교감신경계(交感神經系, sympathetic nervous system: SNS)와 부교감신경계(副交感神經系 parasympathetic nervous system: PNS)로 이루어져 있다. 이들 자율신경은 뇌간과 시상하부에서 나와 척수로 내려간다. 척수는 33개의 척추 뼈(목뼈 7개, 등뼈 12개, 허리뼈 5개, 엉치뼈 5개 그리고 4개의 척추가 하나로 합쳐진 꼬리뼈)로 이루어진 통(척주, 脊柱, spinal column) 속에 안전하게 들어있다.

뇌간에서 뻗어 내린 교감신경은 첫 번째의 등뼈(흉추)에서부터 척수 양쪽으로부터 분지하여, 척수와 나란히 아래위로 뻗어 사슬모양의 교감신경절(sympathetic ganglion)로 이루어진 기둥을 만든다. 여기서 출력된 신경섬유들 중 가장 위쪽의 것이 목신경절(cervical ganglion)인데, 눈, 침샘, 심장과 폐의 기능에 관여한다. 중간지점에서 나온 것(5번째의 등뼈에서 3번째 허리뼈 사이)은 내장과 장간막 신경절을 이룬다(간이나 창자 등의 각종 내부 장기의 기능조절에 관여). 그 아래쪽의 신경기둥에서 나온 신경은 혈관, 피부 등을 조절하게 된다. 교감신경절은 척추 주위에 있으며 신경절이전신경(절전신경 preganglionic nerve)이 신경절이후신경(절후신경 postganglionic nerve)보다 짧다(그림 7 참조). 각 장기로의 신호전달은 신경절에서 이루어지므로 자극에 따라 온몸의 교감신경이 동시에 흥분하게 되는데, 이는 위기상황에서 동시대처능력을 높여준다. 예로 심장이 빨라지면 근육도 강하게 수축하고, 배변 시 괄약근이 이완될 때는 대장수축이 동반된다.

부교감신경은 중뇌와 연수에서 바로 동안신경(oculomotor), 안면신경(facial nerve), 심장, 폐, 간, 위, 대장, 소장 등으로 흐르는 복잡하고도 기나긴 연결망을 가진 미주신경(迷走神經, vagus nerve)인 뇌신경 등으로 연접한다(synapse). 연접한다는 말은 붙어있다는 말이 아니라 신경세포에서 뻗쳐 나온 소위 축삭(axon)이란 긴 신경섬유가 다른 신경세포와 수십 나노미터(nm, 100만분의 1mm, 성인 머리카락 굵기의 약 10만분의 1에 해당)쯤으로 떨어진 거리에 있으면서도, 서로 전기신호를 보내는 역할을 함을 뜻한다. 목뼈, 등뼈, 허리뼈 안에 있는 척수에서는 부교감신경이 나가지 않는다. 방광이나 직장 쪽으로 흐르는 부교감신경은 첫 번째와 두 번째 그리고 세 번째의 엉치뼈(천추)의 척수에서 나간다. 미주신경은 연수에서 나오는 뇌신경이면서도 복부까지 뻗어있고 그 분포가 복잡하고 알쏭달쏭하였기에 미주(迷走)라는 이름을 얻게 되었는데 부교감신경계의 약 75%를 차지한다. 부교감신경은 내장기관 가까이 있으며, 절전신경이 길고 절후신경이 짧으며, 자극전달은 개별적이다. 교감신경과 부교감신경의 절전·절후신경 길이 차는 자율운동의 일관성 유지를 위해서이다.

느낌을 나눈다거나 서로 마음이 통한다는 의미를 가지고 있는 이 "교감(交感)"이라는 말은 흔히 "동정(同情)", "공감(共感)"으로도 번역되는 영어 "sympathy"에 대한 우리말 표현의 하나이다. 신경 이름에 "동조하는" 또는 "교감하는"이란 뜻의 "sympathetic"을 사용한 것은 재미있지 않은가? 우리 몸이 위기상황이라는 것을 누가 말해주지 않아도, 교감신경과 부교감신경은 자연스럽게 서로 "교감"하면서 자율적으로 조절, 대처할 수 있는 능력을 가진다.

그림 5   자율신경계 – 교감신경과 부교감신경

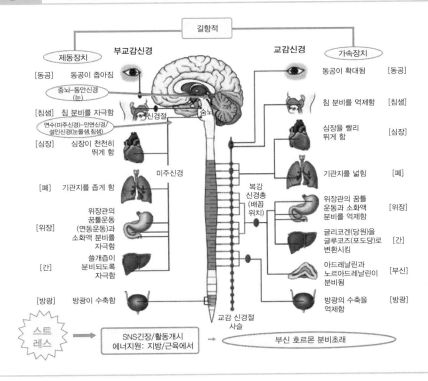

교감신경계와 부교감신경계는 자동차의 가속장치(액셀레이터, 교감신경)와 제동장치(브레이크, 부교감신경)처럼, 서로 반대(길항적, 拮抗的, antagonistic)로 작용한다. 즉, 한 개의 기관이 촉진과 억제의 반대기능이 작용하여 조절작용을 가질 때 이것을 길항작용(拮抗作用, antagonism)이라고 한다. 이들 신경계는 대뇌의 직접적인 명령을 받지 않으며, 의식할 수도 없고, 임의로 조절될 수도 없다. 즉, 나의 의지와는 무관하게 독립적으로 움직이면서 우리 몸의 기능을 조절하여 항상성을 유지하는 자율적 방어체계를 구축하고 있으므로 자율신경계라고 불린다. 자율신경계를 "작은 뇌(little brain)"라고도 하는데 일리가 있다.

교감신경계는 위기의 상황에서 활성화 된다. 위기상황을 벗어나면 부교감신경계가 활성화 된다. 교감신경은 심장박동을 빨리하여 혈관의 수축을 일으키고 혈압을 높여, 팔, 다리로 가는 혈류량을 증가시켜 근육에 더 많은 산소와 열량을 공급하도록 하며, 땀이 나고 눈동자가 커지거나 머리털이 곤두서게도 하고, 소

화관의 작용을 멈추게 하는 등 몸을 활동적 상태로 조정해주는 역할을 한다. 그러니 놀랐을 때에는 뭘 먹으면 체하기도 한다. 반면에, 부교감신경은 긴장상태의 심신을 이완시켜주는 역할을 한다. 마음이 평화로울 때 활성화 되는 신경이다. 위기 때에 증가했던 심박동도 줄어들고 위와 장을 활발하게 움직이게 한다. 휴식을 취할 때나 식사를 할 때 심장의 박동을 부드럽게 해주며 소화액의 분비와 배변을 촉진기도 한다. 이렇게 교감신경과 부교감신경은 마치 시소우(see-saw) 게임이라도 하듯이, 아주 적절한 형태로 협동하여 우리 몸을 조절, 생명유지에 필수적인 균형을 맞추도록 하고 있는 것이다. 만일 심장의 박동이나 혈관의 운동이 자율신경이 아니라 대뇌의 직접적인 지령으로 움직인다면 어떻게 될 것인지, 상상만으로도 당황스럽다.

그러면, 자율신경계가 어떻게 작동하는지 조금 더 살펴보자.

일반적으로 과도한 스트레스나 위협적인 상황에 처하면 교감신경계가 긴장하여 활동을 개시한다. 이 활동에 필요한 에너지는 몸에 저장된 지방과 근육으로부터 얻게 되는데, 이 에너지가 뇌신경전달물질이나 부신(副腎, adrenal gland)에서의 호르몬 분비를 일으킨다. 부신이란 내분비기관은 포유류에서는 콩팥 위에 고깔모양으로 얹혀있는 7~10g 정도의 작은 지방덩어리 모양의 분비샘이다. 콩팥이 두 개인 것처럼 부신도 두 개이다. 오른쪽 부신은 피라미드 모양, 왼쪽 부신은 초승달처럼 생겼다(그림 6). 이름 때문에 오해가 생길 수도 있지만, 신장(콩팥)과는 구조와 기능이 전혀 다르다. 부신의 안쪽을 수질이라 하고, 둘러싸고 있는 바깥부분을 피질이라고 한다. 조류 이하의 척추동물에서는 부신의 수질과 피질의 형태에 구분이 없다. 우리에게 흔히 잘 알려져 있는 아드레날린(adrenaline, 일명 에피네프린 epinephrine)이란 호르몬은 교감신경계의 자극으로 인해 부신의 수질에서, 코르티솔(cortisol)은 부교감신경계의 자극으로 부신의 피질에서 분비된다. 코르티솔은 스테로이드(steroid) 계열의 호르몬으로 60종 이상이 알려져 있는데, 작용에 따라 당질코르티코이드(glucocorticoid, 코르티솔 또는 코르티손으로도 불림)와 무기질코르티코이드(無機質코르티코이드, mineralocorticoid, 일명 aldosterone)가 있다. 무기질코르티코이드는 체액농도조절에 관여하는 것이고, 당질코르티코이드는 포도당의 대사에 영향을 주는 것이다. 특히 당질코르티코이드가 중요하다. 단백질,

탄수화물, 지질의 대사에 작용하며 간에서는 글리코겐을 합성한다. 즉, 포도당을 새로 만드는 작용을 촉진한다. 또 말초신경조직에서 항인슐린의 작용과 소염작용도 한다. 우리 몸이 스트레스에 대항할 수 있도록 필요한 에너지를 공급하는 역할을 하는 물질이다.

그림 6 **부신의 수질과 피질**

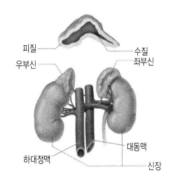

코르티솔은 시상하부(視床下部, hypothalamus)에 위치하고 있는 실방핵(室旁核, 뇌실곁핵, paraventricular nucleus=PVN)에서 조절된다. 즉, 실방핵에서는 소위 CRF (corticotropin-releasing factor)라는 물질을 분비하는데, 이 물질은 뇌하수체(pituitary gland)를 자극하여 ACTH(adrenocorticotrophic hormone)를 생산하며, 이 호르몬이 혈액을 타고 부신피질로 이동하여서 혈액 중에 코르티솔의 분비를 촉진시킨다(시상하부 CRF → 뇌하수체 ACTH 분비 → 부신피질의 호르몬의 분비 → 전신기관).

부신수질은 피질과는 해부학적으로 근접해 있지만 발생적 기원은 다르다. 피질은 중배엽성, 수질은 외배엽성이다(발생 초기 특정 조직이나 기관을 만들어내는 세포층에서 형태형성운동에 의해 세포의 위치에 따라 외배엽과 내배엽 그리고 중간에 중배엽 mesoderm이 생겨난다). 부신수질은 ACTH의 조절을 받지도 않으며 교감신경에 바로 연결되므로 교감신경의 조절을 받는다. 따라서 아드레날린은 뇌하수체의 조절을 받지 않는다.

(3) 스트레스에 따른 우리 몸의 반응과 영향

교감신경계의 자극을 받아 부신수질에서 분비되는 아드레날린은 앞서 설명되었듯이 심장기능의 항진, 말초혈관의 수축, 혈압상승, 동공(瞳孔)을 열어주는 역할을 하며 기관지근육의 이완과 간에서 당(糖)을 동원한 에너지의 공급 등의 역할을 한다. 이러한 기능은 단기적으로 보아 우리가 위협에 처한 순간을 잘 대처함에 긴요한 생리적 반응이다. 아드레날린이 강심제나 지혈제, 천식진정제 등과 같은 구급의약품의 원료로도 사용됨이 이런 이유에서이다.

교감신경의 스트레스 반응에 길항적으로 작용하는 부교감신경에 의한 코르티솔의 분비는 스트레스를 좀 더 잘 견딜 수 있도록 도와주는 "항스트레스 작용"을 한다. 이것은 지방산과 단백질을 당으로 분해하여 혈중 포도당을 증가시킴으로써 우리 몸의 에너지원이 되는 포도당이 바로 뇌로 전해질 수 있게끔 집중시켜주어 육체적·심리적인 스트레스에 적응할 수 있게 도움을 주는 것이다.

여기서 스트레스란 정신적인 것뿐만 아니라 물리적 외상을 포함하는 거의 모든 자극을 말한다. 항스트레스 작용에 쓰이고 남은 포도당은 뇌로 공급되어 기분을 상큼하게 만들어주기도 한다. 동물을 대상으로 한 실험에서, 인위적인 스트레스를 받은 동물들은 수분 이내에 코르티졸의 분비가 급격히 증가하지만, 그 분비가 차단되면 가벼운 정신적·신체적 스트레스도 견디지를 못하며 쉽게 질병에 걸려 죽기도 한다.

그러나 코르티솔 생산명령이 지속되거나 지나칠 때는 부신도 지쳐서 제 기능을 못하게 되어 생산능력이 떨어지게 될 것이며 일상생활에 지장을 줄 정도로 피로감이 심해질 수도 있다. 그러므로 신체적으로나 정신적인 스트레스가 지나치거나 만성적으로 지속됨은 문제를 일으킨다. 코르티솔이 과다 분비되면 당의 생성도 가속화될 것이다. 그러나 체내 세포에서의 사용속도가 낮아지면 혈당을 높여 인슐린 분비를 증가시키는 요인이 되기도 한다. 이는 부신성 당뇨병의 요인이 되기도 한다. 또 단백질 합성의 저하와 단백질 분해를 촉진시켜 간 이외 조직으로 아미노산의 수송이 방해될 때는 간을 제외한 모든 세포에서 단백질 저장이 감소하게 된다. 이는 근육이나 림프조직에서의 RNA합성(DNA에 저장된 유전정보가 세포의 구체적 특징이나 성질을 가진 단백질로 표현되는 과정)의 방해 내지 차단을 가져와서 면역기능의 감소로 이어진다. 또 높은 혈중농도가 오랫동안 지속되므로, 이때는 오히려 집중력이 떨어지고 신경도 예민해지게 되며, 뇌의 식욕중추를 자극하여 식욕이 늘거나 폭식을 하게 되어 체중이 증가하며 지방축적을 가져올 수 있다. 특히 가슴과 배 쪽을 중심으로 비만이 생길 수 있다(증후군 cushing). 또한 혈압이 상승할 가능성이 높고 고혈압의 위험이 증가되며 근조직의 손상이 초래될 수도 있다.

코르티솔의 과다 분비에 따른 면역기능 감소현상에 대해 좀 더 언급하자면, 코르티솔이 리소좀(lysosome, 0.25~0.5㎛ 정도의 크기로, 동물세포의 세포질에 있는 작은 과립 성분의 하나. 단일막으로 둘러싸인 구형의 구조물)에 작용하면 단백질 가수분해효소의 방출과 모세혈관의 투과성을 감소시키게 된다. 이러한 손상부위는 백혈구의 이동이나 세포성면역을 담당하는 소위 T세포의 생산을 방해하며, 백혈구의 발열물질 생성을 막아 체온 상승을 줄여주기도 한다. 이 결과가 면역체계의 억제로 이어져서 질병에 대한 저항력 감소를 가져오게 된다. 그런가 하면, 오히려 염증반응의 진행을 차단함으로써 염증으로 시작된 많은 종류의 반응을 되돌릴 수도 있고, 염증으로 손상된 부위의 회복을 촉진시키는 효과도 있다. 류마티스나 사구체신염 등에서 보는 바와 같이 질병으로 인한 손상보다는 염증으로 인한 단기적 손상이 더 치명적일 수가 있다. 그러므로 생명유지라는 큰 목표에 무엇이 더 중요한지에 따라, 우선권의 선택과 자원배분의 원리가 작동하는 것이다.

스트레스 반응으로 분비되는 당질 코르티코이드는 탄수화물과 지질 및 단백질의 대사와 소염과 항알레르기 작용 그리고 히스타민생성의 억제나 근육의 작업능력항진 등과 같은 다양한 생리작용에 관련되어 있기 때문에 의약학적으로도 유용한 화합물이다. 코르티솔이 염증성질환의 원료 의약품으로 개발되었다는 것이나 면역작용을 억제하는 기능까지 있어 류머티스나 알레르기성 질환의 치료약품으로도 활용되게 된 것도 다 이런 까닭이다.

앞서 말한 대로, 스트레스에 대처하는 동안에는 신체의 각성수준이 높아지므로 더 많은 에너지를 필요로 하게 되며 이를 충당하기 위해서는 지방과 근육자원을 지속적으로 사용하여야 하므로, 당장 급하지 않거나 불필요한 과정은 감소하거나 중단시켜서 신체가 저항에 집중할 수 있도록 할 필요가 있다. 그러나 긴장이 풀리면서 혈중 코르티솔 농도가 떨어지면 질병유발인자가 다시 활동을 하게 되고 이때부터 온 몸이 다시 아프기 시작한다. 우리가 긴장된 상태에서나 열심히 일할 때는 별로 피로감을 느끼지 못하고 있다가 일이 끝나면 갑자기 피로가 몰려드는 것은 바로 스트레스 상태의 몸을 코르티솔이 지켜주었기 때문이다. 교감신경계의 활성화와 이에 대응하는 코르티솔의 분비는 외부의 위협으로부터 우리 몸을 보호하기 위해 꼭 필요한 자동보호장치인 것이다.

스트레스에 대처하기 위해 신체의 각성수준을 높게 지속한다는 것은 지방과 근육자원을 끊임없이 사용해야 하는 상태를 만들기 때문에 소화나 성장, 성적충동 등과 같이 비교적 다급하지 않은 과정은 축소하거나 중단할 수밖에 없다. 이것도 아마 여성에서는 월경의 중단을, 남성에서는 테스토스테론과 같은 남성호르몬과 정자생산 및 성적충동의 감소나 중단 등과 같은 생식능력의 저하로 이어질 수 있을 것이다. 아울러 불안과 초조, 만성피로나 두통, 불면증 등과 같은 증상이 나타날 수 있다. 앞서 언급한 대로, 더 나아가 신체저항이 소진되고 붕괴되면서 방어기능 내지 면역기능의 더 큰 약화와 손상으로 진전되면 세균이나 바이러스 등에 의한 감염성질환에 더 쉽게 걸리게도 될 수 있다. 이는 노화를 촉진시키며 회복 불가능할 정도의 신체장기의 손상으로 종래는 사망을 초래하게 될 것이다.

3) 갈등에 대한 심리학과 생리학의 만남

프로이트(S. Freud)는 갈등의 조건을 욕구불만에서 찾았다. 이때 욕구충족의 대상을 박탈당하면 욕구를 분출할 다른 통로와 대상을 찾게 되는데, 이마저도 불가능하면 증상으로 나타난다고 했다.

증상이란 요구불만을 해결할 수 있게 하는 우회로이고 필연적으로 생긴 대리적 만족이며 무의식적 갈등과 억압된 충돌들이 뛰쳐나올 때 생기는 불안을 극복하기 위한 시도라는 것이다. 도박, 술, 마약 등의 중독, 일중독, 성(sex)중독, 쇼핑중독, 인터넷 중독 등 이런 게 욕구불만과도 맥이 닿아 있다고도 말함은 이러한 논리에서다.

어쩌면 우울증이란 것도 더 이상의 위험에 처하지 못하게 우리의 쓸데없는 행동을 억제시키고자 하는 반응이라고 설명될 수도 있다.

흔히들 인용하는 미국의 심리학자 매슬로(Abraham Maslow, 1908~1970)의 욕구단계이론(慾求段階理論, needs hierarchy theory)을 보면(Maslow, A. H., 1943, 1967), 생리적 욕구(physiological needs)와 안전욕구(safety needs) 같은 기본욕구(결손욕구 또는 하위욕구라고도 함)가 충족되고 나면, 마치 위층 계단을 올라가듯이 애정과 소속욕구(love and belonging, 이를 사회적 욕구 social needs라고 함), 존중욕구(self-esteem), 자기실현욕구(self-actualizing needs)와 같은 성장욕구가 나타난다고 했다. 인간에게 일하려는 동기가 부여되는 것이 바로 이러한 욕구를 충족시키려 함이고(동기부여이론), 이것은 나중에 성장이론(growth model)으로 발전되었다. 특히 심리적 건강과 풍요로운 삶을 유지하려면 성장욕구들이 충족되어야 하고, 이 욕구들을 채우지 못하면 무관심, 냉소, 소외, 우울 등과 같은 심리상태가 따른다고도 했다. 매슬로의 이론은 욕구서열에는 일반성이 있으며 보편적이면서도 체계화된 방식으로 작동되고 표출된다는 것이지만, 꼭 절대적인 서열이나 단계가 있는 것은 아니고 예외도 있다는 점을 나중에는 인정하였다. 사람들의 욕구에는 5가지 욕구계층만이 있는 것은 아니고 개인과 상황에 따라 달라질 수도 있을 것이며, 욕구를 충족시키기 위한 동기부여가 행동을 촉진함도 인정되지만 인간이 꼭 욕구충족만을 위해서 행동한다거나 하나의 욕구가 특정의 한 행동만을 목표로 하는 것은 아닐 것이다. 이러한 매슬로 이론을 보완하기 위해 미국의 심리학자 앨더퍼(Clayton Paul Alderfer, 1940~)가 ERG이론(existence-relatedness growth theory)이란 것을 제시하였다(Alderfer, Clayton P., 1969, 1972). 개인의 욕구를 5단계에서 3단계로 단순화시켜, 생존욕구(existence needs), 관계욕구(relatedness needs) 그리고 성장욕구(growth needs)로 구분하였는데, 욕구가 하급단계로부터 상급단계로만 진행(욕구계층 간의 만족-진행, satisfaction-progression)하는 것이 아니라 반대방향으로도 이행한다고 주장하였다. 생존욕구가 충족되어 상위욕구인 관계욕구를 추구하다 실패하면 다시 이전단계의 생존욕구로도 이행한다는 식이다. 즉, 좌절-퇴행(frustration-regression)을 포함한, 좀 더 현실적인 방법으로 인간욕구의 발로를 설명하려 하였다.

독일의 심리학자 카이져 등(Peter Kaiser and Corinna Onnen-Isemann, 2007)은 인간의 심리적 기능이 지향(orientation)과 통제(control)의 욕구, 애착과 소속의 욕구, 자기 확인의 욕구 그리고 쾌락추구와 혐오기피욕구라는, 네 가지의 기본욕구들을 충족시키려는 방향으로 설정되어 있다고 하였다(Peter Kaiser and Corinna Onnen-Isemann, 2008). 어떤 학자(Ramsbothman, 2011)는 정체성(identity), 안전(security), 생존(survival)이 인간의 동기를 촉구하는 근원적 욕구라고도 했다. 용어는 달리 사용하지만 매슬로(Maslow)의 욕구를 조금 다른 관점에서 표현한 것으로도 보인다.

그런데 심리적 기본욕구는 우리들의 뇌와도 깊이 관련이 있겠기에, 결국 갈등은 심리적 측면과 생리적 측면이 종합되어 설명되어야 한다.

욕구가 채워지는지 여부에 따라 어떤 뇌신경전달물질이 활성화 되거나 억제된다. 신경전달물질이란 신호를 전달하는 데 결정적인 중요 역할을 하는 화학물질을 말한다. 신경의 신호전달은 전기적인 방법과 화학적인 방법으로 이루어진다. 신경세포 내에서는 전기적으로 이동되고 축삭(軸索, axon, 뉴런이라는 신경세포의 세포체에서 길게 뻗어 나온 가지로 활동전위를 전달하는 역할을 함)에 도달하게 되면, 그 끝 부위에서 미량의 화학물질을 내어 연접(synapse) 공간으로 보낸다. 이 화학물질이 다른 신경세포의 수상돌기(樹狀突起, 가지돌기, dendrite, 신경세포로부터 나뭇가지처럼 뻗고 갈라진 돌기모양을 하며 다른 신경세포로부터 신호를 받는 기능을 함) 끝에 있는 수용체와 결합하게 될 때 이 신경세포가 다시 전기적으로 흥분하게 된다. 이러한 과정을 반복하면서 신경정보의 전달이 이루어진다. 따라서 뇌의 부위에 따라 특정한 신경전달물질에 민감한 신경세포들이 대개 모여 있고 서로 연결, 통로를 이루기도 한다. 그러므로 욕구의 충족여부에 따른 결과는 뇌 안의 신경회로와 결합하여 조절되는 프로그램이라고 설명될 수 있다(그림 7).

그림 7　신경세포사슬(chain of neurons)

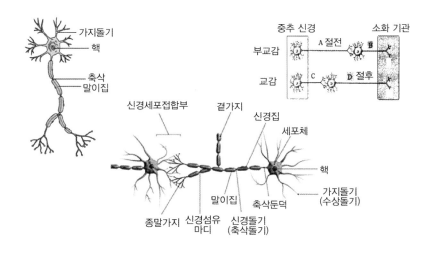

　　앞서 언급한 코르티솔의 생리학적 영향을 좀 더 발전시켜 애기하자면, 갈등
으로 스트레스를 받아 스트레스 호르몬인 코르티솔의 분비가 촉진되면, 우리 뇌
속에 있는 해마(海馬, hippocampus)의 작용이 억제된다. 해마는 바다 말과 같은 모
양을 했다고 해서 붙여진 이름이다. 뇌의 중심부에 쌍으로 위치하며 말발굽 모
양으로 보이기도 한다. 히포캠포스(hippokampos)란 말은 그리스 신화에서 말 형상
(hippo)을 한 괴물(kampos)을 지칭한다. 해마는 뇌의 변연계(邊緣系, limbic system)
안에 위치하며 사람, 동물, 모두에게 존재한다. 변연계란 뇌의 중심부에서 원처
럼 둥그렇게 도는 회로를 총칭하는 것으로 대뇌피질로 완전히 둘러싸여 있고
지름이 1cm, 길이 5cm 정도 되는 곳이다. 변연(limbic)이란 명칭은 내측 피질의
테두리라거나 주변이라는 설명에서 유래되었다. 대상회(帶狀回, lingulate gyrus, 뇌량
주변을 허리띠 모양으로 둘러싸고 있는 피질부위임. lingulate는 라틴어로 허리띠를 뜻함),
해마, 편도체 그리고 시상하부가 변연계의 중요 영역이 되지만, 전전두엽까지
포함하여 확장된 영역을 뜻하는 말로 사용되기도 한다.
　　변연계의 설명을 위해 1970년대에 미국 국립보건원의 폴 매클린(Paul D.
MacLean, 1913~2007) 박사가 제안한 삼위일체 두뇌모형(Triune Brain Model)을 조금
언급하고자 한다. 그에 따르면, 인간은 파충류와 같은 뇌(파충류의 뇌, 후뇌로 불리

는 곳, 뇌간과 소뇌로 구성됨. 뇌의 가장 안쪽 바닥에 위치)로부터 포유류의 뇌(중뇌, 감정의 뇌)를 거쳐 지금과 같은 대뇌피질(전뇌)을 갖춘 3위 일체형의 뇌로 진화되었다고 하였다(그림 8). 진화적으로 보아 3개 구조의 뇌 중, 파충류의 뇌가 가장 원시적인 뇌이며 심장박동이나 호흡, 혈압조절처럼 생명유지에 꼭 필요한 기능들을 담당하므로 "생명의 뇌"라고 불린다. 매클린이 말하는 3개 층 구조의 뇌 중, 후뇌 바로 위에 위치하는 중뇌가 변연계이다. 중간에서 위의 대뇌피질과 아래의 파충류의 뇌로 정보를 전달하는 정거장의 역할과 함께 감정기능을 수행하므로 "감정의 뇌"라고도 한다. 감정표현은 파충류에서는 볼 수 없는 포유류만이 가진 기능이므로 "포유류의 뇌"라고도 이름 붙여졌다. 매클린 박사는 해마의 큰 신경세포들이 아주 체계적으로 나란히 배열된 것을 보고는 "정서의 건반"이라고도 표현했다. 모든 포유동물에서 보이는 선사포유류의 뇌는 본질적으로 변연계라는 것이다. 여타 포유류가 드러내는 두려움, 공포감, 흥분, 애정표현 등의 감정적 작동을 사람에서는 변연계가 담당한다(MacLean, Paul D., 1998; Newman, John D., 2009). 한편, 전뇌(forebrain)의 피질은 외부환경과의 교신을 통해 입체적 인식능력과 고도의 사색능력, 판단기능, 창조적 정신기능 등의 고등정신활동인 목적지향성 이성행동을 주재하는 인간만이 가진 뇌이므로, "인간의 뇌" 또는 "이성의 뇌"라고도 한다.

그림 8 폴 매클린(Paul D. MacLean)의 삼위일체 두뇌모형(Triune Brain Model)

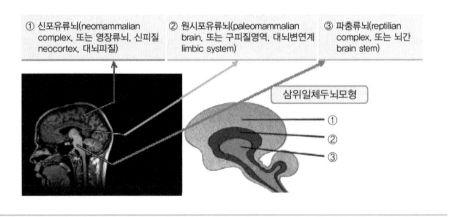

해마는 뇌에서 신경단위세포가 생성되는 몇 안 되는 곳의 하나이다. 약 140억 개의 신경세포가 모여 있다. 가장 자극이 되는 것은 공간정보인데 기억을 입체적 공간으로 보며 촉감, 소리, 지식 등 모든 정보가 일단은 해마를 통과하면서 선별된다. 과거기억의 저장소라기보다 새로운 단기기억 중에서 필요하다고 생각되는 것만 장기기억으로 전환시킨다. 단기기억은 숫자나 문자를 포함해 단어 7개 정도가 한계이고, 약 18초 쯤 지나면 거의 소멸된다고 하는데 반복해서 외우거나 소리 내어 읽게 되면 장기기억으로 변환, 저장될 수 있다고 한다.

해마에 대한 학문적 발전의 배경에는 뇌 연구자들 외에도 항상 등장하는 사람이 있다. 미국의 몰라이슨(Henry Gustav Molaison, 1926. 2. 26.~2008. 12. 2.; Benedict Carey, 2010)이다. 이 분은 해마 연구의 실험대상이 되었던 사람이고 그의 헌신으로 과학적 발견이 가능해졌다. 생전에는 그의 사생활을 보호하기 위해 성명의 첫 자를 딴 H. M.이란 이름으로 알려졌다. 몰라이슨 씨가 9살 되던 해, 어떤 소년이 몰던 자전거에 머리를 부딪쳐 뇌손상을 입었는데 이때부터 간질발작이 시작 되었다. 18년이나 지난 뒤에야 머릿속에 있던 손가락 모양의 뇌 조각 2개를 수술로 제거하였고 그 이후에는 간질발작이 사라졌지만 새로운 기억을 할 수 없는 상태가 되었다고 한다. 뇌 속 깊은 곳에 있던 뇌 조각을 제거하기 위해 먼저 해마부위를 절제하여 접근했던 결과였다. 당시 대부분의 과학자들은 기억이란 것이 뇌 전체에 분산 저장된다는 가설을 믿고 있었으므로, 몰라이슨 씨의 기억력 장애가 해마의 손상 때문이라고는 생각하지를 못했다. 이후 50년 간에 걸쳐, 몰라이슨 씨는 학자들이 자신의 몸을 이용하도록 적극 도왔고 그러한 헌신과 과학자들의 노력으로 기억력(memory)에 관련하여 매우 중요한 학문적 발견과 발전이 이루어졌던 것이다.

해마의 뇌세포는 약 1천만 개에 달하며, 노력을 하면 그 수가 증가할 수도 있다고 한다. 해마는 공간탐색, 기억의 저장과 상기(想起)에 매우 중요한 역할을 하므로 해마가 없으면 전에 배운 것은 알고 기억하지만 새로운 학습과 기억은 안 된다. 즉, 해마는 새로운 사실을 학습하고 정보를 단기간 저장하고 있다가 대뇌피질로 전달하는 역할을 하는 곳이라고 할 수 있다.

그런데 해마를 스트레스 호르몬에 직접 노출시키면 해마의 특정 부위에서 수상돌기가 감소하며 정보를 주고받는 연결부위인 시냅스 종말의 구조도 변경 된다고 한다. 따라서 정상적인 정보전달이 불가능해진다. 스트레스 상태가 계속 되면 해마의 크기도 줄어든다. 이것이 해마가 기억장애를 일으키는 요인이 된다 고 설명한다. 해마 적출수술을 받은 사람은 수술 후 처음 만난 누군가와 한참 대화를 나눈 후 헤어졌다가 다시 그를 만나면, 그가 누군지, 무슨 말을 나누었는 지를 기억하지 못한다. 치매환자가 자기 집을 찾지 못하고 방황하는 것은 특정 장소와 시간에 따라 그 장소변화의 기억을 담당하는 해마 속의 장소세포(place cells)에 손상이 생겼기 때문이라고 보고하고 있다(Sébastien Royer 등, 2013). 장기적 스트레스의 영향 하에 있었던 외상후스트레스장애(PTSD) 환자들은 해마의 부피 가 10~20% 정도 감소되었음이 관찰되기도 했다.

사람에 따라서는 갈등에 더 민감하며 동일한 스트레스에도 더욱 강하게 반 응하는 사람이 있다. 이것은 스트레스 취약형 모형(Vulnerability-stress model)이란 연구결과로도 설명되는데, 유전적 소인이나 뇌신경계의 이상을 가진 개인이 환 경과의 상호작용경험을 통해 특정한 심리장애에 취약한 인지적, 행동적, 정서적 특성을 나타낸다는 것이다. 개인의 특성과 환경과의 상호작용을 강조하는 것이 다. 취약성을 지닌 개인이 환경적 스트레스 여건 등에 노출되면 심리장애를 일 으키는데 그 수준의 높낮이도 다르다고 했다(Perris Carlo, 1988; Benjamin L. Hankin and John R. Z. Abela, 2005). 생물학적 요인이 분명하지 않은 불안장애나 성격장애, 정신분열증 등에도 적용된다. 헤임 등(Christine Heim, 2000)의 주장에 따르면, 유아 기에 학대나 폭행을 당한 경험이 있는 사람이 그런 경험이 없는 사람에 비해 해 마가 더 쪼그라져 있고, 스트레스를 받는 빈도도 훨씬 높고 우울증에도 더 잘 걸린다고 했다.

또 코르티솔의 분비는 전전두엽피질(前前頭葉皮質, prefrontal cortex)의 작용도 방해한다. 대뇌피질 중 전전두엽피질은 상황과 논리적 판단, 해결책 마련, 추리 력 등 고도의 인지능력을 수행하는 곳이며 개인의 인격이 들어있는 곳이다. 이 곳의 작용에 방해가 생기면 논리적이고 이성적인 판단능력이 떨어지고 반사회 적인 행위를 하게도 된다. 스트레스를 받으면 사고력이나 결정력이 떨어지는 것 은 그런 이유다. 스트레스가 심해지면 감정통제가 안 되고 나중에 후회하게 될 어처구니없는 바보 같은 행동을 하게 되는 것도 이런 연유에서다. 뇌신경 생리를 이해하면 스트레스를 받아 흥분해서 미친 듯이 날뛰는 사람이나 아주 비상식적인 반응을 보이는 사람들이 이해되기도 하지만, 그러한 흥분상태는 큰 사고로 이어질 수도 있다.

이러한 현상들은 한편으로는 세로토닌(serotonin)이라는 신경전달물질의 기능 활성화와도 관계가 있다. 스트레스로 인한 코르티솔의 분비는 세로토닌의 분비와 그 기능을 억제하기도 한다. 세로토닌의 약 80%가 소화관 내에 존재하는데, 특히 부신수질의 대부분을 구성하는 신경내분비세포인 장크로뮴 친화세포(chromaffin cell, 세포 내에 대량 함유된 교감신경자극전달물질인 카테콜아민 catecholamine이 크롬염 K2CrO4 처리로 산화되어 황갈색으로 염색됨)에 있다. 또 교감신경계의 신경절(ganglion)에도 일부 존재하며 혈소판과 중추신경계에도 있다. "행복한 감정"을 느끼게 해주므로 "행복물질"이라고 불리기도 한다. 세로토닌은 일종의 진정제 역할을 하는 물질로 이 물질대사가 좋지 못하면 기분이 쉽게 나빠지고 우울과 두려움에 빠지거나 흥분을 잘하기도 한다. 우울증환자나 자살자의 뇌에는 세로토닌과 그 대사산물의 농도가 일반 사람보다 낮았다고 보고되어 있다. "사촌이 땅을 사면 배가 아프다"란 말이 있는데, 불행감도 소화관의 세로토닌 농도로부터 시작되는 것인가 하는 상상을 하게 한다. 기분조절뿐 아니라 혈관과 근육수축, 장관운동촉진 등의 기능에도 관여한다. 체온이나 혈액순환이 떨어지면 세로토닌 농도도 낮아진다고 한다. 따뜻한 욕조에 들어가서 기분이 좋아진다면 세로토닌 분비의 효과일 수도 있다.

자라면서 좋은 양육조건에서 애착과 통제를 경험한 아이들은 세로토닌 기능의 활성화가 촉진되어 있어 스트레스에도 잘 견뎌낸다고 한다. 좋은 유전적 성향을 타고 났지만 제대로 보살핌을 받지 못한 아이보다는 기질이 나쁘고 일시적으로 나쁜 경험을 가졌으나 애정과 섬세한 보살핌과 신뢰 속에서 잘 자라난 아이가 스트레스에 대한 저항력이 강하다고도 한다.

모험적이며 행동적으로 즐거움을 추구하는 경향을 나타내는 도파민(dopamine)이란 신경전달물질이 여러 곳에서 세로토닌의 통로와 만나는데, 세로토닌의 억제력과도 관련되어 있다. 거꾸로 말해, 세로토닌이 도파민이나 노르아드레날린과 같은 물질을 통제하여 평상심을 잘 유지함으로써 행복감을 주는데 도움이 된다고도 말할 수 있다. 도파민은 가장 강력한 천연각성제이며 "사랑의 환상"을 주는 물질이라고 부르는 사람도 있다. 필요이상 분비되면 환각이나 편집증을 드러내기도 한다. 오르가즘의 느낌은 도파민이 과량 분비된 결과라고도 한다. 반면에 부족할 때는 의욕과 집중력이 떨어지고 우울증상을 나타내기도 한다. 저하상태가 계속되면 몸이 떨려 사지를 가누기 힘들어 질수도 있다. 떨림, 경직, 자세불안 등을 나타내는 파킨슨병(Parkinson's disease)도 도파민 신경세포의 소실로 발생하는 신경계의 질환이므로 도파민이 그 치료제로도 사용된다. 과도한 스트레스나 정신적 피로감과 과로 등이 도파민 부족을 일으키는 원인이 될 수도 있다. 그러므로 우울증은 세로토닌, 노르아드레나린(노르에피네프린), 도파민 등 뇌신경전달물질이 관련되어 있다.

엔도르핀(endorphin)이란 신경전달물질은 내인성 모르핀(endogeneous morphine)이라는 의미인데, 뇌와 뇌하수체에서 생성되는 아편 유사제이다. 고통을 완화하는 작용을 하며 스트레스로 부신이 자극되면 엔도르핀이 나와서 진통작용을 유도하게 된다. 장거리달리기에서 엔도르핀이 분비되어 기분변화를 체험하기도 하는데 위약효과(placebo effect)도 엔도르핀에 기인한다고 한다.

이번에는 편도체(amygdala)로 얘기를 옮겨보자. 해마의 끝부분, 아마도 뇌에서 가장 안전한 위치라고 할 수 있는 뇌의 한가운데에 편도체라는 것이 달려있다. 아몬드(almond)처럼 생겼다고 해서 "amygdala"라는 이름이 붙여졌다(Latin어 "almond", 그리스어 "amygdalē"로부터 유래).

10가지 이상의 핵으로 이루어져 편도복합체를 구성하며, 크게 기저외측핵(basolateral nuclei), 피질내측핵(corticomedial nuclei), 중심핵(central nuclei)이란 세 개의 피질영역으로 나누어진다. 기저외측핵은 전두엽과 연합감각피질로부터 신경정보 입력을 받으며, 피질내측핵은 후각에서 연접하게 되고, 시상하부와 뇌간의 정보는 중심핵으로 입력된다. 즉, 시각, 청각, 체감각 등을 통해 들어온 원초적 생명보호에 중요한 두려움이나 위협, 공포 등의 정보들이 편도체의 기저외측핵으로, 여기서 다시 대뇌피질로 전달되어 감정적 경험을 만들어 낸다. 감각신호 중 후각신호는 피질내측핵으로 들어온다. 편도체로 들어온 감각신호가 중심핵으로, 다시 자율신경계로 신호를 보내면 시상하부로 전달되며, 그 반응은 스트레스 호르몬의 분비 등 생리반응을 이끌어 낸다. 뇌의 신경회로를 들여다보면, 편도체로부터 전전두엽으로 들어가는 신경섬유가 전전두엽에서 편도체로 들어오는 신경섬유보다 수적으로 우세한 점이나, 편도체로부터 입력되는 감정신호가 행동을 조절하는 전두엽이나 운동중추에도 영향을 주고 있음을 보면, 인간의 판단이나 행동이 왜 감정의 영향을 받게 되는지를 짐작할 수가 있다.

편도체는 태어날 때부터 이미 잘 발달되어 있지만 생후 2~3년이 지나야 제 기능을 시작한다. 그러므로 대뇌피질을 통한 언어와 규범 등을 습득하기 전에는 이곳을 통해서 원시적인 감정이 표출된다.

실험적으로 원숭이의 편도체를 손상시키면 뱀이 나타나도 공포반응을 나타냄이 없이 태평하게 있는데, 뱀을 위협적인 존재로 평가하지 않기 때문이다.

원숭이의 왼쪽 눈으로 들어가는 자극만 편도에 연결시킨 실험에서도, 원숭이는 오른쪽 눈이 아니라 왼쪽 눈으로 들어온 위협적 자극에 대해서만 공포나 놀라는 반응을 보였다고 하였다. 시각적 자극이 편도체에 도달하여 위협적인 것이라고 평가될 때만 공포를 경험한다는 증거이다.

편도체가 손상된 사람은 시각적, 청각적 자극이 포함된 정서적 단서를 탐지하는 능력을 잃게 되므로 다른 사람의 위협적인 표정을 읽지도 못하며 공포를 유발하는 괴상한 소리를 알아채지도 못한다. 편도체에 손상이 생긴 쥐가 고양이 등에 올라타는 일이 생긴다면, 이 때문일 것이다. 공포를 경험하기 이전에 두려워할 만한 대상이 있다고 결정하는 곳, 심지어 대상에 대한 지각이 없어도 잠재적으로 위협이 되는 대상에게 신속히 반응하도록 하는 곳이 편도체라고 할 수 있다. 있는 그대로의 자극표상이 편도체에 전해지면, 우리가 의식적으로 미처 이해 못하는 정서반응이지만, 잠재적 위협에 곧바로 반응할 수 있게 되는 것이다. 이렇게 정서와 관련된 평가에는 편도체가 결정적 역할을 한다. 어떠한 자극에 대하여 정서와 관련된 측면을 평가하는 과정을 정서적 평정(情緖的 評定, emotional ratings)이라고 한다. 근래에 와서 공포에 관련된 기억의 저장과 재생(retrieval)이 시상하부에 있는 실방핵에서 조절되는 것으로도 보고되고 있다(Do-Monte, Fabrico H. 등, Penzo, Mario A. 등, 2015).

메두사(Medusa)는 그리스 신화에 나오는 3명의 자매 괴물 중의 한 명이다. 지혜의 여신인 미네르바(Minerva)보다 자신의 머릿결이 더 검고 짙으며 월등히 아름답다고 떠벌리고 다니다가 미네르바 여신의 저주를 받아 머리카락 하나하나가 모두 뱀으로 변하게 되었다. 이 후 메두사의 모습을 보는 사람들은 엄청난 공포와 두려움에 몸서리치다가 돌로 변했다고 한다. 공포에 질려 정신을 잃거나 돌로 변하기까지 하는 이러한 반응은 편도체에 전기적 자극을 심하게 주었을 때 생기는 반응과도 유사하다.

실험적으로 편도체에 전기자극을 가하면 자연적 스트레스 상황과 같은 현상이 벌어진다. 눈동자가 커지고 방어내지 경계행동을 보이며, 교감신경의 자극으로 심박동수 증가, 피부통각둔화, 에피네프린 분비량 증가 등으로 이어진다. 위기상황에서는 눈을 더 크게 떠서 잘 보고, 몸을 잽싸게 잘 움직여야만 도망치거나 자신을 보호할 방안을 신속하게 찾는데 도움이 될 것이다. 이러한 신체적 변화는 당연 위기상황의 대처에 유리하기 때문이다.

그러나 지나친 혈관확장은 급격한 혈압강하로 이어질 것이고 혈압저하는 심장에서 밀어내는 혈액량의 감소로 연결되면서, 다시 혈압저하라는 악순환의 고리를 만들 것이다. 이때는 심장보다 위쪽에 있는 뇌로 보내지는 혈액량부터 감소하게 될 것이므로 이것이 뇌의 산소부족상태를 초래한다. 적당히 무서우면 도망을 치겠으나 너무 무서우면 실신하게 되거나 돌처럼 굳어지게 되는 이유이다.

가수이며 록밴드 "The Amygdaloids"의 기타연주자이기도 한 뇌신경학자 르두(Joseph E. LeDoux, 1949~) 박사는 공포자극이 시상을 거쳐 바로 편도체로 가서 경험을 일으키는 것을 "고속통로"라고 하고, 대뇌피질을 거쳐서야 경험이 일어나는 것을 "저속통로"라고 표현하였다. 쥐로 실험한 결과를 보면 시상경로를 통해 청각자극을 편도체까지 도달케 하는 데는 1000분의 12초가 걸리지만, 피질경로를 통해서는 거의 2배가 걸린다고 한다(Joseph LeDoux, 최준식 역서 2011년판). 편도체가 위협대상에 대해 우선적으로 신속하게 공포경험을 만들어낸다면, 대뇌피질은 이보다 느리지만 보다 정확한 정보를 나중에 전달하게 된다는 것이다. 현재의 경험을 유지하거나 억제하는 반응은 편도체가 반응한 이후에 대뇌피질로부터 오는 "저속통로"에 의해서 전달된다. 그러니까 정서자극의 통로는 2개이고 동시에 자극신호를 보내지만, 시상에서 편도로 보내진 신호가 1차적으로 해석되어 즉각적인 반응을 가져오며, 시상에서 피질로 가는 정보는 종합적 판단을 담당하게 된다고 할 수 있다.

그러면 해마와 편도체, 전전두엽(전두엽의 앞부분)피질의 관계는 어떠할까?

해마와 편도체 그리고 전전두엽피질은 서로 밀접한 관계를 가지고서 상호작용을 한다. 편도체의 활동이 활발해지면 해마의 움직임도 활발해진다. 해마는 정보를 조직화 하고 정렬하는 역할을 한다. 이 정보를 바탕으로 편도체가 교감신경을 활성화 시키는 경향을 억제시키거나 중단시킨다. 편도체가 좋고 싫음을 판단하는 기관이라면, 해마는 그 정보가 필요한지를 판단한다는 기관이다. 예를 들어, 우리가 뱀을 보고 도망가야겠다는 생각을 하기도 전에 편도체가 먼저 반응하여 깜짝 놀란다. 그러나 진짜 뱀이 아니라 장난감 모형이라는 걸 인지한 해마는 안전하니까 도망치지 않아도 된다고 편도체의 반응을 억제시킨다. 르두 박사의 설명에 따르면, 고등동물일수록 행동통제력이 대뇌피질 쪽으로 이양되어 있지만, 변연계부위는 자율신경계 중심기관들과 지속적이고도 강한 연결을 가지므로 실질적으로는 내부 장기로서의 활동(그는 후뇌를 장기뇌 visceral brain라고 명명)을 계속해서 지배하며, 기본적인 추동(drive)과 관련된 정서적인 행위의 조절을 담당하고 있다고 하였다. 또한 인간의 사고와는 달리 정서를 이해하기 힘든 이유는 해마와 대뇌피질의 구조적인 차이 때문인데, 즉 해마피질의 세포구조가 피질에 비해 분석기로서 효율적이지 못함에 기인한다고 하였다. 해마피질의 "동물적이고 원시적인 구조로 인해 의사표현이 불가능하므로 지성의 손아귀를 벗어나는 것"이라고 표현하였다.

그런데, 아주 심각한 일을 겪었을 때는 전전두엽피질에서 이러한 경험을 뚜렷하게 기억하게 됨으로써 오래도록 남겨두게 된다. 예를 들어, 극심한 공포상황과 같은 기억은 오래 남겨두어야만 할 것이다. 그러한 기억이 바탕에 있을 때, 같은 위기상황을 벗어나는데도 유리할 것이다. 이것은 진화과정에서 터득한 산물일 수 있다. 그렇지만 문제는 기억이 너무나 선명하게 남아서, 특별한 위험이 없는데도 공포와 불안을 느끼는 경우가 생길 수도 있다는 것이다. 바로 공황장애나 불안장애, 외상후스트레스장애(PTSD) 등의 경우다.

자라나는 아이와 양육자 간의 관계가 안정되어 있으면 해마가 잘 발달하면서 편도체와의 반응과도 균형을 맞추어 간다. 그러나 발육 중에 양육자로부터 정신적 외상을 입게 되면 해마의 발달이 일시적으로 멎거나 억제되어 과잉 경계를 보이는 편도체의 반응성이 조절되지 않는 상태로 남을 수도 있다.

편도체는 정서를, 해마는 기억을 담당하지만, 여러 가지 감정들이 학습에도 영향을 준다. 쥐는 어두운 곳을 좋아하므로 밝은 방에 있던 쥐에게 어두운 방문을 열어주면 그곳으로 내뺀다. 그러나 몇 초 후 어두운 방에 전기충격을 주면, 나중에 쥐는 그곳을 회피하게 된다. 이것을 억제적 혹은 수동회피학습(passive avoidance learning)이라고 하는데, 이것은 스트레스가 편도체에 영향을 주었기 때문이다. 편도체를 없앤 뒤에 억제적 회피학습을 하면 그러한 반응이 생기지 않는다. 편도체가 없으면 학습도 원활하게 이루어질 수 없음을 보여주는 증거이다.

또한 우리가 일상적으로 스트레스를 계속 받게 되면 편도체가 더욱 활성화된다. 그 결과 실제보다도 그 스트레스의 강도가 더욱 증폭된다. 이러한 상황에서는 "스트레스에 대한 기억"이 발달된다. 마치 감작된 면역세포가 외부 항원을 인식하여 민감하게 공격대열을 형성하듯이, 불안감은 더욱 확장되어 병적인 상태로 발전된다. 시험공포증과 같은 것도 이래서 생긴다.

"자기실현적 예언"이란 것이 있는데, 자기는 시험을 망칠 것이라고 미리 예측하고 지레 두려워한다. 특정 자극에만 선택적으로 주의를 집중하게 되어 다른 정보나 자극은 억제되거나 전달되지 않는 상황이 발생하여 치명적인 오판을 낳기도 한다. 마치 뱀의 눈빛에 압도당해 옴짝달싹도 못하는 쥐 꼴이 되는 것이다. 도망칠 길이나 기회가 주어져도 알아채지도, 헤어나지도 못한다.

부모의 사랑과 관심, 보호를 받지 못해서 지속적인 공포와 불안을 느끼면서 자라난 아이들은 편도체 비대증으로 발전하여, 공격적, 부정적, 배타적인 사람으로 성장할 수도 있다고 한다.

여기서 부언하고 싶은 것은 우리들 뇌에서 전개되는 여러 현상들을 설명함에 있어서 뇌의 특정 영역의 중요성과 관련성이 강조되기도 하고 어느 부분이 고도로 특화 되어 있음이 밝혀지고도 있지만, 우리 뇌를 구성하는 시스템의 수많은 영역들은 서로 조화와 협응(協應, coordination) 속에서 상황과 영향에 따라 특수하고도 유연하게 진행된다는 것이다. 언어, 추론, 지각, 학습, 기억, 정서, 느낌, 감정 등 인간 마음을 구성하는 뇌기능의 그 어느 것도 단 하나의 영역의 통제만으로 이루어지지는 않는다는 점이다.

요약하자면, 갈등에 대한 반응도 개체가 처한 여러 사회환경의 영향과 심리 및 생리적 과정이 혼재하고 있으므로, 단순히 갈등으로부터 표현된 반응을 관찰하거나 이론적 모델에만 근거하여 갈등의 원인을 일반화 한다든지 그 강도나 원인을 추정하고 평가함은 오류를 가져올 수 있다. 개별적 상황에 따라서도 반응은 크게 다르게 나타날 수도 있다. 갈등의 요인은 동일하다고 하여도 그것이 관련자에게 주는 영향과 그 결과로 인한 반응 및 그 전개 양상은 매우 다양할 수 있음을 이해함이 갈등의 전반적인 요인을 파악함에도 도움이 된다.

제 2 장

갈등에서 벗어나기
– 갈등의 해결

갈/등/에/서/벗/어/나/기

제2장

갈등에서 벗어나기 – 갈등의 해결

갈등이 무엇인지, 왜 생겨나는지, 우리 몸은 갈등에 대해서 어떻게 반응하고 영향을 가져오는지 등을 전반적으로 살펴보았다. 이제부터는 이 갈등을 관리하고 해결하기 위해 많은 사람들의 관심과 학문적 또는 실행적 발전을 이룩하게 된 배경과 그리고 과연 갈등의 해결에는 어떤 방안들이 제시되고 있는지를 생각해보기로 한다.

"갈등"이란 말과 "해결"이란 말이 결합되어 탄생된, "갈등해결"이란 용어가 의미하는 바는 응용학문의 한 분야를 지칭하는 것인 동시에 실천적 전문영역을 말하는 것이기도 한다.

정립된 학문 분야로서 갈등해결이 출발할 수 있게 된 것은 핵무기가 개발되고 초강대국 간의 갈등이 인류의 생존에 큰 위협으로 느껴지던 1950년대와 1960년대 냉전이 고조되던 시기였다. 미국이나 유럽 등의 여러 학문 분야에서 일하던 사람들이 갈등이란 어디서나 생길 수 있는 일반적인 현상으로 인식하면서 갈등 분야에 흥미를 가지게 되었으며, 함께 연구할 가치가 있다는 생각을 공유하는 학자들이 늘어나게 되었다. 이들이 학문적 연대를 이루고 연구기관 등을 설립하여 갈등해결 연구에 박차를 가하면서 관련 연구는 급속한 성장 발전을 가져오기 시작하였다. 연구 분야는 국제적 위기상황이나 내전, 사회갈등의 연구에서부터 협상과 조정 그리고 게임 연구 등으로까지 다양하게 확산되었다.

2. 갈등해결이라는 용어

"갈등"이라는 말도 다른 단어와 혼용되어 헷갈림을 줄 때가 있지만, "갈등"과 "해결"이 합성된 "갈등해결"이란 용어에서도 비슷한 상황이다. 우리말로 표현하면 영어의 "solution"이나 "resolution"이 다 같이 "해결"이라고 번역될 수도 있겠지만, 갈등해결이라고 할 때 영어에서는 "resolution"을 사용한다. "solution"은 수학문제의 답을 찾듯이, 주로 개인적인 문제의 명료하고 명확한 해답(answer)을 찾는 방법 또는 그 과정을 의미한다. 문제에 대한 답이나 설명을 할 때 solution을 사용한다는 의미이다. 예를 들어 컴퓨터로 작업한 문서를 복사하려는데 잘 되지를 않아서 원인을 찾아보니(문제), 인쇄기에 종이를 채우라는 메시지가 있었다(해답). 종이를 채우고 나니 인쇄가 잘 되었다(문제가 해결 solution). 이는 원인이 명백한 경우이므로 바로 답이 주어질 수 있었다. 그에 비해 "resolution"은 주로 여러 사람이 모여 어떤 결정이나 결의를 하거나 문제의 해결책을 찾는 것을 말한다. 인쇄기에 종이도 넣어져 있고 프로그램에서도 어떤 문제를 발견할 수가 없는데 "결함(error)"이 있다는 메시지가 나오면서 인쇄를 할 수가 없는 경우이다. "resolution"은 "무엇을 하기를 원하는가?(What you want to do?)"이며, "solution"은 "그걸 어떻게 하려는가?(How you're going to do it?)"로 그 차이를 설명하는 이(John Palinksi)도 있다. 이런 식의 질문이 과체중인 사람에게 주어진다면, "resolution"은 "체중감량"일 것이며, "solution"은 다이어트일 수 있다.

버튼(Burton, J. 1986, 1991)은 분쟁(dispute)과 갈등(conflict) 그리고 함께 활용하는 타결(settlement)과 해결(resolution) 간의 차이와 구분 사용방법을 설명하면서, 분쟁과 갈등이 혼용되는 것처럼, "settlement"와 "resolution"에서도 같은 현상이 있다고 했다. "dispute"는 협상이 가능한 이해관계를, "conflict"는 협상이 가능하지 않은, 절충될 수 없는 존재론적 인간의 필요성과 관련된 문제를 다루는 것이며, 한편으로 "settlement"는 "dispute"에 대한 협상이나 중재의 결과이며, "resolution"이란 "conflict" 상황에서 모두에게 내재되어 있는 필요성을 만족시켜주는 결과를 말한다고 하였다. 그러므로 "dispute settlement"라거나, "conflict resolution"이라고 사용해야 한다고 주장했다.

램스바텀(Ramsbotham, 2011) 등에 의하면, 갈등해결에 관련하여 사용하는 용어에는 "conflict containment(갈등방지)", "conflict management(갈등관리)", "conflict settlement(갈등타결)"이나 "conflict transformation(갈등전환)" 등도 포괄적(umbrella term)으로 사용되고 있다고 하면서, 갈등방지란 평화유지나 전쟁의 제한(지역적인 억제, 완화, 조기 종식 등)을 함축한다고 했다. 갈등관리는 "갈등통제(conflict regulation)"란 말과 호환되기도 하는데, 적극적으로 갈등을 다루려는 전반의 영역에서 쓰이는 일반적 용어(generic term)라고 했다. 그러나 갈등해결의 근본적인 대응보다는 기존의 상황을 유지하거나 관리 가능한 수준으로 통제하거나 봉합함으로써 현안으로 떠오르지 않게 하는 수준이므로 갈등해결이란 용어와는 혼동하지 말 것을 주문하였다. 갈등타결이란 당사자들이 갈등을 끝내고자 마침내 합의에 도달함을 말한다. 갈등의 종식을 나타내는 말이지만 합의 후에도 흔히 갈등은 재연되기도 한다. 즉, 갈등의 행태나 근간에 놓인 구조적 모순은 드러내지 못하는 상태일 수 있다. 갈등전환은 갈등해결을 넘어 의미 있는 더 깊은 진전을 뜻하기도 한다. 갈등을 유발하는 제도, 담론, 갈등당사자와 그들의 관계에까지도 깊은 변환을 가져오는 것이며, 바탕에 있는 구조적, 문화적 변화까지도 포함한다. 이것은 갈등해결에서 궁극적으로 추구해야 할 목표임에 틀림없다.

그럼에도 갈등해결(conflict resolution)이란 용어를 계속 사용하려는 이유를 램스바텀 등은 다음과 같이 설명하였다(Ramsbotham 등, 2011).

첫째는 갈등해결이라는 새로운 분야가 등장한 초기부터(1957년) 이 용어를 사용하기 시작하였다(예: Journal of Conflict Resolution).

둘째, 지금도 학자들의 저서명 등에서 가장 널리 사용되고 있는 용어이다.

셋째, 이 용어가 매체라든지 대중에게도 현재 가장 친근한 용어이다.

넷째, 갈등전환(conflict transformation)이란 용어는 본질적으로 불명확하며, 어느 방향으로 전환되어야 할지를 입증하기 전에는 사용하기 어렵다는 점이다.

3. 갈등해결 역사의 변천

램스바텀 등(Ramsbotham 등, 2011)은 평화학의 입장에서 갈등해결의 기원으로부터 시작하여 기반조성과 그 발전으로 이어지는 단계를 4세대에 걸쳐 설명한다. 즉, 제1세대(1918~1945)를 선구기(precursors), 제2세대(1945~1965)를 기초확립기(foundations), 제3세대(1965~1985)를 통합기(consolidation), 제4세대(1985~2005)를 재구성기(reconstruction), 2005년 이후를 제5세대로 나누었다.

그가 기술한 바를 토대로 재구성하면 다음과 같다.

제1세대는 1차 세계대전을 방지하려던 움직임들이 "평화학"의 발전으로 이어졌던 시기였다. 자연과학자들은 주로 평화의 원인보다는 전쟁의 원인에 대한 연구를 수행하였다. 또 의학전문 분야에 있던 학자들은 전쟁을 질병과 같이 취급하여 진단이나 치료에 앞서 증상이나 병인에 대한 지식이 선행되어야 한다는 생각을 하였으며 전쟁으로 인한 신체적이며 정신적 비용을 이해하려는 연구들을 시도하였다.

제2세대에서는 제도화된 갈등연구가 지속적으로 발전하였던 시기였다. 거기에 새롭고 긴급한 평화에 대한 위협요인으로 떠오른 핵무기 문제가 추가되었다. 일본의 히로시마와 나가사키에 원폭투하가 이루어진 후, 평화와 갈등에 대한 연구소들이 나타나기 시작한 것도 그런 연유에서이다. 1945년 렌츠(Theodore F. Lentz)에 의해 미국 센트 루이스(St. Louis)에 설립된 평화연구소(The Peace Research Laboratory)도 그 예이다.

이 시기에 등장한 가장 중요한 인물들로 볼딩(Kenneth Boulding)과 갈퉁(Johan Galtung) 그리고 버튼(John Burton)을 들었다. 그들과 관련되는 업적들을 살펴보면 다음과 같다.

볼딩(Kenneth Ewart Boulding, 1910~1993)은 당시 미국 미시건(Michigan) 대학을 중심으로 평화의 형성과 갈등의 연구에 기여한 인물이다. 그는 전쟁방지에 초점을 맞추어 국제기구의 개혁과 연구 및 정보능력의 개발을 위해 헌신하였으며, 여러 학자들과 힘을 모아 갈등해결 학술지(Journal of Conflict Resolution, 1957)의 발간에도 기여하였다.

한편 유럽을 중심으로 한 노르웨이의 갈통(Johan Galtung, 1930~)은 1964년 평화연구지(Journal of Peace Research)를 창간하였으며 직접적인 폭력과 구조적 폭력 그리고 문화적 폭력을 구분하면서 갈등의 삼각구도(conflict triangle=태도, 행동, 모순적 상황) 개념을 소개하였다. 또 소극적 평화(negative peace, 직접폭력이 없는 상태)와 적극적 평화(positive peace, 구조적이며 문화적 폭력까지를 극복함)를 소개하였다.

국제적, 사회적 갈등연구에서 새로운 지평을 연 사람이 호주 출신의 버튼(John Wear Burton, 1915~2010)이다. 전반적 현상으로서의 사회갈등연구와 다학제적인 갈등의 통찰을 보였으며, 국제적 갈등해결에서 통제된 의사소통(controlled communication)과 문제해결방법<problem-solving method, 이는 Charles Sanders Peirce가 1958년도에 발간한 귀추(歸趨)의 논리, "logic of abduction"가 철학적 근원이 되었다고 한다. "귀추"란 어떤 현상에 대하여 논리적으로 "최선을 가능하게 하는 추리과정"을 말한다>을 사용하는 이론과 기술발전에 기여하였다. 1966년에는 갈등분석센터(The Centre for the Analysis of Conflict)를 설립하였다.

버튼의 연구에 영향을 준 배경적 설명을 추가하자면, 갈등당사자들의 다양한 선택과 지향을 분석하는 수단으로 활용될 수 있는 게임이론(games theory), 협력적이며 경쟁적인 사회조직들의 행동을 설명하는 체계이론(systems theory), 세링(Schelling, 1960)의 경쟁전략(competitive strategy)에서의 비합리성, 라포포르트와 채마(Rapoport and Chammah, 1965)의 승자-패자적인 자기패배적 논리(self-defeating logic) 등이었다. 라포포르트 등(1965)의 자기패배적 논리에서는 "상대편의 손실을 증가시키는 것이 나의 승리와 맞먹는 것이라는 환상"이야말로 투쟁을 장기화하게 하고 갈등당사자 모두가 잃는 게임에 몰입토록 하는 이유라고 했다. 가족 간 화해나 공공조정 분야에서도 활용되고 있는 폴레(Mary Parker Follet)의 공동이익접근(mutual gains' approach)방식이나(Blake 등, 1963) 대안적 분쟁해결(ADR) 분야도 버튼(Burton)에게 좋은 영감을 준 것으로 알려져 있다(Floyer Acland, 1995). 아울러, 이러한 여러 연구들의 바탕에는 사회심리학과 사회정체성이론(social identity, 1970~1980년대에 Tajfel과 Turner가 개발한 이론으로, "사회적 집단에 소속되었다는 지각을 기반으로 하는 자기개념의 한 부분", 즉 "지각된 집단 간 지위차이, 그런 차이에 대해 지각된 정당성과 안정성 그리고 한 집단에서 다른 집단으로 옮겨 갈 수 있는 지각된 능력을 근거로 집단 간의 행동을 예측하는 이론"; 심리학용어사전, 2014)이 놓여있다.

인간관계나 집단 간 구조에 대한 사회심리학적 연구로는 집단역학(集團力學) 연구의 선구자로 일컬어지며 장(field)의 이론으로 유명한 레빈(Kurt Lewin)이 있다. 그는 집단의 친밀감이나 압박감이 집단내부의 갈등과 긍정적 관계 및 새로운 관계로의 회복에 주는 영향에 대한 연구를 발전시켰으며, 도이치(Morton Deutch, 1949, 1973)는 이러한 연구결과를 갈등해결에 최초로 접목시켰다. 그는 응집성의 높낮이에 따른 구성원 간의 동태 차이에 대한 가설과 협동 및 경쟁의 개념을 도입하였으며 집단과정이나 사회과정에 대한 연구에서도 선구적인 업적을 남겼다. 그는 소그룹이나 개인을 짝지어 놓을 때 그들 간에서 발생하는 신뢰를 연구하기 위해 "죄수의 딜레마(prisoner's dilemma)"를 응용한 심리학자이며 분배공정성(distributive justice)의 개념을 확립한 학자이기도 하다. 또한 피셔(Fisher, 1990)와 라르슨(Larsen, 1993)도 레빈(Lewin)의 연구과제였던 집단 내에서의 관계 관련 연구들을 발전시켰다. 예를 들자면, 부정적인 측면에서는 상대에 대한 인식이 나빠지고 일종의 시야협착현상인 터널시야(tunnel vision)를 형성하게 되면서 편견과 고정관념 등의 선택적인 부정적 인식을 갖게 되고, 이로 인해 억압이나 투사를 통해 공포와 적대감을 일으키게 된다는 것이다. 긍정적인 면으로는 태도의 변화와 상호이해 및 신뢰의 발달, 공통적 혹은 상위목표에 대한 발전을 가져오며 공통의 정체성을 형성함으로써 집단 간 교류를 증진시킬 수도 있다는 것이다. 나아가 세리프(Sheriff, 1966)와 도이치(Deutsch, 1973)는 이러한 연구들을 확장시켜 국제 간 갈등에도 적용하였고, 미셸(Mitchell, 1981)은 국제정치에서 결정권자들에 대한 "인식과 오인(perception and misperception)"의 연구에서 이를 잘 요약하였다.

여기서 간과할 수 없는 것은 무엇보다 매스로(Maslow, 1954)의 욕구이론(needs theory)이 갈등해결이론들에게 준 영향이다. 특히, 안전이나 자기정체성 그리고 인정에 관련된 인간의 기본적 필요성은 이해(interests)와 필요성(needs) 간의 차이가 무엇인지를 재조명하게 함으로써, 갈등의 원인분석과 해결방식으로 직접적인 연결을 가져왔다. 이해(利害)라는 것은 주로 물질인 재화에 대한 것으로 교환되거나 흥정 또는 협상의 대상이 될 수 있는 것인 반면, 필요성은 비물질적인 것이므로 거래될 수도 없고 힘이나 흥정으로 만족되는 대상이 아니라는 것이다. 그렇지만 비물질적인 인간의 필요성은 희소자원이 아니므로 공급이 부족해지는 일도 없으며, 따라서 채워지지 않은 필요성에 근거한 갈등은 적절한 이해가 따르면 해결될 수 있다는 논리이다. 관계의 경험에서 어떤 당사자가 안전과 인정에 대한 필요성을 많이 경험할수록 상대 또한 이것을 더 많이 경험하게 된다고도 했다(Burton, 1990).

제3세대의 1960년대 말~1970년대 초기까지는 첫째로 핵전쟁을 피하고, 둘째는 인간 세계의 체계상에서 불평등과 불공정을 제거하며, 셋째로는 생태적인 균형과 조절(balance and control)에 관련되는 분야를 중심으로 파괴적 갈등에 대한 이론적 이해를 구축하려는 시도가 있었다. 첫 번째의 핵전쟁을 피하기 위한 국제간 중요 노력의 예로 초강대국들 간의 공식적인 승자-승자 합의를 이룬, 소위 부분적 핵실험금지조약(Limited Test Ban Treaty=LTBT 혹은 Nuclear Test Ban Treaty=NTBT)이 있었고, 이어진 전략무기제한이나 핵확산금지조약을 위한 협상 등이 있다. 미국에서 보여준, 가족화해나 노동과 공동체 안에서의 조정, 대안적 갈등조정 전문가의 양성 등은 국내 정치수준에서 체계상 공정성 확보의 노력으로 볼 수 있다.

1970년대와 1980년대에 크게 발전한 분야가 심층갈등(deep-rooted conflicts, Burton, 1987), 다루기 어려운 갈등(Intractable conflicts, Kriesberg 등, 1989) 또는 고질화된 사회적 갈등(protracted social conflict, Edward Azar, 1990) 등에 대한 정의, 분석, 규범적 사고에 대한 연구였다. 제도적 수준에서나 공동체 집단수준에서 어떻게 하면 책임성, 투명성, 청렴성, 이해관계인의 참여와 관료들의 윤리행태를 확보할 수 있을지에 대한, 소위 "올바른 혹은 양호한 통치(good governance)"에 대한 규명이 강조되었으며, 특히 실재적 갈등에 대해 문제해결적 접근이 시도된 최초의 체계적 접근방식과 협상·조정과정 분석에서 주요 진전을 가져온 시기로 평가되고 있다. 미국 하버드대학의 연구자들을 중심으로, 이해와 입장 간 구분을 분명히 하려는 문제해결적 원칙중심협상(problem-solving and principled negotiation)과 컬(Adam Curle)의 조정이론 및 그 실행적 발전을 가져온 것도 이 시기이다.

컬(Curle)은 조정에 관련된 학문적 이론과 그 실행 간의 접목을 강조하였다.

그 외 기억할 만한 인물로 UNESCO의 도움으로 IPRA(International Peace Research Association)에서 "Newsletter" 출간을 시작한 보울딩(Elise Boulding) 여사이다. 이분은 1964년부터 IPRA의 사무총장으로 있었는데 당시 수많은 조정 관련 단체들 간의 연결고리를 만들고 촉진시켰으며, 사람들이 패배적이고 방어적인 자기껍질 속으로 움츠러드는 것을 깨어 부실 수 있는 강력한 방법으로 "미래에 대한 상상(imaging the future)"을 얘기하기 시작하였다. 평화조정이란 어떤 "공예기술(craft and skills)"과도 같은 것이며, 통합적으로 갈등을 다루는 모든 활동을 망라하는 평화실천(peace praxis)을 요구하게 된다고 하였다.

1980년대 냉전이 종식되면서 세계질서를 새롭게 규정함과 아울러 새로운 도전에 직면하게 된 것이 제4세대인데, 갈등해결 분야가 당면한 도전으로서 네 가지를 들었다. 첫째는 갈등체계의 복잡성(systemic complexity)이며, 둘째는 비대칭성(asymmetry), 셋째는 문화적 다양성(cultural diversity)이고, 마지막으로 취급난해성(intractability)이었다. 카헤인(Adam Kahane, 2007)은 갈등해결이 복잡해지는 이유로 3가지 형태를 들었다. 첫째는 각기 해결처방을 달리한다는 것, 둘째는 원인과 결과가 비선형적으로 연결되어 역동성이 복잡하다는 것, 셋째로는 하나하나가 모두 예측 불가하다는 점 때문이라고 했다. 여기에 다양한 학설과 방법론들까지 가세하여 양상은 더욱 복잡해졌다. 갈등문제를 바라보는 사회 내의 다양한 견해들도 복잡함을 더해주었다. 그러므로 체계적인 접근이 요구된다고 하였다. 여기서 갈등의 비대칭성이란 갈등당사자가 질적 혹은 양적으로 힘이 동등하지 않으므로 전통적인 협상이나 조정방법이 잘 먹혀들지 않는다는 의미이다. 문화적 다양성은 문화나 종교적 차이 등으로 발생하는 것인데 이 갈등 분야는 가다머(Hans-George Gadamer)의 철학과 그의 문화 간의 대화에서 영향을 받은 바가 크다(Malpas 등, 2002).

제5세대는 21세기에 들어 갈등대처에 필요한 혁신과 쇄신을 통해서 장기적인 인간 이해의 관점에서 비폭력적으로 평화를 유지하며 갈등을 해결하려는 진정한 해방을 위한 윤리(emancipatory ethic)가 그려지는, 새로운 갈등해결의 물결과 활동이 나타나는 시기로 설명되었다. 보울딩(Kenneth Boulding)은 1957년 발간된 갈등해결학술지(JCR=Journal of Conflict Resolution) 창간호에서 갈등해결 분야가 나아가야할 방향으로, 첫째는 당시 세계가 직면하던 가장 실제적인 문제였던 국제관계, 특히 지구상의 전쟁을 예방함에 있으며, 둘째로는 이 분야에서의 지식이 축적되면 모든 사회과학을 포함한 다양한 학문 분야가 참여하는 국제관계 연구를 수행하는 것이라고 하였다. 이는 연구센터의 설립이나 학술지의 발간 등으로 뒷받침되면서 갈등해결 연구의 지속적인 확장과 발전을 이어갈 수 있게 하였다. JCR 창간호 발간 약 16년이 흐른 즈음에서 이 학술지는 그 목적사업을 재조명 확장하였다. 그것은 정의와 평등 그리고 인간의 존엄성을 위해 국제적 갈등에 관심을 가져야 함을 강조함과 동시에 향후 매우 적합한 분야로서 생태학적 균형과 통제로 생긴 갈등에서도 다학제 간 접근의 실행을 천명하였음(Journal of Conflict Resolution 27-1: 5, 1973)을 다시 상기하고자 한다.

4. 갈등해결을 위해 제시된 여러 가지 방안들

1) 갈등해결의 접근방법 – 미시적 차원과 거시적 차원의 접근

갈등의 원인규명에서 언급되었듯이, 갈등당사자가 처한 개인문제와 상황만을 보아 갈등을 해결하려 함은 미시적인 접근이다. 문제들의 근원에 사회의 구조적 문제가 도사리고 있음을 바라보면서, 그러한 문제해결에도 관심을 가지고 접근하려 함이 거시적이며 구조적인 접근방법이다.

구조적 접근법에 의한 갈등해결에서 흔히 인용되는 것이 듀간(Dugan M. A., 1996)의 "갈등의 둥지모델(A nested model of conflict)"이다(그림 9). 이 모델은 미시적 차원의 특정 갈등이 어떻게 하여 거시적 사회제도에서의 갈등과 연관되는지를 설명해주고 있다. 듀간은 갈등의 원인을 찾아내고 해결책을 마련하기 위해 네 개의 차원으로 갈등에 접근해야 한다고 하였다. 즉, 갈등에 직접적인 영향을 주는 ① 갈등현안(issue-specific)과 ② 관계(relational) 그리고 ③ 가정이나 학교, 지역사회 공동체와 같은 작은 사회구조인 하위구조(sub-systemic) 그리고 마지막으로 ④ 국가사회와 같은 큰 구조(systemic)이다. 단편적으로 보이는 하나의 작은 사건으로 인한 갈등도 작은 하위구조나 더 큰 구조적 틀에 내재되어 있는 갈등들과 연관되어 있다는 것이다.

그림 9 　 Dugan의 갈등의 둥지모델(Nested theory of conflict)

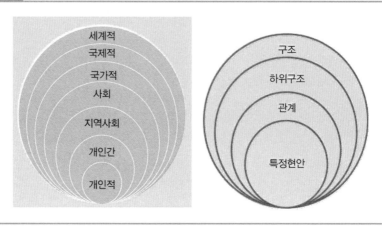

　　예를 들어, 학교 내에서 학생 간 폭력이 발생했을 때 가해학생과 피해학생 사이의 어떤 현안과 관계에서의 문제가 갈등의 원인이라는 판단이라면, 해당 문제와 갈등의 해결을 위해 우선 해당 학생들의 태도와 행동의 변화와 화해를 이끌어내고 앞으로도 서로 잘 지낼 수 있게 해줄 수 있는 전문상담조치를 취할 수도 있을 것이다. 아울러 가정과 학교에서 관련 학생들에게 애정과 관심을 더욱 환기시킬 수 있게 하는 방안도 찾을 수 있다. 이러한 방법들은 일종의 개별적이며 미시적 차원으로 접근하는 갈등해결의 방안이다. 만일 지역사회의 무관심이나 학교의 폭력방지체계와 같은 구조상 미비점은 없는지를 찾아보고 지역사회 단위나 관련된 단체들의 지원과 공동적 협력체계를 마련하도록 노력한다면 하위구조까지 갈등해결의 범위를 확장한 것이 된다. 해당 학생들과 다른 동료 학생들 간 그리고 가족의 문제, 더 나아가 학생이나 학교, 학부모에게 직접 또는 간접적으로 영향을 주는 부적절한 교육정책이나 환경과 제도 그리고 실업이나 빈부격차를 초래하는 국가사회의 큰 구조 내의 모순이 학생 간 폭력에 직간접적인 영향을 주었을 것으로 생각할 수 있다. 폭력을 유발하는 구조적 환경을 그대로 남겨두고서 학생의 태도와 행동만을 변화시키려는 것은 미시적인 방법이다. 특정 현안만을 위한 해결노력이나 해당 학교환경 등 하부구조만의 변경은 근본적 해결방법이 아니라고 생각하면서 그 원인적 해결방안을 찾아 해결방안을 확장한다면 거시적이고 구조적인 갈등해결방안으로 들어간 것이다. 이런 접근법에서는 사회의 의식수준이나 사회상황, 문화적 환경과 같은 큰 구조의 변화가 수반되어야만 유사한 형태의 갈등이 되풀이 되지 않으리라고 본다.

그런데 큰 구조의 변화를 가져오기 위해서는 많은 시간과 노력이 소요되며 현실적으로는 별로 도움을 주는 해결방안이 수반되지 못할 수 있다. 체계나 구조를 바꾸려는 시도나 그러한 접근노력이 오히려 또 다른 기득권층의 저항이나 갈등을 초래하여 더욱 복잡한 갈등으로 전개될 수도 있는 것이다. 구조적 접근을 고려할 필요 없이 실제로 당면한 현안의 해결이나 개별적 필요성만의 충족으로 해결되는 갈등도 많다. 그러므로 모든 갈등에서 구조적 접근 혹은 네 개 차원을 모두 포함하는 접근이 필요한 것은 아닐 것이다.

다만 갈등의 원인을 찾고 해결하려고 할 때, 숨겨져 있거나 표면화 되지 않고 있어 간과하기 쉬운 근본적인 문제에도 깊은 관심을 가짐이 필요하다는 것이다.

2) 인간필요이론, 문제해결식, 체계론적 접근

인간이 가지고 있는 기본적 필요성의 충족에 대한 욕구는 개인내적으로나 양쪽 당사자 간, 혹은 여러 사람들 사이에서도 생겨날 수 있으며 어떤 구조, 어떤 환경에서도 발생 가능한 본질적인 갈등요소로 간주된다. 인간의 존재이유가 되며 협상이나 억압, 통제의 대상이 될 수 없는 것이다.

보편적인 인간의 필요성 결여로 인한 갈등은 그 필요성의 충족만으로도 해결되기도 한다. 내가 나의 정체성을 지킬 수 없고 나의 존재를 인정받을 수 없으며 신체적으로나 정신적으로 안전한 환경을 유지할 수가 없을 때, 또 내가 하고 싶은 것, 추구하는 바를 내 뜻대로 수행할 수 없으며 지나친 간섭이나 통제를 받는 상태에 있다면 이러한 억압이나 폭력, 제약에서 풀려나고 있다는 생각이 들면서부터 갈등의 해결이 시작된다.

인간필요성은 타인과의 유한한 자원을 두고 벌어지는 경쟁관계를 만들지 않으므로 반드시 관계의존적인 것이라고는 할 수 없다. 또한 인간필요에 관련된 많은 갈등이 관계 측면에서 볼 때는 대개가 비효율적인 의사소통에서 발생하는 경향임이 증명되고 있다. 그러므로 필요성을 충족시키기 위한 방안으로 흔히 의사소통에 초점을 맞추고 있다. 특히 가치나 사회규범, 이념이나 종교적인 문제가 개인이나 집단에서의 필요성 충족여부 문제로 발전된 갈등의 경우는 그 해결이 결코 쉬운 것은 아니겠으나, 이 경우에도 단절되거나 비효율적인 의사소통 구조를 바꾸거나 복구시키고 직접적으로 소통할 수 있는 상호작용의 기회를 만들어주는 것이 갈등해결방안의 하나로 권고되고 있다.

갈등이 심화될수록 상호소통의 기회는 더욱 악화되고 단절되는 경향이지만, 역설적으로 말해서 그런 때일수록 갈등해결의 필요성과 상호의존의 필요성은 더욱 높아진다고 할 수 있다. 개인뿐 아니라 국가 간의 갈등상황에서도 의사소통은 갈등해결의 한 방안으로서 활용된다. 문제해결 워크숍 등과 같은 직접적인 상호소통의 기회를 제공하는 것이다. 워크숍 등을 통해 서로의 인식과 행동을 바꿀 수 있는 상호작용이 일어나며 마침내는 신뢰와 협력의 관계를 형성할 수 있기 때문이다.

버턴(Burton)이 갈등을 해결하기 위한 방법의 제시를 위해 사용했던 문제해결(problem-solving)이란 용어는 인지행동적 접근법을 활용하여 문제를 해결하려고 했던(problem-solving therapy) 즈릴라 등(D'Zurilla and Goldfried, 1971)에 의해서도 사용되었다. 버턴이 개발한 문제해결(problem solving)방식이란 "문제상황에 대처하기 위해 가능한 다양한 대응방안(response alternatives)을 마련하며 그 대안들 중 가장 효과적인 대응선택의 가능성을 증가시킴"이라고 정의한다. 정서적, 행동적 장애는 문제상황에서 적절한 대처를 못하게 하며 이로 인해 다시 더 심한 정서 행동장애를 유발할 수도 있으므로, 스스로 어떻게 문제를 해결할 것인지를 학습하여 효과적으로 대처할 수 있도록 하는 자기통제훈련(self-control training)이 필요하다고 하였다.

버턴이 제시한 효과적인 문제해결 5단계는 ① 문제지향(인식 problem orientation), ② 문제의 규정과 현실적 해결목표형성(problem definition and formulation), ③ 가능한 대안모색(generation of alternatives, 대안이 많을수록 좋다는 "양의 원칙" quantity principle, 각 대안에 대해 판단을 미루고 더 많은 대안을 고려하자는 "판단유보원칙" determinant-of-judgement principle, 다양한 영역에서의 해결을 모색하자는 의미에서 "다양성원칙" variety principle이 적용됨) 그리고 ④ 의사결정(decision making)과 ⑤ 문제해결책의 실행과 검증(verification)의 단계로 구성되어 있다. 버턴(Burton)의 이 방식은 일반체계이론(general system theory) 중에서도 일차학습이론(first-order learning)과 이차학습이론(second-order learning 또는 second-order change)에서 영향 받는 바가 크다고 한다(Ramsbotham 등, 2011). 일차학습 또는 적응학습이 행동이나 대응양식의 수정만으로 목표를 달성하려 함이라면, 이차학습이란 생성학습이라고 하여, 조직목표나 체계까지 바꾸려 함이다. 따라서 문제해결식 접근은 이차학습에 이르는 장애를 극복하기 위한 수단이기도 하다.

    체계론자였던 라포포르트(Rapoport, 1960)는 "중요한 평화 관련 문제나 필요성(need)에서 발생되는 갈등을 협력(cooperation)으로 전환시키기 위해서는 사회체계에서 2차 학습과의 통합(incorporation)이 요구되며 사회학습을 이루기 위해 가장 효과적인 방법은 과정을 설계하는 일에서부터 함께 참여(participative design process)토록 하는 것이다"라고 하였다. 버턴이 제안하였던 문제해결식 접근(problem-solving approach)은 국제적인 갈등을 해결함에 있어서 외교적 혹은 정치적 협상과는 다르게 접근하는데, 대면적 의사소통(face-to-face-communication)과 관리된 의사소통(controlled communication)을 사용한다. 워크숍 형태를 통해 각 갈등 측의 대표와 제3자를 참여시켜 물리적으로나 심리적으로 외부의 영향을 받지 않는 장소에서 서로 의사소통을 잘 하도록 해서 당사자들이 가진 상호인식과 태도의 변화를 가져오게 함으로써 문제를 해결하려 한다. 문제해결식 접근은 행동이나 갈등에서 인식체계의 발상전환(paradigm shift)을 가져오게 함이 그 중심개념인데 이는 인류가 미래에 다가올 재앙을 피하기 위한 필수적인 방안이며 일종의 전환주의자(transformationist)적 발상이기도 하다(Kelman, Herbert C., 1972). 감수성훈련(sensitivity training)을 중심으로 자신의 생각, 감정, 신념 등을 자유롭게 표현하고 또 상대를 이해하고 수용할 수 있도록 해주며 타당한 의사소통(valid communication)을 통해 집단의 발전과 목적달성을 이루려고 하는 소위 "티 집단(T-group, training group이란 의미)"의 기술이 활용되기도 한다.
    이러한 워크숍을 구성할 때 유의할 점도 몇 가지 있다. 첫째, 갈등해결을 위한 워크숍의 참여자는 내부적으로나 정치적으로 압력을 받게 되는 직접적인 결정을 책임지는 당사자들을 배제하도록 하며 영향은 주지만 비교적 외부 및 내부의 압력에서 자유로운 중간층에 있는 사람들로 구성한다는 것이다. 둘째, 갈등문제와 관련이 있는 다양한 분야의 전문가들을 패널로서 참여시킨다. 이들은 참여자들의 토론과 갈등내용 및 영향을 재구성토록 도우며 중립적 입장에서 긍정적 의사소통과 정보제공이 이루어지도록 조력한다. 셋째, 워크숍의 중요 특징의 하나가 그 내용이다. 워크숍의 내용은 정책결정자들에게 전달한다는 것을 전제로 새로운 아이디어나 해결책을 구상하며 신뢰형성에 필요한 원칙과 행동계획이 포함된 결과물을 만들도록 한다. 그러나 해결을 목적으로 한다기보다 상호의사소통과 공동작업을 하는 가운데 상대의 태도와 인식을 변화시키고자 노력하게 된다는 것이다(Ramsbotham 등, 2011).

이론생물학자였던 버틀란피(Karl Ludwig von Bertalanffy, 1901~1972)가 1940년대에 처음 제시하였던 일반체계이론에서는 전체성, 상호성, 개방성의 개념을 사용하여 유기체와 환경의 상호작용과 그 영향 및 보완적 관련성을 순환적 형성체로 보면서 문제에 접근하려고 하였다. 체계란 상호의존적이며 상호작용하는 하나하나의 부분들이면서 전체와도 연관되는 단위라고 말해진다. 체계를 구성하는 부분들의 연결관계인 조직화(organization), 어느 한 부분이 다른 부분에도 영향을 주는 상호인과성(mutual causality), 그러면서도 지속적인 항구성(constancy) 그리고 이 체계들이 물리적 공간을 차지하고 있어 관찰이 가능한 공간성(spatiality) 등을 체계의 기본적 속성이라고 한다. 이러한 체계론으로부터 출발하여 가족, 조직, 지역사회 등 다양한 인간의 외부세계인 사회로 그 관점을 적용하는 것을 사회체계이론이라고 하고, 체계이론과 생태(生態, a mode of life)에 관한 이론인 생태학(ecology, 생물과 환경 간의 상호작용의 연구)을 통합하여 다양한 환경 속에서 유기체가 어떻게 평형상태를 유지하면서 성장해가는 지를 보려는 것이 생태체계(eco-system)의 관점이 된다. 체계이론은 다른 곳(7절 "가족 및 부부갈등과 해결")에서 다시 다루어지게 될 것이다.

가족치료 분야에서도 전략적 접근법(strategic family therapy, MRI approach, 7절 "가족 및 부부갈등과 해결" 참고)이 있는데, 이 전략 또한 체계적 접근이면서도 실용적인 "문제해결(problem-solving)"적 접근을 시도한다. 버턴(Burton)이 의사소통을 중요한 방법으로 활용하였듯이 이 방법 또한 의사소통이론으로부터 자라났다. 그러나 그 접근방법은 좀 더 심리학적 측면으로 발전되었다. 예를 들어, 먼저 갈등당사자의 문제(problem)가 무엇인지부터 규명하려고 한다. 누가 그것을 문제로 보는지, 왜 그것이 지금 문제인지, 그러면 무엇이 문제인지, 문제가 의미하는 바가 정확히 무엇인지를 질문한다. 그리하여 문제를 규명하고 나면 그 해결을 시도(attempted solution)하는 단계로 넘어간다. 이어서 문제를 지속시키는 행동을 평가하고 이를 개선할 목표를 세우며 개입할 행동을 선택하게 된다. 같은 "문제해결식 접근"이란 용어를 사용하지만, 내용으로는 문제에 대한 관점을 재조명하려는 심리적 접근이며 그 결과로서는 치료적 효과를 가져오도록 고안되어 있어 단순히 갈등의 해결에만 머물지 않게 된다.

필요성이 무엇인지 그리고 무엇이 문제인지에 대한 인식부터 검토하려고 하는 심리학적 접근이나 개인과 개인에게 영향을 주는 제반제도나 체계를 고려한 접근들이 항상 유용한 것은 아니겠으나, 특히 양자 간 갈등, 가족과 같은 소규모적 갈등의 접근에서나 갈등이 인간 상호작용의 위기라고 규정하는 전환적 이론(transformative theory)에 바탕을 둔 접근에서는 이상에서 열거한 방법들이 갈등의 이해와 해결에 도움이 되거나 매우 유용한 접근수단이 될 수 있다고 생각된다.

5. 개인차원의 갈등해결

1) 개인내적 갈등해결

갈등해결방안을 설명하기 위해서, 개인내적인 갈등과 개인 간의 갈등으로 대별해놓고 설명하는 것도 하나의 방법일 수 있다. 세상을 살아가는 어떤 개인이 가지는 내적갈등이 어쩌면 두 사람 이상 사이나 다양한 집단과 사회에서 발생하는 갈등보다 더 복잡하고 해결이 어려울 수도 있다.

(1) 개인내적 갈등의 인식

거의 비슷한 값을 지불해야 하는데도 아파트를 살 것인지 독립된 주택을 살 것인지를 쉽게 결정 못해 망설이고 있는 어떤 사람이 있다고 가정해보자.

왜 그러한 고민이 생겨났을까?

각기 다른 결함이나 혹은 장점들을 가지고 있기 때문에 어떤 형태의 집을 구입한다 해도 원하는 자신의 욕구를 모두 채워줄 수 없기 때문이다. 마땅한 대안을 찾지 못하는 선택과 결정의 과정에서 생겨난 일이기도 하다. 어떤 사람은 이런 일이 별로 대수롭지 않을 수도 있지만, 또 다른 사람은 굉장한 고민거리로 등장하여 잠을 이룰 수 없는 지경이 되기도 한다.

그런데 이 선택의 어려움은 대안이 모두 만족스럽지 못하며 어느 쪽 혹은 어떤 대안이 더 나을지를 분명하게 제시하고 비교함이 불가능함에서도 온다. 또한 그 어떤 대안을 선택한다고 해도 초래되는 결과 자체가 불확실하기 때문에 더 답답하고 망설여질 수밖에 없기도 하다. 조직이론가인 마치와 사이먼(James G. March and Herbert A. Simon, 1958)은 이를 비수락성(unacceptability), 비비교성(incomparability), 불확실성(uncertainty)이란 말로 설명하면서 이것이 개인갈등을 일으키는 3대 요인이라고도 하였다.

갈등에는 사춘기 때 우리 모두가 경험하는 생리적인 변화나 나이 먹어가면서 나타나는 여러 가지 노화의 증상에서 따라오는 불안감이나 정체성의 혼돈처럼, 일생에 걸쳐 발달과정마다 누구나 겪어야만 하는 갈등도 있다. 또 질병이나 사고처럼 갑작스럽게 들이닥쳐 별도의 적응시간이 필요한 사건도 있다. 뿐만 아니라 해일이나 지진과 같은 자연재해, 유해 미생물의 침입으로 생기는 물리적·생물학적 자극으로 인한 갈등도 있다. 사회생활이나 생활환경의 변화에 따른 재적응기간에 요구되는 심리사회적 내지는 심리환경적 갈등도 있다. 그러나 일차적으로는 외부로부터 주어진 요인이라고 하더라도 모든 상황이 갈등이나 스트레스로 받아들여지는 것도 아니다. 달리 말해 외부로부터 주어지는 자극이 스트레스가 되고 갈등이 될 수 있는지 여부는 갈등상황을 인식하는 강도나 개인이 가진 특질에 따라 달리 나타날 수 있다.

새러슨 등(Sarason, B. R. and Sarason I. G., 1994)은 갈등으로 인한 스트레스가 지속되는 기간, 심각성, 예측가능성, 개인의 통제가능성과 개인의 자신감, 상황의 돌연성 여부 등에 따라서 개개인이 갈등의 정도를 다르게 인식한다고 하였다. 갈등은 다시 또 다른 내부 압박감(스트레스)을 유발하는 주요 요인이 되기도 한다.

외부요인을 완전히 배제한 인간내적 갈등의 존재유무에 논란이 있을 수 있겠지만, 개인의 내적 통제가능성 여부에 초점을 두고 본다면 개인내적 갈등을 인간관계와 자신을 둘러싸고 있는 체계나 환경의 주작용으로 초래되는 여타 갈등과 구분하여 설명함도 가능할 것이다.

(2) 개인내적 갈등 – 내 마음의 갈등, 어떻게 다스리나?

가. 실존적 접근방법

앞선 주택구입에 관련된 갈등의 해결을 위해서 우선 우리가 흔히 활용하는 가장 보편적인 방법을 생각해보자.

첫째, 갈등상황에 처하면 새로운 대안을 더 찾아보려고 노력하는 것이다. 아마도 독립된 주택의 장점과 공동주택의 편리함을 두루 갖추고 있으면서도 그 사람의 성향, 편의, 능력에 맞는 주택이 어느 곳엔가 있을 지도 모르는 것이니까.

둘째, 만약 새로운 대안을 못 찾는다면 처음에 마음먹었던 목표를 더 낮추거나 수정을 하는 것이다. 즉, 대개의 갈등은 자신이 원하는 것이나 기대가 현실 여건과는 차이가 있고 그것이 채우기 어려운 간격으로 인식될 때 생기는 것이기 때문이다. 가능하다면 자신의 어느 한 가지 기대를 완전히 포기할 수도, 어느 것을 무시할 수 있을 만큼 낮출 수가 있다면, 이것도 갈등해결의 방법이라는 것이다.

이러한 대안선택의 방법을 생각해내고 목표나 기대치를 낮추기 위해서는 가능한 정확한 여러 가지 정보를 수집하는 것이 문제해결에 도움을 줄 수도 있을 것이다. 이것은 우리가 보편적이고 일상적인 정상의식에서 흔히 갈등에 대처하는 방식이기도 하다.

이렇게 선택에 따른 고민이라든가 사람들 간의 상호작용과 관계로 인한 문제 외에 우리는 인간 존재 자체로서 얼마나 많은 갈등의 소용돌이가 일어나는지, 자기인식의 중요성을 이해하는 사람이라면 충분히 경험할 것이다.

인간은 실존(實存, existence)의 문제로 고뇌하며 갈등할 수 있는 유일한 동물이다. 실존이란 현실에 존재하고 있는 것, 서로 연관을 맺으며 작용하는 개별적인 존재를 말한다. 실체가 지니는 특별하고도 구체적인 속성이며 하나의 실체가 세상과 관계를 맺는 독특한 방식이기도 하다. 단순히 추상화된 존재도 아니고 그 본질만도 아니다. 보편적이고 불변적이며 어떤 실체를 다른 것과 구분할 수 있게 해주는 것이 본질(本質, essence)이라면 본질은 가능성에 불과하다. 이 가능성이 실현되어 현실에서 개체적 존재가 된 것이 실존이다.

인간존재에게 주어진 실존에 대한 탐구와 더불어 존재의 궁극적 문제들을 직면함으로써 삶을 적극적으로 선택하고 의미를 발견하며 진실된 삶을 살고자 하는 실천적 철학사상을 우리는 실존주의 철학이라고 하며, 실존주의적 고뇌와 갈등으로 어려움을 겪는 사람들에게 도움을 주려는 노력에서 실존적 심리치료 (existential psychotherapy)가 생겨났다. 이 분야는 치료이론이나 방법의 제시가 다소 체계적이지 못하며 치료적 기술용어의 개념이 모호한 부분도 있고 통찰력이 떨어진 사람에게 적용함이 부적합할 수도 있다고도 주장되나 인간에게 가장 궁극적이고 근원이 되는 갈등을 다룬다. 여러 가지 심리치료방법들 중에서도 가장 인간의 개별성과 독자성, 주체성에 초점을 둔 접근방법이기도 하다.

인간은 실존적 불안을 가지고 살아가는 존재이긴 하지만 무한한 가능성과 자기인식능력을 가진 존재이며 선택의 자유와 책임을 지닌 존재라고 할 수 있다. 그러므로 개인은 자체의 주관적 세계 안에서 이해되어야 하며, 스스로 삶의 의미와 목적을 추구하며 실현하는 존재로 인식함이 실존적 심리치료이론의 기본가정이 된다.

실존철학을 심리치료에 처음 적용한 사람은 스위스의 정신과 의사인 빈스뱅거(Ludwig Binswanger, 1881~1966)이다. 보스(Medard Boss, 1903~1990), 매이(Rollo May, 1909~1994), 프랭클(Victor Frankl, 1905~1997) 등도 선도적인 역할을 했다.

매이(Rollo May)에 따르면 실존적 심리치료에서는 피상적 문제해결보다는 죽음, 늙음, 고독과 같은 실존적 문제에 관심을 가지고서 주체적으로 자기존재 의미를 발견하고 추구하는 삶으로 나아가도록 도움을 주어야 한다고 했다. 프랭클(Victor Frankl)은 인간의 본질은 의미와 목적을 추구하는 것이므로 "의미추구의 의지"야말로 인간의 가장 기본적 욕구라고 하면서, "의미치료(logotherapy)"를 주장하였다. "왜 사는지를 아는 자는 어떤 비극도 견딜 수 있다"는 말에 그의 주장이 함축되어 있다. 그러므로 실존문제로 갈등하는 자에게는 자신의 삶을 선택할 수 있는 자유의 회복 그리고 삶의 의미를 발견하거나 그렇게 할 수 있도록 도움을 주어야 한다고 했다. 자유가 인간실존의 핵심인 것이다. 개인의 실존적 문제와 태도를 탐색하여 이를 명료하게 해주는 것이 우선시 되며 전 과정에서 치료자와 당사자 간의 관계설정을 어떻게 하느냐가 매우 중요하다. 치료자는 개인의 외로운 선택과 결정과정에서의 책임회피를 주목하면서 불안과 혼돈에 대해 공감해주며 책임 있는 주체로서의 자유로운 선택을 경험할 수 있도록 돕게 된다. 실존에 대한 개인의 자기인식이 증가하게 되면 새로운 관점에서 자신의 소망과 삶의 의미를 인식하게 되며 자신감을 가지고 구체적인 행동실천에 나설 수 있게 된다. 즉, 인간이 자신의 실존상황을 직면하고 인식함으로써 삶에 대한 의미와 가치를 발견하며 실천하는 주체로서 살게 되는 것이다. 사실 내면적 갈등상황에 있는 어느 개인이 전문가의 도움 없이 스스로 자신의 갈등문제에 직면하여 성찰과 자기탐색을 통한 인식전환과 구체적 행동선택을 결정한다는 것은 대단한 통찰력을 가진 개인에게도 쉽지 않은 일이긴 하다.

　미국의 정신과 의사인 얄롬(Irvin Yalom, 1980)은 인간에게는 고독, 무의미함, 유한성 그리고 자유라고 하는 네 가지의 실존적 조건이 주어져 있다고 하였다. 그리고 개인의 삶에 가장 중요한 영향을 주는 것이 실존적 조건의 갈등인 "실존적 불안"이라고 했다. 인간으로서 불가피하게 당면하는 궁극적인 관심사는 죽음, 자유, 고독, 무의미함과 같은 것인데 이러한 실존적 조건에 대해서 인간은 다양한 방법으로 적응하고 있다. 허무감, 자기 무가치감, 의욕상실, 좌절과 절망감, 도덕적 방향감 상실과 같은 실존적 우울증(existential depression)을 초래할 수도 있고, 불안을 회피하려는 방어적 노력의 일환으로 일중독(workaholic)이 되기도 한다. 또 특별히 소망하는 것도 없고 삶의 의미나 가치도 가지지를 못하여 매사에 충동적이고 행동에서 마비적 행태를 보이기도 한다. 이는 도박, 마약, 섹스 등의 소망차단(wish-bloc)을 가져오기도 한다. 한편으로 자신은 특별함(specialness)을 가지므로 어떤 손상도 폄하도 되지 않아야 하며 또한 죽지도 않고 영원히 번성할 것이라는, 소위 자기애성 성격장애를 가져오기도 한다. 즉, 여러 가지 실존적 조건들은 정신병리현상과도 밀접하게 관련되어 있다는 것이다.

　우리의 공통된 실존문제는 우리 모두의 근원적 갈등원이기도 한데, 예를 들어 죽음은 인간이 가장 두려워하는 불안의 원천이다. 그러나 우리가 한계상황으

로서의 죽음을 깨닫고 직면할 때는 현재를 충실히 살 수 있는 기회가 되기도 한
다. 지금-여기에 초점을 맞추고서 자신의 책임을 인식하고 수용할 때 가능한 것
이다. 이러한 때 우리는 자신의 소망을 지각하고 의미를 발견할 수 있을 것이며
어떤 것에 대한 선택이나 추구도 가능해진다. 피할 수 없는 고통에 대해서는 오
히려 그 고통의 의미를 발견하려고 노력하게 된다. 의미발견을 위해서는 무언가
의 창조행위 그리고 누군가와의 관계 맺음을 통한 체험과 경험을 가짐도 중요
하다. 진실된 자기표현의 과정이 자유를 경험(free-experiencing)토록 할 것이며 우
리 자신과 세상 안에서 열어보지 못했던 새로운 현존에 대한 인식을 가지게 할
것이다. 그리하여 내 속에 자리 잡고 있는 실존적 갈등을 감소시킬 수 있는 기
회를 얻게 된다고 한다.

나. 게슈탈트(Gestalt) 접근법

게슈탈트 접근법이 개인의 의식에서 떠오르는 체험이나 깨달음을 강조한다
는 점에서는 현상학적이지만 개인의 자유로운 실존 그리고 삶을 스스로 창조하
는 존재라고 보는 관점에서는 실존주의적인 방법이다. 개인의 현존, 즉 지금-여
기에서 경험하는 인식, 감정, 감각, 행동에 대한 자각을 높이며 진정한 자기와의
접촉과 생명력 있는 창조적 삶을 추구함에 도움을 주려는 것이 게슈탈트 심리
치료(Gestalt psychotherapy)의 접근방법이다.

게슈탈트는 원래 펄스(Fritz Pearls, 1951)에 의해 만들어진 용어이며, 그 부인
인 로라 펄스(Laura Pearls)와 굿맨(Paul Goodman) 등이 발전시켜나갔다. 특히 심리
학적, 현상학적 그리고 실존주의적 요소의 발전은 조직적이며 끈기 있던 로라
펄스의 노력이 컸다.

게슈탈트란 "형태" 또는 전체의 "모습"이나 모양"을 의미하는 독일어이다. 인
간이 외부세계를 인식할 때는 대상의 부분들을 분석해서 조립하기보다는 한 번에
통합된 전체로서 떠올려 인식한다고 말한다. 또 통합된 전체의 전경(前景, figure,
어느 한순간 우리 의식에서 초점이 되는 것. 초점 밖의 인식대상은 "背景, background"
이라고 함)을 게슈탈트라고도 한다(권석만, 2013). 심리치료에서는 "개체에 의해 지
각된 자신의 행동 동기"를 뜻한다고 한다(김정규, 1996). 게슈탈트를 형성한다는
것은 개체가 어느 순간에 가장 중요한 욕구나 감정을 전경으로 떠올리는 것을

말한다. 우리 마음은 언제나 새로운 욕구나 감정이 떠올랐다가 사라지는 과정이 되풀이된다. 그러나 건강하지 못한 사람은 자신이 진정 원하는 것이나 행동목표가 명확하지 않으므로 전경과 배경을 구분하지 못하여 의사결정과 행동에서 혼란이 생겨난다. 반면에 건강한 사람은 자연스럽게 전경과 배경의 교체(게슈탈트의 생성과 해소)가 일어난다. 생성과 해소의 반복과정을 "알아차림(awareness)-접촉주기"라고 하며, 건강한 사람은 전경과 배경의 대비가 분명하며 명료한 알아차림을 유발한다고 한다. 알아차림과 접촉(자신, 대인관계, 환경)이 제대로 안 되며 욕구가 효과적으로 해결되지 못하거나 게슈탈트의 해소가 인위적으로 차단되면 미해결의 과제로 남아서 결국엔 심리적, 신체적 장애의 요인이 된다고 한다. 그러므로 게슈탈트 치료는 미해결인 과제를 완결시킴을 중요 목표로 삼게 된다. 지금까지 자신에게 전혀 의식되지 않은 채 존재하던 감정, 욕구, 능력 등 소위 "잃어버린" 자신의 부분들을 만날 수 있게 해주는 것이며 스스로 책임을 떠맡도록 도우는 것이다. 자신의 배경이 되는 과거의 의미를 아는 것이 현재를 더 잘 이해할 수 있게 해주며 향후 변화를 위한 바탕이 된다(Bärbel Wardetzki, 2000).

여러 형태의 갈등을 가진 사람들, 특히 자신의 감정을 억제하면서 복잡한 생각에 젖어 있는 사람들, 의사결정에 주저하는 우유부단한 사람들, 대인관계가 소극적이며 회피적인 사람들, 막연한 불안증세를 가진 사람들, 신체화 경향을 보이는 사람들, 다양한 공포증상을 나타내는 사람들에게는 게슈탈트 접근법이 효과적이라고 한다. 맥베드(Lynn E. MacBeth, 2010)는 가족의 갈등조정에서도 의사소통증진의 방법으로 게슈탈트 접근법을 활용하였다. 만일 본인이 어떠한 형태의 사람인지를 인식할 수 있다면 이 기법의 응용을 고려할 만하다.

게슈탈트 접근법에는 실존적 갈등을 가진 당사자들이 내면적 경험과 접촉할 수 있게 해주는 다양한 기법들이 제안되고 있다.

그 기법에는 다음과 같은 것들이 있다.

① "지금-여기"서 경험하는 체험에 초점 맞추기 : 자신의 억압된 욕구와 감정을 자각하여 미해결 과제를 풀어내기, 신체감각, 언어와 행위, 환경 알아차리기 등.

② **직면시키기** : 진정한 자신의 욕구와 감정을 회피함으로 인해 미해결의 과

제를 쌓아두고 있음과 부적응적인 언어와 행동방식을 알아차리도록 함.

③ **역할연기(또는 실연 enactment)** : 자신에게 중요했던 과거의 경험 또는 미래 장면을 상상하면서 어떤 행동을 해보게 함.

④ **빈 의자 기법(empty chair technique)** : 자신에게 중요한 사람이 빈 의자에 앉아 있다고 가정하고서 그에게 하고 싶은 말과 행동을 해보게 함(직면과 역할의 요소를 모두 포함함).

게슈탈트 기법에서 활용하는 몇 가지 질문의 예를 들면 다음과 같다.

① **욕구 · 감정 알아차리기** :

"지금 어떤 느낌이 드세요?"

"어떤 감정이 생기나요?"

"지금 왜 그런 말씀을 하시는지 아시겠어요?"

② **신체감각 알아차리기** :

"어떤 신체부위에서 어떤 느낌이 드시는가요?"

"방금 목소리가 달라지셨네요?

"지금 몸이 표현하려는 게 무엇인지 알아차려 보세요."

③ **언어 · 행위 알아차리기** :

"지금 자기감정을 어떻게 표현하고 있지요?"

"그렇게 얘기하면 상대방은 어떻게 느낄까요?"

"당신은 '그러나'란 표현을 자주하시네요?"

④ **환경 알아차리기** :

"방 안에 보이는 것이 무엇인가요?"

"눈을 감고 주변에서 나는 소리에 귀기울여보세요."

⑤ **직면하기** :

"지금 슬픈 얘기를 하시면서 웃고 계시군요?"

"~~(어떠어떠) 한 것 같습니다 식으로, 확신 없는 표현을 하고 계신 것을 알고 계십니까?"

게슈탈트 접근법에서 중요시 하는 것이 치료자와 갈등당사자 간의 대화적 관계(dialogical relationship)이다. 여기서의 대화(dialogue)란 존엄성을 가진 온전한 인간존재끼리 수평적이며 열려있는 인격적 교류를 통해 상호영향을 주고받는 것을 의미한다.

위에서 예시한 질문들은 갈등을 가진 당사자들을 치료하는 자의 질문이긴 하지만, 내면갈등상황에 있는 자신에게 스스로 질문하는 형식으로 바꾸어 볼 수도 있다. 이들 질문은 자각을 증진시켜 자신이 회피하거나 부적응적인 행동방식을 보이는 것이 무엇인지를 알아차리게도 하며, 진정한 자신의 모습을 바라볼 수 있는 기회를 증대시킨다. 또한 자신의 행동에 대한 통제력의 강화와 적응적 행동의 선택을 촉진할 수도 있게 해준다.

다. 다양한 자기치료적 심리기법 – 관점변화

무엇에 기인한 것이건 이로 인해 심한 갈등이나 스트레스 상황이 지속되면 전혀 사리에 맞지 않는 엉터리, 바보 같은 결정을 하게 될 수도 있음을 이미 설명하였다. 제 정신이 들면 땅을 치고 후회할 수 있는 상황이 전개될 수도 있다는 것이다.

테일러(Jill Taylor, 2008) 박사의 연구에 의하면 스트레스 호르몬이 혈관으로 퍼져나가 사라지는 데는 불과 90초 정도라고 하였다. 그 이상 유지되는 것은 스스로 화를 키우기 때문이라고 했다. 바로 이것이 개인내적 갈등을 다스리는 한 가지 단서가 된다. 비교적 합리적이거나 건전한 의식수준에서 갈등이 해결되도록 노력해야겠지만, 과도한 스트레스 상황이나 갈등상황이 지속되지 않도록 하기 위해서는 잠시 갈등의 확대 고리를 끊는 것도 필요하다는 것이다. 따라서 간단한 자기치료적인 심리기법을 실행해보는 것도 단기적으로는 도움이 될 수 있다는 말이다. 그렇게라도 해서 느긋한 마음이 되도록 바꾸도록 노력해보는 것이다. 어떤 상황에서도 행복해지려고 마음먹는 것, 반사적으로 자기입장을 옹호하거나 방어하고 증명하려고 많은 에너지를 소모하기보다는 다른 입장과 관점을 이해하고 다른 의견으로부터도 새로운 것을 배우려고 노력하는 자세를 가지는 것이다. 흔히 관점변화라고 부르는 것이다. 사실 대부분의 심리치료도 당사자의 관점변화에 초첨을 맞추고 있다.

이것은 사고의 유연성이라거나 또는 호주의 가족치료학자 화이트(Michael White, 1948~2008)가 말하는 외재화(外在化, externalization) 기법(M. White, 2007)과도 부분적으로는 상통한다. 외재화란 사람을 대상으로 하는 전통적 인식과는 달리, 문제를 대상화하려는 접근방식이다. "사람이 문제가 아니라 문제가 문제(the person is not the problem, the problem is the problem)"라는 식이다. 주의력결핍 과잉행동장애(ADHD)를 가진 아동 자체가 문제가 아니라 그런 장애를 초래한 "그 놈(ADHD)"이 문제라는 것이다. 우리는 사람들의 생각과 말이나 행동을 어떻게 해석하느냐에 따라 반응양식이 크게 달라진다. 소위 "자동적 사고"는 임의적 추정에 근거하여 해석하게 하므로 위험할 수 있다.

사람들은 삶을 영위해가면서 세상을 보는 눈과 사는 방식을 다듬어가게 되며 어떤 핵심적인 신념이 형성되어간다. 사람마다 세상을 살아가는 자기만의 독특한 구도(frame)라거나, 조금 다른 말로 표현하자면 소위 도식(schema)이란 게 생긴다. 도식이란 삶의 철학이며 잣대가 되고 주관적 구성실재이며 관련된 상황을 결정하는 신경심리기록부와도 같은 것이다. 상황에 대한 신호자극이나 상징과 기억을 연결시키는 신경회로인 셈이다. 또한 삶을 살아가는 준거틀이라고도 할 수 있다. 그러나 이것이 선입견을 가지게 하여 왜곡된 판단을 불러올 수 있다는 데 문제가 있다.

어떤 심리학자들은 이것을 비합리적 사고라거나 역기능을 일으키는 사고방식이 될 수 있다고 했는데, 그러할 경우에는 한마디로 건강하지 못한 생각이 되는 것이다.

관점변화를 조금 더 설명하자면, 이는 사물을 평가하거나 세상을 보는 눈을 바꾸자는 것이다. 이것은 절대적인 것, 또는 경험하지 않아도 알 수 있는 어떤 기준(선험적 준거) 같은 것은 존재하지 않는다는 생각으로부터 출발한다. 유연성(柔軟性, flexibility)과도 관계된다. 흔히 융통성, 현실성, 기능적 유용성이라는 말로 표현되며, 이것은 비합리적 사고를 하는지 혹은 합리적 사고를 하는지를 구분하는 기준이 되기도 한다. 누군가가 나에게 상처가 될 만한 말이나 행동을 했다고 할 때 그것이 나 개인을 향한 것이라기보다 "그 행위자의 문제" 때문이라고 생각한다면 오히려 연민이 생겨날 수도 있다.

어떤 생각 때문에 특정한 감정과 행동이 나온다고 하는 이론을 "인지적 결정론" 혹은 "인지의 우선성"이라고도 하는데, 부적응으로 갈등을 겪는 사람에게는 그의 생각을 변화시키는 것이 갈등에서 벗어나는 가장 효율적인 방법이 될 수도 있다. 주택구입에서 공동주택이건 단독주택이건, 그들이 가진 단점을 이점이나 장점으로 볼 수 있게 된다면 갈등은 사라지게 될 것이다.

같은 상황에서도 어떤 사람은 "이제 희망은 없어. 난 끝장났어"라고 생각하는 사람이 있는가 하면, "위기가 기회라고 그랬지. 시련과 역경이 아마도 내게는 은총이며 축복일 수 있어. 나를 성장시키는 기회가 되지"라고 하면서 고난과 시련을 디딤돌로 생각하려는 사람도 있다. 화가 나면 점점 더 극단적으로 치달리는 사람도 있지만, "화야 고마워. 너는 오늘 내게 또 다른 깨달음을 주려고 찾아왔나 보다"라며 자신의 내면에서 끓어오르는 화를 향해 반갑게 인사하는 방법도 있다. 교통체증에 시달릴 때 짜증을 내기보다, 나 자신이 그 체증제공자의 하나임을 인식하여 미안함을 가지게 된다면, 누구에게 화풀이하려고 할 것인가?

"모든 것은 생각하기 달렸다"는 말도 있다. 유연성은 "여유"이다. 내려놓기이다. 익숙한 사고, 행동, 이런 것을 내려놓는 것이다. 놓아버리는 것이다. 그럼에도 어려운 상황에서도 태연함이나 분별력을 잃지 않음을 말함이다.

왜 "꼭", "항상", "당연히", "결코" 등의 수식어를 붙여 생각하고 행동하려고 하는가? 자신의 욕망을 지각하되 여기에 집착하여 추구하지는 않는 것, 탐욕의 마음, 일방적이고 경직된 자신의 사고가 가져오는 위험을 알아차리며, 그 속박의 틀을 스스로 벗어던지면 자유로워지는 것이다.

스토아철학자들이 말하는 "스토아적 평온"이 있는데, 말하자면 인간은 사고능력을 통해 신적인 이성(logos)에 참여할 수 있으며 그 이성으로 인생 최고의 선이라는 지혜에 도달할 수 있지만, 그 지혜에 도달하려면 자신에 대한 엄밀한 인식과 무정념(apatheia), 자족(aukarkia), 평정심(ataraxia)에 맞추어진 신중한 생활태도, 즉 부동심(不動心)을 가져야 한다고 말한다.

부동심(不動心)이란 맹자(孟子)의 "공손추 상(公孫丑上)"에 나오는 말로, 마음이 어떤 일이나 외부의 충격으로 인해 동요되는 일이 없음을 뜻한다. 공자의 "마흔에는 의혹(疑惑)을 하지 않았다", 즉 의혹이 없으면 동요하는 일도 없다는 "불혹

(不惑)"이라는 말도 부동심과도 비슷한 말이다. 양심에 따른 행동을 할 때 참다운 용기가 생겨나고, 이러한 용기가 부동심을 만든다고 한다. 진정 양심에 따른 행동, 다른 사람의 양심에도 열려있는 마음, 타인의 용기 있는 행동을 인식할 수 있고 스스로 할 수도 있음은 경직된 사고보다는 유연성이나 관점변화의 마음가짐으로부터 출발할 수 있을 것이다. 이분법적 사고, 흑백논리, 과잉일반화나 충분한 근거 없는 임의적인 추론 등 이러한 고정된 사고는 마음이 외부로부터의 충격에 쉽게 동요될 수 있는 원인을 제공할 수 있다. 자기방어는 본능적일 수 있지만, 양심의 소리에 진정으로 귀 기울인 결과는 단순한 의지적 행동은 아닐 것이다.

노자(老子)는 자신의 내부에 잠재하여 있는 욕망을 제거하여 무욕(無慾)의 상태에 도달함이 갈등을 없애는 방안이라고 하였고, 석가모니는 올바른 지혜로 자기모순에 빠진 자신을 반성함으로써 욕망과 집착에서 벗어나라고 한다. 그 무엇에도 어지럽힘을 당하지 않는 열반적정(涅槃寂靜)의 경지에 도달함, 즉 생사가 윤회하는 고통에서 벗어남, 고요하고 청정하며 안정된 그곳에 도달함이 인간이 추구하는 행복에 이르는 길이며 이것이 아마도 갈등이 없는 상태라는 것이다. 쉬운 얘기는 아니지만, 평소에 지나친 기대나 희망을 갖지 않는다거나 또는 마음을 비워내는 훈련을 함은 갈등을 예방할 수 있는 방법이 된다는 것이다.

석가모니가 파악한 갈등(고통)의 실체는 고(苦, dukkha, "힘이 드는 것"이라는 어원에서 발전, "자기 뜻대로 되지 않는 상태"라는 의미가 포함된다고 함)로부터 출발한다. 고에는 생(生), 노(老), 병(病), 사(死)라는 사고(四苦)가 있다. 여기에 애착하는 것이나 사랑하는 이와 헤어지는 괴로움(愛別離苦), 미워하는 이 또는 싫어하는 이와 만나는 괴로움(怨憎會苦), 얻고자 하는 것이나 원하는 것을 얻지 못하는 괴로움(求不得苦) 그리고 마음에 떠오른 모든 것에 집착함으로써 생기는 고통과 이러한 모든 괴로움을 딛고 존재해야 하는 괴로움(五陰盛苦)이란 네 개의 고(苦)가 추가되어, 모두 여덟 개의 고가 된다. 이러한 고통은, "동요하는 마음"이란 번(煩)과 "어지러운 마음"이란 뇌(惱)로 이루어진 번뇌("번요뇌란 煩擾惱亂"을 줄인 말)와 밀접하게 관련되어 있다. 번뇌는 108가지나 된다. 고통과 번뇌는 마음에 비친 그림자인 망념(妄念)과 이로 인한 집착 때문이며 이것은 "무명(無明)"이라 하여 존재의 실상을 알지 못하는 어리석음에 기인한다고 했다. 불교에서는 모든 망념과 번뇌의 불꽃을 지혜의 바람으로 불어 꺼버린 상태인 "열반(涅槃)"과 모든 고통과 구속으로부터 자유로워진 "해탈(解脫)"이라는 경지에 도달함을 목표로 한다. 이런 상황까지 도달함을 목표로 한다면, 갈등의 해결은 평생을 노력해도 해결이 어려운 과제처럼 이해되기도 한다.

인간 경험의 초개인적, 자기초월적, 영적인 측면을 연구하는 학문을 자아초월심리학(transpersonal psychology)이라고 하는데, 이 분야에서 업적을 남긴 월버(Ken Wilber, 2000)는 모든 이원적 구분이 사라지고 모든 존재의 공성(空性)을 깨닫게 되어 일체의 집착에서 벗어나는 해탈의 단계를 아트만(atman)이라고 하면서, 이것을 순수한 의식상태의 영역이라고 하였다.

비록 금욕이 그리스도교의 보편적 영성이라고는 할 수는 없지만, 금욕이 어떤 특정 욕구나 욕망을 금하거나 없애려 함에 있는 것이라면 갈등의 해결방안과 뿌리가 닿아있는 것으로도 보인다. 초기 그리스도교에서는 구원에 대한 동기가 주로 금욕의 실천으로 이어졌다면, 현대에서는 근검, 절약 혹은 생리적·심리적 욕구에 대한 자기가 선택한 절제의 형태로 나타나는 것으로 보이는데, 이것은 자신의 기대나 욕구를 하느님의 뜻을 찾아 그에 부합시키려는 노력으로 승화시킴으로써 갈등의 소지를 줄일 수 있겠다는 노력이라고 이해된다.

"나의 형제 여러분, 갖가지 시련에 빠지게 되면 그것을 다시없는 기쁨으로 여기십시오(야고보서간 1, 2)." 혹은 심한 고통과 갈등의 순간에는 "예수의 십자가를 바라보라"고 외치는 이들도 있다.

"내가 원하는 대로 남에게 해주라(루가 6, 31)", "원수를 사랑하라(루가 6, 27)"는 그리스도적 가르침은 나를 비움에서 더 나아가 타인에 대한 무한한 인정과 수용, 적극적인 연민과 돌봄으로 발전된다.

심리학적 접근에서는 개인이 그 기대나 원하는 것들을 찾아 심층적 욕구를 채워줌으로써 갈등을 해결하려 했다면, 또 다른 방법에서는 우리들 마음 저 깊은 곳에서 꿈틀대는 욕구 자체를 깊이 통찰하고 마음을 바꾸거나 절제하며 비우려는 노력 자체에 가치를 두려는 시도를 하였다고 볼 수 있다.

그러나 한 생명체로서 겪는 나 자신의 내면적 갈등문제를 심오한 깨달음으로 이해하고 해결함이 현실적 삶의 현장에서 하루하루를 보내는 우리에게 친숙하고 쉬운 접근법은 아닐 듯하다.

(3) 생의 전환기에서 맞는 갈등과 해결

많은 발달심리학자들이 특정 연령대를 구분하여 새로운 방향으로 인간이 단계적으로 변화될 수 있음을 예측하였다. 이들은 인간의 발달을 일정한 순서와 방향으로 진행되는 연속적 과정으로 보았다. 인간은 유전과 환경과의 상호작용을 거치면서 개인차를 가지고 불규칙적인 속도로 발달하지만, 결정적 시기(決定的時期, critical periods)와 불가역성(不可逆性, irreversibility)이 있다고 한다. 따라서 이전단계의 발달을 기반으로 현재의 경험이 융합되면서 생의 모든 단계에서 발달은 지속적이면서도 변화를 가져오는 것이므로, 연령과 관련된 예측 가능한 갈등 그리고 이로 인한 위기가 있을 수 있다고 말해진다.

특히 생의 전환기(life transition)에서 겪게 되는 여러 가지 갈등들은 외부환경이나 문화적 특성 등이 개인내적 요인들과도 깊이 연관되어 있어 인과관계가 매우 복합적이므로 개인내적 갈등의 범주에서만 설명하기란 어렵긴 하다. 그럼에도 학자들이 제시하는 중요 생의 전환기와 관련되는 갈등상황을 상정(想定)해 보고자 한다.

에릭슨(Erik Homburger Erikson, 1902~1994)의 심리사회적 발달이론에 따르면, 8단계로 구분된 전 생애에 걸친 발달 중 5단계인 청소년기(12~18세)는 자아정체감의 확립이 이루어지는 매우 중요한 전환기라고 하였다. 자아정체감은 자기동일성에 대한 자각이며 자신의 도덕적 가치의 기반이므로, 인생에서 자치성과 독립성, 또한 또래집단이나 향후 타인과의 친밀감 형성에 중요한 전환점을 이루는 시기라고 말할 수 있다. 또한 마지막 단계인 8단계의 노년기(65세 이상)는 인생통합성의 시기이므로 지혜를 필요로 하는 전환기라고 하였다. 지혜롭게 극복하지 못하면 인생의 가장 막판에 와서 절망에 빠지게 된다. 물론 100세 시대라고 하는 지금에 와서는 당시의 연령 구분을 꼭 그대로 적용하기는 어려울 것이다.

르빈슨(Daniel J. Levinson, 1986)은 성인의 구조형성과 구조변화를 이루는 시기를 단계별(17세에서 22세부터 60세에서 65세까지)로 구분하면서, 특히 성인초기단계가 완성되기 전인 28세에서 33세 쯤, 또한 성인중기가 완성되기 이전인 50세 내지 55세 쯤 그리고 은퇴와 신체적 노화를 대비해야 하는 60세에서 65세 쯤에서 특히 큰 전환시기를 맞는다고 하였다.

그 외 여러 학자들의 견해를 참고할 때, 인생에서의 전환기는 여러 차례 발생할 수도 있다. 또 공통되게 말하는 전환의 시점도 물론 있으나 어느 공통시점을 꼭 특정할 이유가 없어 보이기도 한다. 학자들마다 자신의 삶이나 부분적 관찰경험에 바탕하여 형식적으로 삶의 단계를 구조화한 조작적 측면이 있다고도 할 수 있고, 개인의 특성에 따라서 인식하는 바와 대처방법이나 방향이 전혀 다르게 나타날 수도 있기 때문에 일생의 어느 단계에서 심각한 전환과 갈등 또는 위기나 존재할 것이라는 생각은 과잉일반화일 수도 있다. 개인성격의 특성을 예를 들어 말하자면, 공격적인 성격의 사람 또는 그 반대로 회피적이거나 소심한 사람은 본질적으로 현실을 있는 그대로 인식하고 적응하는데 어려움이 클 수 있다. 그래서 생의 전환기 또는 위기란 어느 시점이나 연령보다는 특정 사건을 반영하여 개인의 특성에 따라 달리 드러나는 것이라는 주장도 제기되는 것이다.

그럼에도 여전히 우리는 중년기 또는 장년기(壯年期, late middle age)의 위기라는 용어가 낯설지 않고 다루어야만 할 내적 갈등주제 중의 하나로 인식되어지기도 한다. 마모(Judd Marmor, 1968)는 신체의 노화, 사회문화와 경제적 스트레스, 이별과 상실감으로 인한 정신적 스트레스의 증가, 자아문제의 위기와 성적 변화 등으로 인해 중년에 들어서면 위기("the crisis of middle age")가 발생한다고 했다.

중년의 위기라는 용어가 널리 사용되기 시작한 것은 1970년대 초반 저널리스트 시히(Sheehy, 2006)가 "통과 : 성인생활의 예측 가능한 위기(Passages : Predictable Crises of Adult Life)"란 표현 이후부터라고 하며 이때부터 중년의 위기라는 개념이 마치 사실인 것처럼 널리 받아들여졌다고 설명된다(Costa and McCare, 1984). 대중매체가 만들어낸 일종의 가공품이라고도 할 수 있다.

맥캐어 등(McCare and Costa, 2003)은 중년기 위기가 보편적 현상이 아니며 만성적인 심리문제를 지니고 있는 사람들에게서만 나타나는 독특한 현상이라고도 주장하였다. 이런저런 견해들이 많지만, 아무튼 중년기 동안 공통적으로 겪는 갈등과 위기의 시간이 과연 존재하는지, 또는 모든 사람에게나 어떤 연령층에서 어느 정도 그러한 일이 발생하는지를 학자들이 명확히 밝혀내지 못하였기에, 보편적으로 경험되는 것처럼 말해지는 전형적인 단계들이나 연령제시의 타당성에는 의문이 생긴다.

그러나 이러한 논란의 가운데서도, 노화나 죽음이 누구도 피할 수 없는 숙명이듯이, 사람들이 대체로 일정 연령대에 도달하면 개인의 건강이나 처한 사회 · 환경에 따른 차이는 있겠지만, 일반적으로 말할 수 있는 변화가 따르리라는 것을 부정할 수 없을 것이다.

융(Carl Gustav Jung, 1875~1961)은 성격발달을 논하면서 인간의 발달을 아동기, 청년기, 중년기, 노인기로 구분하였다. 약 35세부터 40세 후반에 해당하는 시기를 중년기(middle age)라고 하고, 이때를 즈음하여 인생의 무의미함, 공허, 상실감 그리고 우울감과 같은 특유의 적응문제를 경험한다고 하였다. 다르게 표현하면 일생에서 일종의 정신적 위기시기가 있다는 것이다.

르빈슨(Daniel J. Levinson, 1978)도 인생의 중반 무렵에 이르면 "내가 인생에서 무엇을 했는가?", "내가 나 자신이나 다른 사람에게 진실로 원하는 것은 무엇인가?"라고 심각히 자문하게 되며, 각 개인의 성격특성에서도 변화를 경험한다고 하였다. 라흐만 등(Lachman, Lewkowicz, Marcus and Peug, 1994)은 중년기를 획득 대 상실의 시기(gaines-losses)라고 규정하였다.

대체로 중 · 장년기가 되면 경제적인 안정과 더불어 다양한 삶의 경험을 쌓고 지혜를 터득하며 사회적, 가정적으로도 중요한 역할을 수행하면서, 획득과 성취감으로 인해 안정적인 인생의 황금기, 혹은 전성기에 도달했다는 생각을 할 수도 있다. 그러나 한편으로 가시적 성과가 없는 경우는 물론이거니와 설사 업적이 많다고 할지라도, 중요한 뭔가를 잃어버린 것 같다는 회의감과 나아가 기존의 가치나 기대에 대한 상실감으로 새로운 삶의 방식을 모색하거나 생각의 변화를 가져와야겠다는 생각을 하게도 된다. 어쩌면 위기라기보다는 다양한 삶의 측면들을 새로운 관점에서 재인식하고 재검토함으로써 새로운 의미를 부여할 수 있는 시기라고도 할 수 있다. 사람에 따라서 시기가 좀 달라질 수 있다고는 하겠으나 개인이 각자의 신체기능에 대한 변화를 감지함도 이 시기일 것이다.

자녀양육이 거의 끝난 시점에 이르게 되면서 사회적 주체로서의 성장과 여가의 즐김이나 취미의 개발, 배우자와의 인간적 관계수립이 새로운 도전적 과제로 등장할 수 있다. 동시에 여전히 자녀양육과 노부모 부양 등을 떠맡게 되면 샌드위치 신세가 되어 또 다른 갈등의 골을 깊게 할 수 있다.

직업전환, 조기퇴직이나 실직으로 인한 스트레스와 경제적 어려움도 전환기의 주체적 원인사건으로 떠오르기도 한다. 특히 오랫동안 직장생활을 해왔던 사람들에게 퇴직(자퇴, 타퇴, 정년)은 자칫 개인의 위상과 권위를 모두 상실하는 충격적 요인으로 등장할 수 있다. 관계규정이나 파트너와 이미 익숙하였던 역할분담 등 모두가 근본적으로 변하나 새로운 역할이나 자아상을 받아들이기는 결코 쉽지 않으므로 자신을 잉여적 존재로 생각하거나 자존감에 큰 훼손과 상처를 입게 된다.

이렇게 중·장년기에 접어들게 되면 인간은 자신이 처한 환경 하에서 나름대로의 고뇌와 더 많은 갈등을 경험할 여건에 놓이게 되며 이러한 개인내적 갈등들은 다른 갈등의 도화선이 되거나 또 다른 갈등을 증폭시킬 수 있는 요인으로 작용하므로, 다른 갈등을 처리할 때도 주의 깊게 고려해야 할 부분이다.

개인내적 갈등의 해결에서 다루었던 여러 가지 기술적 방법의 활용이나, 종교모임, 봉사단체, 동호회 등에 적극적인 참여, 아울러 새로운 역할이나 과제를 맡음으로 인간관계를 새롭게 규정하고 의미원천을 찾아내는 방법을 학습하는 노력도 생의 전환기에서 맞는 개인내적 갈등해결에 도움이 될 것이다.

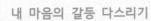

내 마음의 갈등 다스리기

- **준비 :**
- 전화, 라디오, TV 등 자신에게 방해가 될 수 있다고 생각되는 모든 것을 꺼둔다.
- 가능하다면 실내 온도와 밝기를 평안하고 안락할 정도로 한다.
  (욕조에 따뜻한 물을 받아놓고 들어가는 것도 좋다)
- 자신에게 가장 편안한 자세를 취한다.
  (눕거나 앉는다. 등을 기대고 앉거나 명상훈련에 익숙하다면 가부좌를 하고 앉아도 좋다)
- 주변 환경이 번잡한 상황에서도 본인이 집중할 수만 있다면 가능할 수 있다.

■ 방법 1 : 긴장완화와 불안장애 극복에 효과적인 방법
- 눈을 감거나 공간 속의 어느 한 곳(점, 작은 무늬, 못 자국, 구멍 등)에 초점을 맞춘다.
- 서서히 긴장을 풀면서, 자신의 호흡에 집중한다.
  (오직 자신에게만 집중하기 위함)
- 호흡할 때 코로 드나드는 자신의 숨결을 느끼도록 한다.
  (부드럽게 콧속을 드나드는 공기를 최대한 만끽하면서, 호흡이 점점 더 조용하고
  깊어지도록 한다)
- 마음이 넉넉해질 때까지 이 행위에 몰두한다.
  (눈을 감을 채, 호흡한 공기가 코에서 목구멍으로, 폐 속으로, 온 가슴에서 머리,
  어깨, 팔, 손 그리고 허리, 엉덩이, 다리와 발끝으로, 몸을 부드럽게 적시며 옮겨가
  는 데 주의를 기울이면서, 편안한 마음으로 몰두한다)
- 충분히 숨결의 움직임을 따라 마음을 집중하여 편안하고 느긋해졌을 때, 이때부
  터는 숨을 다시 크게 들이쉬면서, 마음속으로 하나, 둘, 셋, 넷, 다섯까지 센다.
  (다섯에서 숨을 더 이상 들이쉴 수 없게 되면, 숨을 5~7초간 멈춘다)
- 이제 후~~ 하면서 숨이 멎을 때까지, 서서히 숨을 내뱉는다.
- 더 이상 숨을 뱉을 수 없게 되었을 때, 숨을 가볍게 다시 들이쉬고 뱉아내면서
  "아~~편안하다" 또는 "아~~시원하다"라고, 감탄하듯이 말하면서 숨을 내뱉는다.
- 이어 입을 다문 채, 입 꼬리를 의식적으로 귀 쪽으로 바짝 치켜 올리면서, "아~~
  기분 좋다"라고 하며 쌩끗 미소를 짓는다.
- 마음이 많이 편안해지고 기분이 좋아질 때까지, 숨들이 쉬고 내뱉고, "아~~편안하
  다", "아~~ 기분 좋다"를 반복한다.

※ 많이 편안해지면 여기서 멈추어도 좋다.
  멈출 때는 눈을 다시 뜨고 몸을 쭉 뻗으면서 스트레칭을 한다.

■ 방법 2 : 점진적 근육이완법(스트레스를 다스리는 방법)
- 정신적, 육체적으로 힘든 상황에 있는 사람에게 효과적이다.
- 1930년대 미국의 정신과 의사 Edmund Jacobson이 개발했다. 불안과 흥분이 근
  육을 긴장시키므로 근육의 긴장을 풀어주면 자율신경계도 이완되어 불안이 상당히
  감소하며 여유가 생기고 자기조절과 집중력이 향상되면서 스트레스도 억제되더라
  는 관찰결과에 의한다.

〈요령〉
- 각 근육의 수축과 이완에 의한다. 수축이완 시에 신체적으로 전달되는 느낌에 주의

를 집중하면서, 근육의 수축은 호흡을 멈춘 상태에서 5~7초 간 최대한 강하게 한 다음에, 완전히 이완시키도록 하며, 편안하게 이완된 상태를 약 30초 간 유지한다. 근육의 수축이완은 항상 같은 순서대로 한다.

- 훈련하는 동안 방해받지 않도록 주변을 평온한 상태로 만든다.

■ 방법 3 : 안구운동법

(안구운동탈민감화 EMDR=Eye Movement Desensitization and Reprocessing)

- 외상후스트레스장애(PTSD=Post Traumatic Stress Disorder) 치료에 유용한 심리 요법의 한 방법(Lamprecht, 2006)으로도 추천된다. 일상에서의 스트레스나 어려움을 극복하는데 도움이 된다.

- 스트레스 상황과 결합된 감정에 집중하여 눈동자를 굴리다 보면(안구운동) 부교감신경과 미주신경에 자극이 가해져서 뇌의 정보처리를 가속화시키게 되고 감정기억과 사건기억의 신경적 결합이 약화되면서 지난 문제의 사건을 스트레스 받지 않고도 기억하게 만들어주는 것으로 추측되고 있다.

- 건강한 사람이 활용하면 문제가 되지 않으나, 심리상태가 불안정하다고 판단되면 전문가를 먼저 찾는 것이 순서이다.

- 머리를 고정시킨 채(움직이는 방향으로 머리가 따라가지 않게 함), 좌우에 있는 사람을 심하게 흘겨보듯 눈을 좌우로 움직이는데(한 쪽에서 약 5~6초 간 머물다 다시 반대편으로 옮김), 눈을 감고해도 상관없다. 너무 빨리 움직이면 현기증이 날 수도 있으므로 유의한다.

〈요령〉

- 스트레스, 분노, 압박감을 일으키는 문제나 상황을 머릿속에 떠올린다.
- 자신이 원하는 상황이나 감정상태가 어떻게 변화되기를 원하는 지 잘 생각해본다.
- 이제 갈등상황이나 그 감점을 명확하게 의식의 전면으로 다시 떠올려서, 그 강도가 0(없음)에서 10(최고)까지로 표시할 때 어디에 해당하는지 점수를 준다.
- 그 감정을 명확히 인식하고 있는 상태에서 안구운동을 시작한다(약 2~3분).
- 운동이 끝난 다음에 갈등상황에 대한 감정의 강도가 어느 정도인지를 평가한다. (중간 평가에서 강도가 3~4단계로 낮아져야 하나, 그렇지 않다면 아직 자신의 갈등과 감정상태에 대한 인식이 명확하지 못하거나, 요법에 대한 내부저항이 크게 작용하고 있음을 의미한다)
- 문제가 제거될 때가지 안구운동을 반복한다.

2) 개인 간 또는 복수의 주체를 대상으로 하는 갈등해결방법들

(1) 갈등상황에서 흔히 우리가 예측하고 있는 것들

매이어(Mayer, 1990)는 갈등상황에서 예측할 수 있는 것들을 다음과 같이 설명하였다.

① 뚜렷한 갈등상황이 생겼을 때, 관련 당사자들은 일반적으로 자신이 갈등의 원인을 알고 있다고 믿으며 대개가 다른 사람에게로 그 원인을 돌린다.

② 그렇지만, 실제로 갈등상황의 주인공은 갈등의 원인을 거의 알지 못한다. 그리고 원인이라고 진단한 것은 거의 항상 틀린 것이거나 종종 그 갈등과는 거의 무관할 때도 많다.

③ 행동과 내용의 근원으로 인식되는 갈등도 실제로는 흔히 의사소통에서의 실패, 특히 듣기문제에서 생겨난다.

④ 흔히 믿는 것과는 반대로, 직무현장에서 사람이 다른 사람에게 어떤 식으로든 해를 끼치려고 의도적인 시도를 하는 일은 극히 드물다.

⑤ "내가 옳다"는 필요성을 충족시키려는 욕구는 우리 대부분이 가지고 있는 강력한 동인(drive)이며 어떤 갈등에서나 거의 변함없이 일차적인 갈등공신의 노릇을 한다.

⑥ 많은 갈등은 이성적인 생각이 지배하고 있다거나 사용된 단어(특히 문서로 된 것)와 그 의미가 각기 서로 일치를 이루고 있다는 우리의 믿음에서부터 생겨난다. 우리는 모든 사람들이 사실을 주관적으로 해석하며 대부분 말의 의미가 개인의 경험에 바탕하고 있음을 인식하지 않는 경향이다. 이것이 말에 대한 과잉신뢰를 가져오게 하며 비언어적 의사소통에 둔감하도록 한다.

⑦ 대부분의 사람들이 이제는 어떻게든 처리해야 할 수위까지 도달했다고 생각하는 명백해진 갈등상황이란 것은 실제로 거의 반쯤은 잊어버린 상태로 있던 그 많고 많은 비교적 사소한 사건들이 누적된 결과이며 이들이 한계에 달해서 터진 것이다. 갈등의 바탕에 있는 이러한 복잡성이 흔히 잘못된 의사소통형태와 결부되기 있기 때문에 해결에는 제3자의 도

움이 요청된다.

⑧ 대부분 개인 간 갈등은 춤추기(dance)로 드러난다. 갈등당사자 어느 편의 일련의 움직임에 따라서 상대도 대응적인 움직임을 보인 것이므로 누구를 비난할 수 없다.

(2) 사람들이 갈등에 대처하는 방식들

가장 원초적이며 생명보호 차원에서 사람들이 갈등에 대처하는 방식이라면 캐논이 언급한 투쟁–도피반응(fight or flight response, Cannon, W. B., 1915)일 것이다. 갈등에 맞서 싸우거나 도망을 치는 것이다. 갈등상황을 회피하려는 태도도 일종의 도피이다.

사람들이 갈등에 접근하는 유형을 설명하면서 램스바텀 등(Oliver Ramsbotam 등, 2011)은 5가지 접근형을 들었다. 자신의 이익에만 관심이 높으면 ① 자기주장 (contending)형 혹은 다툼형으로, 자신보다 타인에게 관심이 높으면 ② 양보(yield)형 으로, 자신이나 타인 모두에게 관심이 별로 없으면 ③ 철수(withdrawal)형으로, 자신과 타인 모두에게 균형된 관심을 가지고 있다면 ④ 조화와 절충(compromising)형으로, 자신의 이익에 대한 강력한 주장과 동시에 타인의 이익과 열망에도 마찬가지로 높은 관심을 가지면 ⑤ 문제해결(problem solving)형의 방식으로 나아가게 된다는 것이다.

성경에 나오는 농부 카인(Cain)과 양치기 동생 아벨(Abel) 형제는 창조주의 은총(the Lord's favor)을 얻기 위한 갈등 끝에 결국 형(카인)이 동생을 살해한다(창세기 4, 1~16). 갈등당사자들이 서로 상반되는 자신의 이익추구로 다투게 되면 한쪽은 이기고 다른 쪽은 지는(승자–패자 win-lose) 구도가 되거나 이익을 나누어 절충(compromise)의 결과를 가져오기도 한다. 그러나 서로가 폭력을 사용하여 모두가 잃는(lose-lose) 결과를 초래하기도 한다. 이러한 "너도 죽이고 나도 죽겠다"는 감정적이며 패자–패자식 접근법은 생각보다 흔한 현상이다. 카인처럼 이익쟁취의 방법을 소위 제로섬(zero-sum)의 형태로 인식함으로써 카인은 신의 은총을 잃었고 아벨은 살해되었다.

갈등의 상태나 상황에 따라서는 처음부터 "함께 죽자"거나 "나만은 살겠다" 식으로 갈등을 해결하려는 접근방식을 택할 수도 있겠으나 이것은 건전한 갈등해결의 접근방식은 아닐 것이다.

카인과 아벨 형제의 예로부터 보듯이, 갈등대처방식은 결과로 보아 다음 3가지 형태로 요약된다(Fred Luthans, 1973, 2011).

① 패자-패자 접근(lose-lose approach) : 갈등당사자 양쪽이 모두 지게 되거나 함께 손해를 보게 되는 가장 바람직하지 않은 방법이다. 양편이 모두 권모술수나 어정쩡한 태도로 상황을 모면하려거나, 뇌물이나 부당한 대가로 문제를 해결하려든지, 청탁이나 자신들보다 힘의 우위에 있다고 판단되는 제3자를 갈등에 개입시키기도 한다. 표면적으로는 해결이 된 듯 보일 때도 있으나 어느 누구도 승자가 될 수 없고 갈등의 골을 더 깊게 할 소지가 크다.

② 승자-패자 접근(win-lose approach) : 상대방을 꺾어 승리를 거두는 방식이다. 자유경쟁사회에서 흔히 취하는 접근법이다. 경쟁심이 창의력과 단결력을 부추기게 한다는 순기능적인 측면도 있겠지만 협력적이고 상호협의를 통한 합의가 아니라 상대를 희생시킨 결과이므로, 상대의 패배감과 복수심의 유발로 역기능적 갈등의 재연을 가져올 수 있다.

③ 승자-승자 접근(win-win approach) : 갈등당사자 모두가 이기는 접근법이다. 문제해결을 위해 쌍방이 함께 창의력을 발휘하여 건전한 판단력과 우호적 분위기 유지를 위해 진심의 노력으로서 관련자 모두가 욕구의 충족과 보상을 받게 되는 방식이다.

게임이론에서 나오는 "죄수의 딜레마(prisoner's dilemma)"도 자기이익에만 몰두하는 경쟁적 구도의 덫에 갇히게 되면 결국 패자-패자의 결과를 초래하게 됨을 보여주고 있다.

슈바르츠(Gerhard Schwarz, 1991)는 다음과 같은 6단계의 갈등해결모델에서 사람들이 갈등에 대처하는 형식이나 여러 가지 태도들을 단계별로 제시하고 있다.

① 첫 단계는 자신의 갈등으로부터 도망을 쳐서 상황을 모면하려는 것이다.
② 둘째 단계는 어떤 방법으로든 갈등상대를 제거해버리려고 한다.

③ 셋째 단계는 상대를 제거하지는 않으나 정복하여 복종케 하려 한다.

④ 넷째 단계는 자신의 갈등과는 무관한 제3자에게 갈등해결을 위임하려 한다.

⑤ 다섯째는 당사자끼리 부분적이나마 갈등해결을 위한 타협을 하려 한다.

⑥ 여섯 번째는 중립적인 제3자의 개입 하에서 자율적이면서도 상호만족할

　　만한 접점을 찾아 갈등해결의 합의에 도달하려 한다.

이 방안은 최악의 방법에서 최선에 이르는 발전적인 방법을 순차적으로 제시한 것으로 자율적 합의가 가장 바람직하고 성공적인 것임을 설명하려는 것이다. 그러나 상황에 따라서는 가장 낮은 단계인 도망이 최선일 때도 있다. 이것은 원초적인 도피반응일 수도 있고 계략으로서의 도피 혹은 그 상황에서의 일시적 혹은 장기적인 퇴거라고도 생각할 수도 있다. 계략으로서의 도피라면 소위 손자병법에서 말하는 패전계(敗戰計)에서 주위상(走爲上)이라는 제36계를 떠오르게 한다. 상황이 아주 불리하여 싸움에서 패할 것만 같을 때 사용하는 마지막 전략인데, 잘만 하면 열세를 우세로 바꾸어 패배를 승리로 이끌 수도 있다는 전략이다. 무조건 도망을 치는 것이 아니라 전략적 도망이다. 훗날을 도모하는 것이다. 판단하건데, 지금 맞부딪혀서는 도저히 승산이 없거나 해결이 불가능하다고 생각될 때, 또는 상대가 극히 흥분해있다거나, 술을 잔뜩 먹었다든지 약물에 취한 상태거나 몸이 아파서 제 정신이 아닐 때는, 일단 물러남도 더 나은 갈등해결의 출발점일 수 있다.

슈바르츠의 갈등해결방법을 다른 말로 요약하자면, 갈등에서 아예 도피해버리거나 일방적 포기, 혹은 반대로 상대를 제거해버리는 바와 같이 당사자 중 어느 일방의 결정으로 갈등을 해결하는 방법도 있고, 당사자들이 함께 자율적으로 해결하는 방법도 있으며, 재판처럼 공식적이고 구속적이며 강제적인 개입이나, 이것과는 다르지만 중재나 조정과 같이 제3자적 개입방법도 있다는 것이다.

갈등상황에서 한편의 일방적 포기가 초래되는 것은 주로 힘의 불균형으로 인해서일 때가 많다. 힘의 불균형에는 완력, 협박, 말솜씨, 자원, 경제적 우세, 사회적 지위나 외부의 지원이나 방해 등을 생각할 수 있다, 힘의 불균형이 아니더라도 상대의 요구를 적법한 것으로 수용하게 되는 경우, 또는 개인이나 상호 간

의 체면 그리고 시간이나 비용 등을 고려하여 포기하는 경우도 생길 수가 있다. 또 부적절하게 제3자가 개입하여 일방적인 포기상태가 벌어질 수 있다. 부부싸움 중에 시아버지나 시어머니 혹은 장인 장모가 개입하여 한쪽에게 일방적으로 손을 들어주는 경우이다.

그러나 일방적 결정에는 상대에 대한 적대감과 보복심 그리고 실제적 보복행위나 관계의 단절과 지속적인 피해가 뒤따르는 경우가 많다. 만일 쌍방이 모두 일방적으로 자신의 의도대로만 결정코자 했을 때는 온갖 전략과 전술이 동원될 것이며 이때는 갈등이 더욱 심화될 수 있다. 개인적 체면과 사회적 지위유지를 위해서도 쌍방은 죽을힘을 다한 시도를 할 것이다.

(3) 갈등관리와 해결을 위한 접근방식

미국 위스콘신대학의 베르만(Harry Webne-Behrman, 2008) 교수가 제안한, 효과적으로 적용할 수 있는 갈등관리 및 해결방안은 대략 8가지 과정으로 요약된다. 제시된 방법들은 개인내적 갈등이나 개인 간 갈등의 관리나 해결을 위해 일반적으로 말해지는 가장 기본적인 접근방법들은 거의 모두 망라되어 있는 듯하다.

① 우선 자신에 대하여 알며 관심을 가지도록 한다(자신의 사고방식, 느낌, 행동방식, 편견이나 도식 같은 것을 자각하며, 개인적으로 먹고, 자고, 운동하는 것 등에서 자신에게 지지적인 환경을 조성하여 스트레스 상황에서도 잘 반응할 수 있도록 준비함).

② 갈등의 바탕에 놓인 욕구를 파악한다(실제적, 절차적, 심리적 욕구를 알며, 최선, 최악 또는 적정 대안과 그 선택의 결과로서 얻고자 하는 바를 명확히 함).

③ 협상에 필요한 안전지대를 찾는다(안전지대란 본인에게 편한 장소와 시간과 조정인 그리고 동의하는 기본원칙 등을 포함함).

④ 상호작용에서는 듣기 자세를 취한다(먼저 이해해주고, 그 다음에 이해받도록 함. 적극적인 듣기의 태도).

⑤ 자신의 욕구(needs)를 분명하고 구체적으로 전한다(나-전달법 I-messages 활용).

⑥ 유연하게 문제해결에 임한다(문제를 간단, 명료히 하며, 대안과 접점을 찾으

려함).

⑦ 어려운 상황을 침착과 인내 그리고 상대를 존중하는 마음으로 극복한다 (내재한 느낌이 어떤 것인지, 바탕에 있는 흥미, 관심, 욕구는 어떤 것인지에 초점을 맞춤).

⑧ 마지막으로 실현 가능한 합의문을 작성하는 단계이다.

(4) 갈등의 전개양상에 따른 이해

그렇다면 갈등은 실제로 대개 어떤 양상으로 전개되는 것일까? 갈등의 관리나 해결에 유용한 시점은 과연 있는 것일까?

갈등은 매우 역동적이어서 놀라운 속도로 발전하거나 변화할 수 있는 것이며 오랫동안 드러나지 않고 잠복해 있다가 어느 날 갑자기 격렬한 폭력으로 터져 나오기도 한다. 따라서 매우 복잡하고 예측이 어렵다고 할 수 있다. 갈등이 소실되는 과정도 발생에서처럼 예측불가사항이 많다.

가장 간단한 갈등의 확산과 쇠퇴모델에 따르면, 모든 사회발달에서 부분적으로 터져 나오는 차이(difference)로부터 시작된다고 한다. 그런 다음, 대체로 정규분포의 곡선을 따라 모순되는 상황(contradiction)으로 움직여나가는데, 이 상황이 그대로 잠복해 있을 수도 있지만 양극화(polarization) 과정으로 확대, 발전된다고 보았다. 양극화란 적대적인 당사자 관계를 형성함이며, 여기서 갈등은 다시 확장되면서 폭력(violence) 그리고 더 나아가 전쟁(war)이란 극점을 향하게 된다. 이러한 단계들은 전략적 변화를 측정하기 위한 객관적 범위를 찾기 위해 활용되기도 한다. 극점에 이른 갈등이 먼저 휴전(ceasefire)을 이루게 되면서, 상호합의(agreement), 정상화(normalization) 그리고 화해(reconciliation)의 수순을 밟게 된다고 설명한다(Ramsbotham 등, 2011).

사회적 갈등의 단계에 대한 설명에서는 문제화 단계(issue)로부터 시작하여 분쟁의 가시화 단계(dispute)를 거쳐 교착단계(혹은 난국단계 impasse)로 확장되어 간다는 의견도 제시된 바 있다(Godschalk, 1992). 문제화 단계란 이해당사자가 문제의식과 의견불일치의 강도(intensity)로 인해 반응을 드러내는 초기단계이며, 계획수립이나 의사결정과정에서 발생할 수 있다. 이때는 이해대립 정도는 낮은 편이다. 이해당사자가 서로 상이한 의견을 인지하면서 상호이해와 자기의견을 자율적으로 조정할 수 있는 단계라고 할 수 있다. 분쟁단계는 양립 불가능한 대립적 견해 차이가 존재하지만, 상호협상이나 조정이 이루어질 수 있는 단계로 본다. 사전공개 또는 공론화, 상의 없이 어떤 일이 바로 진행되는 것처럼, 문제화 단계 없이 바로 분쟁단계로 접어들 수도 있다. 교착상태는 타협의 여지가 없고 상호주장이 평행적이며 대립이 격화되어 당사자 간 협상이나 조정이 어려운 상황이기도 하고 와해상태라고도 볼 수 있다.

갈등해결에 따른 다양한 반응형태를 설명함에 "모래시계모형(hourglass model)"이 제안되기도 했다(Ramsbotham 등, 1999). 위와 아랫부분은 깔때기처럼 넓고 가운데가 잘록한 모양을 가진 게 모래시계이다. 국제적인 갈등상황에서도 정치적 공간이 협소화되면 갈등이 확산되고(모래시계 위쪽의 반) 그 공간이 다시 확대되면서 갈등이 축소되기도 한다는 것인데(아래 반쪽), 공간의 확대나 축소에 따라 아주 상이한 갈등해결방안과 그에 따른 반응이 따른다고 했다. 피셔 등(Ronald Fisher and Loraleigh Keashly, 1991)은 이러한 현상을 "우연성과 상보성모델(contingency and complementarity model)"이라고 하였다. 우연성이란 필연성과 반대되는 말로, 불가능성을 포함하여 있을 수도 없을 수도 있는 예기치 않은 사건으로 갈등의 특성과 그 양상을 의미하며, 상보성이란 함께 일을 수행함으로써 갈등해결의 성공기회를 최대로 만들어주는 적절한 반응들을 서로 결합시킴이다. 갈등이 확산되다가 어느 시점에 이르러 다시 축소되고, 화해국면으로 변화됨을 모래시계와 같은 생김으로 모형화 해보는 것은 어렵지 않다. 그러나 실제 갈등의 전개양상을 예측하기란 어려운 것이며 예측한 대로 진행되는 것만이 아니라 많은 우연성이 개재되고, 갈등해결의 성공여부는 그 우연들을 포함한 여러 상황의 상호보완적 작용으로 나타날 것이다.

갈등의 확산과 축소과정을 함께 모형화 한 연구 외에, 갈등이 확산, 발전되는 단계만을 좀 더 세분하여 보여주는 모형으로 그라슬(Friedrich Glasl, 1999)의 갈등 9단계 모델(① 긴장단계, ② 양극화와 입씨름 단계, ③ 말보다는 행동단계, ④ 적대적 이미지 갖기와 편 가르기 단계, ⑤ 상대 약점잡고 체면 깎기 단계, ⑥ 위협전략을 쓰는 단계, ⑦ 상대에게 신체적 충격을 가하는 단계, ⑧ 상대를 파멸시키려는 단계, ⑨ 공멸단계)이 있다(그림 10).

| 그림 10 | 9단계 갈등증폭모형(Glasl's nine-stage model of conflict escalation) |

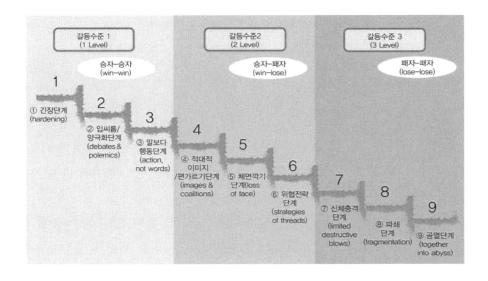

전개가 항상 일정 방향으로만 발전하는 것은 아니겠지만, 갈등고조상황에 따라 단계를 건너뛰어 오를 수도 있고 거꾸로 갈등단계가 낮아질 수도 있다고 한다(Yurdi Yasmia 등, 2006). 또 갈등당사자에 따라서, 갈등고조단계는 다르게 나타날 수도 있을 것이다. 그럼에도 일반적으로 말해서, 당사자들 모두가 네 번째 "편 가르기" 이상 단계에 들어서면 갈등의 골이 아주 깊어진 것으로 간주되며 이후로는 당사자끼리의 해결이 실제로 어려운 것으로 보았다. 당사자 간 해결이 어려운 갈등에서는 제3자가 개입하는 상황을 맞게 되는 것이다.

(5) 갈등개입의 필요성과 개입자의 역할

갈등은 불일치(disagreement) 이상이다. 불일치란 일반적으로 해결과 협상이 가능한 이익이라든지 단기간적인 내용이 포함될 때에 흔히 사용되는 말이다. 적어도 쌍방의 필요성이나 이익을 부분적으로나마 충족시켜줄 수 있는 해결책을 비교적 용이하게 찾을 수 있는 경우이다.

그러나 갈등은 장기적이며 그 도덕이나 가치의 차이, 높은 차원에서의 분배에 대한 질문에서처럼, 그 뿌리가 심원하여 협상이 거의 불가능한 문제가 개입되는 경우도 많다. 갈등에는 인간의 본질적인 욕구인 정체성, 안전, 인정의 욕구 등이 도사리고 있기 때문에 갈등은 혼자 내버려두면 소멸되기보다는 점점 커지는 속성도 가지고 있다. 또한 강력한 정서적, 행동적 반응을 수반하므로, 이것이 본질적인 위협으로 인식되면서 사실을 객관적으로 볼 수 없게 한다.

그러므로 특히 복수의 주체 간에 발생하는 갈등에서는 제3자적 개입을 가장 유용한 해결방법으로 제시하고 있는 것이다.

라우에(Laue, 1981)는 갈등개입자로서의 역할을 다섯 가지로 구분하였다.

첫째는 활동가(activist)로서의 역할이다. 갈등당사자의 어느 한편이 되는 것이다. 갑과 을의 갈등에서 갑이나 을의 역할을 함이다.

둘째는 어느 편의 옹호자(advocate)가 되는 것이다. 활동가만큼은 아니나, 어느 당사자를 대신하여 일함이다. 어느 편 당사자의 이익을 위해 공식적인 전문 상담 역할을 해주기도 한다.

셋째는 조정자(mediator)의 역할이다. 본질적으로 당사자의 어느 편을 드는 것이 아니라, 진행과정을 지원함이다.

넷째는 연구자(researcher)이다. 기자나 위기관찰자의 역할 같은 것인데, 개입을 객관적이고 중립적인 것으로 보지만 일단 개입하게 되면 힘의 위상에 변화를 가져오며 마치 갈등당사자가 자신들의 목적을 위해 연구자를 활용하는 모양새가 된다.

마지막으로 집행자(enforcer)의 역할이다. 중재자나 판사, 경찰관의 역할 같은 것으로 모든 당사자나 혹은 어느 일방에 대해 제재를 가할 수 있는 공식적 힘을 가진 사람이다.

유라이(Ury, 2000)는 갈등해결에 제3자적 개입을 함에 있어서 그 역할에 따라 10가지 유형을 열거하였다. 먼저 갈등의 예방적 기능을 위해서는 당사자들의 필요성을 충족시켜주는 ① 제공자(provider), ② 갈등을 다룰 수 있는 기술을 가르쳐주는 교사(teacher), ③ 당사자의 갈등 사이를 건널 수 있게 관계구축을 도와주는 다리건설자(bridge-builder)가 있다고 했다. 갈등예방에 실패했을 경우를 위해서는 ④ 갈등해결을 도우는 조정인(mediator), ⑤ 중재인(arbiter), ⑥ 판세의 수준을 민주적으로 만드는 힘을 발휘하는 균등자(equalizer), ⑦ 상처받은 관계를 회복시켜주는 치유자(healer)가 있다. 또한 갈등해결에 실패했을 경우, ⑧ 갈등을 자제토록 하는 역할을 하며 갈등확대에 유의하는 목격자(witness), ⑨ 싸움진행에 제재를 가하는 심판(referee), ⑩ 갈등을 예방하는 평화지킴이(peacekeeper)가 있다고 했다. 여기서 개입 역할에서 변화를 가져오거나(shifting) 힘이 있는 당사자와 힘없는 자에 대한 개입 역할에 대한 기대에서는 논란이 따를 수 있다.

(6) 개인 간 또는 복수의 주체가 대상인 갈등해결의 방법들

갈등의 관리나 해결은 접근방식과 과정에 따라서도 달라진다. 진행방향이 꼭 정해져 있는 것은 아니겠지만 내용으로 보아 당사자나 개인 간의 사적인 결정으로부터 제3자의 개입, 법률적 결정방법 혹은 법률 외적이거나 탈법적인 방법, 더러는 강제적 방식으로 옮겨가게도 되며 이렇게 되면 강제력의 동원과 승자-패자(win-lose)로의 귀결가능성이 증가하게 된다.

가. 갈등해결방식의 결정주체에 따른 구분

무어(Moore, 1986, 2014)가 제시한 결정의 주체에 따른 갈등해결의 방안은 다음과 같다.

■ 당사자(개인)의 사적인 결정에 의함

이해당사자나 관련된 개인끼리 갈등을 처리하고자 할 때는 그냥 넘겨버리면 사라지거나 잊혀질 수 있을 것이라는 기대, 논의 자체가 갈등의 존재를 인정하게 되고 실체화 할 것이라는 두려움, 어떻게 처리해야 될지 막막하고 답답한 느낌으로 갈등 자체를 회피(avoidance)하는 태도를 가지기도 한다. 사람에 따라서는 서로 허심탄회하게 얘기를 나누어서 풀어보려는 노력을 하기도 한다. 이 과정에서 발전된 협상(negotiation)으로 진행되거나 더 나아가 조정(mediation)에 의한 해결방식을 택할 수도 있다. 조정인은 제3자이지만 제3자의 결정에 따름이 아니라 제3자의 조력으로 스스로 결정함을 의미하므로 당사자 간 결정이라고 하는 것이다.

매이어(Mayer, R. J., 1990)도 회피의 근원은 두려움(불편할까봐, 혹은 관계를 해칠

까봐 등)이며 두려움으로 인한 불쾌감을 피하기 위한 전략으로 화를 내는 것이라고도 했다. 흔히 취하는 회피의 형태는 스스로에게 "별로 중요하지 않아", "난 이런 문제로 실랑이 할 시간이 없어", "이거 뭐 신경 쓸 일 아니야", "조바심 낼 일 아니지" 등으로 표현되기도 한다. 갈등상황에서도 전략적이고 정치적으로 아무렇지도 않은 듯 미소 짓고 손을 흔든다거나 예의바르게 행동하려고도 한다. 자신은 객관성이나 합리성을 유지하고 있다는 생각을 하기도 한다. 그러나 실제로는 마음속에 상대에 대한 불만을 쌓고 있는(gunnysacking) 중이다.

■ 사적인 과정이지만, 제3자의 결정에 의함

사적인 제3자의 결정에는 관리적(administrative 또는 managerial) 결정과 중재(arbitration)가 포함된다. 여기서 "관리적"이라 함은 어느 기업에서 생산과 판매라는 직접 활동의 결과로 발생하는 정보를 관리한다거나 명령을 내리는 행위와 유사하다. 고용인 간 혹은 조직의 구성원 간 그리고 경우에 따라서는 조직과 공공의 구성원 간에 생긴 갈등해결에서도 활용된다(Kolb and Sheppard, 1985; Gerzon, 2006).

결정을 내리는 제3자는 해당 갈등에서 일정 거리로 떨어져 있는 사람이겠지만 반드시 중립적이거나 불편부당한 사람이어야 하는 것은 아니다. 그 접근과정에서는 일반적으로 전체 체계에서 요구하는 바와 개인이나 관련 집단의 이해관계 사이에서 균형을 맞추려고 노력은 하지만 결정의 주체가 된다. 직장에서 동료 간 갈등에 대한 양측의 호소를 들은 상사가, 누구는 이렇게 하고, 또 상대는 이렇게 해서 다툼을 끝내라고 결정내리는 경우도 이에 해당된다.

■ 공적인 입법절차에 의해서거나 권위를 가진 제3자의 결정에 의함

입법절차라 함은 공적으로 갈등해결에 접근하는 법원의 판결까지 포함한다. 대개는 갈등당사자가 다수이거나 갈등이 다수에게 영향을 주게 될 때 채택되는 방법의 하나이다. 투표를 통해 법률이나 규정을 만드는 것과 같은 행위도 포함된다. 갈등당사자가 절충해서 법안을 만들어 통과시키면 비용과 혜택 또는 위험까지도 분담할 수 있겠지만, 그렇지 못할 경우는 승자-패자과정으로 귀착될 수도 있고, 근본적인 차이를 해결할 수 없거나 절충과정에서도 당사자 모두를 만

족시킬 수는 없는 결과를 가져올 수도 있다.

■ 법률 외적(혹은 탈법적, extralegal)인 강제적 결정에 의함

법률 외적인 강제적 결정은 법 또는 제도적인 구성이나 과정의 밖에서 이루어지는 것이다. 이도저도 안 될 때 마지막으로 선택하는 방법일 수도 있다. 반대편을 설득하거나 강제하기 위해 흔히 비폭력적인 직접행동을 하거나 폭력을 동원하기도 한다. 당사자 스스로 할 수도 있고 제3자의 도움을 받거나 제3자의 결정으로 행해지는 사적인 방법을 동원하기도 한다. 그러나 사회적으로 위임되거나 널리 수용되지 않는 것들이다.

비폭력적 행동이라 함은 사람이나 집단을 자신이 원하는 형태로 강제하거나 설득하여 어떤 행동을 하게 하거나 못하도록 하는 행위지만 신체적 강제나 폭력을 포함하지는 않으며 심리적 해를 끼침을 최소화하도록 하는 방법이라고 할 수 있다. 당사자가 상호의존적이고 앞으로도 함께 해야 할 처지일 때 생겨날 수 있다. 비폭력은 개인이나 집단 혹은 공적으로나 사적으로 행해질 수 있다. 시민 불복종운동 같은 것도 이 범주에 속한다.

신체적인 강제나 폭력을 사용하게 될 때 본인이 처하게 될 위험이나 재산상 손실이 엄청나리라는 판단이라면 양보를 택할 수도 있겠지만, 상대를 압도할 수 있고 실제로 손상을 끼칠 수 있는 충분한 힘이 있고 상대도 이것을 잘 인식하고 있다고 판단되면 강제력을 동원하려는 유혹에 빠질 수도 있다.

나. 갈등해결의 방법들

갈등해결을 위해 당사자가 직접 나서든, 중립적인 제3자나 어느 일방의 대리인 혹은 공권력을 가진 제3자 등이 나서든 간에 갈등상황에 개입하는 여러 형태의 방법들을 하나씩 열거해보자.

■ 협상(協商, negotiation)

협상의 사전적 의미는 어떤 목적에 부합되는 결정을 얻기 위하여 서로 의논함을 말한다. 무어(Moore, 1986, 2014)는 협상이란 "심각한 차이가 존재하지 않는 현안(issues)에 대한 거래(transactions)나 합의에 도달하기 위해서, 또는 분쟁

이나 갈등을 해결하기 위해서 주로 사용하는 구조화된 의사소통과 거래
(bargaining)의 과정"이라고 하였다. 또는 "인지되거나 혹은 실제적인 이해갈등을
가진 당사자들이 구조화된 소통방식과 흥정(bargaining)을 통해 합의에 이르도록
하는 것(1986)"이라고도 표현하였다. 램스바텀(Ramsbotham 등, 2011)은 "당사자들
이 자신들의 갈등에 대한 타결이나 해결을 모색하는 과정"이라고 하였다.
"bargain"과 "negotiation"은 대체로 호환해서 사용되기도 하지만, 구분하자면
"bargain"은 일반적으로 판매나 구매, 계약 등을 목적으로 하는 개인 사이의 상
호작용을 의미하고, "negotiation"은 주로 복잡한 사회적 단위나 여러 이슈들이
개입되는 상호작용에 관련될 때 사용된다고 하였다(Jefferey Z. Rubin and Bert R.
Brown, 1975).

서로 양립 불가능한 자신의 입장만 내세워 충돌하면서 갈등을 키워가는 제
로섬(zero-sum) 접근방식보다는 서로의 입장은 잠시 접어두고서 입장이 아닌 서
로의 이익(또는 이해 interest)이나 필요성(need)에 초점을 맞추도록 집중하면서, 의
사소통방법을 개선하며 자신이 원하는 것과 그 이유를 솔직하게 나눔으로써 서
로가 이기(win-win)는 해결책을 모색하여 갈등을 해결하는 방법이라고 할 수 있
다. 서로의 입장이 첨예하게 대립되는 상황에서 당사자들이 가지고 있는 입장과
바탕에 놓여있는 이해나 필요성을 구분하도록 함이 전형적인 협상이론의 핵심
적 내용이다. 아마도 가장 고전적이고 보편적인 갈등해결의 수단이 협상이라고
할 수 있다.

일반적으로 말해 협상이란 양자(two parties)를 필요로 하는 지속적 과정
(process)이며 효과적이고 구조화된 대화방식이며 또한 갈등해결을 위한 수단(합
의에 도달함)이라고도 할 수 있다. 또한 이해관계당사자들이 직접 나서서 서로의
이익을 최대화 할 수 있는 합의점에 도달하기 위해 상호노력하지만, 기본적으로
는 제3자의 개입 없이 자율적으로 서로 수용할 수 있는 합의를 이루도록 함이
며, 절차나 결과는 당사자의 권한이다. 간혹 쌍방을 대리하는 변호인이나 보조
인들 사이에서 협상이 이루어지는 경우도 있으나, 이들의 역할은 조정에서처럼
제3자적인 중립자가 아니라 당사자의 어느 한편으로 간주된다. 개인적인 성향이
나 상대의 특성, 협상의 이슈, 협상환경에 따라 협상방법은 전략적으로 선택될
것이다.

여기서 이해(interest)라는 용어는 매우 중요하므로 좀 더 언급할 필요가 있다. 이해(interest)에는 3가지 형태(type)가 있다고 한다. 실재적(substantial) 이해(유형의 대상, 돈, 시간 등), 과정적(procedural) 이해(선호도를 말함. 방법, 행태 manner 등이 포함됨) 그리고 심리적(psychological) 이해(정서적, 관계적 욕구 등) 등이다(그림 3. 갈등만족의 삼각형 참조). 조정인이 이해중심적 접근을 한다고 함은 이러한 실재적, 과정적, 심리적 욕구가 합일점을 이루도록 함이다. 이는 상호이익(interest)을 이해(understanding)하는 것으로부터 시작하며, 특정의 이해(interest)를 만족시킴에 초점을 두고서 문제를 해결하려는 자세를 갖는 것이다. 마치 함께 퍼즐을 풀어나가는 과정과도 흡사하다고 말해진다. 이해의 종류를 실재적(혹은 구조적, organizational), 개인적(personal), 관계(relationships)이해로 나누기도 한다. 입장(position)중심의 협상에서는 당사자들의 자원이 제한되어 있으므로 분배 측면에서의 해결만이 유일한 방법이라고 인식함으로써 서로 얻고 잃는 것을 나누는 상황에서 생겨나는 것이라면, 이해중심의 협상은 양측의 다양한 욕구를 충족시킴이 가능한 통합적인 해결을 시도하려 한다. 이해중심에서는 자원이 꼭 유한하다고 생각하지는 않으며 각자의 최소욕구충족이 가능하다고 생각할 때 생겨나는 것이라고 주장되기도 한다(Walton and McKersie, 1965).

협상이란 상호작용의 과정(interactive process)이다. 협상과정을 생각할 때 기본적으로 고려할 만한 내용으로 안델슨(Kare Anderson, 1993; Patterson, J. L., 2002)이 제시한 삼각대화(Triangle Talk)모델이 있다. 먼저 "당신이 원하는 것이 무엇인가(what you want)"에 대한 질문을 해야 한다. 특히 협상과정에서 감정이 생겨나고 입장이나 현안에 집착하게 되면 오도된 기억과 자신의 덫에 갇혀 잘못된 선택이 생겨난다. 그러기 전에 중요 사항에 초점을 맞출 수 있도록 자신이 원하는 협상의 목적과 목표, 선호하는 결과를 구체적으로 작성해두도록 한다. 둘째는 "그들은 무엇을 원하는가(what they want)"이다. 상대도 나와 같은 생각을 하리라는 추정은 위험천만한 생각이다. 적극적 경청과 개방성 질문으로 상대가 원하는 것과 필요한 정보를 알도록 해야 한다. 세번째로 중요한 것은 "그들이 받아들일 수 있는 것을 제안하라(propose what they can accept)"는 것이다. 모든 당사자의 필요성을 만족시키는 방향(승-승)으로 협상을 진행하도록 한다. "그것이 나한테는 무슨 이익이 있는데(what in it for me)"라는 상대의 질문에 답을 주어야 한다. 이는 상대의 필요성에 대한 고려로부터 가능해진다.

협상은 과정으로 보아 시작단계(의제와 이슈 확인으로 협상준비), 중간단계(협상범위의 탐색과 축소 및 협상안 정식화), 종료단계(해결책의 최종합의와 합의서 작성)로 구분할 수도 있겠지만, 실패한 협상을 관찰해보면 시작단계와 중간단계를 반복하거나 어느 한 단계에서 다음 단계로 더 진행되지 못하는 경우가 많다. 협상초기에는 극단적이거나 과도한 요구내용이 여과 없이 포함되기 마련이다. 서로가 상대의 관심이나 요구 및 수용할만한 요구사항이 분명하지 않기도 하지만, 전략적으로 더 많은 양보를 얻어내려 함이거나 상황을 보아 축소 또는 폐기할 수 있는 내용을 포함하기 때문이다. 결국 서로의 양보와 타협이 절대적으로 필요하다. 하지만 집단협상과정에서는 공식적 입장변화가 조직 내의 긴장이나 내분을 초래하거나 내부적 합의를 더욱 어렵게 할 수 있다. 또 공식적 입장과 개인적 입장 사이에서 갈등이 생기기도 한다. 양보는 상호교환적일 수도 있지만, 상대가 뭔가 약점이 있는 것이 아니가 하는 의심을 갖게도 하고, 더 많은 양보를 요구받는 빌미가 되기도 한다. 조건 없는 양보, 공짜양보는 역효과를 낼 수도 있으며 고맙다는 마음을 가지게 하지도 않는다고 말해진다. 논리적으로 따져서 양보를 해야만 의미 있고 효과적인 양보가 된다는 의미이다. 협상에서 최종기한(deadline)의 설정은 협상진행의 우선순위나 결정을 강제하는 역할을 하는 순기능도 있다.

국제적인 갈등의 해결에서 흔히 드는 예로 캠프 데이비드(Camp David) 협상이 있다. 이집트와 이스라엘이 시나이 반도를 두고 다툴 때 주권을 지키려는 입장에서는 서로 한 치도 물러날 수가 없었다. 그런데 1977년 협상에서 이집트의 중요 이해는 국가의 영토보전에 있었으며 이스라엘 측의 중요 이해는 점령한 영토의 유지가 아니라 국가안보와 국민의 생존권 보호에 있음이 확인되었다. 캠프 데이비드에서의 협상이 타결된 것은 바로 서로의 입장중심에서 이해중심으로 초점을 이동시킬 수 있었기 때문이었다. 이집트는 이스라엘이 점령했던 영토를 되돌려 받으면서 지긋지긋했던 전쟁을 종식시킬 수 있는 이익을 충족시킬 수 있었으며, 이스라엘은 팔레스타인 내 이스라엘 점령지를 유지함으로써 국가의 안전유지라는 이익을 얻게 되었다는 판단이었다. 이 일로 이집트의 사다트

대통령은 자국민들의 지지는 받았지만 아랍의 대의를 저버린 배신자로 낙인 찍혀 1981년 이슬람 원리주의자에게 암살당하게는 되었다. 어떻든 당시로는 불가능할 것 같던 두 나라의 협상이 타결되었던 것이다.

그러면, 협상에는 어떠한 유형들이 제시되고 있을까? 그 사회적 유형(social styles, 인간 상호작용에서 드러내는 태도나 경향)에 따라서, ① 주도형(driver 또는 공격형), ② 분석형(analytic), ③ 우호형(amiable 또는 유화형, 회피형), ④ 표출형(expressive)으로 나뉘기도 한다(그림 11).

그림 11　협상에서 들어나는 개인의 유형(David Merrill, 1999)

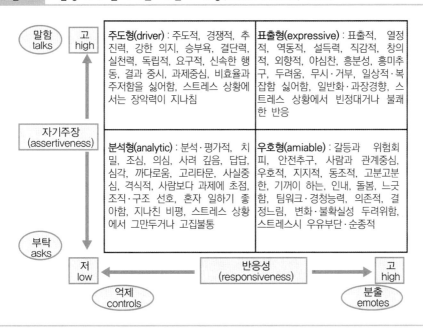

사회유형이론(social style theory)은 머릴(David Merrill, 1999)이 요인분석(factor analysis)을 통해 자기주장(assertiveness)과 반응성(responsiveness)이라는 두 개의 척도(scale)를 개발하면서 시작되었다. 자기주장이란 다른 사람과의 소통형태이다. 높은 자기주장(high or more assertiveness)을 선호하는 사람은 요청(또는 부탁 asking)하기보다는 자신이 원하는 것을 말하거나(tell) 요구(demand)하는 경향이며, 아니면 아예 말을 않기도 한다. 어려움을 회피하기보다 직면하며 자신에 대한 높은 신뢰를 가지고 있어 자신이 필요로 하는 것을 요구할 권리가 있다고 믿는다. 삶이란 "서로 잡아먹기 식 투쟁(dog eat dog)"이며 원하는 것을 위해 싸워야 하며, 그래서 더욱 경쟁적이고 신속히 행동하며 위험을 감수한다. 낮은 자기주장(low or less assertiveness)형의 사람은 높은 자기주장형과는 대체로 반대되는 사람이다. 특히 수동적인 사람은 요청도 않을 뿐 아니라 인지되는 가능한 갈등과 위험을 회피하려 하며 협조적이다. 반응성이란 다른 사람의 요청이나 요구에 대해 어떻게 반응하는가를 말한다. 다른 사람에게 높은 정서적 반응을 보이거나 공감능력을 나타내며 이타심이건 동료의식이건 인간관계에 중심을 두는 사람을 높은 반응성(high or more responsiveness)인 유형이라고 한다. 낮은 반응성(low or less responsiveness)의 사람은 높은 반응성과는 반대성향을 나타내며 반응이 더욱 인지적이므로 반응이전에 생각이 많고 더 느리게 반응한다(David Merrill, 1999; Peggy Sisselman, 2008).

갈등에 따른 최대의 결과를 얻기 위해 상대를 공격하여 승리를 쟁취함이 주도형이다. 공정한 합의를 목표로 양보를 기대하거나 양보를 하기도 한다. 문제회피형(우호형)은 협상으로 이익이나 손해를 얻기보다는 단지 현상의 유지에 협상의 목적을 두는 것이다. 협상에서는 이해당사자들끼리 해결을 시도하다 보니 술책, 권력과 정보, 전문가나 전문지식 활용의 불평등과 드러나지 않은 공정성 원리의 위반 등이 초래되어, 어느 일방의 분노를 불러오게 되면 협상이 결렬될 위험도 있다. 당사자는 각기 최선의 대안을 생각하지만 현실적으로는 그것이 환상에 불과할 수 있다.

대개 협상자의 성격형태나 협상유형은 한 가지 형태가 우세한 편이지만 어떤 사람은 여러 형태를 보이기도 하며 각기 다른 형태의 협상자가 만나게 되면 서로가 상당한 좌절감을 느끼기도 한다. 예를 들어 표출형인 사람은 상세한 내용으로 힘을 빼려고 하지 않는 반면 분석형인 사람은 꼼꼼하게 세부 내용을 다루려고 하기 때문에 서로가 어려워한다. 또 주도형과 우호형이 협상을 하게 되면 주도형은 우호형이 너무 줏대가 없다는 생각에 짜증이 날 수 있으며, 우호형은 주도형의 너무 확고한 태도에 스트레스를 받게 될 것이다(Patterson, J. L.,

2002). 개인의 사회유형은 특히 개인이 긴장감이나 압박감이 심한 상태에서 더 잘 드러나게 되므로 그 유형을 알고 있으면 자신이나 상대의 감정고조로 인한 잠재적인 부정적 영향을 최소화함으로써 협상에서 도움이 될 수 있다.

협상자의 심리적 측면을 분석하여 널리 활용할 수 있도록 한 또 다른 모델이 토마스 등(Kenneth W. Thomas and Ralph H. Kilmann, 1974, 1976; Thomas-Kilman Conflict Mode Instrument 2010)과 레비키 등(Lewicki, Roy J., and Alexander Hiam, 2007, 2011)이 폭넓게 활용한 5가지 갈등해결유형(경쟁형, 타협형, 수용형, 회피형, 협조형)이다.

그림 12　**협상유형**(negotiation styles, Roy, J. Lewicki et. al., 2007, 2011)

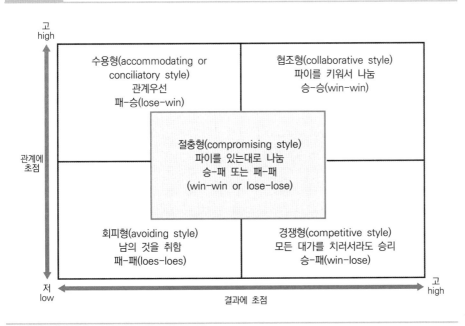

① **경쟁형(competitive style)** : 개인 또는 지식에서 차이가 존재하며 개인 간 쟁점에서도 잘잘못의 차이가 있을 것으로 가정한다. 자신의 욕구를 우선시하는 경우에 발생한다. 신속하게 협상을 종결짓기 위해서라면 상대편과 협조할 것 없이 경쟁적으로 다른 상대보다 낮은 경비를 제시한다든지 하여 신속히 협상을 종결시키는 방법이다. 또 자기주장이 강하며 비협조적이며 상대편에게 자신을

받아들일 것을 강요하는 경향이다. 의사소통에서도 주도권을 잡으려고 하며, 그것을 놓치면 자신의 욕구를 충족시키는 일이나 원하는 바를 성취하는데 실패하는 것으로 생각한다. 실패상황을 두려워하므로 사람을 공격적으로 대하고 위협적인 반응을 증가시키는 결과를 가져온다.

이들은 미래관계를 크게 중요하지 않는 것으로 간주한다. 스트레스에 투쟁적 혹은 전투적(fighting)으로 반응하는 형태의 사람들에게서 흔히 볼 수 있는 유형이다. 그렇게 행동해야만 자신을 지킬 수 있다는 강박적 사고도 있다. 편집성 인격장애를 가진 사람에게서 관찰되는 것처럼 타인의 행동을 너무 쉽게 적대적으로 받아들이거나 의심하며 자기권리에만 끈질기게 집착하는 경향을 보이는 사람도 있다. 이런 사람들은 질투심과 자의식이 지나치므로 자기중심적인 반응을 보이게 된다. 자기지향이나 통제의 욕구를 수용해주면서 순환적 질문으로 다른 사람의 입장도 고려할 수 있는 분위기를 만들도록 한다.

그러나 현안이 복잡하거나 협상자 양측의 힘이 거의 균등할 때, 협상자가 숙련된 자여서 상대의 반응을 간파하고 있을 때, 상대의 협조가 문제해결에서 중요한 사안일 때는 적합하지 않을 수 있다.

② 타협형(compromising style) : 경쟁상대가 비슷한 힘이나 영향력을 가졌을 때, 서로 양보가 어려울 때, 공통분모를 찾기 어려울 때는 영구적인 해결책을 모색하기에 앞서 임시적인 해결책으로 사용될 수 있다. 서로 원하는 것을 어느 정도로 주고받는 형태이지만 완전히 만족스러운 상태에는 도달하지는 못한다. 협력적(cooperative)이면서도 자기주장을 하는 사람이다. 그렇지만 공동의 목표를 향해 힘을 합쳐(collaborative) 나아가려는 자세와 신뢰는 여전히 부족하다. 예기치 못하는 위험을 피하려하기 때문이다. 상호협조가 중요하지만 시간이나 자원이 제한적일 때, 최적의 대안은 아니나 협상의 난관을 타개하기 위해, 조금이라도 합일점이 보인다면 아쉬운 상태에서라도 봉합하는 수준이다. 완벽한 상호만족을 취하기보다 갈등종결의 어느 중간지점에 도달하려 하므로 주로 단기적 해결을 가져올 수 있다. 타협과 절충의 결과가 괜찮다는 생각이 들기도 하지만 나중에는 뭔가 억울하다는 느낌을 받기도 한다. 갈등당사자들이 어떻든 목표달성에 대한 중요성을 크게 인식하고 있다든지 승패에 의미를 부여하지 않을 때 그리고 일시적인 해결책이라도 얻을 필요성이 있다거나, 다른 해결방법에서 실패한 상

황에서 선택할 수 있는 방법이기도 하다.

현안이 복잡하여 문제해결식 접근을 요할 때, 창의적인 해결책을 찾아냄이 중요한 경우는 적절한 방법이 아니다. 타협형인 사람에게는 자신이나 상대가 진정으로 원하는 것과 내면의 깊은 욕구를 인식할 수 있게 돕는다.

③ **수용형**(accommodating style) : 동조형이라고도 한다. 경쟁적인 사람과는 반대인 유형이다. 화합을 위해서라면 타인의 신념이나 목표에 자신을 맞추거나 다른 사람과 구별되는 자신의 욕구나 차이점까지 무시하면서까지 좋은 인간관계를 중요시 하고 유지하려는 사람이다. 다른 당사자가 전략적으로 중요하다거나 상대의 목표가 수용할만하다거나 또는 특정 목표달성에 당사자가 중요하며 향후 상호관계를 위해서나 이익을 위해 현재 목표를 희생시킴이 유리하다고 생각할 때이다. 갈등을 사회적 내지 감정적 문제로 보며 관대함을 친절로 보상받을 수 있다는 식이다. 이는 일종의 고도의 협상기술일 수도 있다. 이러한 사람을 남들은 너그럽고 말 잘 듣는 사람이라고 평가한다. 우리가 동조적, 수용적으로 상대에게 맞추어주려고만 한다면 관계는 순조로울 수도 있다. 그러나 결국은 충족되지 못한 자기의 욕구로 인해 좌절감을 맛보게 된다. 이런 형태가 지속되다 보면 남의 눈치를 너무 보게 되어 독립적인 결정을 내리는 것조차 어려워진다. 자신을 원만한 사람이라고 자처하지만 때로는 자신이 무능력하다는 생각을 하게 되며, 수동적으로 행동하거나 무력감에 빠져들게도 된다. 거절에 대한 불안과 두려움이 있으며 책임을 다른 사람에게 맡기면서 지시를 받는 쪽을 택하기도 한다.

이 유형의 사람에게는 타인에게 맞추어주려는 사람의 좌절감과 억눌린 감정을 공감해주면서 자신을 잘 표현할 수 있도록 격려한다.

④ **문제의 회피형**(avoiding style) : 대개의 사람들은 자신이 겪는 갈등에 대한 부정적인 인식을 상대에게 잘 드러내지 않으려는 경향이 있다. 이것은 가장 보편적인 방법의 하나이다. 그래서 흔히 갈등이 생기면 바로 처리하기보다는 시간이 지나면 어떻게 되겠지 하고 미룬다. 갈등사안에 대해 자기주장도 하지 않지만 그 갈등해결에 협조적이지도 않은 유형의 사람이다. 사안이나 당사자와의 관계 자체도 별로 중요하지 않으며 개입된 문제가 협상으로 해결이 불가능하거나 어떤 결과가 나와도 수용가능성이 없을 때는 협상이나 해결 없이 종결시키는 것이다. 특

정 전략목표의 일환으로 사용될 수도 있다. 예를 들자면 당사자에게 힘에서 밀리는 상황이라면 일단 상대의 의도를 저지부터 할 필요가 있을 것이다.

그러나 부딪치기 싫어서 "관두자" 하고 욕구나 관심을 드러내지 않고 회피하다가 갈등이 점차 확대되어 무시할 수 없는 상황으로 진행되어 관계의 파탄을 맞기도 한다. 잘 표현하지 않고 도망치고 보니 관계에서 뭐가 잘못되고 있는지를 서로 잘 모르게 되어 혼란이 커가는 것이다. 자기불만을 잘 드러내지도 않을 뿐 아니라 타인의 불만을 알려고도 하지 않으므로 갈등처리 불능상태로 빠질 우려도 있다. 쉽게 해결할 수도 있는 갈등을 키워서 더 어려운 상황을 맞는 경우도 많다. 회피적일 때 쌍방 모두가 문제의 본질과 상호관심을 알 수 없게 되므로 미래에도 거래관계에 머물 가능성이 높다.

스트레스에 대한 반응에서 살펴보았듯이 본능적으로 상황에서 벗어나는 것(flight)을 자신의 안전을 확보하는 가장 유효한 선택으로 발전시켜온 사람들에게 회피 내지 도피가 자동반사적일 수도 있다. 지속적인 긴장, 근심과 걱정, 불안감과 열등감이 있는 사람들이 종종 이러한 반응을 나타내기도 한다. 양측이 모두 자기주장이나 협조심이 낮을 때, 또는 어느 편도 자신이 선호하는 결과를 얻기 위해 공격적으로 나서지 않을 때 이러한 유형을 드러낸다. 이런 사람들은 실제로 다른 사람의 관심과 인정을 원하고 있다. 조정인은 이 욕구를 충족시켜주도록 노력하여야 한다. 그런 다음, 회피가 유리하기보다는 폐해가 더 클 수 있음을 인식시키면서 자신이 원하는 바와 욕구를 잘 표현할 수 있도록 도와야 한다.

상황으로 보아서는 당면 문제가 별 것 아니라는 생각이 들거나 갈등해결로 얻는 이득보다 해결비용이 더 클 때 그리고 사태를 진정시켜야 할 필요가 있을 때이거나 더 많은 정보획득을 위해 시간을 벌 필요가 있다면 회피의 수단을 사용할 수도 있다고 설명한다.

⑤ 협조형(collaborative style) : 개개인의 욕구나 목표를 공동목표로 삼아 당사자 모두를 완벽하게 만족시켜주는 해결방안을 찾고자 하는 사람이다. 혼자 문제를 해결하기보다 공동의 노력으로 승자-승자문제해결방법을 취하게 된다. 자기주장도 하고 적극적으로 공개적 토의도 하면서 상대를 이해하려는 의지와 노력을 보인다. 새롭고도 창의적이며 통합적으로 문제를 해결하려 함인데 복잡한

문제해결에도 유용하다. 상호목표를 고려대상에 두고서 이를 최종결과에 반영할 수 있을 것이라고 기대될 때 가능해진다.

협력적인 사람이 타협적인 사람보다 실제로는 더 얻는 것이 없을지도 모른다. 그러나 상호이해와 선의를 나눌 기회를 가진다는 점에서 좀 더 미래지향적이며 결과적으로도 만족감이 더 높게 된다(그림 12).

개인성격 특성으로 보아 주도형이나 표출형은 협상태도에서도 경쟁적이거나 열정적이며 승부욕을 발휘하여 상대를 무시하고 자기요구만 하여 판을 깨버릴 수도 있지만 협조적일 가능성도 있다. 우호형도 수용적이거나 회피적일 수도 있지만 상황에 따라서 협조적 협상을 이룰 가능성도 높다. 분석형도 나름 분석과 판단에 따라 합리적 대안이 제시되었다고 생각될 때는 협조적일 수도 회피적일 수도 있다.

이렇게 성격특성과 협상형태는 상호연관성이 높으므로 성격유형의 적절한 배합을 협상에 활용하거나 성격유형에 대한 이해가 수반될 때는 좋은 결과를 얻을 수도 있을 것이다.

사람의 성격적 특성을 협상에 활용하는 또 다른 예는 융(Carl Gustav Jung, 1875~1961)의 심리유형론(외향성 extraversion, 내향성 introversion 그리고 사고, 감정, 감각, 직관 등으로 성격을 구성하는 여러 기능을 구분함)을 이론적 기반으로 만들어진 MBTI(Myers-Briggs Type Indicator)라는 성격유형(personality types) 검사방법이 있다(Peters, D., 1993, Florida State University Workshop, 2010). 이것은 성격유형검사로는 가장 일반적이고 보편적으로 활용되는 검사법의 하나인데 아주 간단한 검사는 인터넷 등을 통해서도 무료접근이 가능하다. 협사전략상 요구되는 적응적 행동이 있으나 자의적으로 잘 되지 않는 부분이 있다는 것은 기질적 성격특성과 행동의 선호가 밀접한 관련이 있기 때문이다. 그러므로 MBTI라는 보편적 성격검사 방법을 활용하면 선호하는 자신의 협상기술과 내용을 분석하고 적합한 당사자나 협상내용 등의 선정과 대응전략을 세우는데 도움을 얻을 수 있다. 예를 들어 외향성인 사람이 내향성인 사람을 만나면, 비밀이 많고 비우호적이며 자신에만 몰두하면서 느리고 겁쟁이라고 생각하기 쉽다. 반면 내향성인 사람이 외향성인 사람을 대할 때면, 피상적이며 말이 많고 돌출행동을 잘 하며 강압적이고 무례하다고 생각할 수 있다. 외향성인 사람을 다룰 때는 생각나는 대로 말하도록 "말"로 소통하면서 대화를 따라가는 편이 유리하다. 내향적인 사람인 경우는 질문을 하고 그가 하는 말에 귀를 기울이도록 한다. 직관적인 사람이라면 자세한 내용보다는 큰 그림을 그리게 하고 가능성과 적용, 추론을 활용한다. 감각형인 사람에게는 과거의 중요한 경험을 끌어내어 실제 적용을 어떻게 할 지 차근차근 풀어나가는 게 좋다. 사고형에게는 조직적인 것, 원인과 결과를 생각하게 하고 결과에 초점을 맞추며 공정성을 강조함이 좋으며, 감정적인 사람은 핵심가치에 초점을 맞추고 그들의 기여를 평가해주며 감정을 수용하면서 상황으로 초래되는 정서적 영향을 얘기하도록 함이 유리하다고 설명되고 있다.

협상을 설명하는 데 동원되는 이론적 모델과 그 내용에 대해 좀 더 설명을 붙이고자 한다.

협상대상인 가용자원은 한정되어 있으므로 협상자들이 같은 항목이나 같은 가치를 원하는 상황에서는 협상의 성격이 제로-섬게임(zero-sum game, 게임이론에서는 각 당사자가 선택하는 행동이 무엇이든지 그 이득과 손실의 합이 제로가 되는 게임을 말함)으로 귀결된다는 인식을 바탕으로 하고 있는 것이 소위 분배적 접근방식(distributive negotiation)인 당사자주의협상모델(adversary negotiation model)이다. 이는 경쟁적 협상(competitive negotiation), 입장중심(positional)의 협상이라고 할 수 있다. 협상이라고 할 때 우리가 일반적으로 머리에 떠올리는 형태이다. 가장 전통적인 협상에서 당사자는 각자의 입장(position)을 강력하게 주장하여 관철시키기거나 아니면 조금씩 양보를 해가면서 타결에 이르도록 한다. 그래서 입장중심적 모델(positional bargaining model)이라고 한다. 이때 입장(positions)이라 함은 당사자들이 실제적이고 진정으로 필요로 하는 것이라기보다는 자신이 원하는 방향으로 문제가 해결되었을 때 기대할 수 있는 가장 바람직한 상황을 말함이다. 요구(demands), 상황(conditions), 조건(terms)이며 원하는 것이 "무엇(what you say you want)"이냐는 것이다. 입장중심에서는 다자간 혹은 양자 간에 어떤 상황이 발생했을 때 일단 자기주장부터 큰 소리로 전달하여 상대를 제압하려는 갈등대처 양상으로 일관한다든지, 자신들의 주장내용에만 몰입되어 진정으로 원하는 이익이나 대안들을 탐지하지 못할 수 있다. 경쟁적 협상도 본질적으로는 입장중심협상에 해당된다.

협상이 입장중심으로 가는 경우는 ① 자원(시간, 돈, 심리적 이익 등)이 제한되어 있다는 인식, ② 한쪽편의 승리가 다른 편의 패배를 의미하는 경우, ③ 장래 상호관계가 현재 실제로 얻는 것보다 많지 않다고 생각할 때, ④ 당사자 모두가 상대편에게 손상을 가할 충분한 힘이 있다고 믿을 때, ⑤ 내기에 걸린 돈이 클 때에 생겨난다고도 설명한다(Moore, 1986).

입장중심에서 흔히 예로 많이 드는 것의 하나가 경영이론가 폴넷(Mary Parker Follett, 1868~1933) 여사의 오렌지 한 개로 다투는 자매의 이야기이다(Mary P. Follett, 2003). 자매가 서로 양보 않고 다투다가 모두 손해를 보았다는 얘기인데, 유일한 해결방안인 반으로 나누는 결론에 도달하기까지, 자매는 서로 거칠고 공격적으로 행동했다. 나눈 다음 한사람은 즙을 짜서 먹은 뒤 내용물을 버렸고 다른 사람은 즙은 버리고 내용물만으로 오렌지 아이스콘을 만들어 먹었다. 결과로 보아서는 아쉽고 안타깝다. 서로가 잘 협상했더라면 즙과 내용물을 나눔으로써 모두가 만족할 수도 있었을 것이다. 공유협상은 경쟁적 전략과 협조적 전략의 결합으로 이루어진다. 상대의 쟁점과 이해관계를 탐색할 때는 협조적인 태도가, 권리주장에는 경쟁적 태도로 전환함도 필요하다. 모두의 이익을 극대화 할 수 있는 새로운 방법, 윈-윈 해결의 기회를 얻도록 하자는 것이다.

제로-섬 게임협상이 가지는 당사자주의적 전략의 제한점을 보완할 수 있는 대안으로 제시된 것이 문제해결모델(problem-solving model)이다. 문제해결모델은 협상과정에서 통합접근(integrative approach)을 시도하는 방식이다. 당사자들의 중요 요구와 목표를 확인하고 상호협조와 양보를 하게 되면 가용자원이 확대되어 상호요구를 충족시킬 수 있다는 전제이다. 상호이익과 승-승을 위한 여러 사항을 종합적으로 고려하고 추구하다보면 시너지 효과도 가져오면서 창조적으로 해결책을 얻게 되리라는 것이다. 공리주의적 철학에 바탕하고 있기 때문에 과연 인간행동에 공리적인 정당성을 부여할 수 있을 것인가 하는 문제제기가 될 수 있다(Menkel-Medow Carrie, 1984).

피셔와 유라이(Roger Fisher and William Ury) 등의 기준기반 혹은 수칙적 협상모델(守則的 協商, principled negotiation, Roger Fischer 등, 1981)은 협상수칙에 철저

를 기하는 모델이다. 통합적 협상(integrative negotiation), 협력적 협상(collaborative negotiation), 승-승(win-win) 혹은 비-제로섬(non-zero sum) 접근법 등이 모두 이 방식에 속한다고 볼 수 있다. 흔히 인용되는 것이 "Getting to Yes(1981)"란 저서로 유명해진 하버드 협상모델(Harvard Negotiation Project)이다. 실제로는 하버드와 MIT, Tufts의 합작품이며 1983년부터 활용되기 시작했다. 이들은 협상을 "둘 이상 당사자들 간의 거래(transaction)이며, 정보(information)의 교환이 일어나도록 함으로써, 거부권(veto)을 가진 양측 당사자가 합의된 결과(agreed outcomes)에 도달함"이라고 정의하였다. 입장과 이해를 구분함이 협상원칙의 중심에 있으며 이해에 기반한 협상접근방식이다. 입장중심모델의 대안으로 제시된 방법으로 객관적, 원칙적, 기준중심인 협상모델(principled negotiation model)이라고도 불린다.

이 모델에서는 협상자를 연성(soft)과 강성(hard) 그리고 기준기반(principled) 협상자의 3종류로 분류하면서 연성 또는 강성의 협상자가 아닌, 사실(facts)에는 강하고 사람(people)에게는 부드러운 기준기반의 협상자가 될 것을 주문한다. 또한 합의에 도달하기 위한 효과적인 네 가지 협상원칙(The four principles of effective negotiation)이 있으며 이것은 대부분의 갈등에서도 효과적으로 활용 가능하다고 주장되고 있다. 그 네 가지 원칙이란,

① 사람과 문제를 분리할 것(Separate the people from the problem)
② 입장보다 이해에 초점을 맞출 것(Focus on interests rather than positions)
③ 합의를 이루기에 앞서 다양한 대안을 내도록 할 것(Generate a variety of options before settling on an agreement)
④ 객관적 기준에 근거한 합의를 견지(堅持)할 것(Insist that the agreement be based on objective criteria) 등이다.

이 원칙은 협상단계마다 지켜야 하며 상황과 문제, 당사자의 이해와 인식, 선택의 존재에 대한 분석으로부터 시작해야 한다고 했다.

사람과 문제를 분리함이란 협상당사자들끼리 서로 성격이나 인신공격을 하기보다 "문제"를 공격함이다. 그 사람이 나빠서가 아니라 문제(예로 술이나 돈)가

원수이며 두 사람을 파탄 나게 한 원인이라고 관점을 전환함이다. 이를 통해 관계에 더 균열이 생기지 않도록 한다. 서로 무엇을 하라는 얘기보다는 서로가 잘 들어주어 의사소통을 촉진시키고 신뢰를 쌓도록 한다.

또 요구사항이라든지 표면적인 입장이 아니라 밑바닥에 놓여있는 이해(감추어진 이해뿐 아니라 아직 깨닫지 못하고 있는 것까지 포함)와 핵심 관심사(동기, 필요성, 두려움, 열망 등)에 초점을 맞추도록 한다. 협상의 목적을 자신과 상대의 이해(interests)를 만족시키려 함에 둔다. "무엇(what)"이 아니라, "왜" 우리가 어떠한 것을 원하는지(the why we want something), 즉 "왜(why)"에 초점을 맞추어 협상하라고 한다. 표명된 입장과 주장에 초점을 두면 주관적 내용만 강조하게 되고 실제 목표의 이해력을 떨어뜨리며 진실로 원하는 바가 무엇인지의 판단을 흐리게 하기 때문이다. 뿐만 아니라 단정적인 입장이 자아와 일체가 되면 문제가 더 복잡하고 풀기 어려워지며 자기의지 관철을 위한 충돌로 가게 마련이다.

양측이나 모든 당사자가 법률적 적용여부의 합당성을 알려고 노력하기보다는 머리짜기(브레인스토밍)나 창의적 대안과 가능성의 탐색으로 제로섬의 함정을 피하도록 한다. 특히 감정이 고조된 상황에서 우리의 뇌는 이성보다 감정이 선행되므로 결정의 시야를 좁게 한다. 다양한 이슈가 있으면 우선 접근과 해결이 쉬운 쟁점부터 시작해서 대안을 찾도록 한다.

유효하고도 공평하게 대안에 대한 평가와 그 순위설정을 하기 위해서는 객관적 기준(criteria)을 사용하도록 하며 가능한 장애가 무엇일지를 예상해두도록 하여 어떻게 하면 이 장애를 극복하여 협상을 수행할지를 담는, 분명하고도 달성 가능한 이행 초안의 마련 등을 포함한다. 객관적인 기준과 원칙 및 정당성(legitimacy)을 확고히 하며 논리적으로 최종 결정에 이르도록 하면서도 주관적인 것들을 배제하려고 노력함은 서로가 원칙적이고 합리적이며 상호이익에 부합하는 결정을 내렸다는 사실을 더욱 확고히 해주어 협상결과에도 만족감을 높여준다(표 1).

표 1	입장중심협상과 기준기반(이해중심)협상의 비교(Tom Staiger 등, 2008)

협상접근유형 / 협상방법	입장중심협상 (분배적/당사자주의/경쟁적)		기준기반협상 (통합적/이해중심/협력적/문제해결)
협상자의 태도	연성(soft)	강성(hard)	객관적 기준(criteria, standard), 원칙(principle)
협상목표	합의 (lose-win 감수)	승리 (win-lose)	효율적이며 우호적이고 현명하게 상호이익(win-win/non-zero sum)에 도달함
사람과 문제에 대한 관점	관계를 위해 양보 (상대는 친구)	관계를 조건으로 양보 요구 (상대는 적)	사람과 문제를 분리 (상대는 문제해결자)
	사람과 문제 모두에 유연	사람과 문제 모두에 강경	사람에게는 유연, 문제에는 확고함
	상대를 신뢰	상대를 불신	신뢰와는 독립적인 과정으로 간주
입장과 이익에 대한 관점	입장을 쉽게 바꿈	자신의 입장에 매몰(초기입장을 고수)	입장을 가지지 아니함 (입장이 아니라 이해에 집중, 실익탐색)
	제안을 함	협박을 함	실익을 탐색함
대안모색의 태도	합의 위해 일방적 손실을 감수함	합의를 대가로 일방적 이득을 요구함	일방적 해결을 반대 (상호이익을 위한 대안을 모색)
	당사자들이 수용할 수 있는 하나의 답을 찾음	자신이 받아들일 수 있는 답을 찾음	가능한 여러 선택안을 개발한 후 결정토록 함
객관적 기준의 활용여부 (필요시 제3자의 활용)	합의를 강조	입장을 강조	객관적 기준과 정당성을 가진 해결을 고수함
	뜻을 관철시키려는 다툼은 피함	뜻을 관철시키려고 다툼에서 이기려함	의지(will)가 아니라 기준에 따라 결과에 도달하려 함
	압력에 굴복함	압력을 행사함	압력이 아니라 기준을 따름

근래에 와서는 협상 시에 정서(emotions)를 활용하는 방안이 강조되기도 하였다(Fisher and Shapiro, 2005). 우리의 뇌는 이성적이기도 하지만 논리나 사실보다는 감정의 영향을 먼저 받는다. 상대편이 내게 익숙한 모습으로 다가오면 동질감과 호감을 더 느끼게 된다. 나와 공통점이 있는 상대에게 호감과 유대감을 형성한다는 의미이다. 소위 거울효과(mirroring effect)라는 것인데 공통의 관심사, 익숙하고 친근한 화제와 말투는 정서적으로 사람을 끌어당기는 효과를 가진다.

사람은 자신의 가치를 인정(appreciation) 받으면 충족감을 느끼나 생각이나 느낌, 행동을 평가절하 당하면 무시당한 것 같아 불쾌감부터 든다. 또 상대가 자신을 가깝게 또는 유대감을 가지고 대하면 소속감(affiliation)이 충족되지만 그렇지 못하면 거리감과 소외감을 느낀다. 자유로운 결정이 이루어지지 못할 때는 자율성(autonomy)이 박탈당한 기분이 들지만, 중요 결정에서 자신의 결정을 존중받게 되면 뿌듯하고 흐뭇하다. 자신의 위치나 입장에 대해 상대적으로 열등한 대접을 받고 있다고 생각되면 지위(status)에 따른 욕구충족이 이루어지지 못하나, 동등지위를 인정받을 때는 자존감이 채워진다. 상대가 적대적으로 나오면 화나지만, 같은 편 역할(role)을 해주면 지지받는 느낌을 경험하게 된다.

만약 갈등주체 간에 제3자 개입 없이 서로 수용할 수 있는 강제적 결정의 결과가 아닌 자율적인 합의를 도출하였다고 하나 결과적으로 합의가 부분적이거나 제한적일 때는 타협(妥協) 또는 절충(折衷, compromise)이라는 용어를 사용하여 완전한 합의를 이루어낸 경우와 구분하기도 한다.

■ 중재(仲裁, arbitration)

아마도 가장 다양한 형태로 활용되는 3자 개입방법 중의 하나가 중재이다. 중재란 당사자의 합의로 중재인을 내세우기로 선택한 다음, 당사자 대신 중재인에 의한 중재의 결과와 판정으로 만들어진 합의안을 토대로 갈등을 해결하는 방법이다. 노사관계나 사업관계에 관련된 갈등에서 흔히 활용되고 있다.

매키(Mackie, 1991)의 정의에 의하면, "중재란 당사자가 합의에 실패한 현안에 대해 독립적인 제3자가 결정(determination)하거나 타결(settlement)하는 것"이라고 했다. 중재인은 사실에 관한 청취를 한 뒤 자신의 판단에 따라 사실적 증거를 가지고 숙고하여 당사자들에게 최선의 이익이 어떤 것인지를 결정을 하는 것이다. ACAS(Advisory Conciliation and Arbitration Service, London)는 조정이 "마지막으로 평화롭게 기댈 수 있는 곳(last peaceful resort)"이라고도 했다.

중재인은 대개 1명 내지는 3명의 중립적인 제3자로 구성된다. 먼저 분쟁당사자가 증거자료를 제출하고 주장을 제기하면, 중재인은 당사자의 증거와 주장을 함께 검토하여 중재안을 내게 된다. 민간인에 의한 사적 재판 쯤에 해당한다. 그러므로 강제적 재판과 자율적 조정의 중간 어디 쯤에 위치한다.

중재도 그 형태로 보아서 몇 가지로 구분할 수가 있다. 예를 들어 자발적인 중재 혹은 강제적인 중재가 있고, 비구속적 중재나 구속적인 중재도 있다. 비구속적이라고 함은 중립적 제3자의 결정이 구속력이 없고 단지 조언 수준에 머무는 것이다. 중재인의 결정에 따를 의무를 가지지는 않는다. 어떤 당사자가 합의해주지도 않고 양보도 하지 않으려 한다면, 또 당사자 일방이 단지 한 쪽의 양보를 통해 이득을 얻을 목적으로만 이 방법을 활용하려 한다면, 이 중재는 "휴지기" 이상의 의미는 없다. 반면에 구속적 중재에서는 분쟁당사자들이 의사결정 과정이나 그 결과에 대해 거의 통제력을 행사하지 못한다. 선정된 중립적 중재인의 결정이 내려지면, 그 결정이 기만이나 다른 결함이 없다면 그 결정은 법원에 의해 강제되며 재심의 대상이 되지 않는다. 그 과정이 소송보다 덜 형식적이지만 구속적이며 항소불가적 중재일 경우 표면적으로는 비교적 문제해결력이 높은 방안이 될 수 있다. 사실 중재의 대상이 되었다는 것 자체가 더 이상의 자율적 합의는 기대할 수 없는 해결에 실패한 수준에 도달한 것이므로 이 중재의 결과란 "합의할 수 없는 것"이 "합의"된 결과로 등장하는 셈이다(Lewicki, Roy J., 1999).

중재인의 재량권의 행사여부에 따라 중재방법을 구분할 수도 있다. 최종안을 자유롭게 제시할 수 있는 최후통첩(final-offer) 중재에서는 중립적인 중재인이 객관적으로 판단한 최종제안서를 제출하면 그것이 곧 최종합의서가 된다. 야간야구경기(night baseball) 중재라고 하는 것은 사전에 중재인이 합리적인 결정을 내린 다음에 이후 당사자들이 제출한 최종제안서를 검토하게 되는데, 이때 중재인의 결정과 가장 가까운 당사자의 제안을 선택하는 방식의 중재이다. 한도(bounded) 중재나 상하한(high-low) 중재란 것도 있는데, 중재인이나 당사자들이 독립적으로 결정한 내용을 비교하여 분쟁당사자들이 합의한 내용이 중재인의 최종판결 한도에서 결정되면 그대로 수용되고 한도 밖이라면 미리 정해진 상하한 선 범위 안에서 결정하는 방법이다.

아마도 절차적 공정성과 중재인의 능력에 좌우되는 바가 클 것이며 상황에 따라서는 절차가 신속하고 비용도 적게 들며 절차의 구성에서도 자유로울 수 있다.

크로리(John Crawley, 1992)에 따르면 중재과정은 다음과 같다.

① 승낙을 얻은 후 진행과정이나 참고인 참고자료 등을 명확히 함 :
   결정할 사안은 무엇인가, 중재수행상의 제한점은 무엇인가, 어떻게 진행할 것인가, 당사자들이 누구로부터(조언자나 전문가 등) 도움을 얻을 수 있을 것인가, 어떤 형태의 합의서를 작정할 것인가 등
② 진술의 준비와 제출 및 교환 :
   배후 정보, 주장과 제안에 대한 상세내역 및 증거와 사실을 입증하는 요약서 등
③ 청문(1991년 Robert Coulson의 제안을 인용함) :

   <청문회 준비>
   - 불만사항에 대한 최초의 진술을 검토하고 불만기전의 모든 과정별 역사를 훑어봄.
   - 청문에 필요한 모든 관련 문서, 진술들을 모아서 중재인과 당사자들을 위해 사본을 만들고 필요한 어느 문서를 어떤 당사자가 소유하고 있다면 중재에 가져올 것을 요청함.
   - 상대의 관점으로 사례를 연구하고 반대증거나 논란에 대비함.
   - 증인이 있다면 사전에 면담하고 증인들의 현안에 대한 이해정도와 증언의 사건과의 관련성을 분명하게 하여야 함.
   - 증인의 증언에 대한 요약서면을 만들어 어떠한 내용도 간과되지 않도록 점검할 수 있는 청문자료로 활용함.
   - 준비된 자료에서 노출될 약점은 없는지 다른 사람과도 논의함.
   - 보상이나 타결을 이룬 유사한 사례에 대해서도 점검함.

   <청문회 개최>
   - 중재인의 개회사와 설명함(양측에게 차례로 질문함. 자신과 상대의 관점 드러냄)

- 당사자와 증인에 대한 질문함(결정에 필요한 모든 정보를 끌어내도록 함. 당사자들은 사실에 입각하도록 하고 증인은 사실증언만 하도록 함. 타당하고 공정한 결정이 이루어질 수 있는 증거나 입증자료를 드러내도록 함. 사실을 드러내는 직접적인 증거 외에도 상황적 증거, 청문에서 반복해서 듣게 되는 전언증거, 전문가의 견해, 추론, 누적증거 등도 활용될 수 있음).
- 모든 사람이 자신들이 원하는 바를 말하였는지를 점검함(양측이 충분히 말하였는지, 최종적으로 제한된 시간 내 추가 제출할 정보는 없는지 등을 확인 후 참가자들에게 감사하며 청문을 종결함).

④ 결정과 보수(사례금)의 지급

■ 코칭(coaching)

이 기법도 양자 혹은 다자간에 발생하는 갈등의 해결방법으로 활용되고 있다. 미국의 서부 영화 등에서 보면 목적지로 사람을 실어 나르던 큰 사륜마차가 등장하는데 이것을 "코치(coach)"라고 하였다. 여기서 유래된 말이다.

"코칭(coaching)"이란 사람을 목적지까지 운반한다는 의미로부터 목표점에 다다를 수 있도록 인도한다는 의미로 변화하였다. 또 1830년 영국 옥스퍼드 대학생들이 시험통과를 돕는 가정교사 일을 가리키는 말로도 사용되었으며, 1861년에는 스포츠 분야에서도 사용되기 시작하였다. 1970년대에 와서 미국의 어느 기업에서 개인의 잠재능력을 개발하는 프로그램에 이 이름을 사용하게 되었다고도 한다.

현재 주로 사용되는 코칭의 의미는 개인의 목표를 성취할 수 있도록 자신감과 의욕을 고취시키고 실력과 잠재력이나 능력을 최대한 발휘할 수 있도록 하여 목표에 도달하게끔 도움을 주는 것을 말한다. 우리나라에서도 근래 "진로 코칭", "학습 코칭", "감성 코칭", "부모 코칭", "기업 코칭", "비즈니스 코칭", "경영자 코칭" 등 다양한 분야에서 코칭이란 이름이 붙여져 사용되고 있다.

개인의 변화나 발전과 성취를 지원함에 있어 수평적이면서도 협력적인 동반관계를 유지하면서, 적극적인 의사소통을 이루어 동기를 부여하고 믿음을 심어주는 가운데 스스로 문제점을 찾아 해결할 수 있게 하며 성취를 이루도록 도우려는 것이다. 그러므로 갈등해결의 측면에서도 사용할 여지가 있다고 보는 것이다.

코치와 유사한 말에, 해당 분야의 풍부한 지식이나 경험을 가진 전문가이거나 선배인 자가 우월적인 위치에서 개인에게 업무지식과 정보를 제공하거나 자신의 경험으로 조언이나 지표를 제시해주는 멘토링(mentoring)이 있다.

또 코칭이 당사자가 스스로 문제를 탐색하고 해결책을 찾게 하려는 것이라면, 컨설팅(consulting)은 대개가 컨설턴트가 문제를 조사하고 해결책을 제시해주는 것이다. 코칭이 심리적 고통을 해결하려기보다는 목표달성을 지향하는 경우가 많다면, 상담(counseling)은 내담자의 심리적인 고통을 해결하려는 경우를 주된 목적으로 한다고 볼 수 있다.

■ 조정(調停, mediation)

램스바텀 등(Ramsbotham, O., Woodhouse T., and Mial, H, 2011)은 순수한 의미에서의 조정이란 "제3자의 개입이며 당사자들이 결과(outcome)에 대한 통제를 유지하는 자발적인 과정"이라고 했으며, 무어(Moore, C. W., 2014)는 "쟁점들에 대한 결정권한을 가지지 않은, 당사자 모두가 받아들일 수 있는 제3자가 갈등이나 분쟁에 개입하여 관련 당사자들의 관계개선과 의사소통을 촉진시키며 효과적인 문제해결과 협상과정을 활용하여 다툼이 되고 있는 현안(contested issues)에 대해 자발적이고 상호 수용 가능한 이해와 합의에 도달하도록 도와주는 것(assist)"이라고 하였다.

당사자의 요청으로 제한적이며 비권위적인 결정권을 보유한인 제3자가 불편부당하고 중립적이며 절제된 개입을 하여 그 절차와 과정이 안정적으로 진행되도록 추진력을 제공한다는 의미이다. 간단히 말해 갈등당사자 간의 자율적인 협상에 제3자가 개입하여 조력함이다. 순수한 의미의 조정이 당사자의 요청에 의한 자발적 과정이라고 하였지만 우리나라의 "가사소송법" 제50조에서처럼 나류(혼인의 취소, 재판상 이혼, 입양취소, 파양 등과 같은 신분관계 취소 관련 사건) 및 다류(약혼해제, 이혼, 신분관계 무효나 취소로 인한 손해배상 등)의 가사소송사건과 마류(양육권, 친권자 결정, 상속재산 분할 등 쟁송성의 사건)의 가사비송사건으로 가정법원에 소를 제기하거나 심판을 청구하려는 사람은 먼저 조정을 신청하도록 하였고(조정신청), 만일 이들 사건에 관해 조정을 신청하지 아니하고 소를 제기하거나 심판을 청구한 경우에는 그 사건을 조정에 회부(조정회부)하도록 하고 있다(조정전치주의). 그러나 법원에서 수행하는 조정의 예처럼 꼭 당사자의 요청으로만 조정이 이루어지는 것은 아니다.

조정인이 갈등당사자에게 주는 도움은 다음과 같다(Moore, C. W., 2014).

① 당사자들 간의 의사소통의 길을 열어주고 향상시킨다.
② 더욱 존중하는 분위기에서 생산적인 진행과정을 확립 또는 구축하도록 한다.
③ 각기 상대의 필요성과 이해 및 관심사를 더 잘 확인, 이해, 고려하도록 한다.
④ 더욱 효과적인 문제해결 혹은 협상과정을 제안하고 시행토록 한다.
⑤ 상호 수용 가능한 합의를 인식하거나 구축토록 한다.

조정이 제3자의 개입이라는 점에서는 중재와도 비슷하지만, 그 과정에는 당사자들이 스스로 결정하며 서로 수용할 수 있는 합의점을 모색하여 갈등해결에 이를 수 있도록 한다는 점에서 차이가 있다. 서로 수용할 수 있는 해결책이 합의되어야만 갈등상황이 종결되므로 당사자의 의견이 가감 없이 잘 반영될 수 있는 방법이다.

따라서 조정인은 당사자 간의 힘의 균형을 유지하게 하며 술책을 방지할 수 있게 하고 가능한 갈등고조를 방지하게 해주며 상대방의 관점이나 다양한 관점에서 갈등을 바라볼 수 있도록 하면서 상호이해를 증진토록 노력한다. 조정에서는 일반적으로 당사자의 법적 권리보다는 이해관계에 중점을 두게 된다. 아울러 대안의 제공이나 여러 해결책의 모색과 관계개선 등을 지원함으로써 당사자가 미래지향적이며 자율적으로 절차나 내용을 합의하도록 하는 승자-승자(win-win) 해결책을 이끌어냄을 목적으로 한다.

자율적 합의를 이루게 되면 당사자는 강요받지 않았다는 생각 때문에 결과도 공정한 것으로 간주하며 합의안을 이행하고자 하는 동기도 높아질 것이다. 조정인의 절차적 통제는 당사자의 의사소통을 촉진할 뿐 아니라 성공적인 해결책을 모색토록 도와준다. 자율적으로 제시된 해결책이므로 성실한 이행도 기대된다. 또한 과거의 과실을 규명하기보다는 해결책을 찾게 한다는 점에서 당사자 간 갈등의 고조를 피하면서도 유연하게 대처할 수 있는 기회를 높여준다. 그러나 조정은 자발적 과정이기 때문에 조정에 대한 참여의지가 없거나 혹은 조정을 통해 합리적인 해결책을 찾으려는 합의의지가 없는 당사자들이라면 그 성공을 기대하기 어렵다고 말할 수 있다. 또한 조정의 성공은 갈등당사자와 조정인 간에 신뢰관계가 형성되어 공정한 조정이 이루어지리라는 기대감이 그 바탕이 된다. 그러므로 당사자들의 입장이나 관심사와 사건의 본질을 정확히 파악하고 감정을 명료화 하며 이를 통해 혼돈상태에 있는 갈등을 구조화 하고 갈등의 심리적 심층구조를 잘 밝혀 목표를 명료하게 하는 조정인의 능력이 요구된다. 조정을 실패로 이끄는 요인을 보면 조정인의 준비부족은 물론이거니와 분쟁당사자나 그 대리인의 적대감과 상호감정적인 공격과 비방의 확대를 적절히 다루지 못함에 기인하는 경우도 많기 때문이다.

조정에 관해서도 여러 방법론이 대두되면서 원래 의미의 조정과 혼란이 생기고도 있다. 순수한 의미에서의 조정(pure mediation)은 제3자가 적극적이거나 혹은 소극적인 방법으로 당사자의 합의에 개입한다고는 하여도 그 주된 흐름은 갈등당사자 스스로가 결과에 대한 통제력을 가지도록 하는 자발적인 과정이라고 하였다. 그런데 조정이라는 용어 대신에 "conciliation(주선, 周旋 혹은 알선, 斡旋)" 또는 촉진(促進, facilitation)이란 말도 사용되고 있다. "conciliation"이란 "최소한도의 주선(good offices)을 하는 자(minimalist)의 수준에만 머무는 것"을 의미하므로, 순수한 의미에서의 조정과 매우 근접한 용어라고도 볼 수 있다. 즉, 제3자가 어떤 해결책을 제시해주는 것이 아니라 당사자가 자발적으로 합의해 나가도록 격려해 주는 중간 매개적 노력을 일컬음이다.

문제해결(problem-solving)이라는 용어도 조정현장에서 매우 광범위하게 사용되지만 알선수준에서 더 나아가 당사자 스스로 창조적이고도 승자-승자의 결과를 찾을 수 있도록 제3자가 도움을 주되, 그것이 좀 더 야심적인 조력일 때를 뜻한다고도 한다.

갈등의 해결에서 조정과 유사하게 사용되는 또 다른 용어로 화해(和解, reconciliation)가 있다. 이 말은 갈등당사자들 간의 악의와 불신을 극복하기 위한 장기적인 과정이며 성공적인 주선이나 알선(conciliation)의 결과로 얻어지는 것이라고도 말할 수 있다(Oliver Ramsbotham 등, 2011).

영어에서 "conciliation"은 "con(함께)+ciliate(감정을 한곳에 모으다)"의 합성어로 되어 있고, "reconciliation"은 "다시" 혹은 "새롭게" 라는 의미의 "re"가 "conciliation"에 합쳐져 있다. 단어의 구성으로 보아서 그 의미를 짐작케 하고는 있지만, 우리 말에서는 이들을 명확하게 구분할 수 있는 마땅한 용어를 찾기가 쉽지 않다. 따라서 "conciliation"이나 "reconciliation"이나 둘 다 "화해"라는 말로 번역되기도 한다. 영어 사전적 의미에서 볼 때 "conciliation"은 "불신이나 악의를 극복함(달래거나 설득을 하거나 해서)" 또는 "선의 또는 호의나 배려를 얻음", "화합이나 동의를 함" 등의 의미가 내포되어 있고, "reconciliation"은 "조화로움을 회복하거나 해결에 도달함" 혹은 "조화로운 관계를 재설정함"을 의미한다(Marriam-Webster's Dictionary of Law).

조화롭고 화합(reconciliation)된 관계로 회복되기 위해서는 우선 서로가 가진 악의나 불신을 극복(conciliation)함으로부터 시작해야 한다고 말할 수 있다. 일반적으로 사용되는 용어로부터 그 예를 들자면, "화해법정(Conciliation Court)"에서 어떤 과정을 통해 "화해합의(conciliation agreement)"에 도달하여 마침내 "화해(reconciliation)"로 나아가게 된다고 말할 수도 있다.

램스바텀(Ramsbotham 등, 2011)은 화해에도 네 가지 차원이 있다고 했다. 이미 있는 것을 받아들이는 ① 소극적 차원의 "현상수락(accepting the status quo)", ② "수지계산 연계(correlating accounts)", ③ "반대편과의 연결(bridging opposites)" 그리고 ④ "관계 재설정(reconstituting relations)"의 단계이다.

갈등의 축소(de-escalation) 단계를 ① 폭력의 종식(ending violence)단계, ② 갈등 양극화의 극복단계, ③ 갈등의 모순적 상황관리(managing contradiction)단계 그리고 ④ 갈등에서의 차이를 누리는(celebrating difference) 단계들로 구분하기도 하는데 이 단계들을 화해단계와도 차례로 대비시킬 수 있다(Ramsbotham 등, 2011). "celebrating"이라 함은 "어떤 중요 행사나 상황을 위해서 특별하거나 재미있는 뭔가를 하는 것(Merriam-Webster's Dictionary)"이므로 서로의 차이를 즐기는 수준이라고도 할 수 있다.

근래 들어 조정에서도 학문적으로나 전문적인 직업으로서의 발전이 이루어지면서, 다양한 철학적 배경과 생각 그리고 목표나 기술형태를 달리하는 학파

(schools)가 나타나게 되면서 여러 가지 실천모델과 기술적 방법들이 조정에 도입되기도 하였다. 아울러 개입 시의 접근방법과 관점의 차이로 인해 조정에서의 역할과 개입방법, 목표의 규정 그리고 결과가 달라지는 현상도 생기게 되었다.

　이것은 우선 갈등당사자들이 조정인으로부터 어떤 형태의 도움을 받을 지에 대한 기대, 당사자들과 제3자(조정인)와의 관계, 당사자가 무엇을 원하고 필요로 하는지에 대한 조정인의 인식 그리고 조정인이 자신의 전문훈련 분야나 판단에 따라 조정절차(process)와 실재적 현안(substance) 그리고 관계(relationship) 중 그 어디에 초점을 맞추어야 할지를 결정함에 있어서의 차이에 근원하고 있다고 하였다(Moore 등, 2014). 이러한 차이는 조정인이 개입할 때의 관심이나 초점대상에서도 차이를 가져오게 한다. 어떤 조정인은 갈등당사자 간의 의사소통과 조정과정을 개선함에 더 관심을 가질 수 있고, 어떤 조정인은 당사자의 심리적 혹은 관계현안을 말하게 하고 이를 재정의하고 이해·해결하려 함에 보다 더 관심을 가질 수도 있을 것이다. 또한 조정인에 따라서는 갈등현안에 초점을 맞추어서 접근 가능한 해결점을 찾거나 해결점을 확대 발전시킴에 주의를 기울일 수도 있다.

　기본적으로는 모든 조정개입의 초점과 지향점이 갈등당사자들의 의사소통을 도우며 당사자들의 목적을 이룰 수 있는 진행이 되도록 노력하는 것이다. 그러나 조정인에 따라서 선호하는 방법이 있는 것도 사실이며, 자신의 방법이 갈등당사자들을 더 잘 도와서 갈등의 종식과 당사자들의 목표달성을 이루는 최선의 방안이라고 생각하기도 한다. 또는 어떤 더 좋은 방법이 있다고 하더라도 여러 가지 이유 때문에 자신의 방법을 고수하려는 사람도 있다. 그럼에도 비록 조정실천과 목표에서 차이가 있다고 해도 중립적인 제3자가 개입한다는 점이나 어떤 형태의 개입이 이루어지던 표면화 된 갈등사안에 대한 원만한 합의를 목표로 한다는 점에서는 차이가 없다고 할 수 있다. 유의할 점은 조정인이 초점을 두는 바의 차이가 갈등당사자의 입장에서는 전혀 고려되지 못한 불만사항으로 등장할 소지도 있으며 조정현장에서도 조정인들 간의 갈등을 유발하는 요인이 될 수도 있다는 점이다.

　무어(Moore, 2014)에 따르면, 과정에 초점(Process focused)을 두는 조정인이라면 촉진적 조정(facilitative mediation)방법을 선택하게 될 것이고, 갈등당사자 간의 긍정적이며 상호존중하는 관계설정 증진과정이나 관계에 초점(Relationship-focused)을 둔 조정을 선택한다면 그 내용은 치료적(therapeutic), 전환적(transformative), 이야기적(narrative), 회복적 정의와 피해-가해자(restorative justice and victim-offender) 조정의 방식을 선호하게 된다고 했다. 또 실재적 당면문제에 초점(Substantively focused)을 두는 조정인이라면 조언적(助言的) 조정(advisory mediation), 평가적 조정(evaluative mediation), 관습적 혹은 종교기반적 조정(customary or religiously based mediation) 등의 방법을 택하게 된다고 했다.

폴버그 등(Jay Folberg 등)은 이혼조정현장의 예를 들면서, 촉진적 조정(facilitative mediation), 평가적 조정(evaluative mediation), 전환적 조정(transformative mediation) 그리고 치료적 조정(treatment model) 혹은 교착중심모델(impasse-directed mediation)이라는 네 가지가 활용되고 있다고도 하였다.

학자들에 따라 주장되는 이론과 실천방법에서 큰 차이를 보일 때도 있지만, 더러는 그 내용상으로 많은 공통점을 가지기도 하여 명확한 구분이 어려울 때도 있다.

촉진적 조정

촉진적 조정이란 말을 실제 최초로 사용한 사람은 리스킨(Leonard Riskin, 1994)이다. "촉진적 조정인의 주된 사명은 당사자들 간의 의사소통을 향상시키며 무엇을 해야 할 지를 명확히 하여 스스로 결정하도록 돕는 것"이라는 그의 설명에서 "촉진적" 조정이란 용어가 유래된 것으로 보고 있다.

촉진적 조정의 핵심가치는 상호작용과 의사소통 그리고 의사결정과정에 집중하는 것이다. 어떤 결과에 초점을 두지 않기 때문에 과정지향적이다. 또한 자신의 당면 문제를 가장 잘 알고 있는 당사자가 문제해결의 책임자임을 분명히 하여 당사자가 문제해결의 결정자가 되도록 한다. 조정인이 현존하는 문제에 대한 조언이나 결정을 내려주지도 않으며, 또 조정인이 이끄는 데로 나아가는 것도 아니다. 조정인은 진행과정에 대한 도움을 주면서 효과적인 의사전달을 돕는 수준에 머문다. 조정인은 개방적이고 불편부당한 자세를 유지함이 개입자와 당사자 간의 신뢰관계를 이룩하는 것이라고 믿는다. 따라서 당사자(clients)중심이고 의사소통중심이며 당사자 개개인의 특정한 욕구나 이익에 기초하여 결정되는, 당사자의 이해관계에 기반(interest-based)한 조정이라고 할 수 있다.

로저스(Carl Rogers, 1902~1987)가 발전시킨 인본주의적 심리치료이론인 인간중심치료(person-centered therapy)는 촉진적 조정에 많은 영감을 준다. 이 이론은 상담자가 구체적인 방향을 제시하기보다는 내담자의 실현경향성(actualization tendency)을 촉진할 수 있는 조건을 제공하려 한다. 인간은 근본적으로 자신의 모든 잠재력을 동원하여 좀 더 가치 있는 존재로 성장하려는 선천적인 자기실현(self-actualization)을 추구하려는 동기와 자신의 문제를 스스로 해결하고 이해할 수 있는 능력을 가지고 있다는 관점에서 출발한다. 그러므로 당사자 스스로 목표를 세우게 한다. 전문적 개입자는 당사자의 자기실현경향성을 발현할 수 있도록 분위기와 조건을 만들어주며, 필요하다면 실현경향성을 방해하는 방어나 불안과 의심 등의 장애로부터 자유로워질 수 있도록 조력한다. 그러므로 개입자의 조건적이고 가치평가적인 방식을 벗어나게 된다. 말하자면 당사자의 감정을 부정하려거나 근거 없이 위로를 하려고 않는다. 어떤 생각과 행동에 대해서도 판단이나 평가를 내리지 않는 수용(acceptance)의 태도와 순수한 보살핌을 주는 무조건적인 긍정적 존중(unconditional positive regard), 당사자가 경험하는 감정들과 개인적인 의미들을 정확히 감지하려는 공감적 이해(empathetic understanding) 그리고 진솔함(genuineness 또는 일치성 congruence)을 보이도록 한다. 진솔함이란 꾸밈없이 자신의 모습과 진정한 관심을 드러내는 것이다. 이러한 인간적 태도와 특성이 당사자와의 관계를 향상시키며, 이것이 어떤 전문적 역량보다 더욱 성공적인 결과를 가져오는 핵심적 요소가 된다고 말해진다. 그러므로 진실하려는 노력, 적극적인 경청, 적극적인 반영, 즉시성(immediacy), 즉 지금 여기(here and now)에서 경험되는 생생한 체험을 다루는 것이 중요 기법이 된다. 로저스가 제시한 방법은 촉진적 조정에서 담고자 하는 내용과 많은 유사점을 가지고 있으므로 활용 가능한 부분이 적지 않다.

전환적 조정

부시 등(Bush and Folger, 1994)에 의해 개발, 발전되었다. 당사자들의 부정적, 파괴적, 회피적이며, 약화(weakening)되고 자기몰두적(self-absorption)인 갈등상황으로부터 긍정적이고 건설적·관계적이며 역량강화와 인식변화가 일어나도록 하는 개입방법이다. 소위 갈등상호작용의 전환을 제공하는 방법이다. 이 전환적 이론에 따르면, 사회적 현상으로서의 갈등은 권리, 관심, 혹은 힘에 대한 것이라기보다는 사람들이 인간으로서의 상호작용을 하는데서 오는 것으로 본다. 그러므로 전환적 조정은 양측 당사자가 변화되며 보다 평화적인 관계를 가지도록 영향을 주는 것을 개입목적으로 한다. 따라서 조정인은 당사자들을 함께 만나, 당사자들을 도덕적 성장으로 이끌 수 있는 상호작용과 의사소통을 원활히 하도록 도움을 주는 것에 초점을 맞춘다. 갈등의 해결은 오히려 그 결과의 부산물이라고도 할 수 있다. 시련의 과정에서 당사자들도 성장을 경험하게 된다는 것이다.

조정인이 당사자들을 앞서 이끌고 가는 직접적인 개입이 아니라, 반영, 요약, 점검 등 당사자를 뒤따라가는 지지적 기술들이 이용된다. 따라서 가장 비지시적인 조정방법이다. 당사자들을 일정 궤도에 올려놓으려 한다거나 논의에 따라 움직이도록 하지 않으며 당사자를 대신하거나 강제함에 의해서가 아니라, 격려와 지지를 통해 강점강화와 인식의 변화를 가져오도록 한다. 그리하여 갈등당사자들의 부정적이고 파괴적인 상호작용을 긍정적이고 건설적인 탐구와 의논을 통하여 갈등의 질을 바꾸려고 한다. 이 방법은 조정보다는 치료에 가깝다는 비판이 있다.

치료적 조정(therapeutic mediaton)

이 조정은 폴버그 등(Jay Folberg 등, 2004)의 "treatment model"이라는 표현에서 유래한 것으로, 주로 치유(healing)의 맥락에서 접근하는 방법이다. 심리학이나 사회복지학에 기초한 조정인들이 주로 활용하기도 한다.

"Therapy"가 신체적 또는 정신적 질환의 치료를 포괄하는 말이라면, "treatment(치료)"나 "healing(치유)" 또한 병을 치료한다는 의미를 가진다. 그러나 "잘못된 치료(treatment)는 치유(healing)를 방해한다"라고 표현되는 것처럼, "치료"가 단순한 외과적 "처치" 정도에 머무는 것이라고 한다면, "치유"는 병의 근본적인 원인을 제거하거나 병이 없던 원래대로의 상태로 되돌려 놓는 것이며(원상복귀나 회복), 심리적 안정감을 주거나 그런 능력이나 속성까지 나타내는 용어라고 할 수 있다.

치료적 조정자는 주로 당사자들의 역기능적인 관계나 행동, 정서적인 어려움 등을 표현할 수 있게 해주며, 관계나 의사소통의 개선과 행동의 변화를 가져오도록 함에 초점을 맞춘다. 하이틀러(Heitler, 2010)에 따르면 "치유란 정서적인 고통으로부터 정서적인 안도감으로 이끌어주는 과정이며 편안한 마음을 가지도록 회복시켜주는 것이다. 치료적 조정의 목표는 정서적인 치유에 더하여 행동계획에 동의함이다"라고 하였다. 그러므로 많은 내용이 전환적 조정의 과정과도 중첩될 수 있다.

치료적 조정에서는 심리적 방법과 그 기술이 활용된다. 그러나 어느 당사자에게 상처를 남긴 잘못된 행동에 대해 상대편이 진실된 고백과 사과를 선행한 다음에야 수용과 화해가 수반될 수 있으며, 이때 갈등조정전략의 활용과 상호 협력적 대화규칙의 제안도 이루어질 수 있다고 했다.

가장 포괄적인 모델은 갈등이 많은 부부나 가족이 관련되어 있을 경우에 주로 활용하는 교착중심모델(impasse-directed mediation)이다. 교착이란 꽉 막혀있고 완전히 무너지는 듯한, 혹은 막다른 길에 도달한 듯 어려운 상황을 말한다. 당사자 간의 소통이나 협상이 지연되는 시점이라고도 정의할 수 있다. 그러나 교착은 바꿀 수 없는 장애물이 아니라 단지 사고의 전환을 요하는 때이며, 관련자들이 변화에 대해 자연스럽게 나타내는 저항의 신호라고도 해석할 수 있다. 갈등의 골이 깊어질 대로 깊어진 부부나 그 가족에 대한 개입은 갈등의 발생과 유지에 대한 정신병리와 부부 및 가족체계의 역동에 대한 이해가 기반이 되므로, 효과적인 개입에는 특별한 지식과 기술이 필요하다고도 주장된다. 이런 상황이라면, 말은 조정이지만 실제로는 심리치료의 방법과 크게 다를 바가 없게 된다. "심리적인 치료(治療, therapy)" 혹은 "치료적 상담"에서도 그 이론이나 접근방법에서 다양한 차이를 가지는 것이므로, "치료적 조정"과 구분하기는 더욱 어렵게 될 것이다. 특정 심리상태에 대한 진단이 따르고, 과거의 행동패턴을 분석하며 심리문제나 갈등의 역사에 대한 통찰을 얻으려 하며, 개인적 성격형태를 변화시키고자 하는데 주로 초점을 맞추는 형태의 심리치료접근법과는 다소 차이가 있겠지만, 그 과정으로 보아서 여타 다른 심리상담 혹은 심리치료와 명확한 경계를 긋기가 쉽지 않을 것 같다.

일반적으로 ① 정보수집과 사정(초기면접)단계, ② 사전준비와 상담단계(치료시작단계), ③ 조정 또는 갈등해결단계 그리고 ④ 최종합의사항의 검토(대리인)와 추구관리 계획이 이루어지는 4개의 실행단계로 이루어진다고도 설명된다.

이야기적 조정(narrative mediation)

흔히 말해지는 문제해결적 접근(problem-solving approaches)방식과는 특성이나 기본적 가정이 다르다. 문제해결적 접근은 갈등당사자들이 원하는 바가 그들의 마음속에 내재되어 있는 필요성이나 이해로부터 표출되는 것이라는 가정으로부터 출발한다. 즉, 갈등이란 소위 각 개인의 자연발생적인 욕구, 이해, 필요성 등으로부터 유래한다고 보는 것이다.

반면에 이야기적 접근에서는 사람들이 자신들의 경험을 이야기의 형태로 구성하는 경향이 있으며, 어떤 이야기적 묘사를 하면서 갈등이 구성되어진다고 본다. 또한 어떤 상황이나 말에 대한 의미(meanings)부여도 공동체라는 사회적 직조물(fabric)에서 생겨난다는 것이다. 갈등을 "안에서 밖으로"의 현상이라기보다 사회문화적 현상에서 생성되는 "밖에서 안으로"의 현상으로 보는 것이다. 조정에서도 윤리, 성(gender), 계급, 교육, 재정적인 능력 등으로 형성되는 강력한 문화적 이야기들이 헷갈림을 더하고 있으므로 이 점에 유의해야 한다는 것이다(Winslade 등, 2001). 그러므로 이야기적 조정의 접근방법에서는 갈등이야기의 구성특성에 흥미를 가진다. 그 이야기가 어떤 사실을 얼마나 정확히 말하고 있는지 여부보다는 그 이야기가 어떻게 사실을 만들어내는지를 더 강조한다. 갈등을 만들고 있는 당사자들의 복잡한 사회적 맥락을 알아차리는 것을 도우려고 한다.

중요 기법 중에 외재화 대화(externalizing conversation)라는 것이 있는데 이것은 "사람이 문제가 아니라 문제가 문제라는 것(the person is not the problem, the problem is the problem)"으로 정의된다. 문제는 자신이나 다른 사람에게 내재되어 있는 천성이거나 본질을 그대로 보여주는 거울이며 내재된 관행이라는 믿음과 그와 같은 관점을 기초로 형성된 행위 속에서 발생되고 발전된 것이므로 문제의 상당 부분은 문화의 속성이라고도 간주된다. 인간의 정체성이란 일반인으로부터 분리하는 분할행위(dividing practices), 과학적 분류, 정당성의 판단(normalizing judgement)의 기제가 발달하는 과정에서 대상화(objectification)되었으며 그 과정에서 많은 삶의 문제가 인간정체성의 본질을 대표하는 것이 되었다는 주장이다(Michel Foucault, 1973).

자신을 포함, "사람 자체"가 문제라고 믿게 되면 우리는 문제 속으로 더욱 깊이 빠져들게 된다. 그러므로 외재화 대화는 사람을 대상으로 하는 전통적 인식과는 달리 "문제를 대상화" 하려는 접근방식의 대화이므로, 문제가 초래한 결과 때문에 자신의 정체성에 대한 부정적 방향의 결론을 내리는 것을 씻어낼 수 있는 기회를 준다. 문제가 사람으로부터 분리되어 존재할 때 자신의 정체성에 대한 제한적인 "진실"과 자신의 삶에 대한 부정적인 "확신"에 얽매이지 않게 됨으로써, 문제해결을 위한 새로운 선택의 여지와 책임감, 과제수정의 가능성을 높여주게 된다. 자신의 정체성을 문제로부터 분리시키는 경험으로부터 성공적인 문제해결이 가시화 된다는 것이다. 이것은 인간정체성을 대상화 하려는 문화적 관행을 거부하는 작업과정이기도 하다. 또한 인간의 경험도 불확실한 것이라고 말한다. 경험이 실제가 아니라거나 불가사의하다거나 분명치 않다는 의미가 아니라, 인간경험이란 단순히 볼 수 있거나 분석할 수 있는 과정이 아니며 다양한 해석과 이해가 가능하다는 뜻이다. 우리가 우리에 대해 말하는 이야기나 설명이 우리의 경험을 구성하고 행동을 결정하기 때문이다(White M., 2007).

그러므로 이야기적 조정의 목표는 첫째, 대안적 이야기를 자라나게 하는 관계적 조건을 만들어 주며, 둘째, 갈등의 지속적 지배와는 함께 할 수 없는 관계의 이야기를 구축하며, 셋째, 사람들이 특정 주제에 구애됨이 없이 옮겨 다닐 수 있도록 하는(담론적 이동 discursive shifts) 공간을 열어주는 것이라고 하였다. 조정인의 임무는 갈등당사자의 객관적인 실재를 다루기보다는 갈등이 배태하고 있는 이야기를 다루도록 함으로써 불화를 극복하게 돕는 것이며, 갈등 안에 머물면서 새로운 갈등을 유발시키기도 하고 스스로를 제약하고 있는 비생산적인 이야기의 굴레를 벗어나도록 돕는 것이라고 하였다.

문제의 영향에 대한 설명에서는 은유(metaphor)에 유의한다. 예를 들자면, 만약 갈등당사자가 어떤 문제의 영향을 "억압적"이라고 표현했다면 자신의 "대항"이나 "대치"의사를 나타낸 것이므로 "해방시키는 행위"로 나아가겠다는 뜻이다. 당사자가 어느 편을 "무지"하다고 표현했다면, 인간 삶에서 최선이 어떤 것인지를 교육시켜야 한다는 의향일 수도 있다. 따라서 상황과 갈등에 대한 견해와 인식, 그 바탕에 있는 느낌에 대해 이야기하도록 요청하여 잘 듣게 된다면, 갈등과 당사자들의 견해를 형성하는 개인적이며 문화적 이야기를 깊이 있게 이해할 수 있게 된다. 또한, 개인의 인식을 형성하는 사회적 강제력을 구명할 수도 있고 새롭고도 공통된 대안적 이야기와 관계에 대한 이야기를 발전시키도록 도와줄 수 있게 된다.

원래 이야기적 치료에서 제시되는 기법에는 여러 가지가 있으나 그 중 가장 대표적인 외재화를 위한 대화에서의 질문은 4단계로 구성된다(White M., 2007).

① 제1단계 : 갈등당사자의 경험에 가깝게 문제정의하기

문제에 대해 기술하는 과정에서 당사자가 사용한 언어를 그대로 사용하거나 혹은 그의 경험에서 만들어진 삶에 대한 생각을 기초로 당사자의 문제가 설명되게 한다.

- 질문의 형태 : "얘기하시는 '골 때리는 짓'을 보고 함께 사는 게 어떠세요?(경험)"

"이 '골 때리는 짓'을 어떻게 생각해야 할까요?"

"이 '골 때리는 짓'을 뭐라고 부를 수 있을까요?"

② 제2단계 : 문제결과(혹은 영향)를 탐색하기(문제가 당사자의 삶에 주는 영향 질문)

문제로 인한 결과나 영향을 생각해보는 것이 외재화 작업을 증진시키며 당사자가 그동안 익숙해 있던 내재화 대화에서 벗어나게 한다(외재화 되면서 정체성의 일부를 이루고 있던 부정적 결론과 분리되는 기회를 제공함).

- 질문의 형태 : "당신이 하신 행동이 어떤 결과를 가져왔지요?"

"그 일 때문에 두 분 관계는 어떻게 되었습니까?"

③ 제3단계 : 문제의 영향력 평가하기(문제의 영향에 대한 입장은 복잡하고 복합적)

문제의 활동방식과 활동내용 및 그것이 당사자의 삶에 미치는 중요 영향을 평가하도록 지원한다(자기 삶에서 일어난 특정 사건에 대한 반추 기회를 제공함).

- 질문의 형태 : "일이 이렇게 전개되는데 대해 어떻게 생각하세요?"

"이런 결과가 상대편에게는 어떤 영향을 줄지 물어봐도 될까요?"

④ 제4단계 : 평가의 근거 제시하기

당사자의 평가에 대해 "왜"라는 질문하기(단, 도덕적 판단이 내

포되지는 않아야 함. 질문에 대한 답의 근거를 대도록 부탁함)

삶에서 중요한 것에 주목하고 이해하도록 도우며 자신에 대해 가지고 있
던 문제중심적 정의를 긍정적 정체성으로 대체할 수 있게 해준다.

- 질문의 형태 : "왜 괜찮으세요? / 왜 괜찮지 않으세요?"

　　　　　　　　 "이런 상황이 된데 대해 왜 그런 생각이 드세요?"

해결중심적 조정(solution-focused mediation)

　해결중심적 접근을 이해하기 위해서는 "문제중심(problem-focused)"과 "단기적
(brief)" 접근에 대한 약간의 설명이 필요하다.

　인류학자였던 베이트슨(Gregory Bateson, 1904~1980)이 1952년에 미국 캘리포니
아주(州)의 팰로앨토(Palo Alto)라는 도시에서 록펠러 재단으로부터 지원받은 연구
비로 일하고 있을 당시, 유사한 분야에 있던 연구자들(Jay Haley, John Weakland,
Don Jackson, Wiliam Fry 등)과 정신과 의사이며 최면기법을 활용하던 에릭슨(Milton
Erickson) 등을 함께 일하자며 초대하였다. 이들은 베이트슨의 영향 하에서 인류
학적 관점에서 가족을 관찰하면서 연구를 진행하였다. 이들은 가족치료에 관한
중요한 기본전제들을 발전시킴으로써 가족치료사에서 큰 공헌을 남겼다. 이 학
자들의 연구행보는 1959년에 들어 잭슨(Don Jackson)의 정신건강연구소(MRI=Mental
Research Institute) 설립으로 이어졌는데, 당시의 열정적이고 창조적이었던 여러
인재들이 이 연구소로 모여들었다. 그 중에서 에릭슨의 역설적 기술(paradoxical
technique)과 문제해결적 접근방식은 함께 일하던 여러 연구자들을 매료시켰다.
역설적이라 함은 최면을 이용(hypnotherapeutic principles), 저항을 강점으로 바꾸려
는 시도였다. 예로, 환자를 최면상태로 유도할 때 당사자에게 "지금 무의식 상태
로 들어가려고 엄청 애쓰고 있는 중"이라고 하지 않고, "참을 수 없을 만큼 눈
가풀이 무겁게 내려앉을 때까지" 눈을 뜨고 있을 것을 주문하는 것이다.

　아무튼 에릭슨의 접근법이 도화선이 되어 잭슨은 피셔(Richard Fisher)를 책임
자로 하는 단기치료프로젝트(Brief Therapy Project)를 추진하게 되었다. 문제해결
시도에서 사태를 더 나쁘게 하는 악순환을 규명해내고 이를 중단시키려 함에
있어서 단기적으로 접근하자는 시도였다. 중도탈락으로 인해 단기가 될 수밖에
없는 것이 아니라 의도적인 계획 하에 단기적 치료를 수행하였던 것이다. 제시

된 증상에 초점을 두었으며 치료회기는 10회로 제한하였다. 이것이 "MRI 모델"
로 알려지게 되었다(MRI의 문제해결식 접근방식 6단계).

문제해결식 접근방식 6단계(정신건강연구소, MRI)

① 치료설정에 대한 설명

② 문제에 대한 탐색(inquiry)과 정의 : 해결할 불편사항이 뭔지를 규명

"누구 그것을 문제로 보는지?", "오늘 이 자리에 있게 한 문제는 무엇인지?"를
질문하여 세부적이고 행동적인 설명을 듣고 그 불평이 정확히 무엇을 의미하는지
를 다시 묻는 방식을 취함.

③ 문제를 유지시키는 행동의 추정

- 누가 어떻게 그 문제를 해결하려고 노력했는가를 밝히고자 하는 것
- 당사자들마다 관점이 달라질 수도 있고 누군가에 의해 시도된 해결책이 문제를
  더 악화시킨 경우를 발견할 수도 있을 것임.
- 당사자가 문제에 대해 묘사하는 고유한 언어와 문제에 대한 관점 파악도 중요
  예: 문제의 존재를 부인하는 경우(교정행동이 필요함에도 이를 실천 않는 경우) / 실
  제로 문제가 아닌데도 이것을 문제라고 생각하여 해결하려고 시도함(하지 말아
  야 할 행동을 하는 경우) / 해결을 불가능하게 만드는 구도에서 문제를 해결하려
  는 시도(행동은 따르지만 기준이 잘못된 것)

④ 치료목표의 설정

⑤ 행동개입에 대한 선택과 실행

⑥ 종결단계

한편, 1979년 미국 위스콘신주(州) 밀워키(Milwaukee)에 "단기가족치료센터
(BFTC=Brief Family Training Center)"라는 명칭의 연구소가 문을 열었다. 이 연구소
는 해당 지역의 공공기관에 근무하다가 그 규제에 불만을 품고 나온 연구진 등
이 만든 사설연구소였다. 당시 BFTC에서 일하게 된 사람들은 대개가 MRI
(Mental Research Institute)의 단기적 접근방식에 끌려 있었던 사람들이었고, 여기에
는 세이저와 김인수(Steve de Shazer, Insoo Kim Berg) 부부도 있었다. 한 때 MRI에
서 공부한 바가 있었던 이 세이저 부부에 의해서 단기치료모델로 탄생된 것이
해결중심치료이다. 해결중심에서 사용하려던 단기치료의 핵심은 내담자가 자신

의 일상생활에서 자신의 욕구충족을 위해서 스스로 가지고 있는 자원을 활용하게 하려는 것이었다. 치료자나 내담자가 모두가 장점을 찾는 방향으로 자신들을 재설정한다면 치료는 단기적일 수 있다는 믿음이 그 바탕이 되었다(Michael, P. Nichols, 2010).

해결중심에는 개인이 자신의 현실을 어떻게 만들어 가느냐에 초점을 두는 구성주의 이론(構成主義, constructivism)과 사람들이 의미를 만들어 냄에 사회적 상호작용의 힘과 그 영향의 중요성을 강조하는 사회구성주의 이론(기대하는 것은 얻는 것에 영향을 주며 이것이 협동자세와 힘을 북돋우며, 스스로의 힘으로 예언을 충족시키려 함으로써 치료작업에 효과적으로 작용한다는 것) 그리고 작은 변화만 있으면 큰 변화 또는 모든 변화를 이끌어냄도 가능하다는 MRI 모델의 가정들이 기본적 이론으로 활용되었다. 아울러 베이트슨(Gregory Bateson, 1904~1980)의 의사소통이론(communicationstheory, 언어와 비언어적인 메시지가 상호작용하며 교환된다는 관점으로 관계를 연구)과 에릭슨(Milton Erickson)의 실용적이고 문제해결중심적인 접근법도 해결중심이론의 성립에 많은 영향을 주었다(Michael, P. Nichols, 2010).

MRI 모델은 문제와 문제를 일으키는 반복적인 행동유형을 개입표적으로 삼음에 반하여, 해결중심에서는 당사자의 강점과 자원에 기초하여 해결방안을 모색하자는 것에서부터 큰 차이를 드러낸다. MRI의 방향이 당사자의 비효과적인 행동을 감소시키고자 한다면(행동에 초점), 해결중심에서는 효과적인 것을 더 하도록 격려하는 것이다(인지를 강조함). MRI에서는 제시된 문제의 해결을 위해 어떤 시도를 하였기에 실패하였는지를 살펴보려고 하는 것이라면, 해결중심은 문제가 문제시 되지 않았던 예외상황에 초점을 둔다. 당사자들에게는 문제가 우선시 되며 예외상황은 2차적일 수 있으나, 개입자(조정인)에게는 예외상황이 우선시 되는 것이다. 해결중심에서는 병리적 측면, 과거의 실패나 잘못을 고치려는 노력보다는 건강한 측면(문제해결에서 성공한 경험, 강점과 자원, 능력)을 탐색하며 (결함이나 장애요소들은 다루지 않음), 이러한 것들을 끌어내고 확인하며 지지하면서 제시된 문제해결에 활용할 수 있는 도움을 주고자 한다. 부정적인 사고로는 효과적인 행동을 할 수 없는 것이므로, 행동을 잘 하고 있을 때 자신의 자원에 대한 인식전환을 시킴이 더욱 유효한 방법이라는 것이다. 그러므로 문제에 대해서는 어떤 가정도 하지 않으며 특정 이론적 틀을 적용하여 해석하려거나 설명하려 않는, 소위 탈이론적 경향을 가지게 된다. 당사자가 호소하는 불편이나 특성에 따라서 또한 당사자의 의견이나 관점 등을 그대로 수용하면서 진정한 내담자중심의 접근을 통해 해결책을 발견하려고 노력하게 된다. 그리하여 복잡한 문제라고 해서 해결방법도 복잡하리라는 생각은 걷고 갈등당사자의 달성 가능한 작은 변화부터 목표로 내세우고자 하며 이로부터 파급효과를 가져오게 한다. 성취 가능한 목표가 보다 명확하고 구체적일 수 있도록 질문하며 작은 긍정적 변화가 해결책의 기둥이 되도록 하며, 문제보다는 미래에 대한 것, 미래에 달라지고 싶은 모습들로 시각화, 구체화하여 해결책에 접근할 수 있도록 도우는 방법이다. 문제중심모델에서 전문가는 문제가 무엇인지를 우선 탐색하고 분석하려 하며 갈등을 유발하는 자극 자체를 변화시키고자 하는 행동적 노력과 문제를 유지시켜온 환류고리를 끊어 해결하려 함에 시간을 소요하는 경향이다. 이에 반해 해결중심모델에서는 그런 일에 시간을 소모하지 않는다(F. P. Bannink, 2007, 2010). 실제로 문제인 것은 어려움을 반복적으로 잘못 다룸이 문제라는 것이다. 해결중심에서는 개입과정의 최소화를 추구하며 당면 문제가 해결되면 개입은 끝난다. 다른 문제들이 분명히 드러날지라도 당사자들이 도움을 요청하지 않으면 더 이상의 개입은 않는다. 문제를 가지고 있는 사람이 아픈 것이 아니라 관계에서 막혀있다고 보기 때문이다.

따라서 해결중심치료의 이론과 기술(질문법)은 문제 자체를 제거하거나 감소시킴이 없이도 해결책을 상상하도록 함으로써 문제중심에서 해결중심으로 전환케 함이며, 이것은 조정에서도 매우 유용하게 활용될 수 있는 기술임을 알 수 있다. 핵심은 문제중심적 대화에서 해결중심적 대화로 바꾸는 언어의 변화에 있다. 그러므로 "문제가 무엇인지를 묻는 대신에 당신이 선호하는 것이 무엇인지"라고 묻는다. 결국 초점은 갈등당사자가 바라는 결과인 것이다. 즉, "차이가 있는 미래이다(the future with a difference)." 당사자 스스로 자신의 목표를 구체화 하며 그 해결방법을 고안해낼 수 있는 능력이 있다고 생각하기 때문이다. 조정인은 당사자를 도울 수 있는 질문을 함으로써 변화할 수 있도록 동기를 부여하려는 것이다. 대화는 점차로 긍정적이면서도 짧게 진행되며, 결과적으로 비용 효과적이라고 할 수 있다(표 2).

접근방법 개입	MRI(문제중심)	해결중심
개입표적	· 문제와 문제를 일으키는 반복적인 행동유형	· 당사자의 강점과 자원
개입방법 (초점)	· 당사자의 비효과적인 행동을 감소시키고자 함(행동에 초점) · 제시된 문제의 해결을 위해 어떤 시도를 하여 실패하게 되었는지를 살펴보려 함	· 효과적인 것을 더 하도록 격려함(인지를 강조). · 문제가 문제시 되지 않았던 예외상황에 초점

표 2 MRI식 접근(문제중심)과 해결중심적 접근의 비교

해결중심에서 기술적으로 중요한 질문방법들의 예를 들어본다(Eve Lipchick, 2002).

① 예외질문(exception question) : 먼저 조정인은 당사자가 말하는 문제와 문제해결을 위해 그들이 어떤 노력을 했는지를 들은 다음, 분명하고도 확실한 목표를 설정한다. 목표가 분명하고 긍정적인 행동을 포함할수록 진행이 훨씬 용이해진다. 애매하거나 확실한 형태가 없는 당사자의 목표를 구체적이고 행동적인 형태로 바꾸어 주는데 도움을 주기 위해서는 당사자가 문제로 생각하는 갈등이나 행동이 일어나지 않은 예외적 상황에 대한 질문(예외질문)을 함이 효과적이라고 본다. 이러한 질문은 문제에는 예외가 있다는 것을 보여줄 수 있게 되어, 예외가 그냥 생긴다는 생각을 벗어나게 할 수 있다. 즉, 예외가 반복적 문제의 해결책이 될 수 있다는 것이다.

예를 들자면, "최근에 문제가 없었던 때는 언제였죠?", "그 시간은 무엇이 다르지요?", "어떤 일이 벌어졌다면 문제가 해결된 것으로 볼 수 있지요?" 등의 질문을 하게 된다. 예외를 찾고 강화시킴이 효과가 있다면 더 이상의 개입은 불필요할 것이다.

② 대처질문(coping question) : 그러나 당사자들이 과거의 성공을 떠올리는 것을 힘들어 하기 때문에 예외질문으로 돌파구를 모색할 수 없다면, 왜 일들이 더

악화되지를 않았는지, 어떻게 해서 그나마 유지할 수 있게 되었는지를 물어(대처질문), 자신들이 알고 있는 것보다 더 잘 견뎌낼 수 있는 자원이 스스로에게 있음을 다시금 깨닫게 하여 성취를 강화할 수 있는 기회를 잡을 수도 있을 것이다.

"어떻게 대처하셨기에 일이 더 악화되지를 않은 거죠?", "그렇게 어려운 상황에서도 버텨낼 수 있었던 힘은 무엇이었을까요?" 등의 질문이다.

③ 기적질문(miracle question) : 그럼에도 당사자가 애매모호한 말로 계속해서 불만표현만 하고 있다면, "기적질문"으로 미래의 성공을 상상해보도록 함이 효과적이다. 이 질문은 분명한 목표를 그릴 수 있게 도우며 문제해결의 사고방식을 확대시켜 문제 외의 것을 보게 한다. 즉, 진정 원하는 것은 아마도 문제 그 자체를 제거함보다는 그 문제의 방해로부터 벗어나서 할 수 없었던 일들을 할 수 있게 함을 깨닫게 되는 것이다.

여기서 버그(Berg, I. K., 2002)가 치료에 사용했고 세이즈(1988)가 인용한 기적질문의 예를 들자면 다음과 같은 것이다.

"자, 지금 제가 좀 이상한 질문을 드릴게요. 오늘 밤, 당신은 주무시고 집안은 조용한데, 기적(miracle)이 일어났다고 상상해보세요(suppose). 그 기적이란 지금 여기서 당신이 가지고 있는 문제가 싹 해결되는 상황을 말합니다. 당신이 자고 있으므로 그 기적이 일어난 것을 모르고 있겠지요. 그러나 내일 아침, 당신이 잠에서 깨었을 때, 기적이 일어났으며 그리하여 당신이 가지고 있던 문제가 지금은 해결되었다고 말해준다면(the problem which brought you here is solved), 과연 어떻게 달라져야만 할까요(what will be different)?"

④ 척도질문(scaling questions) : 이 질문법은 해결중심에서 빈번하게 활용되고 있는데, 결심의 의지를 수량화하기 위해 사용한다. 아울러 변화를 증명해 보이라는 의미가 내표되어 있으므로 구체적 행동변화나 목적규명이 어렵고 모호한 주제일 때 도움을 준다.

예를 들어 "0에서 10점까지 척도에서 0점은 저와 얘기를 처음 시작했을 당시의 점수이고, 10점은 기적이 일어난 다음 날의 기분에 대한 점수라고 합시다. 그러면 지금은 몇 점 쯤 될까요?" 식이다. 3점 쯤 된다고 반응을 보인다면, "어떻게 해서 좋아졌지요?", "5점 쯤 되게 하려면 어떻게 하면 될까요?" 식으로, 문제를 정형화하는 대신에 작은 변화를 실현시키면서 더 큰 목표를 향해 나아갈 수 있음을 인식시키면서 저항과 퇴보를 차단하고 변화에 전념함으로써 성공을 확산시킴에 필요한 행동변화를 이끌어 내도록 하고 있다.

당사자가 의사소통에 장애가 있거나 문제의 주제규명이 어려우며 행동변화의 필요성을 깨닫지 못하고 있을 때, 혹은 교착상태에 빠졌을 때에도 적절히 사용하면 갈등해결에 효과를 볼 수 있을 것이다.

현실중심적 조정-현실요법(reality therapy)에 기반한 조정

조정기술의 한 방법으로서, 현실요법에 기초한 "현실중심적 조정(reality-focused mediation)"이란 용어는 현재까지 어느 누가 활용하였는지 여부를 알지 못한다. 혹 어느 누군가 사용한 적이 없다면, 저자가 처음 사용하는 용어일 수 있다. 용어의 중요성보다는 해결중심적 조정이나 이야기적 조정의 예에서처럼, 심리치료에서 널리 활용되고 있는 현실요법 혹은 현실치료의 방법도 조정에서 충분히 활용할 수 있는 부분이 있다.

현실요법에서는 인간관계 개선에 깊은 관심을 가지도록 한다. 모든 욕구충족과 행복성취의 주된 원천이 인간관계이므로, 이를 만족스럽게 할 수 있게 효과적인 활동을 선택하며 그것을 실천하도록 돕는 데 있다. 이를 위해 욕구와 소망을 명료히 할 수 있게 하며 이를 충족시킬 수 있는 장·단기적 목표와 구체적인 계획을 실천하도록 고안되어 있다. 그러므로 조정에서 그 일부 기법을 활용할 수 있을 것으로 생각하였다. 특히 조정에 대한 동기가 부족하거나 저항을 가진 당사자들의 참여를 유도함에 특히 유효한 방법일 수 있다. 다만 이 방법이 사고와 행동에 영향을 주는 다양한 인간의 심리적인 문제를 경시하며 너무 단순화하고 낙관적인 접근을 한다는 평가도 있다. 그러나 조정에서는 심리치료에서처럼 정신장애에 대한 이해나 설명이 요구되지 않을 것이므로 제한점은 아닐 것이다.

현실요법은 미국의 정신과 의사인 글래서(William Glasser, 2000)가 개발한 이론으로 개인의 선택과 책임 그리고 변화(transformation)에 초점이 맞추어져 있다. 그가 청소년 교정기관과 정신병원에서 근무할 때, 증상을 정신장애(mental disorder)이며 하나의 질병(illness)상태로 간주하던 종래의 정신분석에 기반한 치료가 비효과적이었다는 개인적 자각으로부터 고심하면서 발전시킨 이론이다. 이 요법에서는 갈등당사자들이 자신의 욕구를 충족시킬 수 있다는 전제로부터 출발한다. 우리가 원하는 모든 것으로 이루어진 세상(all-we-want-world), 즉 "좋은 세상(quality world)"을 인식하게 된다면 가능해진다는 것이다. 그러기 위해서는 생존, 사랑, 성취, 자유, 재미(이를 현실요법에서 말하는 5가지의 기본적 욕구라 함)를 충족시켜야 한다. 이것은 자신의 삶을 더욱 효과적으로 통제할 수 있는 ① 행위(행동하기, acting), ② 생각하기(thinking), ③ 감정(feeling, 불쾌 혹은 유쾌한 모든 것을 느끼기) 그리고 ④ 생리작용(physiology, 신체기능에 따라 나타나는 모든 반응)이란 4가지로 구성된 전체행동(total behavior)을 현명하게 선택함에 있다. 즉, 전체행동의 선택을 위한 "통제체계의 형성"을 도와주는 것이 목표가 된다. 적절한 전체행동으로 개인의 기본적 욕구를 잘 충족시키면 건강하고 행복한 삶을 누리게 되는 것이며, 충족시키지 못하게 되면 불행감과 부적응적 증상을 나타내게 된다는 것이다. 불행의 근원은 중요한 사람과의 관계에 있으므로, 중요한 사람이 없거나 혹은 그러한 사람들과 갈등할 때, 특히 사랑의 욕구를 채우지 못할 때 불행해진다고 주장했다.

글래서가 관찰한 바에 의하면, 비행청소년들은 대부분이 그들 자신의 행동에 대한 책임의식이 부족하고 자신의 욕구를 잘 충족시키는 방향으로 행동하지 못함으로 인해 문제를 일으킨 것이었다. 그러므로 진정한 자신의 욕구를 인식할 수 있게 하며 그 욕구충족을 위해서 책임의식을 가지고 현명한 행동선택을 할 수 있도록 도움을 주어야 한다고 생각했다. 즉, 당사자 스스로 자신의 행복을 위해 자발적으로 변화해나감을 중요시한다. "나는 당신에게 올바르며 행복을 가져다주는 것이 무엇인지를 알고 있다"는 식이나 처벌과 보상으로 타인의 행동을 변화시키려는 태도, 즉 외부인의 가치관에 따르게 하려는 외부통제심리학이 아닌, 나를 통제할 수 있는 것은 나 자신 뿐이며 거의 모든 행동은 내가 선택하고 있으며 불행이나 갈등도 자신이 선택한 것이라는 내부통제심리학을 바탕으로 하는 선택이론(choice theory)이 중심이 된다. 자기파괴적인 행동도 불만족으로 인한 인간관계에 기인하며 부적응적 행동들도 외부통제에 대한 저항이므로 사람들과 잘 지내기 위해서는 외부통제 노력을 포기하도록 해야 한다는 것이다.

이론의 실제적 적용을 위해 갈등당사자들의 구체적인 행동변화를 끌어내기 위한 WDEP(Wubbolding, 2000) 모델이 있다.

① W(want) : 소망과 5가지 욕구를 살펴보기

정말 이루고 싶은 구체적인 삶의 모습을 알게 도움을 주는 방법이다.

예 : "지금 진정으로 원하는 게 무엇입니까?"

"조정에서 뭘 얻고자 하십니까?"

② D(doing and direction) : 현재 행동과 지향 알아보기

즉, 지금 무슨 행동을 하면서 어떻게 시간을 보내며, 무엇을 추구하며 살아가는지를 명확히 인식하도록 함이다. 현재 문제와 직접 관련 없다면 과거사를 다루지 않는다.

예 : "당신(행동의 주체)은 지금 무엇(현재 관심사항이나 추구하는 것)을 하고 있지요(현재의 행동에 초점)?"

"당신이 원하는 것을 위해 구체적으로 어떤 노력을 하고 있지요?"

③ E(evaluation) : 현재의 행동 평가하기

현재 하고 있는 행동이 욕구충족에 과연 효과적인지를 평가하도록 도와 변화의 필요성을 깨닫게 하는 중요과정이다.

예 : "지금 하고 있는 행동이 원하는 것을 얻는데 도움이 됩니까, 아니면 피해가 되는 겁니까?"

"지금 하는 행동이 원하는 것을 얻는 최선의 방법인가요?"

④ P(planning and commitment) : 행동을 계획하고 실천하기

현재 소망을 탐색함과 행동을 자각하며 그 유용성을 평가하여 더 나은 행복한 삶을 설계하려는 선택과 변화를 실행하며, 자신의 삶을 통제할 수 있다는 자신감을 가지게 하는 단계이다.

행동계획을 성공적으로 실행하기 위한 조건으로 8가지가 제시되었다 (Wubbolding, 2000). SAMI-3CI로 약칭될 수 있다.

① **단순용이(simple)** : 계획은 단순하고 이해하기 쉽게 한다.

② **성취가능(attainable)** : 당사자의 동기와 능력으로 성취 가능해야 한다.

③ **측정가능(measurable)** : 성취여부 측정이 가능하게 구체적으로 설정돼야 한다.

④ **즉시실행(immediate)** : 즉시 실행 가능하도록 계획되어야 한다.

⑤ **통제가능(controllable)** : 당사자의 통제가 가능하여야 한다.

⑥ **일관성(consistent)** : 일관성 있게 계획되어야 한다.

⑦ **수용가능(committment)** : 실천결심이 확고하여 이행서약도 가능해야 한다.

⑧ **참여가능(involving)** : 당사자가 관심을 가지고 참여할 수 있는 계획이어야 한다.

그러나 기법이 중요한 것이 아니라 당사자와 조정인이 협력적인 관계를 유지하면서 경청과 공감적인 반응을 통해 당사자의 지혜로운 선택을 돕는 과정이라고 말할 수 있는데 이것은 일반적인 조정원칙과도 잘 부합한다. 자유롭고 안전한 조정환경의 조성과 협력적 관계형성이 중요하다는 말이다. 거의 유일한 기법이 있다고 한다면 "질문하기" 정도이다. 적절한 질문을 통해 갈등당사자의 내면세계로 들어가 정보를 취득하며 새로운 선택을 도와주게 된다.

갈등당사자가 스스로 자신의 삶을 통제하고 선택할 수 있다는 자기결정권에 대한 인식을 심어주기 위해서 질문할 때 유의해야 할 몇 가지 방안도 제시되고 있다.

① **동사로 표현하기** : 당사자가 자기경험을 형용사나 수동형으로 표현하는 것은 개인적 통제력과 책임을 부정하는 행위로 생각하므로 의도적으로 능동태 또는 진행형의 동사를 많이 사용하도록 당사자를 격려한다.

예를 들어, "지금 화가 많이 나군요" 대신에 "지금 화를 내기로 선택했군요" 또는 "남편이 나를 미워해요" 대신 "나는 남편이 나를 미워한다는 생각을 하기로 선택했어요"라는 표현으로 바꾸어 사용해보도록 하여 행동과 사고뿐만 아니라 감정까지도 선택의 결과임을 강조하려 한다.

② **긍정적인 것을 늘리기(being positive)** : 당사자의 장점이나 능력에 초점을 맞춤으로써 긍정적 행동을 유도함이다. 어리석은 행동하지 않기보다는 현명한 행동하기에 초점을 맞추어 부정적인 행동을 긍정적인 행동으로 대체하도록 도우려는 것이다. 당사자가 배신감을 호소하면 "화가 많이 나시겠군요" 식의 반응이 아니라, "배신감을 느끼지 않으려면 당신은 어떤 행동을 선택할 수 있을까

요?"의 형태로 질문하여 새롭고 긍정적인 행도변화를 선택할 수 있도록 돕는다.

글래서(Glasser, 1976)에 따르면 자신의 욕구를 효과적으로 충족시킬 능력을 상실할 때 흔히 나타날 수 있는 것이 부정적인 중독행동(negative addiction)이라고 하였다. 특히 심리적 안정감이나 자신감과 의욕, 창조감 같은 정신건강에도 유익하면서 개인의 삶을 모두 집어삼키지 않는 중독을 긍정적 중독(positive addiction)이라고 불렀다. 부정적 중독현상을 감소시키는 방법으로 긍정적 중독을 제안하였다. 규칙적 운동이라든지 명상 같은 것도 여기에 포함된다.

③ 은유적(metaphor) 표현 사용하기 : 갈등당사자가 사용하는 은유적 표현에는 많은 정보가 담겨져 있다. 그러므로 당사자의 언어적 표현에 귀 기울일 뿐 아니라, 당사자와 소통할 때도 당사자가 생각하는 사고의 틀에서 익숙하거나 동일한 표현을 의도적으로 활용하자는 것이다.

④ 직면시키기 : 조정인은 일반적으로 수용적이며 지지적 태도를 유지하지만, 갈등당사자의 무책임한 말이나 말과 행동이 일치하지 않을 때는 분명하고도 확고한 태도로 자신의 말과 행동에 책임을 질 것을 촉구함이다. 이것은 부정적 행동에 대한 질책이 아니고, 정직하게 자신의 행동을 인식하고 평가함으로써 새롭고 책임 있는 행동을 계획하도록 돕기 위함이다.

⑤ 역설적 기법(paradoxical techniques)을 활용하기 : 당사자에게 모순된 지시를 함으로써 통제감과 책임감을 증진시키며 자기선택과 문제에 대한 인식변화를 확고히 함에 도움을 주려는 것이다.

⑥ 유머 활용을 권장하기 : 조정인과의 편안하고 친밀한 관계의 유지와 조정과정에서의 좋은 분위기는 솔직한 대화를 유도할 수 있다.

회복적 정의(또는 회복적 사법)와 피해-가해자 조정(restorative justice and victim-offender mediation)

1970년대에 미국이나 캐나다의 매너나이트(mennonite) 종교공동체들의 피해자-가해자 조정으로부터 시작되었다고 한다. 1974년 캐나다 남동부에 있는 온타리오(Ontario)주의 엘미라(Elmira)란 도시에서 10대 소년 두 명이 동네를 돌아다니면서 22개소의 집 유리 등을 파손하고 귀중품을 털어가는 사건이 발생했다. 이때 교정위원이었던 마크 얀치(Mark Yantzi)와 데이브 워드(Dave Worth)는 이 소년들을 데리고 피해자 집을 찾아다니면서 피해고통을 해결할 방안과 합의를 보도록 하기 위해 노력하였으며, 담당판사에게 사건의 화해적 결과를 얻기 위한 건의안도 제출하였다. 가해자들의 진심어린 사과와 행동에 대한 책임을 지도록 한 이 사건이 회복적 사법의 기원으로 보고 있다. 우리나라에서도 현재 법원의 화해권고위원회에서 청소년 범죄행위 등을 대상으로 회복적 사법의 취지를 활용하고 있다. 반사회적 행위와 관련된 갈등해결과 피해자와 가해자 및 그들 공동체 간의 관계에 초점을 맞추고서 그 관계를 개선·회복시키려 함이 목적인데, 상처받은 자와 피해를 입힌 자가 조정과정의 중심이 된다(Braithwaite, 2004). 피해-가해자 조정은 1970~80년대에는 VORC(victim-offender reconciliation program)로 불리다가 요즘은 VOM(victim-offender mediation)이라고도 한다(Umbreit, M. S., 2004).

사법제도의 논리는 범죄란 국가가 제정한 법의 위반이며 이로 인해 유죄가 성립되는 것이므로 국가는 범죄의 피해자이기도 하다. 따라서 국가는 가해자에게 받아 마땅한 처벌로서 고통을 주어야 한다는 것이다. 범죄행위란 국가에 대항한 것이므로 국가가 나서 상응하는 징벌을 가하여 정의를 실현하려 함은 보편적인 생각이다.

그러나 회복적 정의의 과정은 가해자에 대한 징벌이나 응징에 초점을 두는 것이 아니라 회복에 있다. 범죄행위대상이 국가가 아니라 실제로 개인이나 집단에게 가해진 것이라는 믿음이 전제가 된다. 회복적 정의에서는 범죄를 사람관계에 대한 침해로 규정하며 따라서 가해에 대한 책임이 따른다는 것이다. 그러므로 정의의 실현은 피해자와 가해자 및 공동체 구성원들의 잘못을 바로잡는 노력으로 이루어진다고 본다. 회복이란 피해자와 가해자의 원하는 바와 필요성을 충족시킴으로써, 범죄로 야기된 손상된 피해자와 가해자 및 사회공동체 사이의 관계를 복원하는 것을 의미한다. 피해를 바로잡기 위해서는 피해자를 밝혀서 그 사람에게 필요한 것은 무엇인지를 알아내어 그 필요충족을 위한 책임이행을 가해자에게 요구하게 된다(Zehr, 2002). 가해자들을 진정 책임감 있게 만들며 스스로 잘못을 바로잡도록 격려하자는 것이다. 유죄냐 무죄냐의 평결이나 징벌의 결과가 아니라 분쟁당사자 개인 간 또는 집단 간의 관계에서 입은 손상 등을 갈등 이전의 상태로 회복시키는 과정에 초점을 두자는 것이다(Maiese, 2003, 2004).

피해자는 가해자의 행위로 물질적, 정신적 또는 신체적 피해에 대한 인정과 사과를 받고 싶으며, 가해자에게 자신뿐 아니라 가족들과 주변 사람들도 고통을 받았음을 직접 말하고 싶으며 나한테 왜 그랬는지를 직접 물어보고도 싶다. 그리고 재발방지와 손해배상, 더 나아가 가해자가 뉘우치고 새롭게 되며 가능하다면 서로 간의 관계도 회복되기를 바랄 것이다.

가해자도 요구사항이 있을 것이다. 자신의 잘못과 책임에 대한 상황설명을 피해자에게 직접하고 싶을 수도 있다. 그러면서 용서를 구하고 잘못된 행동의 사과를 구하고도 싶을 것이다. 한편으로 사람들의 비난을 감수하긴 하지만 이해해주기를 바라는 마음과 앞으로 과오를 만회하며 더 잘할 수 있는 기회가 주어지기를 바랄 수 있다. 그리하여 사회로부터 죄인으로 낙인찍힘을 피하고 싶으며, 자신이 피해를 준 사람을 포함하여 피해에 관련된 모든 사람들과의 관계를 원래대로 회복하고 싶은 마음이 있을 것이다.

따라서 회복적 사법은 사법체계의 한계를 극복하고 미진한 부분을 보완하기 위한 노력으로 등장한 방안이라고도 할 수 있다. 조정인은 개입을 통해, 직접 혹은 간접적인 피해를 입은 사람은 누구이며 가해자는 누구인지, 그들의 필요는 과연 무엇인지 그리고 각 당사자들의 필요성을 채워주며 피해와 가해로 인한 상처들을 치유시키며 마침내 관계를 회복시킬 책임은 누구에게 있는지를 바라볼 수 있도록 도와주게 된다.

무어(Moore 등, 2014)는 회복적 정의에서 고려되어야 할 공통된 구성요소로 ① 모든 이해관련자(희생자, 가해자, 해당 공동체 소속 사람들, 기타 갈등이나 범죄행위 논의를 위해 함께 해야 할 사람들), ② 직접대면 자원자(voluntary participant), ③ 사건의 영향이나 결과로 인해 어떠한 직접적 영향을 받게 될지를 함께 나눌 모든 당사자, ④ 당사자들의 견해를 묻고 명료히 하며, 희생자의 필요성은 무엇인지를 확인하고 가해자가 어떻게 교정할 것인지에 대해 공동으로나 개별적으로 논의를 할 기회를 가짐, ⑤ 제안 혹은 제공할 바의 설명, ⑥ 그 제안이 적절한지에 대한 논의와 보완, ⑦ 제안된 교정조치에 대한 공지와 수용 및 합의 수락, ⑧ 당사자나 참관인이 목격한 바에 따른 공식적 구두 또는 문서화 된 합의서, ⑨ 합의서를 확정하는 공식절차, ⑩ 합의에 대한 실행계획과 이행점검 방안의 확정 등을 포함하였다.

조언적 조정(advisory mediation)

갈등당사자가 효과적인 협상과정을 만들어 가거나 실제적 분쟁현안에 도움이 될 수 있는 어떤 형태의 조언을 제공함이며, 갈등해결에 관련되는 신뢰할 수 있는 정보나 특정 형태의 지식이나 지혜를 가지고 수용 가능한 중간적 개입을 하는 과정을 말함이다. 따라서 특정 분야의 전문가일 수도 있고 갈등당사자들의 욕구나 이해관계를 잘 알고 있는 존경받거나 믿을 만한 사람일 수도 있다 (Alexander, 2008).

조언의 형태는 단순한 의견으로부터 충고나 권고, 실제적 제안 등 깊이나 범위에 무관하게 다양할 수 있다. 대개 조정시작단계에서 최소의 정보를 제공할 수도 있지만 마지막까지 조언을 주는 것을 기다리기도 하며, 당사자가 합의에 이르지 못할 때는 당사자 간 협상이 종료되었음을 알림과 함께, 그렇다면 조정인의 조언을 원하는지, 혹은 상호 차이를 해결하기 위해 어떤 방안이 있는지를 물어볼 수도 있다.

관습적 혹은 종교기반적 조정(customary or religiously based mediation)

관례나 종교적 권위 등이 인간관계를 규정하거나 특정 사회공동체에 속한 사람들의 갈등의 해결에 이러한 관례나 종교적 권위가 활용되는 국가나 사회에서 통상적으로 실행되고 있다(Isser, 2011).

특정 사회에서의 연결망과 명성과 신분, 지위를 가진 사람이 조정인의 역할을 하게 되고, 이들이 갈등의 관리와 조정을 제공한다. 전통사회에서의 갈등현상은 개인이나 가족 간의 문제라기보다 전체 공동체의 문제로 간주되며, 갈등이 확대되거나 그 해결이 만족스럽지 못하면 공동체 전체의 이익이나 안정과 조화를 깨치게 된다고 생각하므로 갈등당사자들을 화해시키고 가해자를 사회에 다시 통합되도록 하며 조화를 회복함은 어떤 권위를 가진 자나 공동체 구성원 전체의 목표라고 보는 것이다.

그러나 이러한 내용들이 국가의 법령이나 행정기관, 혹은 사법제도 하에서 운용되는 것은 아니다. 어떤 종교집단 내에서 신도들 간의 갈등상황을 수습하고 화해시키는 관습적인 예식이나 특정의 행위들도 이러한 범주에 속할 것으로 생각된다.

평가적 조정

해결이 가장 핵심적 목적이며 과정은 방법으로 여겨진다. 그러므로 촉진적 조정과는 확연히 접근법이 다르다. 합의에 도달함에 조정의 가치를 두고, 당사자들이 합의하여 해결에 이르도록 함에 필요한 모든 것을 하게 된다.

1980년대 미국에서 발전된 방법으로 시간이 오래 걸리고 경비소요가 많은 소송 등 주로 법률적 문제나 당사자들의 법적 권리에 대한 평가에 초점이 맞추어지는 경우 흔히 사용되었다(Lowry, 2004). 그러나 평가적 조정은 당사자들 스스로의 판단이 아니라 조정인의 영향이나 평가를 근거로 합의에 이르도록 설득되므로, 조정인의 활동적이고 결단력 있으며 관여적인 개입을 전제로 하게 된다.

현행 법적용의 가능성과 한계, 과거의 판례, 당사자 주장의 논리적 모순이나 각자 견해의 강점과 약점, 장기적 관점에서의 이해여부나 잠재적 이익과 경비 등 그리고 이러한 모든 생각과 주장들의 실현가능성에 대한 현실검정이 이루어지도록 한다. 당사자를 분리해서 혹은 당사자 모두가 함께 하는 자리를 마련하여 직접적인 질문이나 비교를 하기도 한다. 전문적 정보의 제공 없이는 당사자들이 최선의 대안을 선택하거나 법률적으로 적정한 판단을 내리기도 어려우며 중재나 재판보다 조정의 결과가 오히려 당사자들의 만족을 채우지 못할 수도 있다고 판단한다.

조정인은 당사자들의 강점과 약점을 파악하고, 문제해결을 위한 대안들을 개발하며, 조정이 안 될 때를 대비한 여러 가능성을 예측하여 갈등해결에 필요한 객관적이고도 학구적인 방식으로 평가와 실질적인 가이드를 제공하려는 준비를 한다. 법원에서 수행하는 조정이나 의료사건에 대한 조정 등에서 이러한 평가적 조정이야말로 진정한 조정이라고 생각하는 조정인들도 많다.

복합적 조정 혹은 혼합·합성 조정(Mixed hybrid model)

아놀드 시엔볼드(Arnold Shienvold, 2004)는 조정이 실제로는 심리치료, 협상, 촉진, 그 외 다른 서비스 요소들이 결합된 "협상과정"으로 보아야 한다고 주장했다. 치료적 조정에서 사용되는 교착관리란 것도 실제로는 조정에서 치료 혹은 상담심리적 단계와 법적 개입을 결합시킨 복합조정형태라는 것이다. 조정인에게는 촉진자, 교육자, 자녀의 옹호자, 자녀의 양육평가자 그리고 부모의 상담자 등 다양한 복합적 역할이 발생되기 때문이라고도 했다.

다른 기술들과 혼합된 형태의 조정과정은, 한편으로는 진정한 조정이 무엇인지를 알 수 없게 혼란을 가져올 수 있게 하며, 중립성, 비밀보장, 역량강화, 자기결정의 원리 등과 같은 기본적으로 요구되는 조정의 원칙을 무너뜨릴 수도 있다. 만약 복합적이거나 합성적인 이러한 방법들을 "조정의 치료적, 혹은 상담심리적인 확장" 또는 "상담심리와 통합된 조정"방법이라고 부른다고 해도, 여전히 심리치료적 방법과의 혼란을 벗어나기는 어려울 것으로 보인다.

조정과 중재과정을 순서대로 따르는 조정-중재도 혼합과정의 일종이라고 할 수 있다. 이와 반대의 순서로 진행되는 과정일 때는 중재-조정으로 불린다.

조정-중재에서는 조정으로 합의에 도달하지 못하여 교착상태가 될 때는 법적 구속력이 있는 최종화해를 이끌어내기 위해, 조정과정 동안의 합의안을 포함시켜서 조정인과 중재인이 내린 결정을 따르는 것이다. 물론 조정과정의 합의사항이 변화될 수도 있으며, 이것이 화해를 더 어렵게 만드는 요인으로 등장할 수도 있다. 갈등에 대한 최종해결이 보장될 수 있다는 장점이 있으나 중재의 결정은 분쟁당사자들에게 자발적이라기보다 강제된 결정으로 간주될 경향이 높다. 아울러 조정인이 어떤 당사자에게 특정한 결과를 지시하거나 강요해서는 안 된다는 자기결정권에 관련된 윤리적 딜레마가 제기된다. 또한 의사결정자가 동시에 조정인으로서의 역할을 가질 수 있을 것인가의 문제도 있다. 이러한 딜레마의 유일한 해결책은 과정에 관련된 적절하고 명확한 용어를 사용하도록 하고, 당사자들에게도 전개과정에 대한 차이를 확실히 이해할 수 있도록 하여야 한다.

중재-조정의 방법은 전체 절차가 하나의 결정을 만들어 내도록 구조화되어 있으므로, 비밀보장과 같은 윤리적 문제를 피할 수 있게 되며 의사결정자의 권한에 대해 혼란스러워 할 가능성이 줄어든다. 그러나 무엇이 적합한 합의인지를 이미 결정을 내렸기 때문에 결정된 방향으로 조정을 밀고 갈 가능성과, "권한 있는" "강압적인" 조정으로 인해 순수한 조정에서는 당사자가 수용하기 어려운 대안에 대해서도 합의를 이룰 가능성이 높아질 수 있다. 모든 과정들의 공통목표는 좀 더 빨리, 좀 더 경비절약적인 방법으로 갈등에 대한 최종적인 합의를 이루는 것이라고 한다면, 갈등해결방법이 다양하다는 것은 갈등당사자들의 다양한 욕구와 기대를 충족시켜주기 위해 창의적인 길을 제시하는 것으로도 이해할 수 있다(Jay Folberg, 2004).

　　신청인(원고)이나 피신청인(피고)이 조정현장에 출석 않고 변호사들이 그 대리인으로서 조정에 참여하는 기회가 높아지면 조정과 중재의 경계가 흔들린다(blurring)는 견해도 있다. 조정을 기능적으로 사적인 사법적 타결협의회(private judicial settlement conference) 정도로 생각한다거나, 열정적인 변호인의 적대적 자세(adversarial posture)가 이런 경향을 조장한다고도 한다. 이로 인해 법원에서 수행되는 조정의 경우, 조정이 갈등당사자들의 피난처(refuge)가 아니라 중재의 대용물(surrogate)이 되고 있다는 인식도 있다. 조정이 중재의 영역으로, 중재는 "새로운 형태의 소송(new litigation)"으로 옮겨가는 양상은 조정의 핵심가치인 자기결정권과의 충돌을 가져올 뿐 아니라 갈등당사자들의 유용한 선택범위를 제한시킴으로써 조정의 이점을 상실케 한다고 주장되고도 있다(Nolan-Haley, J., 2012).

　　협상, 중재, 조정 등과 같은 이러한 방법들을 소위 대안적(代案的) 또는 대체적(代替的) 분쟁해결(alternative dispute resolution: ADR) 혹은 소송대안(alternative to litigation: ATL)이라고 불리기도 한다. 재판의 절차나 방법에서의 복잡함이나 형식 그리고 높은 비용과 시간의 지연을 극복하기 위한 대안이 될 수 있다거나, 재판이나 소송을 보완하는 갈등의 해결방법으로 활용되기 때문이라는 의미이다. 이러한 방안은 법적 해결의 남용으로 초래되는 문제점들을 극복하고자 하는 운동(movement)의 일환으로, 미국이나 영국, 호주 등에서는 이미 수십 년 전부터 일종의 성장산업이라고 할 정도로 급격하게 확장되어 온 것도 사실이다. 그러면서 한편으로는 "대안적"이라는 말이 부적합하다는 주장도 있다. 그 이유는 소송과 무관한 사회갈등 영역도 많으므로, 대안적이란 말이 갈등해결의 출발점으로서 중요하지도 도움이 되지도 않는다는 것이다. 또한 많은 갈등이나 분쟁상황을 보건데, 대부분은 재판까지 가지 않고도 해결되므로, 어쩌면 재판이 소수 대안일 수가 있다는 것이다. 아울러 갈등조정의 절차가 법원의 해결기전에 입법화 되어 있는 것이라고 한다면, 대안적이란 말은 이미 적합하지 않다는 것이다(Acland, Andrew Floyer, 1995).

■ 재판

소송에 의한 판결로 갈등을 해결함이다. 그러므로 당사자의 자율성이란 없다. 주관적 공정성이 아니라 단지 법규에 따라 엄격히 정해진 절차와 형식에 따라 법에 근거한 결정을 얻게 된다. 즉, 상대의 의사와는 관계없이 수행되므로 강제적이며 국가가 재판권 혹은 통제권을 가지므로 공권적인 갈등해결방법이다. 아울러 그 해결방법이 "전부 아니면 전무(all or nothing)"라는 이분법적 결과로 이어거나 갈등당사자들 간의 제로-섬게임으로 치닫게 될 소지가 높다.

당사자가 생각건대, 재판절차가 공정하며 법해석이 자신과 판사 사이에서 납득할 수준으로 일치되며, 판사도 친절하면서 소송 관련자들을 존중하는 태도였다고 판단되면, 설사 패소하였다고 해도 판결의 공정성을 신뢰하며 결과를 수용하는 태도를 가질 수 있다. 그러나 소위 객관화(objectification)라고 하는, 복잡한 실재를 법적 사실관계로 전환하는 과정은 선택적일 수밖에 없다. 실재의 객관화는 어쩌면 창의적 과정일 수도 있다. 진술한 사례가 어떤 것은 축소되거나 과장되어 법적 사실관계로 전환되기 때문이다. 판사의 판결에도 주관적 요소가 개입될 수 있으며 어느 법률가도 판결결과를 정확히 예측할 수는 없다. 그러므로 누구도 자신의 법해석만이 옳다고 믿을 수 없거니와 판사가 언제나 객관적이며 올바르게 법을 해석하여 적용하리라는 예측 또한 착각이다. 판결은 사실관계에 대한 여러 견해 중 하나일 수밖에 없다는 것이다. 한편으로 창의력 없이 법률, 관행만을 따르는 판결이라면 인공지능으로 대체함이 나을 것이라는 평가도 있다.

여기에 법체계의 흠결, 법률개념에 대한 해석의 비일관성, 실재와 법과의 괴리, 권리에만 초점을 두며 개개인의 법감정과는 일치되지 못하는 상황, 더하여 소송당사자가 법률적 언어나 법조인의 논거나 유권해석에 대한 이해부족 등도 생기기 때문에 재판결과에 대해서는 어느 편도 승복하기 힘든 상황이 생기기 쉬운 것이다.

재판은 돈과 시간을 소모하면서도 그 과정에서 치열한 혈전과 투쟁을 조장하며 재판의 결과로 당사자들의 잘잘못이 판결문에서도 적시됨으로 인해 갈등당사자들 간의 관계를 이전보다 더 악화시켜, 결국 다시 보고 싶지 않은 원수지간으로 만들게 할 수도 있는 것이므로, 근원적인 갈등의 해결과는 거리가 멀어질 수밖에 없다. 1심에서 불복하면 항소심으로 가기도 하며, 더러는 상고심으로 이어지기도 한다. 근래는 헌법소원으로 해결하려는 사례도 드물지 않다. 국민의 권리구제를 확고히 하기 위해 마련된 것이 3심 제도이다. 그러나 일단 재판을 시작하면 갈 데까지 가보자는 정서도 작용하지만, 당사자들이 판결에 승복할 수 없다는 것이 3심까지 가는 주된 이유일 수 있다. 사법제도가 지향하는 바는 아마도 항소심까지는 갈등사안의 사실관계를 정확하게 파악하려는 노력을 통해 사회비용을 최소화 하여 국가의 발전잠재력을 높이려 함에 있다고 한다면, 상고심에서는 법령해석의 통일을 기하여 사회의 가치기준과 방향을 정하는 임무를 수행한다고도 할 수 있겠다. 그러나 대법원의 판례를 보면 법실증주의라는 명분으로 국가사회의 방향을 오도하는 것이 아닌가 하는 다중의 불만과 의심을 불러올 때도 있다. 남의 땅을 무단으로 사용하여 이익을 취하여 오던 사람들이 "시효취득"이라는 주장 하에 소유권 이전 소송을 해서 주인의 땅을 빼앗으려는 사악한 의도를 드러내고 있음을 알고도, 단순히 이들의 손을 들어주어 전국 곳곳에서 주인의 땅을 뺏으려는 소송이 폭증했던 사례도 있었다. 법령해석의 깊이와 적정성이 언제나 일반의 상식과 일치하지 않을 수 있음을 여실히 보여준 사례의 하나이다. 개인회생파산 신청제도를 악용하여 피땀 어린 남의 돈을 꿀꺽 삼켰는데도 하소연할 길 없어 망연자실한 사람들이 법이 개인의 권리구제를 공정하게 처리하고 있다는 판단을 할 수 있을지? 재판이라는 절차가 갈등을 잠재울 수 있을 것으로 믿는 사람은 별로 없을 것이다. 특히 재판 이후에도 지속적인 관계를 유지해야 하는 가족관계나 노사관계 등의 갈등에서는 재판으로 승패가 갈린다 해도, 결과적으로는 모두가 패자가 된 것과 같은 기분에 빠질 수도 있다.

관례나 상식, 과거의 사건기록과 법전화 된 규범에서 판단근거를 찾는 과거지향식의 방식으로 누가 얼마만큼 잘못했는지를 따지기보다는, 앞으로 서로 무엇을 어떻게 협력해야 하는지와 같은, 미래를 지향하는 갈등해결방식을 찾고 싶은 것이 아마도 모두의 바람일 것이다. 사법절차에 따른 갈등해결의 시도가 실질적 필요를 충족시킬 수가 없으며 갈등을 해결하거나 상처를 치유하기보다는 더 깊게 만든다는 실패와 한계를 극복하기 위해 생겨난 것이, 앞서 조정의 방법에서 언급한 바 있는 소위 회복적 정의(restorative justice) 또는 회복적 사법이라는 것이다.

6. 조정으로 갈등을 해결하기

1) 갈등조정으로 얻게 되는 이익

조정은 복수의 주체 간에 발생되는 갈등의 해결방법 중 가장 발전적 방법으로 일컬어진다. 중립적인 제3자의 개입과 도움으로 자율적이면서도 승자-승자 방법을 지향하는 가장 효율적인 방법이라고 평가되어 왔기 때문이다. 또한 조정에서는 개인내적 갈등해결이나 당사자끼리의 대응에서도 도움을 주는 여러 심리학적 이론들이 응용되고 있으므로, 조정의 내용을 잘 이해하려는 노력은 우리 자신이 일상에서 겪게 되는 모든 갈등의 이해와 해결에도 도움을 준다.

실제로 조정으로 접근하면 소송과 같은 법적 대응을 피할 수도 있게 되므로 시간과 경비를 절약할 수 있고, 합리적이며 우호적인 분위기에서 갈등을 마무리할 수도 있다. 판례에서 보듯이 법률적 판단의 결과가 항상 일관되는 것으로 보이지 않으며 따라서 결과의 예측이 빗나가기도 한다. 만일 소송사건의 시작이 상대에게 좀 강하게 자신의 주장을 전달하거나 대화를 거부하는 상대를 설득하겠다는 목적을 가진 경우였다고 해도, 상대편은 그것을 겁주는 것 이상의 큰 위협으로 간주하여 자기방어적 반응을 보일 수 있다. 이 과정에서 쌍방은 매우 심각한 감정적 대립이 생겨, 본래 의도와는 다르게 파탄을 자초하는 경우도 드물지 않다. 문제해결과 관계개선보다는 어떻게든 자기가 당한 것보다 상대를 더 기분 나쁘게 찍어 눌러버려야겠다는 편협된 복수심과 승리쟁취가 중요 목표로 변질되기도 한다.

재판에서와는 달리, 조정은 갈등당사자가 건설적인 의견교환을 통해, 어느 누군가의 승패로 끝나는 것이 아닌 상호주의적이며 승자-승자 문제해결이라는 모두가 동의하는 실질적인 합의를 이루는 과정이다. 또 갈등당사자들이 공개적으로 문제를 논의하면서 서로를 분명하게 이해할 수 있는 기회를 가지므로, 조정은 상호이해를 증진시킬 수 있는 기회라고 할 수도 있다. 갈등당사자를 문제해결의 협조자적 관계로 묶어줄 수도 있기 때문에 관계개선의 효과까지 기대되는 것은 이 때문이다. 뿐만 아니라 향후 유사한 갈등문제를 스스로 해결할 수 있는 능력과 자부심을 높이게도 되므로, 민주적인 의사결정능력의 배양과 사회적 학습의 기회를 제공하는 것이기도 하다. 그래서 학생 사이에서 발생하는 폭력 등의 갈등상황에서 또래 학생이 조정자로 나서 대화와 소통을 통해 자주적으로 쟁점을 규명하고 갈등의 이해와 해결에 이르도록 하는, 소위 또래조정(peer mediation)과 같은 프로그램이 권고되기도 한다.

나아가 조정은 갈등과정에서 당사자들에게 자기분석의 기회를 가지는 결과를 얻게도 한다. 갈등 자체는 부정적 환경에서 배태된 것이나 해결과정을 통해 당사자들은 자신들의 목표와 의도에 대해서 그리고 갈등이라는 정서적 흥분상태의 내면에 깔려 있는 욕구의 지향점에 대해서 좀 더 깊고 자세하게 접근할 수 있게 되며 아울러 자신의 삶과 걸어온 과정에 대해 살펴볼 수 있는 기회를 얻게 된다는 것이다.

그러므로 갈등을 조정으로 잘 해결함은 갈등의 해결이라는 일차적 목표의 달성과 함께 많은 부수적 이점을 가지게 되는 것이다. 혼자 힘으로 극복하기 어려운 난관을 조정인의 조력으로 함께 걸어 나가는 동안, 인간적으로도 더욱 성장할 수 있는 기회가 마련될 수도 있다는 것이다. 그러기에 좋은 조정, 좋은 조정인의 역할은 매우 크며 중요하다.

2) 조정환경

오클랜드(Acland Floyer, 1990)가 제안한 바람직한 조정환경은,

① 우선 당사자들이 관계를 중요시 하며,
② 당사자들 스스로 결과를 통제하고 싶어하며,
③ 힘의 불균형이 심하지 않고,
④ 신속한 결정과 비밀보장이 중요하고,
⑤ 쌍방이 모두 감정을 누그러뜨릴 기회가 필요하며,
⑥ 어느 편도 진정으로 법적 대응을 원치 않을 때라고 했다.

또한 맥키(Karl Mackie, 1991)는 조정인을 필요로 하는 경우를 다음과 같이 예시하였다.

① 당사자가 상호의사소통을 중단했거나(아니면 시작도 않고 있는 경우)

② 당사자들이 협상기술도 없고 신뢰의 부족 등으로 효과적인 의사소통을 할 욕구도 없을 때

③ 당사자들 스스로 해결점을 찾지 못할 때

④ 당사자들이 자신들의 기존 요구를 변경시키면 지게 될 것이라고 생각할 때

⑤ 교착상태나 협상의 지연이 당사자에게 손해를 주거나 상호관계에도 영향을 줄 때

⑥ 당사자들끼리의 협상으로도 어느 정도 성공을 거둘 수 있겠지만, 조정이 더 효율적일 때

⑦ 사적이며 대체로 자발적이며 구속력 없는 절차가 그렇지 않은 경우보다 선호되는 과정일 때

⑧ 당사자 간 힘의 불균형이 있어 조정인의 개입으로 효과적 균형유지가 가능할 때

⑨ 어떤 외부적인 기준에 맞추기 위해 타결시기에 영향을 줄 필요가 있을 때이다.

그러나 조정을 시도하지 말아야 하는 상황도 제시되고 있다(Floyer Acland, 1990).

① 법원의 재판 혹은 어떤 다른 권위적 결정이 필수적이고 그것이 다른 무엇보다 중요할 때

② 한 쪽 당사자가 형벌적 판결을 원할 때

③ 적어도 한 쪽 당사자가 선례를 만들기 위해서라도 판결을 원할 때

④ 당사자의 어느 편도 타결을 고려하려는 준비가 되어 있지 않을 때이다.

한편, 법률이나 조직상의 정책과 기준 등에 비추어 볼 때 불법적이거나 비윤리적인 행동이 개재되었을 때, 과연 이런 때 조정을 해야 하는가의 문제가 제기된다. 이 경우 징계절차나 교정절차가 선행되거나 혹은 조정이 함께 진행될 수도 있다고 보았다. 또한 갈등이 양측 개인의 업무실패로 생긴 경우, 이것이 업

무수행기술이나 지식의 부족이었다면, 훈련을 선행하거나 또는 조정을 동시에 수행할 수도 있다고 보았다. 또 당사자들이 개별적이라거나 공동으로 문제를 해결할 수 있는 어떤 권위를 가졌다면 이때도 조정이 필요한가라는 의문이 생길 수 있다.

3) 갈등조정인의 자세와 자질

(1) 조정인의 기본적 자질

조정을 진행하기에 앞서 조정인의 자세에 대해서도 살펴볼 필요가 있다.

기본적으로 조정인은 언제나 성실·진실하고 중립적이며, 목표중심적이고 자기잣대를 내려놓는 절제된 자세와 함께 당사자에 대한 존중과 격려, 동기부여, 이해 및 공감의 능력을 가져야 한다. 또한 당사자의 능력과 자원을 잘 활용하여 문제해결에서 한 발 더 나아가 당면한 갈등해결의 과정에서 당사자가 인격적인 발전을 이루는데도 조력할 수 있도록 하여야 한다. 일반적인 상담이나 심리치료에서는 좋은 합의를 이루는 것이 반드시 요구되지는 않겠으나 조정에서는 갈등당사자 각자가 스스로의 욕구를 자각하며 문제의 해결점을 찾아서 서로가 합의를 이루도록 함이 중요하다.

조정인은 갈등당사자들을 안내하는 사람이다. 조심할 부분에서 조심하게 해주는 역할을 한다. 그러면서도 당사자 스스로가 산을 오르도록 조력하는 사람이다. 조정을 통해서 개인적 성장과 관계의 성장을 이루도록 안내하는 사람이다. 당사자가 저항을 보일 때는 그 자리에 머물며 기다려줄 수 있는 사람이어야 한다.

특히 조정인이 가장 피해야 할 것이 세 가지 있는데, 첫째가 조정인이 자기 가치관으로 갈등당사자의 문제에 개입하려는 절제되지 못한 자세이다. 둘째는 조정목표를 향해 나아갈 수 있도록 촉진하는 공감능력의 부족이다. 셋째는 자신을 돋보이게 하려거나 마치 갈등당사자들을 가르치려는 듯 하는 태도, 즉 갈등당사자들에 대한 존중감을 잃은 태도이다. 이와 같은 태도들은 합당한 조정인의 자질과는 거리가 멀다. 조정인 자신보다 더 중요한 것이 갈등당사자란 인식을 가져야 한다는 것이다. 물론 조정인의 자질에는 조정에 관한 이론적 지식뿐 아니라 조정의 기법과 그 기법의 활용능력 등도 포함된다.

크롤리(John Crawley, 1995)는 효과적인 조정인의 자질과 기술로 다음 11가지를 들었다.

① **불편부당** : 양측에 미치는 영향에 대한 관심과 이를 당사자에게 드러내는 능력이다.

② **좋은 경청자** : 당사자와 공감할 수 있도록 적극적으로 경청한다.

③ **신뢰의 창출** : 당사자들의 생각과 느낌이 이해받고 있다는 생각이 들도록 하며, 편안하게 하고 가능하다면 스스로 결정할 수 있는 기회를 주며, 당사자들이 자신들의 문제를 해결할 수 있도록 진정어린 도움을 준다.

④ **설득과 제안·설명(presentation)의 기술** : 효과적 표현력, 태도, 몸짓을 적절히 활용한다.

⑤ **창의력과 문제해결** : 반대편도 받아들일 만한 생각과 제안을 내고 협력적 해결을 추구한다.

⑥ **상호작용의 관리** : 과정의 관리와 당사자 간 갈등에 대처할 수 있는 전략을 개발한다.

⑦ **자아인식(self-awareness)** : 조정인 자신의 느낌과 행동에 유의하며 당사자들이 공정하게 대우받고 있다고 생각되도록 한다.

⑧ **유연성** : 당사자들의 필요성에 맞게 진행을 변화시켜 나간다.

⑨ **균형** : 자신의 느낌을 알아차리는 능력, 상황의 필요에 따라 균형을 잡아주는 것, 권위와 통제의 필요성을 조화시키며 변화와 합의에 대한 현실적 기회포착의 분석력과 언제 멈추고 계속해야 하는지를 알아차릴 수 있도록 한다.

⑩ **상황과 사람의 이해** : 사람과의 경험, 다양한 행동양상에 대한 이해, 필요한 실제적인 지식 그리고 관련 규정이나 지침에 친숙하도록 한다.

⑪ **전문가 정신** : 진정성을 다해 업무를 수행하고 준비되어 있음으로써 모든 당사자에게 존경받도록 한다.

조정인이 조정과정에서 당사자들에게 도움을 제공함에는 당사자의 특성, 해당 문제와 그 역동, 구조나 문화 그리고 이해와 필요성에 따라서 문제해결의 방식이나 조력의 형태가 달라질 수 있다.

사회관계망(social network)으로 연계된 조정인, 어떤 권위를 가진 조정인, 관계망과 무관한 독립적인 조정인 등 당사자들과의 관계형태(type of relationship)에 따라서도 조정인의 영향은 다양할 것이므로(Moore, 2014) 자신이 조정을 맡게 되거나 혹은 조정인을 선정할 때 유의할 점이다.

(2) 조정인의 조정개입 시에 요구되는 능력

조정인마다 조정에 개입하는 이론에 따른 모델이나 그 형식은 다를 수 있다. 그러나 일반적으로 요구되는 능력에 관한 내용은 거의 비슷하다. 조정인의 기본적 자질과 함께 고려되어야 할 사항이다.

① 질문방식의 중요성을 인식하고 있어야 한다

조정인이 갖추어야 할 중요 능력의 하나가 질문방식이다. "주장은 저항을 유발하지만 질문은 대답을 유발한다"는 말이 있다(Fisher R., 1981). 조정인이 당사자들을 이해할 수 있는 중요한 수단의 하나가 질문이므로 조정인은 자신의 질문방식에 매우 유의하여야 한다. 적절하지 못한 질문은 조정분위기를 망치고 적대감을 불러오기도 한다. 조정현장에서 수사관이 피의자 조사하듯이, 혹은 원인이나 이유를 따져가며 질문하는 조정인들도 간혹 목격되는데, 질문의 우선적 목적은 갈등당사자의 동기의 확인과 더불어 갈등 속에 있는 당사자의 욕구파악에 초점이 맞추어져야 한다. 질문에 대해서는 조정의 단계에서 다시 자세히 언급될 것이다.

② 당사자가 책임감을 가지고 자신의 갈등문제를 이해할 수 있도록 도와야 한다

조정인은 갈등조정과정에서 갈등에 대한 당사자의 책임과 자신들의 갈등 문제를 정확히 이해할 수 있도록 도와야 한다. 갈등당사자가 무엇을 원하며 무엇이 충족되기를 원하는지를 알도록 돕는 것이다. 갈등당사자가 자신의 목표를 깨닫고 그러한 방향으로 나가도록 노력하도록 도와야지, 조정인이 스스로의 목표를 향해 달려 나가는 것과 같은 태도를 보인다면 모든 책임은 조정인이 져야 하는 상황에 처할 수도 있다. 조정인이 갈등당사자들을 끌고 가려고 하는 순간 조정인의 눈에서 당사자들은 사라지는 것임을 명심하여야 한다. 특히 평가적 조정의 개입을 하는 조정인에게서 이러한 경향이 두드러질 수 있다. 문제란 갈등의 산물이며 당사자가 그 발생과 지속 그리고 그 고조에 공동책임이 있음을 깨닫도록 하여야만 한다. 또한 당사자를 이해시키는 과정에서 갈등당사자를 부적절하게 자극하지 않도록 조심하여야 한다. 갈등당사자는 흔히 문제와 사람을 동일 시 하는 경향이 있으므로 쉽게 흥분할 수 있다.

③ 누가 옳고 그른지에 초점을 맞추지 말아야 한다

조정과정에서 특히 유의할 점이다. 여기에는 사람과 문제를 분리시켜, 갈등당사자들의 입장이 아니라 이해관계에 집중하도록 도와줌이 필요하다. 문제에 초점이 맞추어지다보면 누가 옳고 그른지, 시시비비를 가리느라 당사자의 부정적인 감정만 고조시키게 된다. 미국의 극작가 밀러(Arthur Asher Miller, 1915~2005)가 말하기를 "사실을 숭배하다 보면 진실을 발견하지 못한다"라고 하였다. 어느 쪽이건 존경받는다는 인식, 비난받지 않고 있다고 생각하여야만 협상이건 절충이건 가능해진다. 더구나 조정인의 평가가 직접적으로 갈등당사자에게 전달되는 것은 피하도록 해야 한다.

"듣고 보니 당신이 엄청 잘못하셨구먼", "얻어맞아도 싸네요", "남편이(혹은 부인이) 그 정도의 바람 좀 피웠다고 이혼을 해요?", "아이고, 말도 안 되는 소리를 하시네요" 조정 진행 중에 이런 식의 평가적 판단을 내리는 조정인은 그 자질이 재검토 되어야 한다.

④ 갈등당사자에 대한 직업적 편견을 버린다

갈등당사자의 직업이 어떠한 종류이므로 어떠한 사람이리라는 주관적 판단이나 생각은 버리도록 한다. 당사자의 직업과 인격을 분리하라는 것이다. 분리의 실패는 선입견이나 편견, 혹은 오해를 가져오기 쉽다.

⑤ 여러 문제가 얽혀있을 때는 하나씩 처리해가는 것이 효율적일 때가 많다

문제 하나하나에 얽혀들기 보다는 전체적인 맥락을 파악하여 당사자들의 핵심감정을 읽어주는 것이 문제해결의 실마리가 되기도 한다.

⑥ 문제가 잘 풀리지 않을 때는 잠시 쉬는 시간을 가지는 것도 좋다

일반적으로 말해, 상대의 말은 듣지 않으려 하면서 자기주장만 끊임없이 되풀이 한다거나, 모든 제안에 대해 일단 거부부터 하거나, 그런 건 뻔한 것이고 이미 자신이 그 결과를 다 알고 있다는 식의 부정적인 예측을 하거나, 침묵으로 일관하는 당사자가 있을 때는 조정이 잘 풀리지 않는다. 또한 갈등당사자가 자신의 관심사를 전혀 포기하려 않거나 책임이 상대에게만 있음을 고집할 때는 갈등해결에서 걸림돌이 된다. 이럴 때는 적절한 반영을 해주면서 감정을 읽어주고 느낌을 묻거나 그 느낌에 대해 공감하며 접근할 수도 있고, 특히 자기주장만 늘어놓는 당사자에게는 규칙을 환기시켜주거나 혹은 자신이 말하고자 하는 바를 적어서 말하도록 권유할 수도 있다.

모든 제안에 "아니오"라고만 하는 사람은 상대가 제안을 하는 것이 자신에 대한 관심의 표현이라고 인식한 결과 더 많은 관심을 끌려고 부정적인 반응을 되풀이 하는 것일 수도 있으므로, 이때는 오히려 무관심한 태도를 보임이 협력을 이끌어내는데 도움이 될 수도 있다.

여러 형태의 갈등당사자들의 태도로 인해 조정과정이 순조롭지 않을 때는 잠시 휴식시간을 갖거나 시간적으로 촉박하면 다음 회기로 조정을 미루는 것도 한 방법이다.

⑦ 당사자를 분리하여 조정(개별면담)을 시도함이 도움이 될 때도 있다

갈등당사자의 어느 쪽과 개별면담이 필요할 때도 있다. 개별면담에 앞서 조정인은 당사자에게 비밀보장의 약속을 할 수 있다. 갈등당사자들이 중요한 정보나 관심사를 상대방 앞에서 말하려고 하지 않을 때, 서로 심하게 감정적으로 대립하고 있거나 크게 상처를 입고 있을 때, 서로 다른 주장을 하면서 양보할 기색을 전혀 보이지 않고 있을 때, 당사자 간 요구사항에 큰 간격이 있을 때, 상대가 거절할 것을 예상하고 제안할 때, 어느 당사자와 조정인과의 신뢰관계에 손상이 생겼을 때 등에서는 개별면담을 고려해야 할 시기이다.

이러한 상황에서의 개별면담은 서로 다르게 주장하는 갈등의 내용들을 파악하는데도 도움이 되며, 상호 드러내는 정보나 감정이 실제 속마음과 다를 때의 실제적 상황판단을 위해서도 도움이 된다. 또 갈등당사자의 감정이 고조되어 파국으로 치닫는 상황을 피하면서 서로 체면 깎이지 않고 비교적 간소하게 조정이 진행될 수 있게 하는 이점도 있다.

(3) 조정의 중단과 실패를 가져오는 요인들

일반적으로 우리가 경험하는 조정의 불성립을 가져오는 요인들은 다음과 같다.

가. 조정인의 기본적 자질문제에 기인한다

조정인의 차별과 편파성은 매우 위험하다. 조정인의 선입견이나 편견 혹은 이념으로 인해 어느 일방의 갈등당사자에게 공정하지 못한 태도를 보이는 경우도 있다. 갈등당사자를 자기 가치관대로 설득하거나 갈등당사자의 얘기를 듣기보다는 자기주장만을 늘어놓거나 훈계하려고도 한다.

조정과정에 자기의 판단과 훈계, 강요, 명령 등의 소위 "you-message"를 습관적으로 구사하는 조정인, 특히 "할 테면 해 봐", "뭐, 그래서 될까?", "재판으로 가면 지게 되어 있어!" 식으로 상대를 조롱하거나 위협하는 자, "왜?"를 자주 사용하는 조정인은 흔히 상대의 화를 돋우며 갈등을 고조시키는 경우가 많다. 어느 당사자와 이해관계에 얽혀 있는 조정인은 당연 배제의 대상이다.

조정인이 2인 이상이 함께 하는 경우에 생길 수 있는 조정인 간 의견 불일치와 그로 인해 조정인 간의 갈등을 당사자에게 노출시키는 경우는 당사자의 불신을 초래하며, 조정인의 근본적 자질을 의심하게 만드는 요인이 된다.

조정현장에서는 조정인이 남성 혹은 여성일 때, 어느 쪽에게 불리하게 작용하리라고 믿는 갈등당사자도 있으며, 부부 간 갈등에서처럼 남성 혹은 여성 쪽만 옹호하는 조정인이 이외로 실재하기도 한다.

나. 갈등당사자에게 문제가 있을 때이다

규칙위반, 당사자의 심한 피로감, 당사자의 인격적·행동적 장애를 포함하는 정신병리적 혹은 성격장애 등이다. 정신병리적 장애를 가진 갈등당사자가 양쪽 혹은 어느 편에 있다면 정상적 조정을 기대할 수는 없을 것이다.

"정신장애진단과 통계편람(Diagnostic and Statistical Manual of Mental Disorders: DSM, 미국 정신의학회 American Psychiatric Association 발간, 2013 DSM-5)"에서는 신경발달장애(인지적 장애와 주의력결핍과잉행동장애 ADHD, 틱장애 등)와 여러 가지 비신경성발달장애를 분류해보였는데, 조정현장에서 관심대상이 되는 것은 특히 성격장애(personality disorder)이다. 다른 정신질환은 명확히 드러나거나 자신도 병증을 알고 있어 도움과 치료적 접근이 용이하나, 성격장애는 평소에는 판별도 어려우며 자신도 별 문제가 없다고 생각하거나 도움을 요청하지도 않아 지나칠 수도 있지만, 갈등과 같은 위기상황에서 더 심하게 발현될 가능성이 매우 높다.

DSM-5에서는 질적으로 분명하게 구분되는 성격을 3개 군으로 범주화(cluster A. B, C) 한 뒤, 이 안에 총 10개의 성격장애를 분류해 넣었으며 여기에 기타 성격장애 2종(의학적 상태로 생긴 성격변화, 기타 불특정 성격장애)을 추가하였다. 성격장애란 일반적 특성(trait)과는 다르게, 시간과 상황에 걸쳐 안정적이고 지속적으로 개인의 정서와 사고 및 행동양식을 지배하기 때문에 여러 가지 불편감과 직업 기능, 대인관계의 부작용을 가져오게 된다. 범주화 된 3개 성격장애 중 A군 성격장애는 "기이하고 괴상한 행동과 사회적으로 고립되고 동떨어져서 지내는 것"을 특징으로 한다. 여기에는 ① 편집성(paranoid, 강한 불신, 피해의식, 적대적, 오래 앙심을 품음, 보복 등), ② 분열성(schizoid, 친밀한 관계나 소속됨에 무관심과 기피, 둔감, 냉담, 사회적 고립), ③ 분열형(schizotypal, 기괴한 믿음이나 신념, 육감 등에 집착, 독특한 행동, 외양)이 있다. B군 성격장애는 "정서적으로 매우 극적이고 불안정하며 변덕스러운 것"이 특징이다. ① 반사회성(antisocial, 사회적 관습, 도덕규범, 행동규칙, 타인의 권리와 안전 등을 무시, 거짓말, 사기, 무책임한 행동, 공격적, 폭력적 행동, 위법, 범법에 죄책감과 후회를 보이지 않음), ② 경계선(borderline, 유기에 대한 불안이 심함. 대인지각의 불안정과 양가감정, 정체감 혼란, 정서불안, 충동적, 분노조절의 어려움), ③ 연극성(histrionic, 타인의 관심과 주목을 받고자 과장된 언어와 행동표현, 외모에 지나치게 신경 쓰며 극적인 감정표현), ④ 자기애성(narcissistic, 자신의 가치와 중요성을 과장되게 지각, 성공, 권력, 우월함 등에 집착, 특권층으로 여겨짐, 특별대우나 과도한 찬사, 복종의 요구, 오만한 태도, 우월감과 열등감이 공존, 쉽게 상처받을 수 있는 인성구조를 가짐) 성격장애가 포함된다. C군 성격장애는 "불안수준이 높고 두려움이 많은 것"이 특징이다. ① 회피성(avoidant, 부정적 평판에 대한 두려움이 심하고 매우 예민함. 사회적 상황에서 심한 부적절감으로 인한 대인관계회피, 자신의 감정억제), ② 강박성(obsessive-compulsive, 질서정연, 정리정돈, 완벽주의, 꼼꼼, 융통성 부족, 완고, 사소함과 자기통제에 지나친 집착, 반복적으로 떠오르면서 떨쳐 버릴 수 없는 생각이나 느낌, 심상, 감각 등의 강박사고 obsession, 본인이 의식하면서도 거부하기 힘들어 반복해서 어떤 행동을 나타내는 강박행동, 이는 심리적 고통이나 불안을 중화시키기 위한 행동), ③ 의존성(dependent, 보호받고자 하는 욕구가 과도, 자신을 낮추고 지나치게 순종적, 복종적, 비굴한 행동) 성격장애가 포함된다. 성격장애 여부를 판별하기 위해서는 당사자가 반복적으로 드러내는 경직되고 감정적이며 편향된 특정 반응이나 태도여부를 면밀하고 주의 깊게 관찰하여야만 한다.

조정인이 적정거리를 두고 차분하게 대하면서 사실에 근거하여 장점을 인정하거나 적정하게 비위를 맞추는 것은 좋으나, 지나친 호의나 쉽사리 공감을 표하는 것은 이들에게 표적이 되거나 끌려 다닐 소지를 제공할 수 있으므로 주의할 필요가 있다.

협상전문가인 코헨(Cohen)은 "미친 사람, 비이성적인 사람, 자신이 위기에 몰려있어도 파악 못하는 바보와는 협상이 어렵다"고 하였다(Cohen H., 2007). 상대가 지나치게 적대적, 고압적으로 나올 때는 역으로 그런 태도를 취하거나, 자신에게 불리하다 싶거나 상대편의 태도에 따라서 의도적이거나 전략적으로 비이성적인 태도를 취하는 사람도 있다.

다. 조정에 참여 중인 당사자의 어느 쪽이건 자존감이 지나치게 낮은 경우이다

사실여부와 무관하게 과장되게 자신에게 차별과 모욕이 주어진다는 판단을 하는 사람, 가벼운 농담이나 비난에도 예민하게 반응하는 상처가 심한 당사자들은 적정한 조정일지라도 왜곡되고 불리하다고 생각하기 쉬우며 조정결과를 받아들이기를 어려워한다. 더러는 당사자의 성격장애와도 연관되어 있을 수 있다. 성격장애가 있는 사람에서 자존감이 낮은 경우를 흔히 접할 수 있다.

라. 갈등으로 어떤 부수적인 이익이 기대될 때이다

이때는 조정을 받아들이기 보다는 오히려 갈등상황을 지속시키려고 노력할 것이다.

마. 통제 불가능할 정도로 갈등이 악화된 경우이다

이 경우는 조정인이나 당사자에 의해, 혹은 합의에 의해 조정이 중단되기도 한다.

바. 조정인의 역전이(counter-transference)가 조정의 걸림돌이 될 수 있다

여기서의 "역전이"란 조정인이 주로 갈등당사자들에 대해 특별한 감정을 갖게 됨을 말한다. 이것은 공감에 방해가 되며 불필요한 감정을 조정에 개입시킨다. 조정인이 갈등당사자의 행위나 인상에서 자기가 선호했거나 혹은 기피했던 어떤 인물을 떠올리면서 자기도 모르게 그들에 대한 감정을 갈등당사자에게로 옮겨 공격을 하거나 연민의 정을 품게 되는 경우이다. 조정인 자신이 경험한 특정 상황에서의 상처 또는 가해자로 간주되는 인물의 특성이나 유사상황으로 인해, 조정현장에서 마치 조정인 자신이 피해 당사자라도 된 것처럼 흥분하기도 한다. 어떤 특정 갈등당사자를 대하면서 자신도 모르게 그런 감정이 생긴다면 그 조정인은 해당 갈등의 조정에서는 부적격이다. 뿐만 아니라, 그런 형태의 역전이가 생길 경우, 조정인은 적절한 자기분석이나 상담을 통해 그 상태를 해소하기 전에는 조정을 맡아서는 안 된다.

4) 조정의 단계

(1) 조정과정에서 조정인의 역할

조정의 진행이나 내용은 조정인의 스타일이나 조정모델에 따라 다양할 수 있다.

컬(Adam Curle, 1995)은 협력적으로 협상에 임할 수 있는 당사자들의 의지를 배양시키기 위해, 조정단계에서 조정인의 역할에는 4가지 요소가 있다고 했다.

첫째는 의사소통관계를 구축하고 유지하며 향상시키도록 행동한다.

둘째는 갈등당사자들과 당사자들 사이로 정보가 제공되도록 한다.

셋째는 갈등당사자에게 친구가 되어준다.

넷째는 적극적인 조정이 이루어지도록 당사자들을 격려한다.

무어(Moore, 1986)는 조정인은 조정과정에서 의사소통통로(channels)의 개설자(opener)이며 과정을 촉진하는 자(process facilitator)이고 훈련가(trainer)이며, 자원을 확장해주는 사람(resource expander)이며, 문제탐색자(problem explore)요, 현실의 중개자(agent of reality)인 동시에, 지도자이고(leader)이면서도 희생양(scapegoat)의 역할까지 담당한다고 했다.

보노(Edward De Bono, 1985)는 제3자적 조정인의 역할은 명백한데, 2차원적인 싸움을 3차원적인 탐색으로 전환시킴으로써 결과를 이끌어내도록 고안하는 역할을 하는 것이라고 했다.

(2) 조정수행의 절차(단계)

조정의 목적달성에 필요한 조정의 절차에 대해서는 여러 학자들마다 다양한 제안과 내용을 포함하고 있지만 대체로는 비슷하다. 비교적 구체적이고 자세하게 언급된 것과 간략히 언급된 두 가지를 예로 들고, 여러 제안들을 고려하여 만들어진 저자 나름의 방법(통합된 방법)을 제시하였다.

가. 무어가 제시한 조정 10단계(Moore, C. W., 2014)

크게 3개 준비단계(preparation stages)와 7개의 조정수행단계(mediation session stages)로 구성되어 있다. 각 단계마다 정해진 목표와 과제 및 그에 따른 행동으로 구분, 매우 길고 자세한 설명을 하였으나 요약하여 인용한다(표 3).

표 3 무어의 조정 10단계의 요약(Moore, C. W., 2014)
준비단계(preparation stages)
1단계 : 갈등당사자와 처음 접촉의 시작(making initial contact) 2단계 : 배후정보 수집과 분석(collecting & analyzing background information) 3단계 : 조정 예비계획 설계(designing a preliminary mediation plan)
조정수행단계(mediation session stages)
1단계 : 조정시작(beginning mediation) 2단계 : 당사자의 관점(perspectives) 제시와 논제개발(developing an agenda) 3단계 : 현안(issues), 필요성(needs), 이해(interests)에 대한 교육, 해결문제의 구조화 (framing) 4단계 : 대안(options)과 문제해결(problem solving) 방안 도출 5단계 : 이해(understandings)와 합의(agreements)를 위한 대안(options), 평가와 개선 (refining) 6단계 : 상호이해와 합의에 도달(종결 closure) 7단계 : 양해사항, 합의내용 실행(implementing)과 추구관리(monitoring), 향후의 잠재 적 갈등해결에 필요한 기제(mechanism)개발

■ 준비단계

1단계(진입단계) : 갈등당사자와 처음으로 접촉을 시작

어떤 형태로든 갈등당사자와의 접촉이 처음 시작되는 단계이다. 당사자들을 만날 때는 당시 상황과 당사자들의 편리나 의향에 따라, 당사자를 분리해서 만날 수도 있고 함께 만날 수도 있다.

만나면 먼저 소개로부터 시작된다. 당사자의 어느 편으로부터 만남이 주선되었다면 그 당사자가 자신을 먼저 소개할 수도 있고, 조정인이 만나자고 해서 시작되었다면 조정인이 먼저 자신의 소개부터 시작할 수도 있다.

대개는 조정인이 자신과 당사자들의 소개로 시작한다. 조정인은 자신의 소개 시에 조정에 관련된 자신의 경력과 소속된 기관 등을 말한다. 당사자들의 신뢰를 높일 수 있는 자신의 소개를 할 수 있으나 과하지 않도록 한다.

이어 조정과정, 조정인의 기능 그리고 역할에 대해 적절히 소개한다. 또한 왜 이 사안에 개입하게 되었는지, 조정에서 어떤 형태로 도움을 줄 수 있을지를 말하면서, 열린 마음으로 논의가 이루어지기를 당부한다.

그리고 당사자가 궁금해 하는 점에 대해서는 질문도 받고 답을 하는 기회를 가질 수 있다. 이 과정에서 본격적 조정에 필요한 긍정적 분위기를 조성하고 조정인에 대한 신뢰를 구축할 수 있는 기회로 활용하여, 조정인과 당사자 간 또는 당사자들끼리 원활한 협조관계로 이어져나갈 수 있도록 한다.

이 진입단계(entry stage)에서 조정인의 과제는 다음과 같이 요약된다.

① 조정인 개인이나 조정인의 소속 기관과 조정과정에 대한 신뢰를 구축한다.
② 갈등당사자들과 라뽀(rapport)를 형성한다. 라뽀란 자유로움의 정도, 만족수준, 의사소통에서의 정확성, 관련된 사람들의 관계에서 경험하는 "인간관계의 질"이라고도 할 수 있다. 믿음을 주는 조정인의 행동과 말씨, 복장, 사회적 배경, 소통과 정서적 공감능력 등과 같은 조정인 개인스타일 등이 라뽀 형성에 영향을 주게 된다.
③ 조정과정과 조정인의 역할(갈등당사자가 조정인의 역할과 관련하여 중립성, 불편부당성의 유지, 비밀보호의 제한점, 당사자 분리면담의 가능성 등을 설명)과 조정의 유용성, 조정의 기능에 대해 말해주고 자발적 참여의지를 고취

시킨다.

④ 조정수행 여부에 대한 당사자의 수락을 받는다. 상황이나 문화적 배경에 따라 구두수락이 전부일 수도 있으나, 조정인의 역할, 조정목표, 수임료, 조정시간 등을 문서로 명시할 수도 있다. 소위 "심리적 계약(psychological contract, Schein, E. 1969)"이라고 해서, 조정인과 갈등당사자 간의 암묵적인 합의가 이루어지기도 한다.

2단계 : 배후정보의 수집과 분석

자료수집과 분석은 주로 조정인이 맡는 일이다. 정보(자료)의 수집은 당사자들을 공식적으로 함께 만나기에 앞서 수집하는 것이 더 선호되고 있다.

자료의 분석이란 면접이나 직접관찰로부터 얻은 자료나 제출된 기존의 자료들을 면밀하게 검토(review)하고 종합(integration)하여 해석을 함이다. 갈등 관련자들과 그들의 갈등역사와 역동, 당면 문제, 이와 관련된 필요성과 이해관계, 힘과 영향력 등 여러 갈등 관련 요소들을 통합적으로 볼 수 있게 한다. 또한 갈등의 주요 원인이나 갈등이 돌아가는(drive) 상황과 갈등에 기여하고 있는 요소들을 이해하고 밝혀낼 수 있게 한다. 이것은 자료의 수집단계에서 조정인에게 부여된 중심과제의 하나이기도 하다. 분석결과에 따라 필요하고 활용 가능한 전략을 고안할 수 있게 된다.

유용하고 정확한 자료의 수집을 위해서는 6가지 요소가 고려된다.

① 분석틀(framework) : 적합한 배후정보의 수집과 분석의 지침이 된다. 갈등을 일으키거나 상호 협력기회를 제공하는 잠재적 요인들을 파악하게 한다.

② 적절한 자료수집방법(method) : 조정 전, 조정 중, 필요 시 여러 번 할 수 있다. 직접관찰, 현장방문, 제시된 자료의 검토, 면접 등 다양한 방안이 있을 수 있다.

③ 자료수집인(data collector)의 적정 : 사안에 따라 특정 전문가에게 맡길 수도 있지만, 조정참여자가 팀을 이루어(남자와 여자, 상담심리사와 변호사 등) 할 수도 있다. 라뽀 형성에 유의하여야 한다.

④ 전략(strategy) : 갈등당사자와의 신뢰형성에 필요하다.

⑤ 면접적 접근(interviewing approaches) : 적정방법으로 관련정보를 얻는다.

⑥ 듣기와 질문하기(listening and questioning) : 유용한 적정방법을 사용한다.

　조정인은 자료(혹은 정보)의 수집과 분석으로,

① 조정에 참여할지 여부에 대한 결정과 당사자에게 도움을 줄 수 있는 유용한 정보를 얻을 수 있다.

② 갈등에 개입된 핵심인물들이 누구인지 관계의 역동은 어떠한지를 알 수 있다.

③ 부적절한 상황에서의 개입을 피할 수 있게 되거나, 잘못된 의사소통이나 오인, 잘못된 자료에 기인한 불필요한 갈등을 방지할 수 있다. 이는 정확한 정보에 근거한 조정운용 기반을 마련할 수 있기 때문이다.

④ 당사자에게 가장 중요한 당면과제나 이해관계가 어떠한 것이며, 무엇이 갈등의 이해와 해결에 유용한지를 파악한다. 이는 당사자들의 필요성이나 기대를 채워줄 수 있는 적절한 갈등해결의 전략을 개발할 수 있게 한다.

갈등분석은 다음과 같이 구분하여 작성함이 유용하다(표 4).

표 4　갈등분석표(Moore, C. W., 2014)

분석내용 \ 관점	1차적 갈등당사자 (이해관계자)	2차적 갈등당사자 (이해관계자)
① 나타난 현안과 바탕에 있는 문제		
② 필요성(needs), 이해(interests), 원하는 것, 성취하고자 하는 목표		
③ 실제적/잠재적 힘, 영향력의 원천, 균형(symmetry) 정도, 당사자의 의지		
④ 갈등해결과정을 향한 초기의 지향		

　분석된 결과에 따라서 조정을 "진행할지 말지(go/no-go)"를 결정하게도 된다. 양자 사이의 갈등인 경우는 당사자들을 다시 개별적으로 만나 갈등상황에 대해 알게 된 바를 간략히 말해주고(비밀보호에 유의), 조정을 계속 진행해야 할지 혹은 조정이 별로 유용하지 않겠다는 생각이라면 왜 진행이 적절하지 않을지를 설명해준다.

　조정을 진행하기 어려운 일반적인 사유는 대체로 다음과 같다.

① 조정과정에 참가한 당사자들에 대한 안전을 보장할 수 없을 때이다. 예를 들어 신체적 폭력이 우려되거나 힘의 차이로 인해서 한편이 부당하거나 불리한 상황에서 강제될 수 있다는 판단일 때, 그러한 우려가 사라지고 안전이 확보되기 전에는 계속 진행하기가 어렵다.

② 당사자가 필요로 하는 공정한 대화와 정보의 교류를 어느 편이건 의도적으로 나누지 않으려 하거나 감추려고 할 때이다.

③ 당사자의 어느 편이건 효과적으로 자신들의 이해(interests)를 표현하거나 옹호하기 어려운 정신적 장애 등을 가지고 있을 때이다.

④ 당사자의 어느 편이건 협조에 필요한 적절한 태도나 기술을 가지고 있지를 못하면서도 그러한 것을 배우려거나 과정에 협력해보려는 의사가 없는 경우이다.

⑤ 당사자의 어느 편이건 조정과정보다도 합의를 얻기 위한 더 탁월한 대안적 기술이 있다고 믿는 경우이다.

⑥ 당사자의 어느 편이건 결정을 지연시키고 경비를 상승시키며, 부적절한 심리적 압박을 가하여 상대를 소진시키려는 목적으로 조정과정을 이용하려는 경우이다.

⑦ 본질적인 가치나 원칙, 법률적 문제가 쟁점이 될 경우, 상호동의할 수도 없고 협상 자체가 불가하여 판결과 같은 권위적 결정으로 가야 하는 경우이다.

⑧ 당사자의 어느 편이건 "불성실한 협상(bargaining in bad faith)"태도를 가지거나 합의에 도달할 의사가 없을 때이다. 예를 들면 나중에 이용할 수 있는 상대의 정보나 빼가려는 목적으로 조정에 참여하는 경우이다.

다자간에 발생한 갈등이거나 공공갈등 등에서는 자료의 분석결과를 "상황평가서(situation assessment)"나 "회의 보고서(convening report)"의 형태로 만들어 당사자들에게 제시해줄 수도 있다. 이것은 당면한 갈등에 대해 당사자의 생각을 정리하게 해주며, 다른 당사자들의 관점이나 필요성과 이해(interests)를 알 수 있게 함으로써 상호인식과 이해의 증진, 나아가 가능한 조정방법 혹은 협상을 통한 합의점을 찾을 수 있게 도와준다.

3단계 : 조정계획의 설계

자료 수집과 분석, 당사자의 조정수락 이후에 이어지는 일련의 과정을 말한다. 어떻게 하면 공동의 이해나 합의에 도달할 수 있을지를 탐구하는 과정이며, 갈등의 형태나 복잡성에 따라 세부적 설계내용은 달라질 것이다.

조정의 모든 단계에서 생겨날 수도 있겠으나 주로 개입 시작시기, 당사자들이 함께 한 직전이나 직후에 이루어진다. 조정설계를 어떻게 해야 하는 것인지에 대한 하나의 올바른 답은 존재하지 않으나, 일반적으로 말해서 갈등당사자들에게 좀 더 편안하거나 특정 상황에 가장 적합한 과정을 선택하면 된다고 할 수 있다.

조정계획의 설계 시 고려할 점은 다음과 같다. 어떤 내용이 포함되어야 할지를 결정할 때 참고로 할 수도 있다.

① 누가 조정에 참여할 것인가?
② 조정을 위한 최적의 장소(location and venue)란 어떤 것인가?
③ 자리배치는 어떻게 할 것인가?
④ 어떤 절차를 따를 것인가?
⑤ 갈등당사자에게는 당면문제나 이해 또는 해결을 위한 어떠한 대안이 중요할 것인가?
⑥ 당사자의 심리적 상태는 어떠한가?
⑦ 조정의 규칙이나 행동지침은 어떻게 정해지도록 할 것인가?
⑧ 조정인 참석 하에서 최초로 당사자가 함께 참석하는 회합 전반을 위한 계획은 어떤 내용일 것이며, 특정 의제항목의 선별과 순서는 어떻게 정할

것인가?

⑨ 조정과정에 대한 참가당사자들에 대한 교육은 어떻게 실시할 것이며, 어떤 식으로 합의에 도달하도록 과정을 진행해나갈 것인가?

⑩ 교착상태가 생기는 것은 무엇 때문이며, 이를 어떻게 극복할 것인가?

조정에 누가 참가하는지는 분명하다하더라도, 누가 중심이 되는 당사자인지가 분명하지 않은 경우가 있다. 이때는 조정과정에 도움이 될 수 있는 참가인을 당사자에게 선정해보도록 권하기도 하지만, 다음에 열거한 대상 가운데서 어느 사람을 선택할 수도 있다.

① 갈등현안에 직접적이거나 현저한 영향을 미치는 사람(갈등해결과정에서 제외하면 결정사항을 뒤집거나 손상을 줄 정도의 위력이 있는 사람, 구성원들의 지지나 지원을 받는 사람)

② 거의 비슷한 지위나 위치에 있는 사람

③ 갈등사안에 대한 지식과 이해(understanding)가 있는 사람

④ 반대의견을 가진 사람에게도 귀 기울이며 말할 수 있는 의지와 능력을 가진 사람

⑤ 최소한의 협상기술이라도 있는 사람

⑥ 자신들의 필요성이나 이해를 효과적으로 알릴 수 있는 능력을 가진 사람

⑦ 자신들의 감정을 어느 정도 통제 가능한 사람

⑧ 결정을 내릴 수 있는 힘이나 권위를 가진 사람

⑨ 말한 바에 책임을 지며, 신뢰와 상호 수용 가능한 해결을 찾으려고 노력하는 사람

갈등상황에 있는 두 집단이 조정에 참가인을 보낼 때, 그것이 친구, 증인, 해당 집단의 구성원, 2차적인 당사자, 변호사와 같은 법률전문가, 혹은 대중매체로부터의 파견인일 수도 있다. 만일 어느 쪽에서든 구속력 있는 결정을 내릴 수 있는 대표를 보내는 것을 거절한다면, 이것은 상대편을 모욕하려는 것이거나, 합법적인 지위나 인정을 거부하는 것이거나, 당면 현안이 상대편이 생각하는 것

처럼 그렇게 중요하지 않다는 신호를 보내는 것이거나, 혹은 결정권자를 협상의 압박이나 역동으로부터 보호하려는 것일 수 있다(Schelling, T., 1960).

　조정장소는 당사자들의 상호작용과 역동에 영향을 주게 된다. 장소선정은 대개 조정인의 몫이지만, 당사자가 선정하려 할 때도 접근성이 좋고 당사자 어느 쪽에서도 강한 정서적 동질성을 가지거나 공간에 대한 물리적 통제를 가할 수 없으며, 참가자들의 안전을 보장할 수 있는 중립적인 장소를 선정하도록 한다.
　당사자나 조정인에게 유리한 중립적 장소란 다음과 같다.

① 장소사정으로 조정의 중단이 일어나지 않도록 통제할 수 있는 곳
② 당사자의 어느 편에도 공간적 사용을 임의로 변경할 수 없는 곳
③ 갈등의 발생장소이거나 기타 조정의 집중을 방해하는 곳에서 떨어진 곳
④ 심리적 불편을 주는 새로운 장소라면 당사자 모두에게 동일한 곳
⑤ 도청 제한이 가능한 곳

　그러나 중립적 장소를 택할 때 지불해야 할 대가도 있다. 조정참여자들이 필요로 하는 정보를 얻기 힘들거나 정서적 지지체계로부터 분리될 수도 있고, 갈등상황과 관련된 특정의 장소를 직접 관찰함으로써 갈등의 특성을 더 잘 이해할 수 있는 기회를 가질 수 없게 된다거나, 장소대여료를 더 많이 감수해야 할 수도 있다.
　조정현장(venue)에서의 좌석의 배치나 의자나 테이블의 형태, 갈등당사자들과 조정인의 착석위치나 적정공간 확보 등을 물리적 배열(physical arrangement)이라고 한다. 양극화 되고 경쟁적 행태를 보이는 적대적 위치에 있는 사람들의 경우, 옆자리보다도 반대편에 앉는 경향이라고도 했다(Filley, A., 1975). 갈등당사자를 구분 않고 좌석배치를 하게 되면, 주도권이 균등해지고 일방이 힘을 행사하는 행위도 줄어든다고도 하였다(Sommer, R., 1969).
　테이블을 둘 것인지 말 것인지, 사용한다면 둥근 것을 쓸지 사각형을 쓸지, 좌석이나 테이블 간 거리는 얼마나 떨어지게 할지, 또는 당사자 간의 안전거리의 확보가 필요할지, 대기실을 둔다거나 갈등당사자들을 따로 면담할 수 있는

방을 마련할지 등도 상황과 유익성과 필요에 따라 결정할 일이다.

조정계획의 설계단계에서 일반적으로 고려되어야할 사항을 좀 더 설명하자면, 당사자의 심리상태(마음의 준비)와 당사자가 중요시 하는 현안(issues)과 이해(interests)는 어떤 것이 있으며, 그것이 당사자에게는 왜 중요한지, 제시된 타결대안과 수용이 어렵다면 그 이유는 무엇인지, 조정과정이나 접근방법에 대해서도 당사자가 어떤 식으로 이해하고 있는지를 파악함이 중요하다.

당사자들의 조정에 대한 접근방법은 모두가 입장중심 혹은 이해중심의 협상태도를 가지거나, 한쪽은 입장중심인데 다른 쪽은 이해중심인 경우도 있을 것이고, 양 당사자 모두가 입장과 이해중심이 혼합된 형태를 보이는 경우도 있을 것이다. 이럴 경우 입장중심인 당사자의 태도를 이해중심으로 바꿔놓기 위한 전략이 구상된다.

또 당사자들이 처음으로 함께 시작하는 조정회기를 어떻게 진행할 것인가에 대한 세부적인 설계내용을 고려할 때에는 긍정적인 분위기, 신뢰할 수 있고 편안한 분위기, 조정인의 역할과 당사자들이 지켜야할 내용, 의사소통의 방식 등을 어떻게 조성하고 이끌어나가도록 할 것인지 등이 포함되도록 한다. 그리고 가능한 교착상태에 대처할 전략 등에 대한 고려도 있어야 한다.

교착상태가 생기는 이유는 대개 3가지의 경우로 예상된다.

첫째는 실제적 문제로서 선택대안이 너무 많거나 적을 때, 혹은 당사자들이 협상초기부터 협상 불가능한 해결안이나 입장에 고착되어 있을 때이다.

둘째는 절차상 문제로 유효한 대화과정의 부재, 절차 자체가 부적절하거나 절차는 좋으나 비효율적으로 운영되는 경우이다.

셋째는 사람이 문제일 경우이다. 감정이 격앙되어 있다든지, 현재 상호작용 과정에서 격한 감정을 불러오게 하는 과거사, 고정관념, 오인, 잘못된 의사소통 방식을 가진 경우이다.

이러한 이유로 인한 교착상태에는 "예방"이거나 "개입"이라고 하는 두 가지 방법이 일반적으로 고려된다. 예방조치란 조정인으로 하여금 당사자들이 부정적이거나 비생산적인 태도나 행동을 않도록 하거나 긍정적 분위기 조성을 격려하는 말이나 행동을 함을 의미한다. 개입이라 함은 조정과정에서 문제를 만들거나 긍정적 또는 부정적으로 작용하는 어떤 일이 생겼을 때, 조정인이 필요로 하는 말이나 행동을 말한다.

■ 조정수행단계
1단계 : 조정시작

당사자들의 다툼현안이나 관계에 대해 생산적인 논의가 이루어지도록 조력하는 단계이다. 무엇보다 협상에 긍정적인 분위기를 만들며, 조정에 참여하는 당사자들을 심리적으로 안정시켜서 그들이 실제적인 필요성을 충족시킬 수 있는 단계로 나아가도록 한다. 순서대로 나열하자면 다음과 같다.

① 조정참여자를 방으로 안내하되, 이상적으로 말해 함께 입장할 수 있으면 좋고, 당사자가 여러 명이면 같은 크기·모양의 의자와 "U"자형으로 배열된 테이블에 착석하게도 한다. 조정인은 "U"자의 트인 곳에 양측과 같은 거리를 두고 앉는다.

② 조정인이 먼저 자신 소개를 하고, 상대방끼리 서로 잘 모르는 사이라면 각자 자신들을 소개하도록 할 수 있다. 또 당사자들이 관련 집단을 대표해서 나온 사람이라면, 무엇 때문에 자신들이 조정에 오도록 선정되었는지, 앞으로 서로 얘기 나누어서 이루고자 하는 것은 무엇인지를 아주 일반적으로 간단히 말하도록 요청할 수 있다.

③ 조정인과 함께 당사자들이 서로의 차이에 대해 상호 수용할만한 해결점을 찾고자 하는 의도를 인식하고 확인하는 최초의 공동적 기회를 조성한다.

④ 조정과정과 조정인의 역할이 무엇인지를 명료하게 한다. 조정과정이란 제3자적 입장에 있는 조정인이 당사자들이 의사소통을 잘하도록 해서 서로의 문제를 해결하는 과정에 도움을 주는 것임을 설명한다. 아울러 당사자들이 변호사의 법률적 자문이 필요할 경우는 조정과정에서 언제나 가능한 것임을 알려준다.

⑤ 조정은 자발적 참여의 과정이라는 것과, 따라서 어느 쪽이건 원하면 조정현장을 떠날 수도 있고 조정을 그만둘 수도 있음을 알려준다. 다만 그만

두기로 하더라도 최소 1~2회는 참석한 이후에 "참여 않겠다"는 의사를 조정인이나 상대편에게 분명히 알리도록 하거나, 이상적으로 말한다면 종료에 대해서도 서로 협의 결정토록 한다.

⑥ 조정인이 당사자의 어느 쪽과 이전이나 현재에 어떤 이해관계가 있다면, 다시 한 번 이를 분명히 하고 당사자의 수락이나 승인을 받도록 한다.

⑦ 조정인은 제안된 조정과정을 간단히 설명하고 합의를 얻도록 한다. 이것은 앞선 단계에서 했던 것보다 조정과정에 대한 좀 더 자세한 설명과 합의를 하는 과정이라고 할 수 있다.

⑧ 조정인은 비밀보호의 한계를 분명히 하고 당사자와 합의를 이루도록 한다. 당사자에 대한 비밀보호에서도 아동학대라든지 잠재적 혹은 실제적 폭력으로 상대에게 심각한 손상을 가져올 우려가 있을 때는 제한될 수 있음을 말해준다. 당사자들도 공개해서 되는 것과 안 되는 것을 분명히 하도록 해야 한다.

⑨ 양측이 함께 만나는 것 외에도 어느 한 편과의 개별적 만남이 있을 수 있음과 그 필요성을 설명하고 합의를 이루어야 한다. 이때 따로 만날 때 조정인의 비밀보장문제가 생기므로 그 한계를 분명히 한다.

⑩ 조정 실행계획, 일정, 잠정적으로 정한 만남의 횟수(회기 수), 기간 등을 설명하고 지키도록 한다.

⑪ 회기에 따른 지침이나 특별한 규칙(ground rules)을 정하고 합의토록 한다. 이는 조정인과 당사자들이 협의하거나 의견을 들어 정할 수 있다. 조정에 따르는 행동지침을 정해두면 상호작용에 대한 안정감이 높아지며 당사자들이 이들 지침에 미리 합의를 이루도록 해두면 당사자들의 감정이 매우 격해져 있거나 상호비난이 가열될 때 유용한 통제수단이 될 수도 있다.

⑫ 절절한 조정경비에 대해 조정인이 알고 있는 바를 당사자에게 확인토록 한다. 조정개시 전에 합의했다면 다시 논할 필요는 없다. 또는 조정과정과는 별개로 분리해서 얘기될 수도 있다.

⑬ 당사자들이 제기하는 질문에 답한다. 질문에 대한 답이 향후 전개상황에 영향을 줄 수도 있으므로 적정한 해당 답변의 시기를 유념한다.

⑭ 조정을 시작함에 앞서 당사자들이 선의(good-faith)로 대화에 임하도록 하

되, 정직하며 신의성실로 최선을 다해 당사자 모두가 수용 가능한 해결책
을 찾도록 노력하겠다는 다짐의 말(verbal commitment)을 당사자들이 직접
하도록 요청한다.

법률적으로 강제되는 조정은 예외로 하더라도, 조정에서 자발성을 존중하
고 격려함은 갈등당사자의 자기수용감(self-acceptance)의 고취, 자기가치에 대한
확인, 본질감(feelings of essentiality) 그리고 심리적 성공감을 가져다준다. 그리하여
당사자에게 자신이 존중받고 있으며 존엄성을 인정받고 있다는 인식을 주어 조
정의 분위기를 긍정적으로 만들어준다(Argyris, C., 1970).

2단계 : 당사자의 관점제시와 논제의 개발

갈등당사자들이 처음으로 자신들의 관점을 제시하는 것이 모두발언(冒頭發言
또는 모두진술 opening statements) 때이다. 당사자는 과거, 현재, 미래의 관계, 상호
작용, 관계역동 등에 대한 인식과 갈등의 배경과 역사 및 그 전개상황, 논의하고
자 원하는 현안, 원하는 결과에 대한 입장이나 대안, 선호하는 협상방안, 수용
가능한 타결범위 등에 대해서도 말할 수 있다. 조정인은 그 발언에 대해 당사자
들끼리의 반응, 관계방향을 설정하는 형태, 갈등의 실제적 현안, 협상에서 활용
하려는 절차 등은 무엇인지를 관찰할 수 있게 된다. 뿐만 아니라, 당사자들의 현
명한 결정을 이끌어냄에 유용한 정보, 앞으로 어떤 대화를 나눠야할지에 대한
틀(frame)을 만들고 잠재적 의제를 규명하며 향후 논의를 이어가는 과정에 필요
한 도움을 얻게 된다.

그러므로 모두발언은 최초로 알게 되는 당사자 관계에 대한 좋은 지표가 된
다. 또한 당사자가 관계 자체에 초점을 맞추고 있는지, 상호작용과 그 질적 내용
이 더 큰 갈등의 기여요인이 된 것인지를 파악할 수 있게 하는 기회도 된다. 이
는 조정을 어디서부터 시작해야 할지를 결정할 때도 도움이 된다.

만일 관계 자체에 문제가 있다면 그 관계문제를 규명하는 일부터 시작할 수
도 있을 것이고, 기여요인이 더 큰 작용을 하고 있다면 어떻게 하여 그 부정적
영향을 최소화할지부터 시작하게 될 것이다. 경우에 따라서는 상호 간에 정보가
매우 명쾌하게 전달되어 바로 세부논의에 들어갈 수도 있겠지만, 정보의 전달이

부정확하거나 부족하여 많은 시간과 노력이 소요되기도 한다.

당사자의 모두발언은 대부분이 실제적 현안에 초점(문제의 역사, 변화의 필요성과 이유, 입장, 필요성, 이해, 주장할만한 가치, 대안과 왜 그런 대안을 제시하는지)을 맞추게 되지만 협상절차에 초점을 두기도 한다. 절차논의가 더러는 매우 생산적인 역할을 하기도 한다.

협상절차에 초점을 두는 방법은 당사자들이 하나의 팀이 되어 함께 절차를 논의하면서 행동이나 태도, 또한 신뢰에 관한 정보를 주고받는 과정에서 합의에 이르는 일종의 "습관(habits)"을 기르는 기회를 주게 한다. 절차적 현안에는 의제의 개발방안과 그 일에 참여할 자의 선정, 초점을 두어야 할 협상절차(관계, 입장, 이해기반 어느 것부터 할지), 시작과 종료시간을 포함한 시간의 구성과 일정, 정보의 공유방안과 그 과정, 수용가능 혹은 불가능한 행동의 적시, 법적 권리와 관리적 권한, 각 당사자의 법률적 대리인과의 관계, 전문가의 역할, 대표성, 회합장소와 기록관리, 합의안 실행방안 등이 포함된다.

관계에 초점을 맞추는 모두발언에서는 상호이해를 증진시키며 상대의 다양한 견해를 인정하고, 관계, 인식, 태도, 상호작용방법의 개선이 포함되도록 구성된다. 처음부터 당사자 관계나 심리상태에 직접적으로 초점을 두는 경우는 드물지만 전환적 조정방법을 사용할 경우에 주로 활용되는 방법이다(Bush and Folger, 1994).

갈등당사자가 모두발언의 초점을 어디에 둘 것인가는 갈등의 형태, 갈등당사자가 현실문제에 초점을 맞추는 능력, 감정의 강도, 협상타결에 대한 내외부적 압력 정도 및 당사자가 조정인에게 부여하는 권한 정도에 따라서도 달라질 것이다.

또한 당사자의 의견전달이 감정에 치우쳐 있고 명료함이나 간결성이 떨어져 있으며, 처음부터 협상이 불가하다는 식의 태도를 드러낸다든지, 또 그 발언을 듣는 편에서도 부정적이고 비수용적인 비언어적 표현을 하거나, 아예 대놓고 거부의사를 밝히고 말을 중단시키거나 역공을 하며, 극히 무관심한 태도로 일관한다면 조정인이 나서야 한다. 정중한 방법으로, 당사자의 문화적 맥락(교육, 전문적 배경, 윤리적 측면, 성별, 국적 등)을 고려하면서, 당사자들이 동의한 조정진행 지침을 상기시켜주면서 좋은 경청태도를 당부하게 된다. 또 당사자가 발언하는 도중에라도 관심이나 필요성과 이해(interests)를 좀 더 명료하게 해주는 질문을 할 수도 있고, 필요하다면 불편부당한 언어를 사용하여 발언내용을 재진술, 요약, 해석 또는 재구성의 방식으로 상대편의 이해를 촉진시킬 수도 있다.

중단 없이 모두발언이 완료되면 공세적 입장에 있는 편부터 먼저 시작해서, 상대편 발언을 어떻게 받아들이는지, 향후 생산적이고 긍정적 방향으로 나아가기 위해 어디에 초점을 맞추고 싶은지 등에 관련해서부터 공동논의 또는 개별적 면담을 시작할 수 있다.

이어서 논의할 현안과 관심사안을 명료화 하고 의제를 발전시키며 이에 필요한 합의를 이루는 과정으로 넘어간다. 이 과정은 모두발언의 명료성과 제시된 내용의 상세 정도, 당사자의 듣기태도나 당면 현안과 당사자의 관심사에 대한 이해와 인식능력 및 정의, 현안의 복잡성 정도, 힘과 영향력, 협력에 필요한 심리적 저항의 정도, 논의사항별 불일치의 정도 등에 따라서 달라질 것이다. 그러나 당사자들이 현안을 어떻게 보는가(see)와 조정인이 얼마나 현안을 구성(framing) 또는 재구성(reframing)하며 재개념화(reconceptualizing)와 재정의(redefining) 하느냐가 의제 발전 여부를 결정하는 중요 변인으로 등장한다. 흔히 드는 예로 포도주가 반병 남았을 때 취하는 낙관론자("반이나 남았네")와 비관론자("반이나 없어졌네")의 관점 변환 같은 것이다.

재구성(reframing)의 핵심은 비생산적인 구성(frame)으로부터 유래하는 의미와 필요성, 이해와 관심의 실체를 분명하게 밝혀냄으로써 당사자들이 좀 더 용이하게 수용할 수 있는 방안을 제시함에 있다. 재구성에는 제독적(除毒, detoxication), 정의적(定意的, definitional), 은유적(metaphorical) 재구성도 있다. 이를 재구성의 수준(levels)이라고도 한다.

제독적이라 함은 판단적이고 경멸적이며, 타인의 행동에서 바람직하지 못한 이유를 찾는 소위 부정적 귀인(否定的歸因, negative attribution)이나 부정적 정서 또는 극단적 입장을 드러냄을 배제하고, 아이디어나 제안언급 등에서 말의 순서나 구성(syntax)을 바꾸어 표현하는 것을 말한다.

정의적이란 갈등이나 상황의 개념화(槪念化, conceptualization)를 바꾸는 것이다. 개념화란 어떤 용어를 사용할 때, 그것이 무엇을 의미하는지를 정확하게 구체화하는 과정을 말한다. 이는 극단적이고 주관적이며 편파적인 표현을 완화하고, 좀 더 효과적이며 용이한 의사소통을 함이며 협력적으로 문제해결을 하려는 시도이다.

그러므로 조정인은 용어의 선택에서 매우 신중해야 하며, 특히 상황의 악화를 유발(trigger)하거나 적대적(adversarial)인 용어나 언급은 피해야 한다.

예를 들자면, "갈등"이란 용어 대신에 "상황(situations)", "현안(issues)" 또는 "문제(problems)"로, "입장(positions)"을 "견해(view)"로, "갈등당사자들(disputants)"을 "참가자(participants)"라거나, "협상(negotiations)"을 "논의(discussions)", "심의(deliberations)" 또는 "말(talks)"을 한다거나 "얘기한다"로 바꾸어, 가치부여적 또는 갈등지향적 언어를 중립적 언어로 완화하도록 노력해야 한다.

은유적 재구성이라 함은 "상황이나 개념을 설명할 때 새롭거나 바뀐 은유를 찾아보려고 노력함"이다. 협상을 잃고 지는 "경쟁적 게임"이라거나 "구명조끼 없이 망망대해에 빠진 상황"으로 은유하기보다, "물이 새는 보트에 함께 타고 있을 때 다함께 살기 위해 힘을 합쳐 노력해야만 하는 상황"이라고 새롭게 재구성할 수도 있다.

의제를 개발하고 처리해나가는 접근방법들은 다음과 같다.

① 일련의 특정 주제들을 번갈아가며 제안할 수 있되, 합의에 도달하면 다음 주제로 넘어가는 방법(특정주제 개발법 ad hoc development)

② 여러 주제나 현안을 연결성을 고려함이 없이 제안되는 순서에 따라 단순하게 의제를 정해나가는 방법(단순의제선정법 simple agenda method)

③ 토의주제를 교대로 하나씩 선택해가는 방법(주제교체법 alternating issues approaches). 이는 교착상태방지에 도움이 될 수도 있다고 하나 한 주제가 토의된 후 다음 주제선정 순서를 바꾸자는 주장도 생겨남.

④ 당사자들이 생각하는 중요도에 따라 주제를 선정하는 방법(중요도에 의한 순위결정법 ranking by importance)

⑤ 원칙이나 일반적 합의내용에 따라 의제를 정하는 방법(원칙중심 의제선정법 principled agenda)

⑥ 합의에 이르기 쉬운 의제부터 다루도록 하는 방법(쉬운 주제 우선선정법 easier item first)

⑦ 벽돌쌓기식(building block 또는 불확정적 의제 contingent agenda)으로 향후 논의나 결정을 이끌어내는 기반으로 작용할 수 있는 의제를 먼저 선정하는 방법(원칙, 시간, 지불일정 등에 따름)

⑧ 거래(trade-offs)나 묶음식(packaging) 방법. 이는 여러 가지 현안을 함께 논의하여 타결안의 범위를 정하지만, 모든 것이 완전히 고려되기 전에는 결정을 유보하거나 모든 해결방안을 함께 포괄적 타결에 이르도록 하는 방법

3단계 : 현안(issues), 필요성(needs), 이해(interests)에 대한 교육 및 해결문제의 구조화(framing)

이 단계에서 수행해야 할 주요 과제와 활동은 다음과 같다.

① 어떤 정보가 교환, 논의, 이해되어야만 향후 해결방안에 이르게 될지를 결정함 : 도움이 되는 좀 더 상세한 정보가 잘 전달되고 이해될 수 있게 한다.

② 정보가 교환, 탐색되는 적절한 장소나 토론회를 주선함 : 상호교육을 위한 모임(포럼 등)을 주선한다. 당사자들의 양극화와 감정고조가 격심하지 않을 경우에 적절하다.

③ 효과적인 의사전달과 정보의 교환 : 게임이나 퍼즐맞추기에 비유될 수 있다. 활동을 완수하기 위해 경쟁적인 동시에 협력적 형태를 취한다.

④ 필요성과 이해(interests)를 분명하게 이해하고 알게 함 : 법률, 전통, 문화, 외부조언 등 외적 요인으로 인한 오인이나 내적 혼란이 진정한 실재적, 과정적, 심리적, 관계적 이익을 알 수 없게 하거나, 드러나면 얻는 것이 적을 것이란 생각으로 의도적으로 이를 애매하게 하거나 감추기도 하고, 특히 당사자들이 특정의 필요성이나 이익을 특정의 입장과 점차 동일시 해가면서 그 구분을 어렵게도 한다. 필요성, 이익은 상호배타적이어서 한 쪽의 이익이 상대의 만족을 훼손할 수도 있지만, 경쟁적이면서도 상호양립 가능한 혼합적인 형태도 있고, 유사하거나 상호배타적이 아니며 타인의 희생을 필요치 않는, 보완적 혹은 양립 가능한 것일 수도 있다. 흔히 필요성이나 이익을 찾고 알리는 것보다는 입장이나 답을 찾는 일에 더 익숙하므로, 조정인은 먼저 당사자들이 자신들의 태도를 바꾸어 무엇이 자신들

의 진정한 이익이나 필요성인지를 알게 함이 중요하며, 이들의 중요성에 대한 인식과 탐색을 위한 열린 태도를 배양토록 한다. 조정인은 당사자들에게 직접적으로 필요성이나 해당 이익이 무엇인지를 질문할 수도 있지만, "왜 이것이 중요한지 배경설명을 좀 해주실 수 있겠습니까?" 식의 질문을 하거나, 함께 모여 머리짜내기(brainstorming)를 해보게 할 수도 있다.

⑤ 공동문제진술서(statement)의 구성 : 필요성과 이익은 재진술이나 요약으로 당사자들이나 조정인이 상호정확성에 대한 확인을 거치게 한 후, 진술서를 작성하게 된다. 여기서는 상호 수용 가능한 타결대안 모색에 필요한 객관적 기준이나 범위, 원칙 등이 포함될 수 있다.

4단계 : 대안(options)과 문제해결방안의 도출

지금까지의 경과와 논의과정을 거치면서도 상대가 수용하지 못하거나 혹은 타결 가능한 안이 제시되지 못할 때는 여러 가지 대안도 고려해볼 수 있다는 것을 알게 하고, 그 대안을 개발하며 수용 불가능하다는 입장으로부터 당사자들을 분리시켜 대안제시를 할 수 있게 하기 위한 전략을 수립하는 과정이라고 할 수 있다.

당사자가 고착되어 있는 입장을 완화시키거나 물러설 수 있게끔 동기부여를 할 수 있는 전략으로는, 우선 적극적 경청이나 재진술, 요약 등이 있다. 이를 통해 당사자의 원칙이나 심리적 욕구와 이해관계 등을 찾아낸 다음, 이를 재구성해주는 심리적 수단(psychological means)이 있다. 또 당사자의 필요성 충족과 이익을 만족시켜주는 효과적인 대안개발과정의 발견가능성을 증대시켜 주도록, 논리적이고 수용 가능한 문제해결과정을 제시해주는 과정적 수단(procedural means)도 있다. 그리고 당사자의 완고한 입장을 바꿀 수 있게 영향력(leverage)을 행사하는 방법이 있다.

대안선택은 현안의 범위, 해결방식, 합의에 이르는 전반적 전략과의 부합 정도에 따라서도 달라지겠지만, 다룰 현안을 좀 더 작은 부분으로 나누어 접근하는 방식도 있다(the building-block approach or fractionation). 이렇게 하면 복잡한 현안도 부분적으로 나눠져서 좀 더 접근이 용이해질 수 있고, 무관한 주제와 연결되어 타결을 방해하는 것을 방지할 수도 있다. 그 반대의 방법을 택할 수도 있는데,

전체수준에서 정해진 수칙(formula)을 따르거나 기본원칙에서의 합의(agreement-in-principle)를 이룬 다음 세부사항으로 넘어가는 것이다. 이 방법은 갈등당사자가 가치를 공유한다거나 상위목표가 동일하다든지 할 때 활용 가능하다.

대안을 이끌어 내는 방법은 앞서 여러 차례 언급된 바 있는 입장중심(positional-based) 또는 이해중심(interest-based)접근법이 있다.

입장중심의 대안선택방법은 당사자의 입장(positions)이나 제안(proposals), 혹은 역제안(counter-proposals)을 옹호하는 형태이다. 그러므로 한 번에 논의 가능한 대안은 제안이나 역제안 두 가지 뿐이므로, 대안개발이 제한된다. 또한 통합적 사고를 저해하여 총체적 제안이나 양보 자체를 차단한다. 결과적으로 승자-패자적 혹은 누가 옳고-그르다는 구도로 몰아간다. 만일 상대편의 입장을 수용하게 되더라도 심리적으로 원칙을 저버렸다는 생각을 갖게 한다. 아울러 제안이나 입장이 표명되면 즉시 평가적인 태도가 되므로 상호배타적이며 사려 깊은 생각의 방해를 초래한다.

이해중심의 방안이 가장 효과적인 경우는, ① 자원이나 이익을 취함에 있어서 당사자 한편이 가지게 되면 상대편은 꼭 잃게 되는 것이 아니라는, 즉 나눌 수 있다거나 협상 가능하다 생각을 가질 때, ② 당사자가 함께 대안이나 해결책을 개발해낼 수 있을 만큼 신뢰와 협조정신이 있을 때, ③ 어느 한편이 결정이나 자신의 이익을 위해서 과도한 힘이나 영향력을 행사하지 않는 경우 그리고 ④ 대안개발과정이 모두에게 공정하게 이루어진다는 것을 알고 있는 때이다.

승자-승자적 대안선택에 유용한 기술으로는 ① 자원의 확장(expansion of resource), 즉 서로 주고받을 수 있는 자원이나 대안을 여러 가지 준비함이며, ② 상호교환, 상호제공 등의 결탁행위(implement logrolling), ③ 필요성이나 이익의 충족대상을 각자가 좋아하는 대안으로 교체(alternation of satisfaction of needs and interests)하거나 ④ 그 외 새롭고도 특별한 통합적인 필요성-이익기반 해결방안을 모색함이다. 남은 오렌지 한 개를 두고 싸우는 두 아이의 얘기 같은 것이다.

5단계 : 합의를 위한 대안의 평가와 개선(refining)

많은 에너지와 시간과 노력을 필요로 하는 과정이다. ① 현재까지 제시된 대안이 명료하고 초점도 잘 맞으며 잘 구조화되도록 다듬어져있는지, ② 대안이 객관적 기준에는 잘 합치(congruence)되는지, ③ 실행 가능하도록 적합하게 이루어졌는지, ④ 당사자들의 이익과 필요성은 잘 반영하고 있는지, ⑤ 타결범위(ranges)나 기준(criteria)과 과정(procedures)은 적절한지와 ⑥ 실행가능성과 합의의 강도는 어떠한지 등을 평가하고 더 잘 다듬어나가는(refining) 단계이다.

합의의 강도(strengths)로 볼 때, 협상결과를 구체적이고 확실하게 규정한 실재적(substantive) 합의, 모든 갈등현안의 포괄적 해결을 명시하는 포괄적(comprehensive) 합의, 기한의 제약이 없음을 의미하는 영구적(permanent) 합의, 모든 내용이 최종적임을 명시하는 최종적(final) 합의, 장래 어떤 조건도 달지 않고 갈등종식을 이루겠다는 비조건부(nonconditional) 합의, 공식적으로 어떤 행동계약을 명시하려는 구속적(binding) 합의 등은 높은 강도의 합의이다. 반면 결정과정이나 방법을 규정한 과정적(procedural) 합의, 갈등에서 어떤 현안에 대한 해결만을 명시하는 부분적(partial) 합의, 향후 변경할 수 있는 임시적(provisional) 합의, 전반적 합의는 이루었으나 세부적 내용은 여전히 논의되어야 하는 원론적(in-principle) 합의, 추가정보나 향후 실행내용에 따라 결정지어지는 불확정적(contingent) 합의, 법적 구속력이 없으며 단순한 권고나 요청사항을 포함하는 비구속적(nonbinding) 합의는 강도가 낮다.

타결범위가 정해져 있다고 해도 한계가 분명하지 않거나 여전히 현저한 차이가 있을 때에는 이해기반 혹은 입장기반에 근거한 과정을 통해 새로운 대안을 제시하고 다시 평가하여 정제하는 과정을 거쳐야 한다. 대안을 가다듬기 위해서는, "이 대안이나 입장에 대해서는 어떻게 생각하시는지요?", "이 대안이나 입장에는 어떤 문제가 있다고 보십니까?", "이 대안이나 입장을 선생께서 좀 더 받아들이기 쉽게 바꾼다면, 어떻게 하면 될까요?" 등의 질문을 할 수 있을 것이다.

갈등해결의 가능한 결과들은 100% 합의로부터 교착상태나 계속적인 협상에 이르기까지 다양할 것이다.

6단계 : 상호이해와 합의에 도달함으로부터 종결

최종적인 양해 또는 합의에 이르는 전략은 다음과 같다.

① **점진적 수렴(incremental convergence)** : 이해기반 대안이나 일련의 입장

제안을 지속하여 양보를 얻어내려거나 유리한 수정안으로 합의하려 함이다. 이해기반 제안에서는 현 조건에서 만족할 수 있는 내용으로 기존의 내용들을 수정한다든지, 상호도움이 될 만한 내용을 새롭게 추가하거나, 수용 불가능한 사항은 빼고 이익이 더 크거나 위험 또는 경비를 최소화할 수 있는 방안을 제시할 수도 있다. 입장중심전략에서는 점차적으로 수용할 만한 제안이나 수정제안으로 양보를 이끌어 내는 것이지만, 어느 편이 받아들이기 어려운 입장을 섣불리 수용하게 되면 교착상태를 초래할 수 있음을 조정인은 유의하여야 한다.

② **연계(links), 교환(trades), 묶음식(package) 합의를 공동개발** : 특정 사안에서 크게 얻으면 다른 사안은 자동적으로 잃는 결과를 가져오리라고 생각하므로, 단일사안으로 합의를 이루는 것이 어려울 수 있다. 따라서 서로에게 중요하지만 둘 이상의 현안이나 관련된 필요성과 이익을 연계시켜 교환 가능한 것을 증대시키는 방법이다. 여러 개를 하나로 묶는 합의를 발전시켜 나간다.

③ **합의방식(consensual formula)이나 합의원칙(agreement-in-principle)의 개발과 세부적 타결안을 완성시킴** : 전반적 합의를 이룬 다음 특정의 세부적 내용에 대한 양해나 합의를 이루는 것이다. 이것은 합의의 구성과 일관성, 해결방안의 탐색을 촉진한다. 양보하고 절충한다기보다 긍정적이고 창조적이라는 인상을 준다. 공통된 원칙이 마련되기 위해서는 갈등에 대한 인식이나 정의를 공유하고 있어야 하고, 현안에 의미를 부여하는 가치, 필요성, 이해관계를 이해하고 있어야 하며, 적용 가능한 공정성에 대한 기준이 있어야만 한다.

④ **제안서 작성을 미루고 최종 묶음식(package) 합의로 넘어감** : 한 쪽 당사자가 요구는 높으면서도 양보는 않다가, 협상 종료시점에서 최소의 필요성과 이익만을 살린 포괄적 해결방식에 대한 합의를 제안하기도 한다. 그러나 협상제안 당사자의 지속적·비협조적인 태도 및 수용 불가능한 입장에 완강히 집착해 있는 태도, 대화의 진전이 없는 형태는 상대가 완전히 손들고 협상안을 거부하는 상황으로도 발전될 수 있다.

⑤ **실재적 합의에 이르기 위한 절차상 수단을 개발함** : 이런저런 노력에도 불구

하고 이유를 불문 합의에 도달하지 못하거나 교착상태에 빠지게 될 때, 당사자들 간의 차이를 다룰 수 있는 것으로 절차적인 방법을 활용한다. 진행과정시각표(time-line), 제3자의 결정, 기계적인 의사결정과정, 연기나 회피 또는 포기의 수단 4개 중에서 어느 것을 선택할 수 있다. 시각표는 일정 시간을 정해주고 합의에 따른 특정의 이익을 주거나 위약금을 물리는 식이다. 제3자라 함은 조정인 외 중재나 판결 등으로 넘김을 의미한다. 기계적 결정은 어떤 방식을 취하건 이기고 지는 기회가 동일하게 자동적으로 결정되는 방식으로, 주사위 던지기, 제비뽑기 등과 같은 것이다. 포기에는 "당신 것을 포기하면 내 것도 포기하겠다"는 식도 있다.

⑥ 한 개 이상의 전략을 결합시킨 통합적 접근을 시도함 : 위에서 제시된 방법 중 어느 하나를 독립적으로, 혹은 둘 이상을 결합시켜 사용함이다.

합의에 도달하기 위해서 마지막으로, 우선 양해사항과 합의내용이 정말 서로 수용할 수 있는 결과인지를 최종 확인하는 일이 남아 있다. 그 대안이나 입장이 다른 것보다 정말 더 수용하기 쉬운 것인지? 혹시 전적으로 수용 불가능한 것은 아닌지를 재삼 확인하도록 한다. 수용 가능한 것이라면 더 잘 정교화 시키는 과정이 필요할 것이나, 합의가 불가능한 안이라면 다른 합의안이 개발되거나 나올 때까지 중단될 것이다.

조정의 종료시점에서 합의안 작성에서는 합의내용이 상호 수용 가능한 형태로 정확히 작성되었으며, 나중에 문제가 다시 떠오르는 일이 없겠는지를 정확하게 재확인하여 타결안을 정교하게 가다듬도록 하며, 당사자의 합의를 격려해주도록 한다.

합의안의 작성과 이를 유도하는 과정은 자발적이며 비공식적이고 비강제적인 과정을 거칠 수도 있고(조정인 입회 하에서 또는 어떤 권위를 가진 사람, 공공 앞에서의 단순한 구두 약속, 상징적인 선물의 교환, 우의를 나타내는 상징적 행위, 비공식적이나 서면합의서 또는 양해각서 형태 등), 외부에서 주도하는 구속력 있는 구조화된 수락과정(서면합의안과 위약 시 재정적 보상, 공증, 법원의 계약이행명령, 계약파기 등에 따른 법적 책임의 계약, 입법·행정·집행적 행위, 지불 및 이행보증 등과 같은 경제적 장려나 제약)이 있다. 계약내용이 포함되는 서류에는 성명이나 계약종류, 당사자, 합의장소, 연월일, 당사자 간 관계와 계약의 기능에 대한 설명, 약조항목, 종결어와 서명이 들어간다.

합의과정의 종결에는 협상과정 자체에 대한 당사자의 만족뿐 아니라, 합의안의 향후 실천 및 이행준수에 대한 보증까지 포함된다. 여기에 심리적인 종결과 당사자관계의 재정의까지 고려될 수 있다. 상대에 대한 신뢰와 존경 혹은 사랑이 없이 단지 업무적인 합의로 끝낼 수도 있지만, 당사자들을 갈등상황에서 분리하고 좀 더 긍정적인 미래관계를 만들도록 하며, 상호불편한 감정, 좌절, 불신, 상처, 죄책감, 복수심으로부터 해방되도록 함이 목표이다. 내가 상대에게 어떤 일을 행하였는지를 제대로 인식하고 인정하며(acknowledge), 나아가 자신이 행한 잠재적 혹은 실제적인 부정적 역할들과 책임감(ownership)까지 인식하며, 당사자와 가능한 긍정적 미래관계에 대해서도 확언(affirmation)하도록 한다. 진심을 담은 말로 구체적 사안을 적시하여 자발적인 사과나 후회를 표시하며, 이에 따라 상대의 용서와 화해가 이루어진다면 심리적 또는 정서적 종결까지 완성된다고 할 수 있다.

7단계 : 양해사항과 합의내용의 실행과 추구관리 및 향후의 잠재적 갈등해결을 위한 기제개발

이 과정은 선택사항으로서 자기집행적(self-executing)이며, 더 이상의 추가적 요구사항은 없다. 타결안의 성공적인 수행을 위한 필요요소는 다음과 같다.

① 합의사항을 성공적으로 준수하는 지를 측정할 수 있는 판단의 기준(criteria)에 대한 합의(준수여부는 현안의 수와 복잡성, 개입된 사람 수, 심리적 긴장상태나 불신의 정도, 이행기간에 따라 달라질 것임. 개인적 의도뿐만 아니라 구조적 다양성도 영향을 줄 것임)

② 결정사항의 실천에 필요한 일반적이고도 구체적인 단계

③ 합의된 변화의 실천과 영향력 행사에 대한 힘을 가진 자의 확인

④ 합의안 실천을 위한 조직구조(적용 가능할 때)

⑤ 환경변화에 대한 적응 또는 갈등당사자 자신들에게도 합의안에 대한 가능한 적응에 필요한 제안

⑥ 타결 이후에 발생하는 의도하지 않은 결과나 예상하지 못한 문제, 이행상의 난관, 이행과정에서 발생 가능한 타결안에 대한 위반행위를 관리하는 절차

⑦ 이행내용을 추구 점검하는(monitor) 방법과 점검자의 신분(당사자 자신, 공동위원회, 조정인이 아닌 제3자, 법원 등)

⑧ 모니터의 역할을 정함(제보자 또는 집행자)

나. 크로리(John Crawley, 1995)가 제시한 조정 8단계

① **준비단계(Stage 1 : Preparation)** : 갈등당사자와의 예비모임(갈등의 상세내용 수집), 조정인 선정(불편부당하여야), 필요 시 공동조정인과도 만남, 조정실 준비

② **개회단계(Stage 2 : Opening)** : 조정절차 등에 대한 설명(환영, 개인소개, 휴식시간 등 고려, 조정의 목적설명, 조정인의 역할을 분명히 함, 조정의 가치를 설명함, 비밀보호의 동의, 당사자들의 기대를 말하게 함, 당사자들이 잘 해나가도록 격려함, 구조를 설명, 기본규칙을 정함).

③ **당사자 진술단계(Stage 3 : Parties' statements)** : 당사자들을 함께 또는 분리하여 수행 가능(각 당사자의 진술은 중요 사실, 배경과 역사, 각 당사자의 느낌, 느낌과 의미의 반영, 진술의 재구조화, 정보와 배경을 수집, 당사자가 원하는 것이 무엇인지에 대한 최초의 아이디어를 얻음, 각 당사자가 가장 중요하게 생각하는 것과 변화되기를 원하는 것을 진술하게 함)

④ **교환단계(Stage 4 : Interchange)** : 진술한 바를 요약해 줌, 당사자끼리 직접 말할 기회부여, 대화(대화는 탐색과 직면 및 도전이 포함됨)의 격려, 논의의 구조화, 공통점과 다음 단계에서 다룰 현안을 찾음(상호화 : 조정인이 상호 문제정의를 이끌어내도록 하거나 당사자들이 주도적으로 대화하고 논의를 구성해나가는 방법이 있음), 선택적 요약, 문제정의에 동의, 대화기피를 보이는 행동적 표지 등(당사자에게 직접 얘기하지 않음, 무관한 주제로 바꾸려 함, 갈등이 있음을 부정함, 추상적이고 가설적으로 말함, 자꾸 과거로 돌아감, 말의 의미에 초점을 맞춤, 진행에 초점을 맞춤, 조정인에게 도전함, 희망 없다고 표현함)에 유의함

⑤ 이동단계(Stage 5 : Movement) : 합의를 만들어 가는 단계(문제를 어떻게 해결할 것인가), 선택안을 내도록 하고, 타결에 대한 저항을 다루는 전략을 세움, 화해적 몸짓(gesture)을 지지함, 협상의 활성화, 극단적인 입장을 줄임, 타결에 대한 저항대처전략, 교착상태의 타개

⑥ 해결준비단계(Stage 6 : Preparing for resolution) : 합의란 당사자들로부터 확인된 필요(needs)와 이해(interests)에 대한 반응이며, 실제적이며 특정적이고 명백한 것이며, 중립적인 언어로 구성된 것이며, 당사자 간의 관계개선을 향한 것임. 일을 진척시켜 협상으로 현안에 접근, 실행 가능 합의안의 작성

⑦ 폐회단계(Stage 7 : Closing) : 합의서 작성, 축하의 말, 상징적 몸짓(gestures)으로 격려함(악수), 향후 합의이행상황을 확인해나갈 수 있는 조처

⑧ 추구단계(Stage 8 : Follow up) : 조정인과 당사자 그리고 합의이행을 위해서 필요, 조정인의 임무수행 보고와 종결 및 미래의 준비, 합의안 모니터링 준비, 진행과정과 결과의 평가

다. 통합된 방법

많은 당사자들이 관계되어 있지 않을 때 주로 활용할 수 있는 실제적인 방법이다.

■ 제1단계 : 준비단계이다

갈등당사자는 대개가 심리적인 고통 속에 있다. 답답하고 짜증나며 초조하고 긴장되기도 하여 중요한 일임에도 집중이 어렵다. 조정상황이 낯설고 믿음이 잘 가지 않을 수도 있으며 결과에 대해서 불안, 두려움, 걱정이 앞서며, 스스로 해결 못해 좌절하고 있는 갈등에 대해 제3자의 앞에서 말해야 할 입장이므로 두렵고 흥분된 상태일 수도 있다.

갈등상황에서 일반적으로 드러나는 것이 반대주장을 하거나 사소한 상대의 언행에도 매우 민감하거나 과도할 정도로 자기방어적이어서 상대에게 격한 비난과 협박, 심한 언어적 저항을 보이기도 한다. 더러는 상대편의 어떠한 공격이나 반응에도 침묵이나 회피로 일관하는 경우도 있다. 드러나지 않은 분노와 흥

미상실, 무력감 등이 흔히 내재하고 있는 것이다.

그러므로, 조정시작에 앞서 당사자들의 긴장을 완화시키기 위해 의자, 탁자 등을 밝고 친근하며 안락한 분위기가 되도록 배치하며, 가능한 경우에는 간단한 다과를 준비하기도 한다.

참가자 모두가 참석한 다음에 조정인이 나중에 등장함이 신뢰와 공정성 형성에 도움이 되기도 한다. 먼저 온 갈등당사자와 얘기를 나눈다든지 하는 것은 나중에 온 당사자에게는 공정성을 의심받게 할 수 있으며 이는 상호 신뢰관계 형성에 부정적인 영향을 줄 수 있다.

조정인은 편안하고 친절한 태도로 인사를 하도록 하며, 조정인의 좌석은 참가자 모두를 같은 높이로 바라볼 수 있는 위치에 배치한다. 조정인의 미소 띤 얼굴은 친근함과 탐색을 격려할 수도 있겠지만, 심각한 문제에서도 미소 짓거나 쉽게 웃는다든지 하면 진실되지도 못하고 환심을 사려거나 조롱하고 있다고 당사자가 오해할 수 있으므로, 항상 웃는 표정을 일상적으로 드러내는 조정인은 유의할 점이다.

눈높이나 공간적 거리를 맞추는 것은 정서적 유대감이나 친밀감 형성에 도움이 된다. 물론, 문화나 개인적 성향, 남녀 간 성 차이 등을 고려하여야 할 것이다. 눈 마주침에 대해서는 다소 유의할 점도 있다. 열등감이나 죄책감을 가진 사람의 경우라면 조정인과 눈을 오래 마주 보는 것을 피하려는 경향도 있다 하겠으나, 그런 것이 아니고 단순히 눈을 마주 바라보는 것에 불안해 하는 당사자들도 있다. 어떤 문화권에 있는 사람들은 아주 심각한 주제로 얘기 나눌 때는 눈 마주치기를 피하는 경향도 있다고 한다. 그러므로 섣부른 판단은 하지 않도록 한다.

또 남자들은 자신의 정면에 다른 사람이 앉는 것을 싫어하고 여성들은 자기 옆에 앉는 것을 싫어하는 경향이 있으므로, 남자는 가급적 정면, 여자라면 가급적 측면에 앉는 것을 피하라고도 한다. 이 때문에 상대를 보고 싶으면 고개를 돌려 쉽게 볼 수도 있고, 불편하면 바로 피할 수도 있는, 상대와 15도에서 30도 정도 비껴 앉을 수 있도록 좌석배치를 권고하기도 한다. 그러나 조정현장에서 여러 사람이 함께 앉아야 할 경우는 좌석배치가 그리 쉽게 되는 것만은 아니다.

일반적으로 말해서, 가까이 있는 대상에게 더 큰 호감을 느낄 수도 있으나 상대가 너무 근접해 있으면 서로 불편함이나 불쾌감이 초래될 수도 있다. 사회심리학에서는 0~45cm 거리 정도를 "친밀한 거리"라고 하며, 친하지 않은 사람들 간에는 자칫하면 긴장이나 불쾌감이 생기는 거리라고 한다. 45~120cm 정도는 상대에게 손이 닿을 수 있고 언어적, 비언어적 표현을 명확히 주고받을 수 있으므로 "사적인 거리"라고 한다. 사적인 거리라고 해도 초면일 경우에는 자꾸 침범이 생기게 되면 불쾌감이 유발될 수 있을 것이다. 1.2~3.5m 거리는 상호작용이 제한적이고 정서적 교류나 자기개방이 잘 일어나지 않는 "사회적 거리"라고 한다. 또 3.5m 이상이면 인간적 만남이 제한되는 "공식적인 거리"가 된다. 강사와 청중이 마주하는 사이처럼 공식행사에서 만들어지는 거리라는 의미이다. 이것은 미국의 중류층을 기준으로 1960년대에 이루어진 연구결과이지만, 개인적 선호도나 문화적 차이를 고려하면서 조정이나 상담에서의 자리배치를 할 때에 참고할만한 공간학적(proxemics) 정보이다(Hall, E. T., 1968). 갈등당사자들에게 서로 어느 정도 거리를 두고 앉음이 편안하게 느껴질지, 다른 거리에다 미리 의자들을 놓아두고 각자 좋아하는 위치를 선택하게 하는 방법도 있을 것이나, 경우에 따라서는 이러한 방법이 바람직하지 않을 수도 있다.

　조정인은 시작에 앞서 자신을 소개한 뒤, 조정인의 역할, 조정의 원칙이나 규칙 등을 먼저 말해줄 수 있다. 덧붙여 자신이 하지 않는 역할에 대해서도 분명히 말해 줄 필요가 있다. 자신에게 결정권이 없음을 말해 줌이 그 예의 하나이다.

　조정의 원칙에는 자율성(자기선택권)과 본인책임, 조정인의 비밀보장과 중립성 등이 포함된다. 조정 전 갈등당사자 모두에게 주지시켜야 할 중요한 규칙에는 당사자 모두에게 고르게 발언할 기회를 일정 시간을 준다거나, 상대편이 발언할 때 끼어들지 말고 자신이 발언할 기회를 얻을 때까지 기다려야 한다는 것, 상대에 대한 심한 언어적 공격이나 폭력행위의 금지 등이며, 조정인도 갈등당사자가 한 말에 대한 비밀을 지킨다는 것 등이다. 당사자와 사전에 이러한 규칙을 정했음에도 조정과정에서 당사자들이 흥분하면 이 규칙이 잘 준수되지 않기도 하며, 조정인도 냉정을 잃고 분위기에 편승하여 아수라장이 되는 경우가 있다.

　조정인 스스로 불편부당하며 절제된 입장을 견지하면서, 당사자 중 누가 먼저 발언할 것인지를 물어보는 것과 같은, 시작부터 사소한 절차에서부터 모범을 잘 보여줘야 한다.

■ 제2단계 : 당사자의 얘기를 잘 듣는 단계이다

잘듣는 것은 매우 중요하다. 조정의 전 과정을 통해서도 가장 중요한 핵심 기술의 하나이다. 경험적으로 보아 이 단계를 잘 할 수 있는 조정인이라면 매우 유능한 조정인이 될 가능성이 높다. 흔히 이 단계를 거추장스럽다거나 불편하게 느껴 생략하고 사실적 인과관계 해명에 매달릴 경우, 조정의 실패가능성은 더 높아진다. 법원조정에서도 사실관계의 확인과 잘잘못을 따지거나 훈계하려는데 관심이 많은 조정인들을 볼 수 있다.

사람은 누구나 자기의 얘기를 잘 들어주면 인정받고 이해받고 있다는 생각을 하게 된다. 갈등당사자가 판단컨대, 조정인이 자신을 잘 이해하지 못한다고 생각하게 되면 당사자는 조정인을 무능력하고 믿을 수 없는 사람으로 판단하게 될 것이므로 조정의 성과를 제대로 내기가 어렵다. 잘 듣는다는 것은 당사자에게 적절한 시기에 적합한 반응을 보이는 것까지 포함한다. 그 반응에는 잘 말하는 것도 포함할 수 있는데, 응답이나 질문 또한 잘 듣기 위한 반응의 하나로 간주할 수 있는 측면이 있기 때문이다.

듣기단계에서는 상담을 위한 심리적 기술 등이 많이 응용된다.

소위 "적극적 경청"에서 흔히 활용되는 방법 중의 하나가 반영(反映, reflection) 이다. "나는 정말 억울합니다"라는 당사자의 말에 "~~ 때문에 많이 억울하셨다는 말이군요" 식으로, 상대가 한 말의 내용을 그대로 반복해주는 것, 혹은 거울로 비추듯이 되돌려 주는 것이다. 그런 의미에서 반영을 영어로 "mirroring"이란 표현을 쓰기도 한다. 그러나 앵무새처럼 반복함보다는 핵심감정을 그대로 되돌려 주는 것이 더 바람직하다. 상투적이며 기계적인 반영은 거부감이나 짜증이 생기게 할 수 있으며, 당사자의 표현을 앞서 지레짐작 하거나 너무 깊이 나가는 것은 상대를 부담스럽게 만들거나 오히려 다른 화제로 바꾸게 만들기도 하고, 거부감으로 인해 부인하는 결과를 가져올 수도 있다.

반영의 방법으로 대화내용을 간단한 문장으로 요약해주는 방법(요약반영), 당사자의 생각이나 욕구나 관심사를 좀 더 명확하게 이해할 수 있도록 해주는 방법(구조화 반영), 갈등당사자가 지나치게 감정적이며 거북한 공격적 표현을 쓸 때면 그것을 중립적인 표현으로 바꾸어 사실만을 강조해서 말해주는 것(중화반영), 대화내용 중 일부만 강조하여 의미를 분명하게 해주는 반영(강조반영)이 있다고 구분하기도 한다.

반영기법은 갈등당사자의 마음 속 깊이 흐르고 있는 감정이나 생각을 정확히 파악하여 전달해주자는 것이므로, 여기에는 조정인의 예민한 감수성도 필요하다. 갈등당사자는 자기가 한 말을 조정인이 반복해주는 것을 들으면서 일종의 카타르시스를 경험할 수도 있다. 격한 감정이 완화되거나 좀 시원해지는 느낌을 받기도 한다는 의미다. 또 자신이 한 말이나 자신의 마음을 다시 절실히 느껴볼 수도 있고, 자신에 대해 보다 깊은 탐색과 점검의 기회를 가질 수도 있다. 아울러 갈등상대편의 말을 조정인의 입을 통해 다시 들으면서 상대의 말을 좀 더 귀담아 듣게도 되고 이해할 수 있게도 된다. 자신의 말을 잘 반영해주는 조정인의 모습을 본받기도 한다. 이러한 소통의 기술은 쉽게 습득되는 것은 아니나 의도적인 연습과 훈련으로 많은 효과를 가져 올 수 있다. 사실로서 당사자의 주관적 관점을 수용하되, 당사자들도 남을 평가하거나 판단하기보다는 자기입장이나 느낌만을 전달하도록 하여 당사자들의 이해나 입장이 잘 교환되도록 도울 때, 갈등해결을 위한 지향점과 목표의 설정이 제대로 이루어져 간다.

일반적으로 말해 모든 반영의 기법들은 당사자를 부담스럽게 하거나 거부감을 가지게 할 수도 있고, 당사자의 감정에 대한 일종의 조정인의 분석이나 해석으로도 이해될 수도 있다. 기계적인 반영이나 단순히 따라만 하거나 상투적인 표현은 정성과 관심이 부족하다는 생각을 갖게 함은 이 때문이다. 너무 얕은 반영은 당사자의 마음에 별로 닿지도 않고 조정인이 자신을 잘 이해하지 못하고 있다는 불신감을 초래하기도 한다. 또 당사자의 얘기를 충분히 잘 듣기 위한 수단으로 활용하는 반영방법이 오히려 당사자의 말을 중간에 끊어 감정의 흐름을 방해하는 일이 되어서는 안 된다.

들은 말을 다시 반복해준다는 의미를 갖는 재진술(再陳述, restatement)도 반영에 포함시켜 설명하고 있지만, 반영은 재진술과 형식은 비슷하나 내용은 좀 다르다. 재진술은 기본적으로 상대의 말을 내가 잘 듣고 있으며 이해하고 있다는 메시지를 전하려 함이 원래의 목적이다. 상대가 재진술자의 호응을 거의 의식할 수 없을 정도로 재진술함이 최선의 방법이며, 단조롭게 들리지 않도록 하기 위해 형태를 바꿔가면서 할 수 있다. 그러나 가정(假定)이나 짐작을 해서 말하는 것은 금지사항이다.

"나는 우리 남편을 이해할 수가 없어요. 아침에 출근하면서 제게 집안청소는 대충하고 편히 사는 게 좋다고 말하지요. 그러나 저녁에 퇴근해 들어오기가 무섭게 집구석이 쓰레기통 같다느니 하면서 화를 펄펄 내며 소리를 질러대요"라는 아내의 말에, "남편이 출근할 때는 청소 대충하며 편히 지내자 더니 퇴근해서는 집안이 쓰레기통 같다며 화내시는군요", "몇 달을 벼르다 마침내 작심하고 부장님께 그 사건에 대한 자초지종을 말씀드렸습니다"라는 말에, "아, 마침내 작심하고 말씀드렸군요" 식이 재진술이다.

재진술이 감정적이거나 내적 경험보다는 대화의 본질이나 내용의 핵심을 주로 대상으로 한다면, 반영은 당사자의 느낌을 파악하여 이것을 언어적으로 되돌려주는 것이라고 할 수 있다. 갈등당사자의 말과 행동 중에서, 특히 느낌에 초점을 맞추어 준다는 점에서 재진술과 구분된다.

갈등당사자가의 어느 한 편이 "어제 밤늦게까지 우리 부부는 많이 싸웠어요. 정말 황당하고 화가 났지요. 내가 생일선물을 내밀자 뭔지 보지도 않고 방바닥에다 패대기치더군요"라고 말했을 때, 조정인이 반응하기를, "생일선물을 건넨 다음 많이 싸우셨다는 말씀이지요. 많이 당황스럽고 화가 나셨겠어요", "많이 당황스럽고 화가 나셨군요"는 반영에, "생일선물을 건넨 다음 많이 싸우셨다는 말씀이지요"는 재진술에 해당된다고 할 수 있다.

당사자가 자기느낌의 소재를 애매하게 표현하는 것은 일종의 자기방어기능일 수도 있다. 당사자가 자신의 느낌을 회피하는 것은 스스로를 이해하는데도 방해요인이 된다. 그러므로 조정인이 느낌을 잘 반영해주어 당사자들이 자신의 상태를 잘 알 수 있도록 도와주는 것이 중요하다는 것이다. 뿐만 아니라 당사자가 말로 표현하는 것 뿐 아니라, 태도나 몸짓, 말투, 눈빛 등으로 표현되는 소위 비언어적 메시지도 반영에 잘 활용함이 좋다.

재진술은 일반적으로 부언(附言, 의역, 意譯. 혹은 바꿔 말하기 paraphrasing), 반복(repeating), 요약(summarizing) 등의 표현까지 포함한다.

부언은 당사자가 말한 내용이나 의미를 반복하되 다른 참신한 말로 바꾸어 주는 것이다. 당사자가 한 말과 유사한 형태의 말투나 단어로 구성하되, 당사자 자신도 확실하게 알 수 없거나 표현하지를 못하여 모호하게 하는 말을 확실히 알도록 해준다면 명료화(明瞭化, clarification)라고도 할 수 있다. 앞선 예에서, 출퇴근 때의 태도가 다른 남편에 대한 아내의 불평에 대해서, "그러니까 남편의 일관성 없는 행동에 이해가 잘 안 된다는 말씀이시군요?" 식은 부언이라고 할 수 있다.

요약이란 파악된 주제의 내용과 감정을 정리하여 흐름에 방해 없이 당사자에게 다시 전달하는 것이지만, 조정인 자신의 견해를 추가하는 것은 아니다. 대화의 내용과 감정의 요체, 일반적인 줄거리를 말한 사람이 의도하는 바의 중요 내용에 초점을 맞추어 정리해주는 것이다.

이건(Egan, G., 1994)에 따르면, 요약의 목적은 ① 다음 대화를 이끌어 나갈 수 있도록 기다리면서 당사자를 준비시킬 수 있는 시간을 제공하며, ② 흩어져 있는 생각과 느낌의 초점을 맞출 수 있는 기회를 제공하며, ③ 특정 주제를 철저히 탐색할 수 있도록 자극하는 기회를 제공하고, ④ 특정 주제를 종결토록 돕는다고 했다. 당사자들의 주제를 벗어난 주장과 엇갈림이 반복되어 제자리를 맴돌고 있어 조정진행이 순조롭지 못할 때, 요약은 이를 극복하고 앞으로 나아갈 수 있는 도움을 준다.

조정인이 요약할 수도 있지만, 필요에 따라서는 당사자가 스스로 요약할 수 있는 기회를 줄 수도 있다. 이것은 당사자의 이해 정도를 파악하고, 조정인이 이해하고 있는 바와 당사자의 이해 간에 차이가 있는지를 알 수 있게 한다. 또 스스로 요약함으로써 당사자가 조정과정에 책임감과 참여의식을 높일 수 있게 한다. 나아가 주요 논의점에 대한 정리와 향후 진행과정과 계획에 도움을 줄 수 있다. 또한 요약을 포함하는 재진술을 통해 조정인은 자기가 들은 내용이 정확한지 다시 검토해 볼 기회를 가질 수 있다. 동시에 당사자는 자신이 한 말을 다른 사람의 말로 다시 들을 수 있게 되는 일종의 반향판(sounding boards)의 역할이 기대되기도 하므로, 흔히 조정의 속도감을 높여주며 다루고자 하는 주된 내용의 흐름을 맞추어감에도 매우 유용하다. 단순한 반복을 피하고, 많은 말을 하지 않으며, 혼란된 말의 정리가 될 수 있을 수준으로, 말하는 바의 핵심만을 정확히 파악하여 짧고 간결하게 전해주는 것이 좋다.

"당신은~~라고 말씀하신 것으로 기억됩니다만, 제가 바르게 말했나요?", "제가 듣기로는 ~라고 하셨지요?", "제가 이해하기로는 당신의 말은 ~~라는 것이지요?"라고 재진술 된 말에 대해 당사자의 확인을 요청하는 것도 때로는 필요하다. 또는 남편의 부정행위로 간주되는 다른 여성들과의 관계에 대한 아내로부터의 장황한 설명에 대해서, "아! 남편이 외도를 하신다고요?" 하고, 말하는 내용 중에서 가장 핵심적인 중요 단어를 꼭 집어내어 정확히 요약해줄 수도 있다.

조정인의 입장에서 볼 때 느낌에 대한 반영은 궁극적으로 당사자를 더 잘 이해할 수 있는 기회를 마련하는 것이지만, 나아가 공감(共感, empathy)형성의 기반이 된다. 공감이란 마음과 마음이 통하여, 말하는 이와 듣는 이가 함께 느낄 수 있게 됨을 말한다. 문헌상으로 제일 먼저 공감을 언급한 자는 립스(Theodor Lipps, 1903)라고 하는데, 감정이입(感情移入)이라는 개념으로 표현하였다고 한다. 공감적 반응(empathic response)이란 당사자의 느낌에 대한 반응(reflection of feeling)이다. 여기서 구분하여야 할 것은 공감은 동정(同情, sympathy)과는 다르다는 것이다. 동정이란 당사자를 불쌍하게 여기는 것이다. 그러므로 당사자에게 너무 깊이 개입되는 결과를 초래하여 객관성 유지에 어려움을 주기도 한다. 느낌에 주목하기보다 당사자를 갈등상황에서 구출하려는 생각이 앞서게도 되므로, 갈등당사자와 동등한 위치가 아니라 한 단계 위에서 권력을 가지고 행동하는 것이라고도 볼 수 있다. 물론, 공감은 동의(同意)를 의미하지는 않는다. 반대의견을 전달할 수 없음을 뜻함도 아니다. 동의하지 않음이 당사자를 수용하지 않는다거나 거부하는 것과는 분명히 다른 것이다. 비록 갈등당사자의 의견에 동의하지는 않더라도 조정인은 언제나 갈등당사자를 한 인격체로 존중하여야 한다.

공감에서 특히 유념하여야 할 것은 조정인이 갈등당사자의 말과 행동 등 관찰 가능한 것으로부터 그 내면에 깔려있는 잘 관찰될 수 없는 당사자의 감정, 가치, 신념 등까지 정확하고 민감하게 포착하여, 자신이 공감한 바를 당사자에게 잘 전달함에 큰 의미가 있다는 점이다. 조정인이 갈등당사자의 문제에 동화되고 빠져버리는 것이 아니라, 이것을 다시 당사자에게 되돌려주어야 한다는 것을 잊지 말아야 한다.

이때 당사자는 자신을 되돌아보면서 자각(스스로 깨달음)과 통찰(洞察, insight 또는 epiphany)을 깊게 할 수 있게 된다. 통찰이란 자신의 문제가 왜 생겨났는지를 이해하고 자신에 대한 자각을 얻게 됨을 말한다. 이것도 머리와 가슴, 온 몸으로 깨달아야 하는데, 영어로는 "aha experience(아하! 경험 또는 aha! effect)"라고도 하며, 소위 "대오각성(大悟覺醒)"과도 같은 것일 게다. 그러나 당사자의 마음을 포착하여 공감에 이르는 감수성은 훈련만으로 쉽게 이루지 못하는 부분일 수 있다.

반영의 여러 기법에 더하여 조정을 한 단계 앞으로 나아가게 하거나 조정의 전환을 이룰 수 있게 하는 방법의 하나가 무어(Moore)의 조정과정에서도 언급한 바 있는 재구조화 또는 재구성(restructuring 또는 reframing)이다. 이 용어는 흔히 인지적 재구조화(cognitive reframing)로 알려져 있는 것으로, 갈등당사자가 세상을 보는 마음의 창을 재구성해주는 일종의 심리적 기법이다. 앨리스(Albert Ellis, 1913~2007)가 제창한 합리적 정서행동치료(Rational Emotive Behavior Therapy: REBT)가 그 이론적 배경이 된다. 토마스 쿤(Thomas Kuhn, 1922~1996)의 패러다임(paradigm)에 대한 철학사상도 이 이론의 형성에 영향을 주었다고 한다. 앨리스가 "인지적"이란 용어를 사용하지 않고, 절대적 기준이 없는 "합리적"이란 용어를 사용했음이 실수라면서 나중에 후회한 적이 있다지만, 아무튼 이미 REBT로 굳어진 이 방법은 그 내용으로 보아서는 전환적 조정기법에 가깝다. 갈등을 일으키는 비합리적이거나 부적응을 일으키는 사건, 생각, 개념, 정서 등을 찾아내어 이를 긍정적으로 바꾸도록 함이다. 인간은 본래 비합리적으로 생각하는 경향이 있고 사고와 감정은 서로 연관되어 있으며, 부정적인 감정이나 신념은 비합리적인 신념에서 온다고 생각한다. "반드시 ~해야 한다(musts, shoulds)", "절대로", "꼭", "모든", "완전히" 등과 같이 자신이나 타인 그리고 세상에 대한 절대적이고 완벽주의적이며 당위적 요구의 사고형태가 핵심적인 비합리적 신념의 예이다. 이러한 부정적 생각이나 심상은 다양한 생활사건에서 거의 자동적으로 유발되는 경향이 있으며, 아론 백(Aron T. Back, 1921~)은 이것을 자동적 사고(automatic thoughts)라고 이름 붙였다. 이러한 자동적 사고는 외부자극을 나름대로 해석하면서 생긴 인지적 산물(cognitive products)이다. 이렇게 생활사건에 대한 정보를 과장하거나 왜곡시켜 부정적으로 받아들이는 논리적 오류를 범하는, 소위 체계적인 인지적 과정(cognitive processes)의 잘못을 인지적 오류(cognitive error) 또는 인지적 왜곡(cognitive distortion)이라고 한다.

여기서 구분할 것이 있다. 인지적 재구조화(cognitive reframing)는 관점의 의식적 이동(shift)을 말한다. 긍정적이건 부정적이건 사고방식(mindset)의 전반적인 변화를 의미한다. 반면, 우리말로는 동일한 재구조화이지만 "restructuring"이란 말은 사람의 사고방식이 스스로를 격려할 수 있는, 항상 긍정적인 함의(positive connotation)를 가지도록 치료적 변환을 가져오는 행위라고 한다. 따라서 "cognitive restructuring"은 "cognitive reframing"에 의한 구체적인 예라고도 할 수 있다.

인지의 중요성에 대한 강조는 인지행동에 대한 기초가 되는 것이며, 조정에서 흔히 당사자들의 부정적 관점이나 태도의 변화가 필요할 때 유용하게 활용할 수 있다. 단지 원래 이 기법에서 사용하는 논리적 논박(disputing)보다는 자신이나 상대의 말이나 행동, 상호관계 혹은 경험에서 긍정적인 관점이나 사고를 이끌어낼 수 있도록 하기 위해서는 좋은 듣기를 하는 가운데 적절한 기회를 포착, 적합한 질문을 던져주도록 한다.

인지적 재구조화와는 접근방법이 다르지만, 재구조란 용어는 가족치료 분야에서도 등장한다. 그것은 구조적 가족치료(structural family therapy)이론을 정립하고 그 기법을 섬세하게 다듬는데 중요 역할을 한 미누친(Salvador Minuchin, 1921~)에 의해 활용되었다. 그는 가족의 문제는 가족구조가 변화하는 상황에 대한 적응에서 실패한 것으로 보고, 잘 적응할 수 있는 가족구조로 재구조화(restructuring)시키는 변화를 통해 가족문제를 해결하고자 하였다. 그 우선적 과제는 가족이 자신들의 문제를 보는 관점에 대한 이해의 바탕에서 재구화가 이루어지도록 한다.

재구화의 용어나 접근방법 그리고 실행내용은 달라도 관점의 변환이 중요 내용이 됨은 공통적이다. 관점의 변환 혹은 변화는 세상을 새롭게 보며 재구성할 수 있는 기회이며 유연성에서 오는 결과이다. 관점변화는 개인내적 갈등을 다루는 방법으로서 이미 언급된 바 있다.

■ 제3단계 : 당사자들의 문제(쟁점사항, 주제, 대상)와 원하는 바와 심층욕구가 무엇인지를 탐색하고 규명(분석, 이해, 진단)하는 단계

현재 상태와 당위 상태에 대한 구체적인 문제와 요인에 대한 분석(당사자의 상황, 맥락적 조건, 개인적 기질, 행동과 성향의 원인이 되는 조건, 갈등을 지속시키는 이해관계나 기대, 상호작용 행태와 방식, 관계악화로 인해 피해와 이득을 보는 사람의 구

분, 현재 상태를 당위 상태로 변화시키는 방해요소와 그 작용의 분석 등)과 사실관계와 욕구불만이 과연 무엇인지를 당사자들이 서로 분명하게 이해하고, 욕구불만에 대한 상호 반사행동을 알 수 있게 하는 단계이다.

여기서의 탐색하고 규명함이란 쟁점사항이나 주제, 당사자가 말하고자 하는 바가 무엇인지를 명확히 해가는 과정이라고 할 수 있다. 갈등당사자를 정확히 이해하기 위해서는 그들의 실제적인 "경험상태"에 접근함이 중요하다. 당사자가 생각하는 갈등문제가 과연 무엇인지, 그 원인과 해결방안은 무엇이라고 생각하는지, 지금까지 그 문제에 대해 어떻게 대처해왔으며, 그 결과는 어떠하였는지를 질문하는 것은 당사자의 문제에 대한 태도를 밝히는 단서가 된다.

예를 들어 당사자가 "내가 마음이 약하다", "열등감이 있다"고 표현했다고 해도, 그것이 정확히 무엇을 의미함인지, 당사자의 본래 뜻함이 조정인이 이해하는 바와는 전혀 다를 수가 있다. 일반적으로 말해 언어적 표현이나 상징은 내적 경험을 추론할 수 있는 중요 단서가 될 수 있다. 그러나 갈등당사자의 본질적 경험이 언어나 비언어로만 표현되거나 상징되지는 않는다. 그러므로 언어 및 비언어적으로 표현된 것과 표현되지 않은 것의 내용과 의미를 함께 파악함이 제3단계의 과정이다. 뿐만 아니라 표현이나 상징의 과정에서 누락, 삭제되거나 왜곡되고 변형된 내용들도 알아내도록 한다.

가령 당사자의 한편이 "듣고 있자니 아주 짜증이 나네요. 그런 말은 절대 참을 수가 없어요"라고 말했다고 하자. 이때 "짜증이라는 것이 구체적으로 어떤 상태를 말하는 것인지 좀 더 듣고 싶습니다만", "절대 참을 수가 없다는 것은 어떻게 하겠다는 것을 염두에 두고 하신 말씀인지요?"라고 질문한다면, 표현내용에 대한 의미탐색에 해당된다. "어떤 상황에서 짜증이 제일 많이 나시는지요?", "무엇이 그렇게 참기 힘들도록 만듭니까?"라고 묻는다면 표현 안 된 내용의 의미를 탐색하려는 것이다. 아울러 갈등문제로 인해 신체, 심리, 인간관계나 업무수행 등에서 발생하는 역기능적인 현상들도 잘 읽어내어야만 당사자의 갈등인식 상태를 더욱 분명히 알 수 있을 것이다. 역기능적 현상이라고 함은 피해의식을 가진 당사자일 경우 조정인의 탐색에 대해 예민하고 거부적인 반응을 보이거나, 숨겨진 저항감을 수동적 행동으로 표현하는 것 등이다. 또 권위자에 대한 적개심을 가진 자는 조정인이나 상대 측 대리인에 대해서도 도전적이거나 갈등상황을 초래할 수 있다.

갈등문제는 상황적 배경을 가지는 것이므로, 문제상황을 당사자가 단지 일반적이고 추상적으로 말하기보다는 구체적이고 실제적으로 얘기하도록 하면서, 사실과 생각, 상황 속에서 겪고 있는 갈등당사자의 감정과 정서적 욕구를 분명하게 읽도록 노력함이 중요하다. 갈등당사자가 가진 문제행동의 동기나 욕구를 긍정적으로 해석해주면, 조정참여 형태를 발전적으로 유도하면서도 성장지향적 욕구를 촉진할 수 있다.

갈등의 심층구조를 파악하기 위해서는 갈등에 대한 갈등당사자의 주관적인 의미가 파악되어야 한다. 즉, 갈등당사자에게 무엇 때문에 자신의 입장이 중요한 것인지, 아니면 다른 더 중요한 것(이해관계)이나 어떤 중요한 동기가 있는지, 갈등으로 인한 고통에도 불구하고 갈등을 지속시키는 중요한 이유는 무엇인지, 혹은 표면화된 갈등이 실제로는 또 다른 갈등의 구실에 불과한 것인지 등을 파악하도록 해야 한다. 갈등의 심층에서는 양가감정(兩價感情, ambivalence)이 존재할 수도 있다. 양가감정이란 동일한 대상에 대해서 사랑과 증오 같은 대립되거나 모호하고 양면적인 감정이 함께 하는 것인데, 조정인은 흔히 양가감정 중 어느 한 쪽에만 주목하는 경향이 있다. 당사자가 자신의 양가적 감정을 자각할 수 있도록 잘 반영해줌이 갈등의 심층구조를 밝힘에 도움이 된다.

상황에 따라서는 갈등의 주제나 상호 이해관계의 복잡성, 조정절차의 진행 등을 모든 참가자가 분명하게 알 수 있도록, 차트나 칠판에 표시하거나 파워포인트 등을 활용하여 내용들을 시각화 하면 조정의 진행에 도움이 된다.

문제규명을 위해서는 질문의 내용이 매우 중요하다.

탐색과 규명을 위한 중요한 기술적 내용이 질문에 포함된다. 문제를 파악한다는 것은 문제의 내용을 파악하고 이해한다는 것이다. 갈등으로 인해 어떤 관심사가 위협받고 있거나 침해되었는지, 손해를 보았다면 무엇이며 앞으로 예상되는 피해에는 어떤 것이 있는지, 갈등으로 인한 어려움에는 어떤 것이 있는지 등에 대한 질문도 포함된다. 상대의 욕구와 피해가 무엇인지를 알게 되어야만 원상복귀의 방안이나 해결책을 얻게 될 것이다. 그러나 갈등당사자가 현재 말하고 있는 것과 정말 얘기하고 싶은 것은 다를 수 있다. 그러므로 적절한 질문이야말로 당사자의 진심을 알 수 있도록 도와준다.

질문은 그 내용으로 보아 건설적이어야 한다. 자신이나 상대를 알 수 있는 정보획득과 해결책을 모색할 수 있게 하여 갈등해결에 도움이 되어야 한다는 의미이다. 또 질문은 당사자의 지적 능력에 잘 맞도록 해야 하며 간결하고 명확하게 하여 알아듣기 쉽게 해야 할 것이다. 그리고 당사자의 말 중에 "뭐가 어쩐다고요?" 식의 직접적인 질문을 사용하면 조정인은 따지려드는 사람이고 당사자들은 피해자라는 인상을 주거나 거리감을 느끼게 하므로, 가급적 간접적 질문이 권장되기도 한다.

갈등당사자의 생각이나 감정을 명확히 탐색하기 위한 질문 외에도, 일반적으로 질문이 필요한 시점을 얘기하자면, 조정인이 당사자가 말하는 바를 제대로 못 알아들었거나 이해할 수가 없을 때이다. 당사자가 한 말 중 중요한 내용이라고 생각되는 부분을 놓치게 되었을 때는 조정인 나름대로 추측하거나 넘기기보다는 "죄송합니다만, 말씀하신 내용을 잘 듣지 못하였습니다. 다시 한 번 말씀해주실 수가 있겠습니까?" 식으로 정중하게 다시 물어보는 것이 솔직하고 바람직하며, 당사자에게 오히려 호감을 얻거나 편한 마음을 가지게 할 수도 있다.

또 갈등당사자가 조정인의 말을 잘 이해하고 있는지를 확인하기 위해 질문하는 경우도 있다. "제가 한 말을 어떻게 이해하셨는지 의견을 듣고 싶습니다" 식이다. 더 하고 싶은 말이 있는데도 꺼내기 어려워하는 당사자들을 격려하기 위해서나 조정인이 당사자의 말에 열심히 귀 기울이고 있으며 진심으로 이해하려고 애쓰고 있음을 보여줄 필요가 있을 때, 조정진행과정에서 불필요하게 무거운 침묵이 흐르는 것을 풀게 하는 방법으로도 질문을 사용할 수 있다.

당사자로부터 기본적인 욕구를 포함하는 다양하고 많은 정보를 알아내기 위해서는 폐쇄형 질문(closed-ended question)보다는 개방형 질문(open ended question)이 유리하다. 예를 들어, "해결책을 찾으려고 어떤 노력을 하셨던가요?", "무엇이 두려운지 그 부분에 대해서 얘기해보시겠습니까?" 식은 개방형 질문이고, "했어요?", "안했어요?" 식으로 "예"나 "아니오"처럼, 닫히는 답을 구할 때는 폐쇄적 질문이라고 한다. 특히 "왜?" 라는 형태로 구성된 조정인의 질문은 대체로 조정인의 호기심을 채우기 위한 이기적인 질문일 수 있다. "왜"라는 질문에 대한 부정적 인식은 일반적으로 사용되는 질문방식에 대한 편견 때문이기도 한데,

"왜"라는 말을 들을 때마다 자기자신을 방어하려 하고, 주어진 상황에서 회피하려거나 공격적이 될 가능성이 있다. 의도적이건 아니건 간에, 특히 도덕적 심문이나 힐난의 형태로 사용되거나, 질문을 받는 사람의 자존감이나 지위를 깎아내리는 역할을 하게 된다면 피하여야 한다.

그러나 폐쇄적 질문이 도움이 될 때도 있다. 갈등당사자에게 위협적이거나 불쾌감을 줄 수 있는 감정이나 의식적 측면보다 사실적 정보를 얻고자 할 때는 유용한 질문형태이다. 예를 들자면, "왜 당신은 그 날 아침이 아니고 오후에 부인의 가게를 방문하셨는지 알고 싶습니다" 식이다. 또한 절차진행이나 동의를 얻기 위한 질문에서처럼, "예"란 대답은 갈등당사자가 조정인을 신뢰하고 있으며 그 절차나 방법에 동의한다는 의미가 되기도 하므로, 좀 더 긍정적인 조정분위기 조성에 도움이 된다. 반면에 "아니오"란 대답은 조정장면에서 당사자가 불편하다는 것을 나타내는 말일 수도 있으며 당사자의 상황을 이해할 수 있는 단서가 될 수도 있다. 이러한 부정의 대답을 조정인이 무시하거나 간과하면, 당사자는 조정인이 중립성을 잃고 있다거나 자신의 의견을 존중하지 않고 있다는 판단을 하게 되어, 이후부터는 조정이 어려워질 수도 있다.

질문은 질문으로 생각되지 않을수록 더 좋은 질문이라는 말도 있지만, 조심하거나 피해야 할 질문도 있다. 한 번에 두 가지 이상을 질문하는 것을 이중질문이라고 한다. "지난 달 초에 직장에서 직원인사가 있었다면서요? 남편 분은 그 때 외국에 계셨습니까?" 식이다. 상호연관된 질문일 수도 있으나 당사자는 어느 쪽에 답을 해야 할지, 질문한 자는 어느 질문에 대한 상대의 반응인지를 아는 것이 분명하지 않을 수 있다.

갈등당사자 간의 상호작용을 알고자 할 때는 소위 순환적 질문(circular question)도 많이 쓰인다. 이 질문법은 역지사지(易地思之)와 비슷한 맥락에 있다. 저항을 최소화 하면서 상대의 욕구를 알아내는데 유용한 방법의 하나이다.

누구나 중요한 목표, 기본욕구 그리고 자신이 가진 어떤 도식이 있으며, 정당한 상황이 위협당할 때는 자신을 방어하려고 하며 저항을 보이게 마련이다. 그러므로 "당신이 어떻게 느끼는지"를, "당신이 자신의 감정을 다른 사람에게 어떻게 전하는지"를 묻는 것이 아니라, "상대편 혹은 다른 사람에게 당신의 감정이나 생각이 어떻게 전달되어지는지"를 묻는다. "당사자에게 직접 누구와의 관계가 어떠냐?"고 묻기보다는, "다른 사람이 보기에 당신과의 관계가 어떻게 보이는지", "당신이나 제3자의 생각이나 느낌이 다른 사람에게는 어떨 것인지" 등을 묻는 것이다. 남을 통해 당신의 사고와 지각을 상대화 하는 것이다. 상대가 내 입장이라면 어떤 느낌을 가지게 될 것이며, 어떻게 생각하고 어떻게 행동할까, 처지를 바꾸어 상대편의 입장에서도 생각해보도록 하는 질문이다.

　"당신의 부인은 어떻게 느끼실까요?", "당신이 불편해 하고 있다는 것을 부인은 어떻게 해서 알게 되나요?", "당신과 부인과의 관계가 아버지께는 어떻게 보일까요?", "당신이 그럴 때 부인은 어떤 반응을 보이던가요?"라고 물으면, 저항이나 자기방어를 최소화 하면서도 편협해진 사고로부터 벗어나서 상대의 마음과 자신의 행동을 함께 성찰할 수 있는 기회를 좀 더 쉽게 가질 수 있게 한다.

　순환질문으로 저항을 줄이면서 당사자의 욕구를 알아낸 다음에는, "두 분이 어떻게 하면 만족스러울 수 있게 될까요?" 식의 미래지향적인 질문을 하면서, "자, 그럼 5년 뒤에는 두 분이 어떤 일을 하고 있을지를 한 번 생각해 보실까요?" 식으로, 원하는 상황을 구체화 하는 작업을 할 수도 있다. 이러한 과정은 상황을 규명하기보다 상황을 좀 더 낙관적으로 만들게 함으로써 당사자가 조정에 좀 더 긍정적이고 자율적으로 참여할 수 있게 한다.

　순환질문의 의도와 비슷한 효과를 얻으면서, 상대의 입장을 살펴볼 수 있는 마음을 가지게 하는 방법으로, 소위 "역할극"을 활용할 수도 있다. 남편이 아내의 역할을, 아내는 남편의 역할을 하는 것과 같이, 상대와 역할을 바꾸어 대화해 보게 하는 방법이다. 이 방법은 잘못하면 어색한 웃음거리가 될 수도 있으므로, 상황과 조건에 맞게 활용하는 것이 좋다.

　또한 사람들이 행동하는 방식이 아니라 그 사람들이 의미를 구성하는 방식과 관련지어보는 시각도 필요하다(외재화 방식). 특히 "나는 이러한 사람이야" 라는 식으로, 자신의 정체성을 문제로 삼는 당사자에게는 그 정체성을 문제로부터 분리시켜주는 노력이 필요하다. 문제가 사람으로부터 분리될 때, 사람들은 자신의 정체성에 대한 제한된 "진실"과 자신의 삶에 대한 "부정적인 확신"의 올가미를 벗어날 수 있게 된다. 그리하여, 지금까지 보지 못하던 또 다른 "새로운 진실"을 볼 수 있게 되어, 갈등문제의 해결을 위한 새로운 선택과 책임감, 자아성장에 대한 가능성의 탐색계기를 마련할 수 있게 된다.

■ 제4단계 : 문제의 발전가능성(영향)을 평가하여 개입목적과 해결책을 찾는 단계

문제 발전가능성의 진단과 문제요인에 대한 분석을 토대로, 문제의 영향과 실현가능성을 검토하여 개입하게 된다. 창의적이고 다양한 방법으로 상호 욕구 불만을 충족시킬 수 있는 대안이나 해결책을 찾도록 하는 것이다.

영향을 평가할 때는 주로 질문의 형식이 적합하다. 예를 들어, "문제가 이렇게 전개되는데 대해서는 어떻게 생각되세요?", "이런 상황이나 결과에 대해서 어떤 입장이신지요?", "일이 이런 식으로 전개되는데 대해서 어떤 생각이세요?" 등으로 질문할 수도 있다. 이런 질문을 통해 당사자는 자기 삶에서 생긴 특정 갈등상황에 대해서 잠시 반추할 수 있는 기회를 가지게도 된다.

어떤 조정에서는 브레인스토밍(brainstorming)에서처럼, 사안에 대한 여러 당사자들의 자유로운 의견을 듣다가 좋은 대안이나 아이디어를 얻기도 하는데, 이러한 방법은 자유연상법의 일종이다. 얘기를 서로 나누다 보면 갈등당사자끼리의 목표나 관심사가 좀 다른 것임이 밝혀질 때도 있는데, 이때는 갈등해결에 필요한 여지가 커진다. 상대방의 양보에 대해 다른 관심사항이나 목표를 지원하거나, 단순히 상호보복을 중단함이 서로의 이익을 증진시킨다는 사실을 발견할 수도 있다. 다소 시간이 걸릴 수도 있지만, 조정인은 초조해 하지 말고 자율적이고 합리적인 의견접근에 이르도록 도와준다.

■ 제5단계 : 합의에 이르는 단계

갈등당사자의 상호욕구에 맞으며 구체적이고도 실현 가능하도록 합의내용을 확정하는 절차이다. 조정에 대한 계약체결은 당사자의 상호의무를 규정하는 서면자료이며 당사자의 기대를 명확히 하는 기준이 되고 조정인에게는 행위의 근거가 된다.

이 단계에서는 당사자의 권리와 의무에 대해 알리기 위해, 또는 공정성의 유지를 위해 필요하다면 해당 법률적 지식을 제공하거나 교육을 할 수도 있다. 이는 조정인의 윤리에서 다시 다루어지게 될 것이다. 그러나 조정인이 변호사일 경우에 특히 유념할 것은 조정이 법률상담식으로 전개됨은 법적 권리만을 강조하거나 재판과 같은 인상을 주므로, 조정에서 방해요소로 작용할 수도 있다.

조정결과에 따른 합의문은 구체적이어야 하며, 실현 가능한 것이어야 하고,

측정하거나 사후검사가 가능하도록 하며 그리고 목표달성에 필요한 시간계획 등도 고려되어 작성되도록 한다.

비록 합의에 도달하였다 해도 개입에 대한 평가가 반드시 이루어져야 한다. 특히 해결방안에 대한 평가가 중요하다. 해결방안에 따른 긍정적 효과나 부작용 여부와 그 정도, 비용이나 시간, 심리적 부담 등을 포함한 실현가능성 여부, 해결방안의 윤리성과 공정성 및 법적 부합성 여부 등이다.

개입의 실효성이 과학적인 방법으로 입증된다면 그 개입방법은 전문적 지식이 될 것이며, 합의에 이르지 못하였다면 방법을 변경하거나 포기할 수도 있다.

5) 조정인이 갈등조정과정에서 간과하지 말아야 할 중요한 사항들

조정절차에서 언급한 내용 중 몇 가지는 활용의 필요성 때문에 조금 더 구체적인 설명을 붙이기로 한다.

(1) 듣기과정에서 갈등당사자들의 정서적, 인지적, 신체적(비언어적) 반응에 주의를 집중한다

가. 정서적 반응

분노, 두려움, 절망감, 혼란 등의 반응을 말하며 이러한 반응이나 느낌들은 각자의 내면 깊이 도사리고 있는 채워지지 않은 욕구들(needs, 정확히 표현하자면 필요성)이 보내는 신호이다.

표현된 신호는 유사하나 사람들의 내면에 도사리고 있는 채워지지 못한 욕구들은 전혀 다른 종류의 것일 수 있다. 그러므로 상대의 느낌 표현에 대해서도 자기식의 해석을 하면 오해를 가져오게 되며 이것은 혼란을 가중시키기는 원인이 되기도 하고, 상대가 가하는 위협으로 간주될 수도 있다.

예를 들자면, 부인이 화가 나는 것은 밤늦은 남편의 귀가보다도 그것을 미리 알려주지 않은 남편의 무책임함 때문이며, 아내는 그것이 자신을 무시한 처사라고 생각되어 심하게 화가 날 수 있다. 이때 아내의 욕구 불만족의 가장 심층적 원인은 "자존심이 확 상했다"이다. 이것은 아내에게는 "나는 도대체 뭐냐?"는 가치와 정체성의 질문이며 존재의 문제로까지 비약될 수 있다. 그래서 아내는 남편이 문 앞에서 추위에 떠는 고생을 시켜야겠다는 징벌을 생각하게 되었고, 현관문을 열어주지를 않았다. 어찌어찌하여 집에 들어온 남편도 화가 많이 치밀었다. 그를 화나게 한 것은 이 추위에 아내가 자신을 그렇게 오래도록 밖에서 떨게 했다는 것이었다.

그러나 밖에서 한 두 시간 벌벌 떨었다는 것보다 더 참을 수 없는 것이 있었다. 정말 남편을 화나게 한 깊은 욕구 불만족은 나를 추위 속에서 벌벌 떨도록 내버려 둘만큼 내게 냉혹한 아내, 즉 "나는 아내로부터 더 이상 사랑을 받고 있지 않다"는, 소위 사랑과 소속에 대한 욕구좌절이었다.

이렇게 같은 분노에도 서로의 욕구가 다르다는 것이다. 아내는 남편이 자신을 아주 우습게 안다는 것이고, 남편은 아내가 자신을 사랑하지 않을 만큼 비정한 인간이라는 인식이다. 문을 열고 들어온 남편이 아내에게 "뭐 이런 인간이다 있어!"라고 하고, 아내가 "꼴도 보기 싫으니 다른 방에 가서 자라"든지 하는 반응을 보였다면, 서로가 가장 심층에 있는 상대의 욕구를 정면으로 부정하는 결과를 초래하는 것이 될 것이며, 그 험악하고 비극적인 결과는 예측이 된다. 아내가 남편으로부터 무시당한 데 따른 분함, 남편은 사랑받지 못함에 대한 절망이 서로가 갖는 욕구좌절의 핵심감정일 수도 있다. 표출된 것은 "분노"라고 하는 같은 "느낌"의 단어로 표현되지만, 밑바닥에 도사리고 있는 서로의 욕구는 전혀 다른 것일 수가 있다는 것이다.

당사자들의 정서적 반응은 그들의 내면 깊은 곳에 도사리고 있는 욕구가 보내는 신호임을 알아야 하며, 그 보다 더 중요한 것은 마음 속 깊숙한 곳에서 보내는 신호의 의미가 무엇인지를 정확히 알아채는 것이다. 조정인은 당사자들의 말의 내용에 연연하지 말고, 내용 속에 있는 감정을 읽어주도록 노력해야 한다. 이러할 때 당사자들은 존중, 이해받는다는 생각이 들기 시작하며 조정인과의 신뢰관계가 형성된다.

남성에 비해 여성이 직감력이 강하고 감정발견에서 우세하다고도 하는데, 이것은 오래 학습된 산물이라고 설명되기도 한다. 오랜 세월동안 남성은 우월자이고 여성은 피지배자로 생활하면서, 우월자의 기쁨이나 불편함을 신속히 예측함이 생존에 유리하였기 때문이란 것이다(Miller, 1976). 아마도 눈칫밥 먹고 자란 아이들이 남의 감정 살피는데 더 예민할 수 있다는 얘기와도 비슷하다. 다른 사람의 감정을 알아차림에 비록 사람마다 차이가 있다 해도, 훈련은 개인의 능력 향상에 유리할 것이다.

　조정인이 당사자들의 반응으로 내면에 있는 당사자들의 욕구들을 잘 이해할 수 있게 된다면 갈등에서 생기는 위협의 실체를 더 잘 파악할 수 있게 될 것이며, 갈등상황의 해결에 필요한 더 나은 통찰력을 가질 수 있게 될 것이다. 이것은 갈등당사자들끼리 자신들의 반응과 심층적 욕구를 이해함에도 적용되는 것이며 개인적 갈등의 해결에서도 마찬가지이다. 내게 어떤 느낌이 생겨날 때, 과연 내 마음 깊은 곳에서 전해져 오는 욕구의 신호는 무엇인지를 잘 통찰하여 그 실체를 밝힘은 스스로의 갈등관리와 해결에서도 매우 유익하다.

나. 인지적 반응

　갈등에 대한 우리의 생각이나 아이디어, 갈등상황에서 오는 우리 내면의 목소리, 혹은 내면적인 관찰자로서의 반응을 말함이다.

　들릴 만큼 큰 소리 내어 말하지는 않지만, 혼자 중얼거림 같은 것도 포함된다. 제3자는 물론, 갈등당사자도 갈등상황에 직면하여 속으로부터 터져 나오는 자신의 부르짖음이나 중얼거림을 잘 깨닫지 못할 때가 종종 있다. 간혹 자기도 모르게 독백처럼 뱉은 말을 깨닫고는, 그 말이 주는 섬뜩함에 자신도 깜짝 놀랄 때가 있다. 이러한 반응에서도 우리는 갈등의 단서와 정도를 파악할 수 있는 기회가 주어질 수 있다.

　인지적 반응은 다시 정서적, 행동적 반응을 가져오며, 갈등상황에서 부정적이거나 긍정적 피드백의 순환을 촉진시킨다.

다. 신체적 반응

　일종의 무언의 반응, 비언어적 반응이다. 의사소통에서 실제로 언어가 차지하는 비율은 7% 이하라고도 한다. 상대의 말투, 억양, 표정, 몸짓, 자세, 분위기 등을 통해 많은 진솔한 정보를 얻을 수가 있다. 물론, 갈등상황에서의 다양한 반응들은 문화, 인종, 민족, 성별, 사회화에 따른 남녀의 특성, 지식과 지각의 강도, 이전의 경험 등에 따라 차이가 생길 수 있다. 연구에 의하면 얼굴에는 1천개 이상의 표정들이 있다고 하며(Ekman 등, 1972), 대부분의 사람들은 눈으로부터는 공포와 분노를, 입으로는 행복을 읽을 수 있다고 한다(Kestenbaum, 1992). 언어적 메시지를 파악하는데도 얼굴표정을 잘 관찰함이 매우 유용한 이유이다.

당사자가 비록 예의바르게 행동해도, 팔짱에 다리를 꼬고 의자에 깊숙하게 앉아 있는 모습은 조정인이나 다른 사람과의 거리를 두려는 마음이 나타난 것일 수 있다. 방어적이거나 폐쇄적인 사람이 팔짱에 다리를 꼬고 앉는 경향이 있다고도 말한다. 말은 곱게 하지만 표정이 매우 굳어있거나, 겉으로는 웃고 있어도 마음 속 가득 찬 슬픔은 눈물저하로 이어질 수 있다. 상대의 말에 "그렇군요" 하고 말하면서도 자기도 모르게 한 손을 좌우로 흔들어 거부감을 표현하는 경우도 있다. 비언어적 신호는 거짓말을 하지 않는다. 물론 전문적인 연기자들이라면 이 부분에서 훈련된 사람들이므로 어느 정도 통제가 가능할 수도 있겠지만, 대개는 그러하지 못하다. 말로 하는 언어와 신체어 간에 전달하는 메시지에서 차이가 생길 때는 당사자 간의 신뢰저하로 이어질 수 있다. 그러므로 비언어적 표현이 서로 다른 당사자나 조정인이 함께 할 때는 오해나 혼란이 생길 수도 있음을 유의하여야 한다.

경우에 따라서는 특정의 신체적 반응이 비언어적 신호인 동시에 불안이나 스트레스 상황을 완화시키는 기능을 하는 것일 수도 있다. 예를 들어 화가 날 때 누군가를 옆 눈으로 쬐려보는 것과 같은 행동이 그러한 것이다. 눈동자를 옆으로 돌려 잠시 고정시키는 것과 같은 안구운동(Eye Movement Desensitization and Reprocessing: EMDR)이 스트레스 해소에도 도움이 되는 것으로 밝혀져 있다. 아마 이러한 반응도 진화적 산물일 수 있다.

(2) 갈등상황에 있는 당사자들의 행동에서 갈등양식(conflict styles)을 파악한다

갈등상황에 있는 사람들이 취하는 행동은 자신이 겪고 있는 갈등에 대한 독특한 반응양식을 포함한다. 그러므로 갈등당사자의 여러 행동을 잘 관찰하면 그들의 갈등을 이해하고 결과를 예측하는 데에도 도움이 된다. 이 반응양식은 욕구를 채우는 방법을 나타내는 동시에 다른 사람에게도 다양한 영향을 주므로, 조정인은 당사자들의 반응유형을 잘 파악하여야 한다. 또한 그 행동양식의 의미를 잘 이해함으로써, 상황에 맞게 이들의 행동을 정상화 하거나 협조적인 형태로 바꾸어나갈 수 있는 단서로 활용하도록 한다.

앞서 설명된 토마스 등(Thomas and Kilmannn, 1974, 2014)이 제안한 갈등상황에서 사람들이 취하는 5가지 유형을 참고하기 바란다(갈등해결의 방법, p. 105).

(3) 의사소통방식에 유념한다

좋은 의사소통이라 함은 정보와 관찰방식의 교환이 잘 이루어짐을 말한다. 의사소통에서 핵심적인 내용은 물론 잘 듣기와 잘 말하기이다. 나의 말을 잘 전할 뿐 아니라 상대가 하고자 하는 말도 잘 알아듣는 것이다. 이것이 제대로 될 때 의사소통의 목적을 이루게 된다.

상대가 나의 말을 잘 들어주면 내가 수용(受容)되고 있다는 생각과 안전감을 느끼게 되며, 내가 상대의 말을 잘 들어주고 있는 동안에는 타인을 위한 인내와 배려, 헌신을 배우게 된다. 따라서 의사소통을 잘하면 소통당사자가 함께 성장하게 된다.

의도적으로 왜곡하여 자신을 전달하는 경우도 있으나, 이것은 바르게 소통하려는 준비가 되어 있지 않은 것이다. 상대도 결국엔 이것을 눈치 채고 같은 방식으로 대응하게 될 것이므로 제대로 의사소통을 이룰 수가 없다.

가. 상대의 말을 잘 듣는 방법

의사소통을 건설적으로 하려면 우선 나를 전달하기에 앞서 상대편의 얘기를 잘 듣는 자세가 필요하다. 건설적 대화가 이루어지기 위해서 듣겠다는 자세가 의사소통의 선결조건이라고도 할 수 있으며, 그래서 "듣기는 대화의 열쇠"라는 말도 있다.

대화가 중단되는 이유를 보면, 대개가 서로 자기의 주장이나 어려움, 억울함을 먼저 전하려 하기 때문이다. 그래서 상대의 말을 가로막거나 중단시키며 무시하게 된다. 이것은 당사자 모두에게 좌절감과 분노 그리고 상대에 대한 거부감과 저항감을 증폭시킬 뿐이다. 그러므로 우선은 잘 말하려고 하기 보다는 잘 들어보겠다는 마음자세를 가지는 것이 중요하다. 특히 갈등상황에서 당사자끼리 서로의 말을 잘 들어주기란 참으로 힘들고 어려운 일이다. 갈등상황에 이르게 된 주된 원인이 바로 평소 의사소통을 잘 못한 것일 수도 있기 때문이다. 듣는 것이라기 보다는 단지 인내력의 한계를 시험하는 과정과도 같은 답답함만 느낄 수도 있을 것이다.

상대의 얘기를 정확히 인식하고 이해하며 공감적 반응을 보이는 수준에 이르기까지 듣기의 수준을 높여야 한다. 내가 잘 듣고 있다는 긍정적 반응을 보이기 위해서는 상대에게 집중하여야 한다. 그러기 위해서는 진지하게 들어야 한다. 이 말은 당사자의 모든 행동과 반응의 목적과 의미에 언제나 주의를 집중한다는 것을 의미한다. 그러나 우리는 나름대로의 안경을 쓰고 세상을 보고 있다. 주의력의 집중방향이 정해져 있다는 것이다. 상대의 생김새나 신체적 특성, 몸짓이나 표정과 같은 자극은 우리의 경험과 함께 상대를 검토하고 분류하는데 결정적인 역할을 한다. 이러한 정보들을 바탕으로 우리는 상대에 대한 신뢰성을 결정하게 된다. 우리가 솔직하게 얘기를 터놓지 못하는 것은 상대에 대한 신뢰가 부족하기 때문이다. 자신이 뱉은 말에 대한 상대의 생각과 반응을 예측할 수 없기에, 두렵고 불안하여 말을 꺼리게 되며 눈치를 본다. 그 두려움이나 불안은 그 반대의 경험으로 해소될 수 있다. 즉, 내가 말을 할 때 상대가 좋은 듣기의 태도를 가진다면 상대가 나의 말을 잘 듣고 받아주고 있다는 생각을 하게 하므로, 나의 방어를 풀게 되며 신뢰감도 높아지며 더욱 개방된 자세를 취하도록 이끌리게 된다는 것이다.

힐 등(Hill and O'brian, 2004)은 집중해서 잘 듣기의 요령을 외우기 쉽게 영어의 "격려(ENCOURAGES)"라는 단어에 맞춰 제시하였다. 차례대로 ① eye(다른 곳을 보거나 뚫어지게 본다든지 하지 않고, 적당한 시선으로 상대의 눈을 마주함), ② nods(머리를 끄덕임), ③ cultural difference(문화적 차이를 이해하고 존중하기. 듣기의 방법에도 문화적 차이가 있음을 인식함), ④ open stance(개방적이면서도 여유로운 자세. 팔짱을 끼거나 하지 않고, 가슴과 허리를 펴고 넉넉하고 포용하려는 자세를 가짐), ⑤ unhmm("으흠, 으흠"하며 상대의 말을 받아주어 말하도록 격려하고 자신감을 심어줌), ⑥ relaxed(이완 : 조정인이 긴장한 자세를 보이지 않음. 넉넉하고 편안한 태도를 보임), ⑦ avoid(산만한 행동을 피함 : 들으면서 불필요하게 과한 웃음, 이상한 태도, 몸동작으로 주의를 분산시키지 않도록 함), ⑧ grammatical style(상호문법적 혹은 언어적 표현방법이 다를 수 있음을 유의함. 조정인은 자신의 언어스타일 범위 내에서 가능하다면 당사자와 같은 언어형태로 맞추어 사용하도록 노력함), ⑨ ear(귀 기울임. 언어적, 비언어적 메시지에 주목하도록 함), ⑩ space(적절한 공간의 확보 : 당사자와 너무 가깝지도

멀지도 않은, 적당한 거리를 둠)를 지칭한다.

비슷한 내용으로 이건(Egan, 1994)은 영어의 머리글자로 된 "SOLER"를 제안하였다. 갈등당사자에게 주의를 집중하기 위해서, ① 정면으로(squarely) 보면서, ② 열려있는(open) 자세로, ③ 당사자 쪽으로 몸을 기울여(lean), ④ 눈(eye)을 마주하며, ⑤ 편안하고 여유 있는(relaxed) 태도로 당사자와의 관계를 맺도록 하라는 것이다.

이를 참고로, 집중하여 잘 듣기 방법의 중요 내용들을 간추려보면 다음과 같다.

잘 듣기의 방법

① 말하는 상대와 눈높이를 맞추어 마주대한다(eye). 자연스러운 눈길로 상대에게 진지한 관심을 보이도록 한다.
② 상대의 말을 잘 듣고 있다는 신체적(고개를 끄덕임), 언어적 표시(아~, 얘~, 아하! 등)를 한다(nod).
③ 잘 안 들렸거나 한 말이 이해가 안 될 때는 다시 말해줄 것을 요청한다(다시 한 번 얘기해주시겠어요?, 뭐라고 하셨지요?, 잘 알아듣지 못했습니다). 이것을 직접적인 선택적 경청(selective listening)이라고도 한다. 중요하고 관심을 좀 더 집중할 필요가 있는 내용에 대해 당사자의 관심을 모으며 특정 문제에 대한 탐색기능을 높이도록 하는 것이다. 또한 듣는 사람이 말하는 이의 말에 집중하고 있거나 관심을 가지고 있다는 증거도 된다.
④ 상대의 말을 반영(되풀이 혹은 요약)해준다. 앞서 반영을 설명하면서 언급한 바도 있지만, 자신이 들어보니 중요하다고 생각되는 상대의 말과 감정적 반응에 대해서는, 당사자가 한 말을 되풀이 하거나 요약해서 되묻기를 한다. 단, 이때 듣는 이가 자기의 생각이나 판단을 말하지 말아야 한다. 예시된 B2와 같은 식의 반응은 듣는 사람이 하지 말아야 할 표현이다.

- A(말하는 자) : 난, 네가 그렇게 말할 땐 분하고 화가 나서 참을 수가 없단 말이야!
- B1(듣는 자) : 내가 그리 말한 게 당신을 분하고 화나게 했단 말이지?(되물음/반영), 그게 네가 가진 제일 큰 불만이라는 말이로구나!(요약)
- B2(듣는 자) : 아니! 그건 아니지. 당신이 그런 식으로 얘기하면 내가 더 섭섭하지.

⑤ 말하는 이가 자신의 감정이나 생각, 원하는 것을 잘 드러내도록 도와준다. 말하는 사람이 자신의 감정이나 원하는 것을 간접적으로 표현하거나, 혹은 자신의 감정이 무엇인지, 무엇을 원하는지를 정확히 모르거나, 알고 있다고 해도 그 표현방법을 잘 찾지 못하고 있는 경우에 해당된다.

- 얘기 듣자니, 아직 분이 다 풀리지 않은 것 같은데?(감정적 표현을 도움)
- 분하고 화난 것도 있지만, 기분 나쁜 다른 뭔가가 더 있는 모양이구나?(원하는 것을 표현하도록 도움)
- 당신 말을 가만히 들어보니, 마치 누명이라도 쓴 듯 엄청 억울한가봐. 그 억울한 걸 말하고 싶은 거지?(솔직한 개방을 유도하거나 도와주는 질문)

⑥ 반응에 대해서는 적합하고 분명한 긍정적 피드백을 보낸다. 듣는 사람의 긍정적 피드백에 대해서는 말을 한 사람도 자신의 만족함이나 기쁨을 언어적 혹은 비언어적 표현으로 전할 수 있다.

- A(말하는 자) : 난 정말 억울했어. 그 사람이 내 의도하고는 전혀 다르게 받아들이니 내가 분하고 화나서 미치지(자신의 느낌을 표현함).
- B(듣는 자) : 아~ 당신 말 들으니 당신 맘이 잘 이해가 되네. 솔직하게 잘 말해주니 고마워(긍정적 피드백).
- C(말하는 자) : 그렇게 말해주니 나도 좀 화가 풀리는군(긍정적 피드백).

⑦ 공감에 이르도록 한다.

- 듣고 보니, 그때 참 화가 많이 났겠네. 그걸 몰라주었으니! 얼마나 억울하고 답답했을까. 그래, 우리가 거래처 사장한테 그 때 함께 욕먹고 있었을 때가 아마 이처럼 답답하고 억울한 느낌이 아니었을까 싶은데? 그렇지?

의사소통에 대한 방법이나 기술을 훈련하고 돌아 온 부부가 더 심각하게 싸워서 이혼에 이르게 되는 경우도 있는데, 이것은 진정 마음과 마음(heart-to-heart)을 나누는 공감적 대화를 나누었다기보다는 단순한 의사소통의 기술만을 활용한 결과이다. 알맹이가 빠진 대화기술만 배워 와서 구사한 결과이다. 공감적 반응을 하게 되면 상대는 자신의 감정을 수용하면서 왜곡된 자신의 경험의식의 구속으로부터 점차 벗어나게 된다는 것이다. 이것은 자신의 모습을 되찾아 주어, 현실감각의 회복과 잠재력을 발휘하게 해주어서 문제해결적 판단과 자기실현의 동기부여를 촉진하게 된다는 것이다.

이상의 7가지를 영어의 "더 상쾌하게 하다"란 의미를 가진 "FRESHEN"으로 기억하면 좋을 듯하다(F=feedback 긍정적 피드백, R=reflection 반영, E=eye 눈을 마주함, S=selective listening 선택적 경청, H=help 자신의 감정이나 생각을 잘 드러내도록 도와줌, E=empathy 공감이 이르기, N=nod 고개를 끄덕이거나 말로써 잘 듣고 있다는 반응을 보임).

그러나 듣기에서 긍정적 결과를 가져오는 시나리오만 있는 것이 아닐 것이다. 잘 듣기 위해서 자기욕구나 감정을 젖혀두고 상대의 말에만 귀 기울임이 어디 이론처럼 쉬운 일일까! 듣는 사람도 억울하고 분하고 화가 나서 참을 수 없는 상황이 생긴다. 그러나 "듣고만 있자니, 아주 웃기지도 않구먼. 야! 너만 억울하냐? 말도 안 되는 소리 작작해라!" 식의 부정적이며 거부에 찬 반응을 보인다면 건설적인 대화는 끝난 것이며 갈등은 더욱 고조될 것이다.

이러한 상황에서도 대화를 성공적으로 지속할 수 있게 해주는 것이 바로 나를 잘 전달해주는 대화방법이다.

나. 나를 잘 전달할 수 있도록 말하는 방법

"말 한 마디로 천양 빚을 갚는다"는 속담도 있다. 나를 잘 전달하는 방법, 이것은 흔히 말하는 "나 전달법(I message)"을 활용하는 대화이다. "나(I)"를 주어로 하여 나의 생각이나 느낌을 상대에게 전하는 방법이다.

말의 주어가 "나"가 아니고 "당신(You)", "그것(It)" 등이 되어서는 안 된다. 주어가 "나"로 시작되어도 말의 중간에 2인칭이나 3인칭이 들어가면 "나 전달법"이 아니다. "나"를 주어로 하므로 직접적이고 개방적인 표현이라고 한다.

"당신 때문에...", "당신은 항상...", "당신은 절대로...", "당신이 언제나 그 모양이니..." 이런 식의 말로 시작하는 대화는 전형적인 "비(非) 나 전달법"이며, "you message"이다. 단순히 말해서는 말 습관이라고도 할 수 있겠지만, 과잉일반화 된 비합리적인 표현이기도 하다. 대화의 단절을 가져오는 이 비난의 말 중심에는 무의식적 흐름이 있다. 우리 마음속에 단단하게 자리 잡은 근본적 욕구들의 표현, 어렸을 적부터 채우지 못해 미해결의 상태로 남아있는 애착과 사랑의 확신, 인정받고 싶음, 독립성 등의 간절한 소원의 표현일 수 있다. 이러한 부정적인 마음속의 흐름은 개방적 대화를 방해할 뿐 아니라 상대의 방어와 저항을 초래하여 대화를 중단시키며 갈등을 더 조장한다.

그런데 자신을 솔직히 털어놓지 못하게 하는 심리적 동기에는 어떤 것이 있을까? 내면에 시기, 질투, 모욕감, 수치심 등이 도사리고 있을 때이다. 또 상호협력, 감사, 호혜의 원칙이 강조되는 관계에서는 자신의 이기적 행동을 실토하기보다는 정당화 하려고 애쓸 것이다. 물질적 이익추구에 주로 관심이 있는 사람이라면 갈등의 중요 내용이 될 수 있는 윤리적 문제는 애써 배제하려 할 것이다. 이들은 상대의 행동을 이기주의나 부정, 사악함, 개인의 성격 탓 등으로 돌리면서 자신의 행동은 갈등 때문이라고 정당화 하려 한다. 또한 우리 자신을 스스로 부정적으로 평가한다면, 우리의 느낌을 있는 그대로 진실하게 드러내놓고 이야기하기는 어려울 것이다. 오히려 상대가 정직하지 못하다고 생각하면서, 상대야말로 진실을 털어놓아야 한다고 위협할 것이다.

"나 전달법"에서 간과하지 말아야할 것이 "구체적 상황·사건"이나 "특정 상황에서의 구체적인 행동" 그리고 "지금-여기(here and now)"에 대해서만 얘기해야 한다는 것이다.

"당신의 그런 성격 때문에..." 식으로, 무관한 성격을 들먹이면서 사건상황을 일반화하는 것은 대화를 전혀 다른 방향으로 끌고 나간다. 행동에서 인간성이 드러나기도 하지만 인간으로서의 존재 자체와 그 사람의 행동을 구분하지 못하는 것이다. 그렇게 행동할 수밖에 없는 환경이나 상황 그리고 행동 내면에 있는 잠재력이나 욕구를 포함하는 전 인격체로서의 어떤 인간을 고려하기보다는 오로지 성격이나 됨됨이에 원인을 돌리는 것이다. 이것을 사회심리학자들은 기본적 귀인오류(fundamental attribution error)라고 한다.

부부싸움에서 "지금 여기"와는 무관한 "지난번에도 그랬잖아" 식의 옛날 일을 들추는 얘기, 싸움현장에 없는 시댁, 처가식구들을 개입시키거나 연관시킴 등이다. 갈등의 전개 관점에서 보면 편 가르기, 체면 깎기와 위협의 단계로 상대를 끌어들일 뿐이다.

"나 전달법"에서 빠뜨릴 수 없는 대단히 중요한 요소의 하나가 느낌의 표현이다. "나 전달법"은 반드시 느낌 표현을 수반한다. 사안에 관련된 느낌을 찾아내어 확실하게 표현할 수 있게 될 때, 말하는 자나 듣는 자의 이해와 변화가 따를 수 있다.

　행동신경학 전문의사인 다마지오(Antonio Damasio, 2007) 박사의 말에 따르면, 느낌이란 우리가 건강하고 편안한 상태인지 아니면 곤란하고 괴로운 상태인지를 표현해주며, 생명체 내면의 상태가 고스란히 드러나는 것이라고도 했다. 느낌은 통증이나 쾌락의 경험을 의미하며 촉감이란 의미로도 자주 사용되어 왔다고 하면서, 느낌(feeling)과 정서(emotion)는 쌍둥이지만, 정서가 먼저 태어나고 느낌이 그 뒤를 뒤따른다고 하였다. 정서가 느낌에 선행한다는 것이다. 정서는 생명체의 생존을 촉진하므로 진화과정에서 느낌보다 앞서 태어난 것으로 본다. 환자들 뇌의 특정 부위에 전류를 흘려주면 먼저 울음이나 웃음을 터뜨린 다음에 슬픔이나 기쁨을 나타낸다고 하면서, 이는 정서와 느낌이 서로 구분되는 증거라고 하였다. 65세의 파킨슨병을 앓는 여성 환자를 예로 들었는데, 전류로 자극하면 슬픔이라는 정서가 먼저 나타난 뒤에 슬픔에 대한 느낌이 뒤따랐고, 이어 흔히 "슬프다"고 말하는 마음의 상태를 규정하는 생각들이 함께 나타났다. 자극이 중단되자 정서와 느낌이 사라지고 고통스러운 생각도 없어졌다고 했다. 단지 정서가 일어난 후 느낌과 관련된 생각이 꼬리를 무는 속도가 너무도 빠르기 때문에, 이 현상의 순서를 분석하는 것이 어려울 뿐이다. 보통은 생각이 원인이 되어 정서와 느낌을 유발하기도 하며, 마음에 떠오른 생각이 추가적으로 정서적 자극을 가져오기도 할 것이고 정서가 증폭되면 느낌도 증폭될 것이다. 주의가 다른 곳으로 옮겨가거나 이성이 작용하기 전까지 이 과정은 순환된다.

　다마지오는 느낌은 밖으로 나타나는 정서의 그림자와도 같으며, "느낌은 신체의 특정 상태에 대한 지각인 동시에 사고의 특정 방식 그리고 특정 주제를 가진 생각에 대한 지각이다"라는 가설을 세웠다. 단순히 특정 주제를 가진 생각들만의 묶음이 아니며, 느낌의 본질은 반응절차에 있는 신체를 표상하는 생각으로 이루어지기 때문에, 느낌은 본질적으로 생각과는 기능적으로 독자성을 가진다고 주장하였다. 이러한 느낌의 본질이 사라진다면 "행복한 느낌이 든다"고 말할 수는 없고, "행복하다는 생각이 든다"고 말해야 할 것이라고 했다(Antonio Damasio, 2003, 2007).

　또한 정서(emotion)와 느낌(feeling)을 구분하여 정서는 무의식적 반사로 표출되는 것이며 본능과 같은 1차감정은 주로 시상하부에서 처리되지만, 느낌은 전전두엽피질이 동원되는 의식적인 상태로 보았다. 즉, 느낌이란 정서(emotion)의 의식적인 부분이라는 것이다. 카이저(Kaiser) 교수의 말을 빌리면, "정서가 현상 전체라면 느낌은 의식적으로 체험되고 사고에 의해 평가된 정서의 일부분"이라고도 하였다(Kaiser, P., 2007). 그리고 반응의 직접적, 간접적 목표와 궁극적 목표는 생명체 자신이 생존과 안녕에 도움이 되는 환경을 조성하는 것이라는 것이다(Antonio Damasio, 2007).

　　학문적으로는 정서니 느낌이니 하는 이 말들을 구분하여 사용할 수 있겠지만, 실제 일상에서는 혼용되는 경향이다. 특히 외국어의 무분별한 번역 등의 결과로 학자들 간에도 오용이나 헷갈림이 생겨나고 있다. 혹자는 감정을 정서로, 정서를 감정으로 번역하기도 하고, 어떤 사람은 느낌을 감정이나 정서라고도 했다. 우리말 사전을 보아도 이 말들을 명확히 구분지어 사용하기가 어렵게 되어 있다. 예를 들어 우리말 사전에서 느낌이란 "몸의 감각이나 마음으로 깨달아 아는 기운이나 감정"이라고 하였고, 감정이란 "어떤 현상이나 일에 대하여 일어나는 마음이나 느끼는 기분"이라고 하였으며, 정서란 "사람의 마음에 일어나는 여러 가지 감정 또는 감정을 불러일으키는 기분이나 분위기"라고 정의하였다. 영어에서도 사전적 정의는 혼용되고 있다. "Looking for Spinoza(스피노자의 뇌)"의 역자(임자원)는 "많은 고심 끝에" emotion을 정서(情緖, 한자어의 뜻은 '정의 실마리'라는 의미)로, feeling(라틴어 어근이 합성되어 만들어진 단어가 아니라, feel이라는 동사의 명사형)을 느낌으로, affect를 감정(感情, feel, 感과 emotion, 情이 합쳐진 말)으로 번역하였다고 하였다. 스피노자(Spinoza)는 충동(drive), 동기(motivation), 정서, 느낌들을 통틀어 감정이라고 하면서, 이것을 인간성의 중심이라고 하였다. 그리고 기분(mood)이란 몇 시간 또는 며칠과 같이 좀 더 긴 시간 동안 정서를 떠받치는 것이며 같은 정서가 반복해서 나타나는 것을 말한다고도 하였다(Antonio Damasio, 2007). 정서나 기분, 느낌과 감정 그리고 생각이나 의식, 이념 등 이런 복잡한 현상들이 생기는 곳을 통틀어 아마도 "마음(mind)"이라고 할 수 있을 것 같다. 마음은 "정신(精神, sprit)"이라는 말과 거의 같은 뜻으로 사용되나, 정신이 신체를 지배하는 영(靈)이라든지 혼(魂)과 같이 개인을 초월하는 의미가 강하다면, 마음은 막연하지만 좀 더 개인적이고 주관적인 의미로 사용되는 것 같다.

아무튼, "나 전달법"의 핵심은 "나의 느낌"을 전달함이다.

상대의 얘기를 듣는 동안에도 여러 가지 부정적인 느낌이 들기도 하고, 더러는 상대의 얘기에서 상처를 받기도 하며, 그래서 인내에도 한계가 있다는 것을 절감하게도 된다. 무조건 듣기만 하는 것이 아니라, 상황에 따른 반응을 위해서나 받아들일 수 없는 상대의 얘기에서 내가 반응을 해야 할 때도 있다. 내가 말을 하여 소통을 해야 할 때이다. 이러할 때 우리는 어떻게 반응(어떤 말로 표현)하면 좋은 것인가? 그런데 그 방법은 이외로 간단하다. 즉, 나의 느낌을 직접적으로 표현하여 전달하는 것이 가장 효과적이라는 것이다.

예를 들자면, 듣고만 있기가 거북할 경우나 힘들 때, "당신이 그런 생각을 하는지는 전혀 상상도 못하였네. 그 얘기 듣고 있자니, 무척 당황스럽구나" 식의 나의 느낌을 직접 전달하는 방식으로 얘기를 꺼낼 수가 있다는 것이다.

느낌이란 희로애락(喜怒哀樂)과 같이 내 마음 속에서 자연적으로 일어나므로 가장 솔직하게 자신을 드러낼 수 있는, 의식화된 정서적 반응이다. 기쁨과 즐거움과 같은 긍정적인 느낌, 노여움이나 슬픔과 같은 부정적인 느낌 등 느낌의 종류는 많다. 특히 부정적인 느낌이 갈등상황에서 매우 중요한 역할을 하는 것임은 누구나 알고 있다. 표현되지 못하고 있는 느낌은, 표정이 굳어진다거나 몸을 떠는 것처럼, 자제되고 간접적이며 비언어적인 행동의 형태로 드러나기도 한다. 또는 사실문제라거나 논리적인 논쟁의 형태로도 나타난다. 공격이나 비판의 형태로 포장되기도 한다. 그러므로 직접적으로 드러내지 않은 느낌은 추측과 오해와 혼란과 갈등의 원인이 된다.

예를 들어 "나 지금 화가 많이 나 있어"라는 직접적인 느낌 표현 대신에 "당신이 그런 식으로 말하는 건 예의에 맞지 않는단 사실을 잘 알고 있겠지?"라고 하여, 사실문제나 논리적 논쟁으로 바꾼다거나, "당신이라는 사람은 참 나빠. 집안에 아주 나쁜 유전자가 있음에 틀림없어. 그러니 온 집안 형제들이 다 그 모양이지"라는 식의 비판이나 공격은 갈등해결에 전혀 도움이 되지 않는다.

사람들은 대체로 자신의 느낌을 잘 드러내지 않도록 교육받아온 탓에 느낌을 억제하려 한다. 그러다 보니, 물고를 막아서 엉뚱한 데로 물길의 방향이 터져나가는 것처럼, 간접적이고 엉뚱하며 더러는 왜곡된 메시지를 보내게도 된다.

"남자는 울면 안 돼. 화를 쉽게 내지도 않는 거야", "여자는 얌전해야지. 사내처럼 그렇게 소리 지르고 날뛰면 안 되지" 식의 사회화 과정을 거치면서 많은 사람들이 자기느낌을 억누르거나 표현하지 않는 것을 예의이고 미덕처럼 생각하기도 한다. 그래서 부모들은 자녀들의 느낌을 통제하여 행동을 조절하려는 경향을 보였고, 아이들도 말썽꾸러기라는 별칭을 피하려 자신의 느낌을 억누르고 정서적인 경험을 무시하려 애썼다. 이 과정에서 자녀들은 자신을 충분히 경험하지 못하게 되었고, 지루함, 무기력함, 외로움, 불안, 압박감, 절망 등의 감정을 내면화하면서 성장하게 되었다.

이렇게 어렸을 때부터 느낌을 억제하며 불안정한 애착을 형성한 사람들은 성인이 된 뒤에도 자신의 느낌을 솔직하게 표현하면 남들이 자신을 나약하게 볼 것이라고 생각하여 느낌의 표현을 두려워한다. 또한 가까운 관계를 갈망하는 사람이지만 막상 관계가 이루어지려는 단계가 되면 밀쳐내는 반응을 보이기도 한다.

따라서 자신의 애착욕구의 표현을 두려워하는 사람은 안전한 관계유지에 필요한 반응을 제대로 할 수 없게 되므로 부정적인 인간관계를 형성하게 된다. 사람들이 자신의 느낌에 대해 말하기를 어려워하는 원인은 바로 성장과정에서 경험된, 오랜 양육방식에 있다는 것이다.

사티어(Satir, 1916~1988)와 같은 가족치료학자는 성장과정에서 정서적인 경험을 충분히 하지 못한 사람들은 자존감이 낮으며 더 이상 다른 사람에게는 관심을 갖지도 않거니와, 다른 사람들과의 갈등관계에서도 중심에 있게 된다고 하였다. 이들은 부정직한 의사소통의 방식을 가지게 된다. 사티어는 비난형(blaming), 회유형(placating), 산만형(irrelevant), 초이성형(computing, super-reasonable) 이 네 가지를 이 사람들의 잘못된 의사소통의 방법으로 지목하였다.

비난형이란 다른 사람을 탓하고 비난하며 괴롭힘으로써 자신을 보호하려하는 사람이다. 이들은 독선적, 비난적, 자기주장적이며 완고하고 명령·지시적이기도 하다. 더러는 다혈질적이면서도 열등의식이 있어, 자기의견만이 최선이라고 생각하면서 상대를 무시하고 책임을 전가하며, 자신의 의견을 받아들이지 않으면 화를 내는 형이다. 심한 비난의 이면에는 도움을 간청하는 마음이 숨어있다고도 본다. 내면에서는 "나는 외로운 실패자"라는 생각을 가진다고 한다.

회유형은 상대의 비위를 맞추고 고통을 가볍게 해주려고 노력하면서도 자신이 필요로 하는 요구는 엄두도 내지 못한다. 자기억압적, 순종적, 의존적 태도를 취하며 자아개념은 약해서 상처받기 쉬운 유형의 사람이다. 또 자신이 가치 없는 존재라는 생각을 가진다. 예! 하고 말하여 평화를 유지함으로써 스트레스를 견뎌내려는 자멸적인 성향을 가지는 것으로도 설명된다.

산만형은 부적절형이라고도 하는데, 타인에게 인정받기를 원하고 소외됨을 두려워한다. 주의집중이 떨어져 산만하고 부산하며 생각을 자주 바꾸거나 한꺼번에 여러 행동을 하면서, 주제에 초점을 잘 맞추지도 못하면서 남들 사이에 끼어들어 주의를 끌려고도 하며 혹은 안절부절 하는 경향도 있고 다른 사람의 언행에 대한 배려도 적은 편이다.

초이성형이란 섬세, 소심하면서도 철저하며 극히 이성적, 객관적이며, 규칙이니 이성이니 하는 단어의 사용을 좋아하는 사람이다. 경직된 자세로 조용, 침착하며, 현명하고 품위 있는 것처럼 행동하려 한다. 그러나 타인에 대한 신뢰도 부족하므로 감정표현을 억제하고 냉정한 태도를 취한다. 그러나 내적으로는 상처받기 쉽고 고립된 느낌이며 긴장되고 위축된 상태일 수 있다.

이러한 부적절한 의사소통과 대비되는 방식을 일치형(congruence)이라고 하였다. 높은 자존감으로 조화롭고 균형 잡힌 상호작용을 하며, 자신과 타인, 상황에 유연하게 대처하는 유형을 지칭함이다(Satir V., 1983, 1988).

요약컨대, 부적절한 의사소통유형들은 스트레스를 받는 상황이거나 대인관계에서 거절당할 가능성이 있다고 생각할 때, 또는 자신을 보호하려할 때 흔히 드러나는 역기능적인 의사소통형태라고 할 수 있다.

억눌리고 숨 막히는 감정적 메마름과 정서적 충동들을 자유롭게 해방시켜야만 사람들은 인간관계의 개선을 가져온다.

성인이 된 지금이라도, 현재 자신의 느낌을 잘 전달하는 습관을 들이며, 이를 통해서 양육과정에서부터 억압되어온 우리들의 정서를 해방시키는데 도움을 얻도록 노력할 때, 우리는 의사소통과 인간관계의 개선효과까지 가져올 수 있게 된다고 하였다.

자신의 느낌을 전하는 "나 전달법"은 그래서 대단히 중요하다.

다. "나 전달법"에서 사용되는 느낌의 기전

갈등에 대한 우리 몸의 반응에 대한 설명에서 언급한 바가 있지만, "나 전달법"에서 왜 느낌으로 전함이 중요한 것인지를, 느낌의 기전(mechanism)으로 다시 얘기해보자.

느낌이란 의식된 것이며 자기 안에서 일어나고 있는 욕구(need)상태를 여과 없이 잘 드러내 보이는 신호라고 이미 설명하였다.

그런데 정서라는 것은 무의식적이거나 일부는 의식에 직접 연결되지 않은 신경구조에 의해 조절된다. 자극에 대해 자기역동성을 가지는 신경심리증후군이며, 독자적인 생명력을 가진 생존에 필수적인 기제(機制)라고 할 수 있다. 생존에 필수적이라 함은 도피반사처럼 위험상황에서 망설임 없이 신속히 자동적으로 반응하기 때문이다.

예를 들어, 홀로 산길을 걷는데 크고 험악한 늑대가 불쑥 눈앞에 나타났다고 하자. 이러한 위기상황에서 위험에 대한 정보의 전달은 거의 밀리 초(ms는 1/1,000초) 단위로 뇌의 경보센터라고 할 수 있는 편도체로 전달된다. 우리가 눈을 깜빡일 때가 300ms 정도 걸린다니까 그 빠르기를 짐작할 만하다. 편도체의 역할은 앞서 설명된 바 있지만, 달리 표현하면 정서적 반응에 즉각 대응할 수 있도록 준비된 곳이다. 마주친 늑대가 보여주는 날카로운 눈빛과 사나운 이빨, 그 살기등등한 모습은, "아! 늑대다" 하고 의식이 감지하기도 전에, 그 주관적인 두려움이나 공포의 반응은 편도체로 직접 연결되는 것이다.

편도체는 대상이 표현하는 아주 미세한 신호까지도 놓치지 않고 내부 경보를 울려주는 것이므로, 편도체가 손상되면 외부에서 전달되는 몸짓이나 표정과 같은 비언어적 신호에 대한 감수성을 잃게 된다. 따라서 편도체의 손상은 사회적 방향감각의 상실로 이어지게 된다. 신경생리학적 촬영기법으로 의식적인 파악 이전의 이 모든 과정이 편도체에서 이루어짐이 관찰된다(Kaiser, P., 2007).

위기상황에 대한 경보는 전체 신경망에서 다시 정확히 분석된 다음 경보해제라는 명령으로 편도체로 전해져서 억제신호를 보내게 될 때에만 안정을 되찾게 된다. 아주 기분 좋았던 흥분이나 극심했던 스트레스와 같이 편도체의 특별한 관심을 얻은 경험은 세세한 내용이나 주변상황까지 담아 장기기억에 저장될 수 있다.

뇌 속에서 부상과 피해방지를 최소화하며 목숨유지를 담당하는 회피시스템 그리고 쾌락과 즐거움, 안전감 등의 욕구충족과 긍정적인 정서를 목표로 하는 접근시스템은 인류가 진화과정에서 생명유지를 위해 취득한 것이다.

욕구가 있는 곳으로 주의력은 집중되며, 신경·심리적 통제 하에 있는 정서 상태는 주관적 만족을 채우는 방향으로 이동한다. 신경심리학적 인식으로 말한다면, 우리가 말하는 합리성이란 일종의 미신과 같다는 것이다. 그러니, 우리 몸이 신호하는 정서적 현실을 받아들이며 인간관계에서 정서적 역할의 중요성을 인식하여 적극적으로 대응함이 중요한 것임을 다시 인식할 수 있게 된다.

우리의 의식이 지향하는 바와 신경심리도식이 지향하는 욕구가 어긋날 때는 정서적 갈등과 모순된 감정이 생겨난다. 소위 애착이론에서는 정서가 애착반응을 만들어내고 이 반응에 따라 의사소통의 기능이 생긴다고도 한다. 우리들의 정서적인 반응, 특히 나 자신이 가진 느낌의 실체를 알고 상대에게도 잘 전달함이 의사소통에서 얼마나 중요한 지를 잘 이해할 수 있게 된다.

7. 가족 및 부부갈등과 해결

1) 가족갈등

인간사회에서 가장 기초적 인간집단의 출발점이 부부나 가족이라고 할 수 있다. 가족은 애정관계 형성의 출발점이며 안정의 제공처가 되지만, 갈등과 분리의 근원이 되기도 한다. 관련자들의 감정적이거나 심리적인 갈등이 내밀하면서도 장기간에 걸쳐 이루어지며, 설사 재판으로 해결방안이 마련된다 해도 부모-자녀의 관계처럼 신분관계는 청산되지 않은 채 유지되기도 한다.

(1) 가족의 정의

우리말 사전에서는 "가족이란 주로 부부를 중심으로 한, 친족관계에 있는 사람들의 집단 또는 그 구성원"이며, "혼인, 혈연, 입양 등으로 이루어진다"고 정의하고 있다. 혼인, 동거, 출산, 입양 등으로 서로 관련을 맺는 두 사람 또는 그 이상의 사람으로 구성된 집단이 가족이라고 보는 것은 일종의 구조적 측면에서 가족을 정의하는 것이다. 양부모가족, 한부모가족, 이혼부모가족, 무자녀가족, 조손가족, 노인가족 또는 부부와 미혼인 자녀만으로 구성되는 핵가족(nuclear family), 기본적 핵가족에 조부모라든지 다른 근친자(近親者)나 몇 개의 핵가족이 동거하는 생활집단을 이루는 확대가족(extended family), 서로 다른 국적, 인종, 문화를 가진 사람들로 구성된 다문화가족 또는 가족을 권력구조(모권, 부권)의 특성으로 구분하거나 일부일처제, 일부다처제, 일처다부제 등으로 구분함도 구조적 측면에서 가족을 관찰하려는 방법일 것이다.

가족연구의 창시자로 알려진 벌게스(Ernest, W. Burgess, 1968)는 가족을 "상호작용하는 인격체들의 통일체(a unit of interacting personalities)"라고 정의하였는데, 이것은 가족의 상호작용과 기능적 측면을 중요시하는 것이다. 이때 가족이 담당하는 기능이란 ① 친밀한 관계의 근원으로서의 기능, ② 경제적 협조단위(소비 및 생산단위)로서의 기능, ③ 자녀출산과 사회화(socialization)의 기능, ④ 지위와 사회적 역할에 대한 할당기능 등이다(Strong B., DeVault, C., 1992). 지위와 역할할당의 기능은 부모로서 또는 자녀로서의 역할수행을 하면서 습득되며, 가족과의 동일시를 통해 소속 집단의 생활방식에 대한 학습과 문화적 가치와 기대가 형성된다. 이것은 개인적이고 사회적인 정체감을 만들어가는 가족의 기능이다. 핵가족화 내지는 양육책임을 진 부모 모두가 직업을 갖는 등 근래에는 사회환경에 많은 변화가 생기면서 가족이 가졌던 사회화 기능의 다양한 부분이 사회로 이동하고 있음도 간과할 수 없다. 탁아소, 유아원, 유치원, 심지어 TV나 인터넷 등에서도 사회화 기능을 하고 있다.

구브리움 등(Gubrium, Jaber F., Holstein, James A., 1990)과 같은 사회구성주의 학자들은 "가족이란 한마디로 정의를 내릴 수 있는 실체라기보다는 사람들의 삶에서 이루어지는 구성체"이며, "하나의 사고방식"이라고 보았다. 가족이란 것이 어떤 고정된 것이라기보다 실제적 삶에서 끊임없이 구성되고 해체됨으로써 변모해가는 것이라는 것이다. 객관적인 사회적 실체(social reality)라기보다는 친밀한 관계를 묘사하는 하나의 아이디어이고, 사람들이 현실에서 투영시킨 일종의

"투사체(project)"라고도 생각한다. 그러므로 역사와 문화에 따라 다양한 가정(household)의 모습을 띄게 될 것이다. 이런 관점에서 본다면, 애완동물도 가족의 개념에 포함될 수 있다. 저자는 편리를 위해 구조적 측면의 가족정의를 기준으로 가족갈등을 기술하였다.

(2) 가족갈등 원인의 탐색과 해결을 위한 이론과 방법

가족이 자신들이 가진 갈등해결의 방안을 찾기 위해 조정인이나 가족치료자의 도움을 요청할 경우, 전문가의 입장에서는 갈등의 원인과 함께 대상 가족이 갈등을 어떻게 대처하고 있기에 그 해결이 어려운 것인지를 파악하려고도 하는데, 이를 위해서는 그 가족의 기능을 이해할 수 있는 방법이나 설명 가능한 이론이 필요하게 된다.

가족문제를 다루는 많은 이론과 방법들이 있겠지만, 여기서는 가족갈등의 이해와 해결에 도움을 얻을 수 있는 중요한 이론과 방법들로 한정하였다. 니콜스(Nichols, M. P., 2010)의 "가족치료(Family Therapy)"는 매우 탁월하고도 매력적인 저서로서, 필자가 이 단원을 구성함에 있어 근간을 이루는 참고자료가 되었다.

인류 역사상 실제적인 심리치료의 효시는 현대 정신분석의 창시자인 프로이트(Sigmund Freud, 1856~1939)이다. 지금도 대부분의 심리치료가 개인에게 초점을 맞추고 있지만, 프로이트와 그 추종자들은 어린 시절 부모나 가족과의 갈등, 폭력적 동기, 부도덕한 충동, 이기적 욕구, 수치스러운 경험과 공포감 등과 같은 삶의 여러 경험들이 무의식 속에 누적되어 인간행동의 대부분을 결정한다고 보았다. 또한 이러한 경험들이 성장한 이후의 심리적 문제의 근원이 된다고 하였다. 그리고 가족구성원들을 치료에서 배제하여야만 환자의 사생활을 보호할 수 있으며, 구성원에 대한 가족의 파괴적 영향력을 차단함으로써 무의식적이고 내사(內射, introjection, 타인의 기준, 특성 등을 무비판적으로 받아들이거나 자신의 특성으로 동일시함)된 가족을 드러낼 수 있을 것으로 믿었다. 또 사람의 마음은 성적인 본능적 충동으로 이루어진 원초아(Id) 그리고 환경적 요구와 원초아를 중재하는 자아(Ego), 여기에 사회의 도덕적 가치관을 반영해주는 초자아(Superego)로 구성되어 있는데, 이들 심리적 세력 사이의 힘겨루기(정신역동 psychodynamics) 과정을 통해서 인간행동이 결정된다는 이론을 세웠다. 이를 바탕으로, 무의식을 의식화하는 여러 기법(자유연상 free association, 꿈분석 dream analysis, 전이분석 transference analysis, 저항분석 resistance analysis, 해석 interpretation, 훈습 working-through)을 치료에 활용하였다.

자유연상이란 내담자가 편안하게 누워 의식적인 억제를 최소화 하는 자유로운 상태에서 억압된 무의식의 내용을 잘 떠올릴 수 있도록 하여, 떠오르는 생각을 그대로 솔직하게 치료자에게 얘기하도록 하는 방법이다. 전이(transference)란 갈등당사자가 과거에 중요한 어떤 사람에게 가졌던 느낌이나 환상을 치료자에게 무의식적으로 드러내는 것이다. 효과적인 치료관계에서는 치료자의 유도로 형성된 전이관계의 분석은 갈등당사자의 무의식적 갈등과 방어기제를 이해할 수 있게 도움을 준다고 한다. 치료자가 오히려 당사자에게 전이현상을 나타내게 될 때를 역전이(countertransference)라고 한다. 갈등개입자는 중립적 태도로써 전이를 유도하게 되나, 역전이 현상을 완전히 제거함은 실제로 거의 불가능한 것으로 생각되고 있다. 저항분석이란 갈등당사자의 비협조적인 저항행위의 관찰을 통하여 그 저항의 의미를 분석함으로써, 내면에 있는 무의식적 의도나 갈등을 살펴보면서 그 의미를 깨닫게 해주는 방법이다. 해석이란 갈등당사자가 스스로 자신의 무의식적 갈등에 대한 통찰(insight)을 얻거나 이해함에는 한계가 있으므로, 개입자가 당사자의 무의식적 내용들을 종합·분석하여 말해주는 것을 의미한다. 정신분석의 입장에서는 집단을 대리가족으로 간주하거나 가족을 재창조하는 작업으로 보았으며, 집단전체를 다루기보다 개인에게 초점을 맞추었다.

무의식보다 의식적인 자기인식과 인본주의적이고 긍정적 인간관을 중시하게 된 것은 인간중심치료(person-centered therapy)이론에 기반한 로저스(Carl Rogers, 1902~1987)주의자들로부터 시작되었다. 그러나 이들도 가족들을 상담에서 배제함이 내담자에게 무조건적인 긍정적 존중과 신뢰관계(rapport)를 유지함에 유리하다고 생각하였다.

그런데, 1950년대에 들어 가족은 하나의 체계이며, 가족구성원의 개별적인 문제가 전체 가족과 많은 관련을 가지고 생겨남을 발견하기 시작하였다. 전체 가족을 관찰하면 가족과 그 구성원이 가진 문제를 이해할 수 있게 된다는 점을 알게 되었던 것이다. 1960년대의 가족치료자들이 "이것을 보라(Look at this!)"며 흥분했던 것이 바로 이 점이었다. 당시의 주도적 접근이론은 팰로 앨토(Palo Alto, 미국 샌프란시스코 남동쪽에 있는 도시명)에서 가족역학과 정신분열증을 연구하던 베이트 슨(Gregory Bateson, 1914~1980) 등에 의해 개발된 의사소통모델(communication model) 이었다. 그들은 가족형성을 방해하는 것은 애매모호한 의사소통이며, 이러한 병 리적 행태는 보이지 않는 힘의 싸움에 의해서거나(Jay Douglas Haley, 1923~2007) 수 용 받지 못한 감정을 숨기려는 욕구 때문(Gregory Bateson 등)이라고 설명하였다.

또한 과학발전의 결과로, 진리라는 것도 객관적 관찰과 측정으로 밝혀질 수 있는 것이라는 믿음과 우주의 법칙도 그 작동기전이 곧 드러날 것이며, 이때는 인간이 환경을 지배할 수 있을 것이라는 근대주의(近代主義, modernism)적 인식 하에서, 가족문제의 해결에서도 이러한 인식을 그대로 드러내 보였다. 대상가족 들이야 어떤 방식으로 생각하던, 구조적이고 전략적인 청사진을 이용하면 가족 의 암호화된 신호를 해독하고 다시 프로그램화 할 수도 있다고 생각했다. 전문 가의 할 일이 바로 이것이라고 으스대기 시작했다. 1970년대 들어와서 여러 학 파들은 각자의 영역에서 자기 역량을 드러내게 되면서, "내가 할 수 있는 걸 보 라(Look what I can do!)"고 의기양양하였다. 주로 구조주의 이론(structural theory)의 황금기에 나타난 일이었다. 이 시기로부터 1980년대로 넘어오면서 전략적 치료 (strategic therapy)의 전성기를 맞게 되었다. 앞서 언급한 MRI의 단기치료연구 집 단의 변화의 전술(Watzawick, Weakland, Fish 등의 "The Tactics of Change, 1976)과 헤 일리(Jay Haley)의 문제해결 중심적 치료(problem-solving therapy) 및 밀란 학파(Milan School)의 역설과 반역설(paradox and counterparadox)의 기법 등이 여기에 포함된다.

이러한 자기과신과 오만은 다시 반발을 불러왔으며, 또한 진리를 가지고 있 다고 공언하는 사람들 간에서도 갈등이 초래되었다. 이것은 진리의 타당성에 대 한 신뢰의 상실로 이어졌다. 보편적 이론이나 사상체제 해체의 주장, 절대주의 적 사고나 신념의 붕괴, 권위주의적 제도나 행동에 대해 저항을 나타내는 것이 소위 후기근대주의(postmodernism)적 사상이다. 미셸 푸코(Paul Michel Foucault, 1926 ~1984)와 같은 프랑스의 철학자는 현재까지 발달된 기법이나 지식들이란 것이 개발자들의 편향된 관점을 반영시킨 사회적 관습이며 권력구조의 유지와 대안 적 목소리를 배제시키려는 시도라고도 주장하였다. 여성주의자(feminist)들은 기존 의 체계이론 자체를 흠결을 가진 기계처럼 몰아간 대표적인 주자였다.

1990년대 이후가 되면서 세상의 모든 것이 급변하였으며, 파별적이고 독단적이거나 차별화 된 학파적 나눔이나 체계이론에 전적으로 집착하는 현상도 거의 사라지게 되었다. 분파주의가 쇠퇴하고 정통성이나 경계도 무너졌다. 또한 21세기를 맞으면서, 서로 다른 기법을 빌려오기도 하였고 문제에 따라 개인이나 가족에게 적합한 이론과 기법이 선별적으로 활용되기 시작하였다. 특히 뇌신경과학의 발전과 진단기술의 향상은 사람들의 행동과 정서적 반응에 대해서도 새로운 발견들과 해석을 불러왔다.

이런 흐름을 염두에 두고서 가족의 이해와 접근에 도움이 되는 몇 가지 중요 이론과 기법 등에 대해서만 활용 측면과 연계하여 좀 더 설명을 붙이기로 한다. 단, 해결중심이나 이야기적 접근 등과 같이 이미 조정에서 다룬 내용은 제외하였다.

1950년대 후반부터 형성되기 시작한 체계로서 가족에 대한 이해에 도달하게 된 것은 여러 학자들의 누적된 연구의 결실이다. 가족에 대한 이해를 위해 노력하던 중, 학자들은 가족역동이 소집단(small group)과도 유사함을 관찰하였다. 집단이란 구성원들의 여러 성격특성들이 얽혀있는 복합체이지만 집단 자체의 특성까지 공유하고 있다. 그런데 가족집단은 낯선 사람들이 주된 구성원일 수도 있는 일반적 집단과는 달리, 얼굴을 맞대면서 오랜 시간을 함께하였으며 헌신과 특별한 위계질서와 응집력(family cohesion)을 가지고 있다. 다른 집단과 유사성도 있지만 분명한 차이가 있는 집단이란 의미이다.

가족구성원들의 정서적 결합 정도가 그들의 생존과 번영에 결정적인 능력인 것으로 간주하고서, 가족응집력이란 개념을 가족집단에 도입하여 다른 집단과의 차별화를 시도한 것은 리치몬드(Mary Richmond, 1917)였다. 집단에 대한 중요도, 경계선과 구조, 습관과 관습에 따라서 집단의 지속성(group's continuity)이 결정된다는 맥도글(William McDougall, The Group Mind, 1920)의 연구나 1940년대 레빈(Kurt Lewin)의 장이론(field theory, 1954)과 게슈탈트학파(Gestalt school)의 이론에 근거한 "집단은 부분의 합보다 크다(the group is more than the sum of its parts)"는 생각도 가족을 집단의 하나로 이해함으로부터 시작된 것이다.

가족을 포함, 집단에 소속된 구성원들은 적절한 자기만의 생활공간을 찾기 위해 서로 경쟁한다는 전제를 하게 되면, 개인의 욕구 간에 파생되는 긴장과 갈등은 집단생활에서 피할 수 없는 것이다. 개인이나 집단 모두가 익숙하거나 고정된 신념 등을 해체한 다음에야 행동변화의 수용도 가능해질 것이지만, 개인과는 달리 집단이나 가족은 그 구성원의 증상이 어지간히 심각하기 전에는 쉽게 삶의 방식을 바꾸지 않는다는 특징도 있다. 따라서 가족을 변화시키기 위해서는 더 많은 노력이 필요하다고 주장된다.

집단역동(group dynamics)을 추종하는 학파의 일원이었던 바이온(Wilfred Ruprecht Bion, 1948)도 집단이란 자체적 역동과 구조를 가진 하나의 총체(a whole)라고 규정하였다. 집단은 개체를 넘어서 전체 역동에 따라 움직인다는 것이다. 집단과정은 사회 상호작용의 근본적인 특징이자 변화를 위한 중요한 수단인 것이다. 그리하여 대부분의 집단은 맞서 싸우거나 도망(fight-flight)을 치며, 아니면 의존(dependency)을 하기도 하고, 또는 상황에 따라서 편 가르기(pairing) 식으로 자신의 욕구를 만족시켜줄 수 있는 방법을 통하여 수행업무의 변환을 꾀하려 한다고 가정하면서, 이것을 가족에게도 적용시켰다.

가족이 개입자에게 취하는 태도를 보면, 더러는 갈등에 개입하려는 제3자를 회피하거나 변화를 거부하려고도 한다. 프로이트식으로 말하면 구성원들은 성장과정에서 무의식적으로 형성된 태도가 반복되면서 집단 내 전이(transference)와 동일시 현상이 생겨나서 조정인 혹은 치료자 등이 개입하면 조정인에게 침묵하거나 적대적으로 나온다는 것이다. 이것은 구성원들이 가진 불안 때문이기도 한데, 어떤 가족은 이 불안감을 누르지 못해 구성원의 어느 누구를 끊임없이 비난하며 조정현장을 싸움터로 만들기도 한다. 또는 자율성을 잃고서 맹목적으로 조정인에게 의존하기도 하며, 가족끼리 편 가르기도 한다. 따라서 가족갈등에 개입된 조정인은 가족집단에 속한 갈등당사자들의 이러한 역동들을 이해하고 있어야 한다. 이 상황에서 조정인이 갈등당사자들이 "무엇을 얘기하고 있는가?"라고 하는, 그 내용(content)에만 몰두하게 되면, 흔히 "어떻게 얘기하는가?"라고 하는, 과정(process)에 대한 주의를 잃기 쉽다. 조정인이 현장에서 잘못된 발걸음을 내디딜 수 있는 순간이다. 레빈의 관점에서 얘기하자면, 조정인은 지난 역사를 고려하기보다 지금-여기(here and now)에 집중해야 하며, 가족들이 나누는 얘기의 내용보다는 어떻게(how) 말하는지에 더 관심을 가져야 한다는 것이다.

정신분석이나 집단역동의 이론가들이 창안한 역할이론(role theory)도 가족갈등을 다룰 때 활용성이 높다. 역할에 대한 기대는 복잡한 사회적 상황에 규칙성(regularity)을 가져온다. 그런데 특히 가족과 같은 집단구성원일 경우, 구성원들은 남편이나 아내 혹은 자식이라고 하는 역할기대도 있지만, 현재 그 역할을 하든 않든 간에 구성원 각자의 역할이 실제로 다양하다. 아내이지만 어머니이고 딸일 수도 친구일 수도 있으며, 직장에서는 중요 책임자일 수 있다. 따라서 구성원에 대한 역할규정이 경직된 집단에서는 특정 역할만 강요함으로 인해 집단의 위축을 가져올 수 있고, 반대로 감당할 역할이 너무 많으면 과부하도 걸릴 것이다. 어떤 형태이든 구성원이 역할선택의 갈등에 시달리게 됨은 집단을 불행하게 만드는 요인의 하나가 된다. 그럼에도 대부분의 집단이 역할에 대한 고정관념이 있으므로, 집단구성원이 특징적 행동양상을 가지는 것도 일반적으로 관찰되는 양상이다.

스피겔 등(Kluckhohn and Spiegel, 1954)도 가족의 기능 중에서 역할의 중요성을 강조하였는데, 역할은 독립적이기 보다 상호보완적으로 이루어지며 가족구성원은 서로 상호작용을 조정하는 것으로 생각하였다. 예를 들어 증상을 지닌 자녀들은 부모의 갈등에 깊이 관계되어 있는 반면, 증상이 없는 자녀들은 부모들의 갈등에 직접적으로 관여 되지 않고 있다고 했다. 특히 증상을 가진 자녀들은 무의식적으로 부모와의 동일시 욕구가 크며, 따라서 부모들이 무의식적으로 원하고 있는 것들을 행동화하게 된다고 한다. 이렇게 생겨난 자녀들의 문제행동은 부모들이 가지고 있는 갈등의 완화에 도움을 주며, 결과적으로 부모를 방어하게도 된다는 설명이다.

사티어(Virginia Satir, 1972)가 가족의 역할을 회유형(placating type), 비난형(blaming type), 산만형(irrelevant type), 초이성형(super-reasonable type) 등 상호적이고 보완적인 역동을 가진 집단으로 구분하려 했음도 이러한 맥락에서인데, 가족의 건강성을 구성원 간의 의사소통이 기능적인지 혹은 역기능적인지에 달려있는 것으로 해석한 것이다. 의견을 인정하고 공유하면서 자유롭게 소통하면서 변화를 성장의 기회로 삼는 것이 기능적인 것이고, 폐쇄되고 경직된 소통방식은 역기능적이라고 할 수 있다. 가족 내 스트레스나 갈등이 심해져서 가족이 해체의 위기를 맞는 순간 구성원들은 역기능적이고 방어적인 태도를 취하게 된다. 사티어가 말하는 역기능이란 병리를 의미하는 것은 아니다. 역기능적이고 부정적인 의사소통

유형의 밑바닥에 놓여 있는 것은 자신에 대한 부정적 인식과 낮은 자존감인데, 이 때문에 자신들의 느낌을 정직하게 말하지 못한다. 프로이트는 부정적인 정서를 무시하고 합리화 하는 것 자체가 자신이 가진 문제의 본질과 직면하는 기회를 잃게 하는 것이므로, 고통스러운 정서와 접촉하는 그 자체만으로도 심리치료가 가능하다고 했다.

사티어는 가족치료 분야에서 매우 중요한 공헌을 한 학자이며 그의 이론은 갈등조정에서도 활용할 내용이 많으므로 이론적 내용을 좀 더 언급할 필요가 있다.

사티어는 경험주의적(또는 체험적) 가족치료(experimental family therapy)이론을 발달시킨 학자인데, 그 이론적 출발점은 가족문제의 원인은 정서적 억압에 있으며 개인의 성격과 가족의 조화를 촉진시키는 가장 좋은 방법은 정서적 충동을 자유롭게 해방시킴에 있다고 하였다.

가족체계 이론가들은 의사소통과 상호작용을 촉진시키는 방법을 사용하지만, 경험주의자들은 가족의 상호작용이라는 것은 방어기제와 투사의 그림자에 불과하므로 가족의 성공적 변화를 위해서는 가족의 역동성보다는 개인이 경험 속에 놓여있는 진정한 정서적 경험을 드러내도록 도와야 한다고 강조한다. 이것은 대단히 중요한 관점인데, 개인이 느낌에 초점을 맞출 때 무엇을 생각하고 느끼는지, 무엇을 원하고 두려워하는지를 알 수 있게 되며, 내적 경험에 깊이 닿게 되어 방어적인 태도에서 벗어나게 되며, 이때 보다 정직하고 진솔하게 서로를 대할 수 있게 된다고 한다. 두려움이나 불안, 절망감, 무력감, 외로움을 가진 사람은 더 이상 다른 사람에게 관심을 가지지를 않는다. 숨기고 싶은 부정적 감정뿐 아니라 회상, 바람 등과 같은 감정을 드러내면서부터 가족은 결속력을 높이게 된다고 설명한다. 예를 들어 애착관계가 불안정하게 형성된 사람은 자신의 약한 면을 드러내는 정서표현을 두려워한다. 그러므로 가장 애착관계를 원하면서도 현실에서는 상대를 밀어내는 형태를 취한다. 애착은 인간의 본능적 의존성향에 뿌리를 두고 있으므로, 사람들에게 안전기반을 제공하여 정서적 표현을 조정하는 능력과 자신감을 준다. 따라서 애착에 대한 위협은 화를 불러오고 점차 항의, 집착, 절망으로 몰아간다. 자신의 애착행동에 대해 반응을 얻지 못하면 이탈과 분리가 생겨난다(Bowlby, 1969). 경험주의 가족치료에서 증상완화를 일차적 목표에 두는 것이 아니라 개인의 경험확장과 통합으로 감정적 메마름을 해소하려 하는 것도 이런 이유에서이다. 관계를 속박하고 자존감을 약화시키는 역할이 어떠한 것인지를 규명하고 이러한 지배력에서 벗어나도록 도움을 주려는 것이다. 가족구성원들을 변화시키는 획기적인 방법은 보다 가까워지고 친밀해지기 위해서 분리되고 벗어나고 화가 날 때에도, "위험을 무릅쓴(risk)" 도전을 하도록 지지한다(Napier, A. Y. and Whitaker, C. A., 1978).

사티어가 말하는 가족문제 개입자의 역할이란 가족구성원이 자기존중감을 높이며 자신의 행동을 객관적으로 명료하게 볼 수 있는 상황을 만들도록 도와주는 것이다. 가족구성원들이 자신들의 장점과 과거성취에 대한 인식, 가족역사의 이해와 가족경계를 명료하게 만들어 불안과 방어의 필요성을 감소시키고, 가족 간의 차이를 인정하여 그것이 가족성장의 동력이 되게 함이다. 가족이 서로 정서적인 측면을 간과하지 않고 느낌 표현을 잘 하도록 하면서, 서로 수용하는 따뜻한 분위기를 조성해주어, 가족이 서로의 두려움, 실망, 외로움, 희망과 열망을 나눌 수 있게 된다면 가족구성원들은 다시 좋은 관계로 연결될 수 있게 될 것이라고 강조한다.

경험주의적 치료에서 사용되는 기법들을 보면, 과거의 사건이나 그 장면을 재조명하고 가족생활에 대한 개인의 이해와 가족소통을 돕기 위해, 놀이치료 형태와도 유사한 여러 표현기법들을 사용한다. 매우 유용한 기법들이 많이 있는데, 가족조각하기(family sculpting), 가족함께 그림그리기(cojoint family drawing)나 함께 낙서하기(joint family scribble)와 같은 가족미술치료(family art therapy), 가족인형극(family puppet interview), 게슈탈트 기법(Gestalt : 빈의자기법 empty chair이나 역할극 role play), 동물로 얘기하기(animal attribution storytelling technique) 등이 흔히 활용되는 기법들이다.

예를 들어, "가족의 한 사람으로서 당신의 모습을 그려보세요"라고 가족 각자에게 가족그림을 그리도록 한 다음 가족 공동그림으로 엮어보게 하면, 전혀 생각하지 못했던 새로운 가족의 관점을 노출하거나 자극할 수 있다. 빈 의자 기법은 치료에 참여하지 않은 사람을 포함시키는 방법인데, 어떤 사람을 "빈 의자"로 의인화 하여 이야기 하도록 한다. 역할놀이는 실제의 경험을 바탕으로 현재의 느낌을 역할극을 통해 노출시키는 것이다. 가족인형극은 가족구성원 중 한

명에게 인형을 이용하여 가족이야기를 구성해보도록 하는 것이다. 동물로 얘기하기에서는 가족구성원을 나타내는 각각의 동물들을 선택하고 그 동물에 대해 얘기하도록 함이다. 예로 제일 어린 어떤 가족원에게 "엄마(아빠, 등)가 동물이라면 어떤 동물일까?" 등으로 시작하여, 각 가족원들에게 동물의 이름을 붙이게 한 다음, 각 특성을 가진 동물들이 한데 모여 어떤 일이 생겨나는지를 이야기로 만들면, 가족구성원 간의 갈등을 객관적인 눈으로 보며 성찰할 수 있게 한다.

둘 등(Fred Duhl and David Kantor, 1973)이 고안하고 사티어에 의해 발전된 가족조각하기는 가족 전체의 관계를 마치 조각가들이 조각을 만들어 가듯이 가족구성원들을 다양한 신체적 자세와 위치, 거리 등의 공간 속에 위치시키도록 하는 것이다. 진행자가 가족조각을 강제해서가 아니라 가족원 스스로 배열하도록 하는데, 언어의 사용 없이도 가족의 경계, 상호작용, 삼각관계 등의 가족체계가 드러나게 된다. 언어로 표현될 때의 저항, 회피, 거짓말 등이 방지될 수 있고, 만들어진 조각을 통해 가족 모두가 구성원들 간의 거리감(또는 친밀감, 상하관계, 소외감, 결속감)과 역동을 파악할 수 있게 된다. 대리인을 통해 가족조각을 하거나, 집단이 참가하는 경우라면 다른 참가자들을 대리가족으로 활용할 수도 있다. 가족구성원들이 가족을 그렇게 위치시킨 데 대한 느낌을 말하도록 하고 여러 가지 질문을 통해 그 의미와 영향과 결과들을 함께 토론도 하면서, 변화되기 원하는 방식으로 다시 세우게도 한다.

가족조각하기와 이론적으로는 다르나 형태적으로는 매우 유사한 기법이 가족세우기(family constellation)이다. 한 때 예수회 소속 가톨릭 신부였던 헬링어(Bert Hellinger, 1925~)에 의해 고안된 방법인데, 가족 한 명이 나와서 자신이 인지한 대로 적절한 거리와 위치에 가족원을 세운 다음(필요할 경우, 재배치 가능), 세워진 가족구성원에게 각자의 느낌을 말하게 하고, 조정인도 관찰자로서의 느낌과 관점을 말할 수 있다. 아울러 말한 느낌을 토대로 변화에 대한 소망을 이야기 하도록 하며, 가족원의 동의 하에서 조정인은 만족할만한 위치로 가족들을 다시 세운다. 만일 가족세우기에 참여한 사람이 그 결과에 만족하면 종결한다. 가족조각하기에서는 실제 가족을 세우는 것이지만, 가족세우기에서는 대개 대리인을 세우며, 가족조각하기에는 사용하지 않는 교육적이고 지시적인 문제풀이식 질문을 하기도 한다. 실제 가족을 세우면 가족역동의 영향을 받아 객관성이 떨어지고 진행도 효과적이지 못하다고 한다. 가족세우기는 다세대적 관점에서 출발하지만, 가족조각하기는 성장중심의 관점에서 가족원을 대한다는 차이점이 있다.

이상 열거한 여러 경험주의적 접근이론과 기법들 및 이에 유사한 방법들이 실제 갈등의 해결이나 조정현장에서 이용됨이 비록 일반적이지는 않으나, 가족 갈등이나 집단 또는 조직의 갈등을 다룰 때, 상황에 따라서는 그 이론의 적용이나 기법의 활용을 고려해볼만하다.

초기의 학자들에 의해 가족 안에서의 심각한 불안정성과 갈등양상과 같은 병리현상이 가족의 의사소통과 연관되어 있다는 주장은 이미 언급한 바가 있다. 부부분열(marital schism)과 부부왜곡(marital skew)도 그 예의 하나이다. 이러한 바람직하지 못한 현상들은 모두 자녀들의 발달에 심대한 영향을 준다(Theodore Lidz 등, 1957). 부부왜곡이란 말은 부부 간에 힘이 편중되어 있거나 혹은 어느 편이 우위에 있어 다른 편이 상대적으로 심한 의존상태를 보이는 경우이고, 부부분열(혹은 부부분파)이란 부부가 서로의 가치를 격하시키고 자녀들에게는 충성과 애정을 얻기 위해 경쟁을 벌이는 행태를 말한다.

가족의 상호작용의 관계에서 생겨나는 이러한 병리적 현상 중, 특히 정신분열증(조현병, 調鉉病, schizophrenia)은 이전부터 여러 학자들의 관심과 연구의 대상이 되어 왔다. 특히 정신과 의사였던 보웬(Murray Bowen, 1913~1990)은 정신분열증을 가진 가족구성원과 그들의 가족관계의 연구에 깊은 관심을 가졌던 사람이며, 가장 포괄적이고 확장된 가족체계이론을 확립한 학자이다. 현재 정신분열증의 원인은 유전적 경향성이나 뇌의 구조적 혹은 기능적 이상, 도파민과 같은 신경전달물질의 불균형 등이 거론되고도 있다. 뇌파검사에서는 전두엽 기능 불균형이 매우 심하게 나타나는 질환이다. 물론 뇌의 이상으로 인한 것과 정서적 원인과는 분명히 구분되어야 할 것이나, 기질적 취약성을 가진 사람들이나 특별한 정신적 충격(외상)이 정신분열증을 촉진한다고도 얘기한다. 아무튼, 보웬이 보는 정신분열증에 대한 관점은 인간이란 상호관계에서 정서적으로 반응하려는 경향을 가지고는 있는데, 정신분열증에서는 그러한 자연적 현상을 넘어서는 과장된 형태의 공생(symbiosis)관계라는 것이었다.

보웬은 어머니들과 정신분열증 자녀들 사이에서 서로 가까워지려 함(closeness)이나 거리를 두려고 함(distances)의 순환(cycles)이 어떻게 생겨나는지를 연구하였는데, 쫓는자-도망자의 역동(pursuer-distancer dynamic)으로 설명하였다. 자녀는 정서적 안전감과 부모와의 연결감으로 생존의 힘을 얻게 되지만, 부모의 과잉보호가 숨이 막히는 위협으로 느껴진다면 생존을 위해 도망치려 할 것이고, 반대로 지속적인 보호가 부족하여 소홀하게 취급당한 경험을 가진 자녀는 자신을 돌보아줄 사람을 찾아 계속 쫓아다니는 경향을 보이게도 될 것이다.

즉, 미분화된 가족자아집합체(undifferentiated family ego mass)에 정신분열증이 자리 잡게 되며, 이것은 핵가족을 넘어 제3세대까지 확장된다고 하였다. 여기서 미분화니 자기분화(differentiation of self)니 하는 용어는 정서적 삼각관계(emotional triangles), 정서적 단절(emotional cutoff), 핵가족의 정서체계(nuclear family emotional system), 가족투사과정(family projection process), 다세대전수(multi-generational transmission process) 등과 함께 보웬 이론의 중요 개념을 이루며 가족의 역기능을 이해하는 데도 매우 유용하다.

자기분화는 보웬 이론의 가장 핵심적인 개념으로, 정신내적 개념인 동시에 대인관계적 개념이다. 원가족(family of origin) 구성원들로부터 심리적으로 독립을 이루면서도 친밀한 관계를 유지하고자 하는 능력이기도 하므로, 자기분화를 이룬 사람은 내외적인 정서적 압력에서 자동적으로 반응하지 않으며 불안에 직면하더라도 유연하고 현명하며 통제적 행동능력을 가진다. 정신적으로 건강한 사람은 가족과 관련된 갈등에서도 자신의 사고와 감정을 잘 조절하고 균형을 유지할 수 있게 될 것이며 친밀한 관계에서도 개체성을 잘 보존할 수 있다. 미성숙한 사람은 자주성과 정체감의 부족으로 맹종하거나 반항하며 충동적 반응을 보이게 되는데, 그것은 정신에너지를 분출해낼 출구(cathexes)가 별로 없으므로 유연성의 발휘나 반응의 조절능력이 떨어지기 때문으로 해석한다.

보웬은 가족 내에서 두 사람의 관계는 불안정하므로 스트레스 상황에서는 자동적으로 가족 내의 어떤 다른 구성원을 끌어들여 삼각관계를 만든다고 하면서, 삼각관계는 관계에서 가장 작은 안정된 단위라고 했다. 가족구성원들이 다른 구성원에 대해 불평을 하는 것은 흔히 있을 수 있는 일이나, 이것이 일상적인 모습이 된다면 삼각관계화의 과정이 파괴적이게 된다고 했다. 관계구조로서는 삼각관계(triangle)이고 반응적 과정으로 보면 삼각화(triangulation)라고 할 수 있다(Guerin and Guerin, 2002). 삼각관계에서는 두 사람이 제3자의 행동에 묶여 있으므로, 각자의 행동은 자립적이라기보다 제3자의 행동에 대한 반응적 행동인데, 불안(anxiety)이 삼각관계에서 가장 중요한 영향요인이 된다고 하였다. 불안으로 인해 다른 사람과 더 가까워지려고도 하지만, 반대로 거리를 두려고도 한다. 불안에 따라 반응하는 사람일수록 상대를 받아들이기 어려워하며 차이에 따른 양극화 경향이 커진다. 삼각관계가 형성되면 두 사람이 문제해결을 위해 직접소통하기보다는 다른 구성원과 연합하여 한쪽을 고립시키는 형태를 취하게 되는데, 만약 제3자가 지속적으로 두 사람 관계에 개입한다면 삼각관계가 가족 안에서 굳어지게 되고, 마침내 가족관계는 파괴된다고 설명한다. 인간의 모든 관계는 제3자의 그늘에 가려져서 명확히 드러나지 않고 있다고도 할 수 있는데, 대부분의 가족갈등에서도 삼각관계의 특성이 있으므로, 가족갈등을 다룰 때 갈등당사자만을 대상으로 한다면 그 효과가 제한적이라는 것도 이러한 이유에서다.

보웬은 핵가족만 보는 것으로는 불충분하며, 전체 가족이 다 참가하지 않아도 되나 전체 가족을 염두에 두고 가족문제를 다루라고 권고한다. 가족 간에 정서적인 불편감이나 갈등이 반복되거나 지속되면, 어떤 가족구성원이 가족을 떠나거나 대화를 회피함으로써 가족관계의 단절을 초래하는 행동을 하게 되는데, 이것을 정서적 단절이라고 하며, 흔하게 볼 수 있는 행동이기도 하다. 그러나 가족관계에서 미 해결된 문제는 결국 다른 인간관계로 전이되는 결과를 가져온다. 정서적으로 단절된 사람들이 결혼하면 서로 자신들의 욕구를 투사하여 부부 간에 융합(fusion)을 이루게 되며, 이러한 융합은 불안정하므로 또 다른 문제를 불러오게 된다.

부부와 자녀로 구성된 핵가족 관계에서의 가족갈등으로 인한 불안은 부부 간의 책임전가와 비난, 정서적 거리두기 그리고 부부 간 갈등의 심화에 이어 부부 중 어느 한 사람의 신체적 또는 심리적인 역기능까지 초래할 수 있으며, 부부가 자신들의 불안을 자녀들에게 투사하게 되면서 자녀문제를 불러오는 역동이 나타난다. 이때 문제의 강도는 미분화의 정도, 원가족과의 정서적 단절 크기, 체계 내의 스트레스 수준에 따라 달라진다.

부모가 자신들에게 모자라는 분화문제를 자녀들에게 전달하는 과정을 가족투사과정이라고 한다. 남편과 거리감을 가지고 있는 아내가 특정 자녀에게 과도한 애착을 보이는 것은 불안으로 속박된 관심이며, 이로 인해 남편 역시 자신의 불안을 덜 수 있기 때문에 아내의 과도한 자녀관여를 허용한다. 이러한 역동으로 아내와 남편은 자신들의 불안감으로부터는 벗어날 수 있을지 몰라도 그들 간의 거리감은 더욱 강화된다. 자녀들도 더 큰 문제를 드러냄으로써 부모들의 관심을 집중토록 하려는 심리적 역동이 생겨나며, 결과적으로 역기능적인 가족유형이 더욱 공고하게 될 것이다. 부모의 입장에서 문제라고 여겨지는 자녀의 증상이란 것도 사실 자녀문제라기보다는 그 근원은 가족 내의 긴장에서 오는 것이라고 말한다.

부모의 낮은 자기분화수준이나 만성적인 불안이 여러 세대를 이어 후손에게 전달되거나 강화되는 과정을 다세대전수과정이라고 하는데, 분화가 낮은 자녀는 스스로 사고하기보다 타인에게 의존하여 반응하며 또한 자신과 비슷한 분화수준의 배우자를 고르게 되며, 만일 배우자가 부모보다 덜 분화되어 있으면 새로 형성된 가정의 불안수준은 더욱 높아질 것이라고 하였다.

출생순위(sibling position)도 자녀의 가족정서과정에서의 역할과 가족의 일반적 특성을 예측 가능하게 한다고 말한다. 형제들 간의 경쟁의식은 자연스러운 현상으로 설명될 수 있지만, 삼각관계의 측면도 있다. 서로 경쟁하면서 위치와 역할을 찾고 생존을 위한 전략을 탐색하는 과정은 성격형성에도 영향을 주는데, 장남들은 권력과 권위를 더 추구하는 경향이지만 차남들은 탐험가이고 인습타파주의자이며 이단자일 가능성이 높다고도 한다. 근래 연구에서 형제 출생순위가 성격에 미치는 영향이 유의미하지 않다는 보고도 있다(Julia M. Rohrera 등, 2015).

보웬 학파는 사람을 변화시키려거나 문제해결에 관심을 가지기 보다는 당사자가 자신의 문제를 스스로 책임지며 자신과 타인들과의 관계학습의 기회로 삼도록 도움을 주는 것을 개입목표로 삼는다. 당사자들의 불안을 경감시키고 자신에게 초점을 맞추도록 함으로써, 스스로의 적극적인 노력으로 대인관계나 가족문제에서 차지하고 있는 자신의 역할이나 정서적 반응성의 유형과 역동적인 삼각관계망을 탐색하고 직면하며 조정할 수 있는 능력을 가질 수 있도록 조력한다. 사고와 감정을 구별하는 능력을 발달시키며, 행동보다는 이해가 바로 관계문제를 해결하는 통로임을 알게 하는 것이다.

보웬은 가족문제의 해결에서 기법(techniques)에는 별 관심을 두지 않았으며(disdain), 공식화된 개입방법에 의존하는 것도 달갑지 않게 생각했다. 무엇보다 가족체계의 작동에 대한 이해가 어떤 형식적 기법보다 중요하다는 의미이다. 그럼에도 만일 가족문제의 해결에 필수적 기법이라고 할 만한 어떤 마법의 탄환(magic bullet)이 있다면, 그것은 과정질문(process questions)과 관계실험(relationship experiment)이라는 두 가지라고 했다.

과정질문은 마음을 진정시키고 불안을 감소시키며, 사람들의 내면에서나 두 사람 사이에서 어떤 일이 일어나고 있는지, 대인관계문제에는 어떻게 개입되어 있는지를 찾고 생각하도록 하면서, 처한 상황에 맞추어 도움을 주도록 하는 질문이다. "딸이 데이트하러 갈 때면 어떤 마음이 들지요?", "그것이 어떤 식으로 나타나는가요?", "다른 가족에게는 그것이 어떤 영향을 주었는지요?" 식이다. 질문 외에도 때로는 도전(challenge), 직면(confront), 설명(explain)을 사용하기도 하며, 편지를 쓰게 하거나 삼각관계를 벗어날 수 있도록 고안된 과제(tasks)를 부여하기도 한다.

관계실험은 가족 내 문제가 지속되는 것은 어떤 가족구성원의 행동보다는 그 행동에 따른 다른 가족들의 반응에 달려있다는 것을 깨닫도록 하는 것인데, 평소 자신의 충동대로 자동적인 반응을 하지 않을 때는 어떤 상황이 생기는지를 경험토록 함으로써, 충동적인 감정적 반응을 하지 않는 능력을 발전시킴에 있다.

그 외, 사정(査定, assessment)과 가계도(genogram), 탈삼각화(detriangulation), 코칭 등의 기법이 활용된다. 사정이란 현재 제기되고 있는 문제와 관련된 확대가족의 생활주기에 따른 사건과의 관계(부부의 만남, 구혼, 결혼, 자녀양육, 거주지와 이사, 출생과 순위, 아동기 중요 사건, 부부의 과거현재 기능 등)에 대한 날짜별 제반 역사적 서술과 검토이다. 이들 정보는 가계도로 옮겨져 집약될 수 있다.

가계도는 적어도 3대에 걸쳐 기록되는데, 가족구성원들의 구조와 관계가 잘 드러나는 그림이다. 가족의 구조(family structure)를 마치 직장의 조직도를 만들 듯이 그려놓고(도식화 mapping), 소위 중심인물이나 드러내고자 하는 특정인물(identified person: ID) 또는 지표인물(index person)을 중심으로 그와 관련된 가족정보를 기록한 다음(recording family information), 이를 근거로 가족관계(family relationship)까지를 상세하게 그림에 옮겨 기술(delineating)하는 단계로 진행한다. 그림은 상징적 표시(symbol)를 사용하는데, 여러 사람들 간의 정보교환의 효율성과 활용성을 높이려면 통일된 것이라야 할 것이다. 예를 들어, 남자 □, 여자 ○, 임신 중인 아이 △, 애완동물 ◇, 신체적 혹은 심리적 질병상태(남자의 경우 ◪), 약물남용(여자의 경우 ◕) 등의 통일된 상징이 권장되고 있으며, 중심인물(또는 특정 인물, 지표인물)은 여자는 원을, 남자는 네모를 겹쳐 표시(여자 중심인물은 ◎, 남자 중심인물은 ▣)한다. 부부에서 남자를 왼쪽에 위치시켜 선(—)으로 연결시키며, 사망자는 해당자의 상징 안에 ×표시를 한다(남자라면 ☒). 얻은 정보로부터 관계를 도식화할 때도 //는 이혼, /는 별거, 밀애라든지 비밀의 동거관계 등 가족비밀은 ▲로 표시한다. 가족정보는 인구학적 정보(연령, 출생일, 사망일, 거주지, 직업, 교육수준 등), 기능적 정보(의학, 정서, 행동적 양상), 및 중요 가족사건(중요 전환적 사건, 관계변화, 이사, 성공과 실패) 등을 기술한다. 그림에는 지표인물의 나이와 혼인일자, 이혼, 사망, 부모와 자녀의 나이 및 갈등, 단절, 친밀관계 등의 정보가 한 곳에 잘 표현될 수 있어, 가족의 역동을 한 눈에 파악할 수 있게 한다. 부부나 가족관계의 갈등뿐 아니라, 집단의 갈등을 다룰 때도 이런 형태의 그림은 갈등의 역동파악에 매우 유용한 자료로 활용될 수 있다(McGoldrick, M. 등, 1985, 2008; 그림 13).

상대의 말을 잘 듣기보다는 정서적 충동에 따라 방어적으로 반응하려는 경향을 자기분화와 불안을 통해 설명하면서, 성숙한 자기통제의 방향을 제시한 점은 보웬이론의 유용한 내용이다. 그러나 개입자가 가족과의 삼각관계에 빠지는 것을 경계하여 가족과 어느 정도 거리를 두려한다거나, 가족들끼리 대화하게 하기보다는 개입자가 가족의 각 구성원과 직접 대화함으로써 핵가족을 직접 대상으로 하여 얻을 수 있는 해결의 장점을 간과한 것은 보웬이론의 약점으로 평가되고 있다.

그림 13   가계도(genogram)의 예

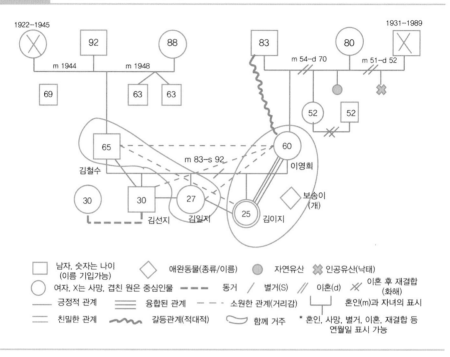

베이트슨과 그 동료들(Gregory Bateson: Toward a Theory of Schizophrenia, 1956)이 소개한 이중구속(double bind)의 메시지도 정신분열증을 만드는 원인으로 지목되었다. 이중 구속적 메시지는 가족관계 안에서도 더러 발견되는 소통방식이다. 이중구속이란 도망을 칠 수도 없고 뭔가 꼭 반응을 해야 하는 상황에서 완전히 모순되거나 상반된 메시지를 동시에 받게 되면, 아무 것도 할 수 없는 상황에 처함을 말한다. 명령받을 수 없는 것을 하라는 것은 명령을 받은 사람을 미치게 만드는 것이다. 베이트슨 등이 의미한 이중구속이란 용어가 가진 본래의 의미는 역설적이거나 단순히 모순된 메시지를 표현함이 아니라, ① 중요한 두 사람 이상의 관계에서 반복되는 경험이어야 하고, ② 일차적으로 부정적인 명령(injunction)이 전해진 다음("~~하지 마. 안 그러면 벌 줄 거야. Don't do X or I will punish you."), 그 일차적 명령과 모순되며 좀 더 추상적 수준의 처벌 혹은 위협이 강제되는 두 번째의 명령이 따르며, ③ 피하지 못하도록 해놓고 반응을 요구하는 세 번째의 부정적 명령이 있을 때, 이러한 과정에서 느끼게 되는 구속감을 이중구속이라고

정의하였다. 희생자가 세상을 이중구속적으로 인식하는 상황이 되어버리면, 설사 위의 어느 한 과정에 대한 명령만으로도 쉽게 분노나 공포가 촉발(trigger)될 수 있다고 했다. 베이트슨 등이 그들의 논문(1956)에서 든 예를 요약하면 이렇다. "병원에서 정신분열증으로부터 회복 중인 청년이 어머니의 방문을 받았다. 청년이 어머니를 팔로 안자 어머니는 어색해(stiff)하였다. 청년이 팔을 풀자 어머니는 '넌 더 이상 날 사랑하지 않는구나?'라고 했다. 아들이 당황해 하자 어머니는 '얘야, 네 감정(feeling)에 대해서 너무 당황하거나 두려워할 필요가 없단다' 하고 말했다. 이 대화로 청년은 흥분과 혼란스러움(upset) 속에서, 어머니가 돌아간 다음에 병원 보조원을 강간하는 일이 벌어져 결국은 격리 처리되었다."

리즈 등(Theodore Lidz 등, 1957)은 정신분열증을 가진 자녀들의 아버지 집단에서는 5가지의 병리적인 형태(patterns)가 발견된다고 했다. 첫째는 지배하려 들고 아내와도 자주 싸우는 집단, 둘째, 아내보다 자녀들에게 더 적대감을 보이는 집단(아내의 주의와 사랑을 얻기 위해 애들처럼 자녀들과 경쟁), 셋째는 냉담(aloof)하고 거리(distant)를 두는 집단, 넷째는 인생에 실패하고 가족 내에서도 설자리가 없는 집단(아버지 없이 자란 아이가 됨), 다섯째는 부모라기보다 복종적이며 수동적인 아이 같은 아버지 집단, 즉 아내의 지배적 영향력에 대항하는 균형역할을 못하는 경우이다. 이런 아버지가 있는 가족 안에서 성장하기보다는 아버지가 없는 편이 낫다고 결론지었다. 위의 예에서 어느 것에도 해당되지 않는 아버지가 얼마나 될지는 모르겠으나, 결론의 입증여부를 떠나, 우리가 가족 중, 특히 갈등에 처한 자녀를 이해하고 다른 가족구성원들과의 사이에서 조정자의 역할을 할 때 유념할 부분들이다.

체계 속에 있는 개별적인 인간과 가족 전체를 보는 가족치료법을 개발하였으며 가족치료의 귀재로 불렸던 액크만과 그 동료 등(Ackerman and Sobel, 1950)은 가족에 대한 연구가 아이의 문제를 이해하는 수단이 될 수 있다고 하였으며, 프로이트의 첫 번째 제자였으며 인간행동과 발달을 결정하는 것은 열등감에 대한 보상욕구라는 주장을 펼친 아들러(Alfred Adler, 1870~1937)는 성인의 신경증을 예방하는 가장 효과적인 방법이 성장기에 있는 아이를 잘 치료하는 것이라고도 했다.

1960년대 초반에 활동을 개시하여 가족치료사에서 1970년대를 자신의 시대로 만든 사람이 구조적 가족치료(structural family therapy)의 기법을 개발한 미누친 (Salvador Minuchin, 1921~)이다.

가족구조(family structure)란 가족구성원 간의 상호작용의 방식을 조직화 하는 하나의 기능적 유형이라고 할 수 있으며, 구조적 기법이라 함은 갈등의 내용 자체에 관심을 가지기보다는 가족 상호작용을 유지하고 지지해주는 전체적인 구조(형태)의 변화를 통해 가족문제를 해결하려는 것이다.

가족은 흔히 예측 불가능한 방법으로 서로에게 강력한 영향력을 행사하는 개인집합체이므로 치료가 어려운 것이라고도 말하지만, 미누친의 구조주의적 접근방법은 가족 내의 복잡한 상호교류의 질서와 의미를 분명하고도 간단한 틀(구조)로 제시하여 일관성 있고 예측 가능한 가족의 행동유형과 기능을 볼 수 있게 하므로 지속적인 개입전략을 제시해준다는 점에서, 개발된 이후 매우 높은 인기를 얻으면서 퍼져나갔다.

그의 가장 중요한 세 가지 개념은 가족구조, 하위체계(subsystems) 그리고 경계선(boundary)이다. 가족구조에는 가족구성원이 나름대로 지킬 것과 하지 말 것을 규정하는 일련의 숨은 규칙(family rule)이 있으며, 이것이 가족 상호작용을 규제한다고 설명한다. 어떤 상황에서 무엇을 누구에게 어떤 식으로 말할 것인가에 대한 결정 같은 것이 설사 성문화 되어 있지는 않지만, 묵시적으로 따르는 가족규칙이다. 또한 가족은 구조 속에서 상호보완적인 기능을 하는 경향이 있으며 그 과정에서 가족유형이 만들어져 간다. 가족은 이 기능들을 선택적이라기보다 필수적인 것으로 생각하므로, 형성된 유형은 변화에 저항하게 하며 스트레스 상황에서는 역기능을 고조시키는 요인이 된다. 이러한 역기능 상태의 가족에게서 관찰되는 무질서와 혼란으로부터 가족구조를 식별할 수 있는 방법은 구조적 이론체계를 통한 상호작용하는 가족행동을 관찰함이다.

가족 내 모든 개인은 하나의 하위체계로 간주되며, 성별, 공통관심사, 세대 등에 따라 두 사람 또는 그 이상의 집단을 형성하는데, 또 다른 하위체계를 구성하는 방법이다. 그러므로 모든 가족구성원들은 각기 여러 하위체계 안에서의 역할을 하게 되며, 역할에 따라 다른 행동과 다양한 대인관계의 기능이 수반된다. 눈에 보이는 것은 아니나, 체계 간의 거리를 조정하며 가족과 각 구성원 그리고 각 하위체계의 자율성을 보호하며 다른 구성원들과의 접촉수준을 규제하는 것을 경계선이라고 한다. 경계선에 의해 보호받지 못하는 하위체계는 상호작용의 기술을 제대로 발전시킬 수가 없다. 말하자면, 자녀의 경계선을 자주 넘어 들어 간섭하고 대신해주려고 한다면, 자녀들은 사회에 나가서도 동료들 간의 문제를 스스로 해결할 수 없게 된다는 것이다.

미누친은 문제가족들에게는 공통적인 형태(하위체계, 상호작용 경계선)가 있었음 발견하였다. 그 하나는 혼돈스럽고(chaotic) 단단하게 서로 얽혀(밀착형 또는 속박형, enmeshed pattern) 있기 때문에, 애매하거나 산만한 경계(diffused boundary, 경계의 표시방법 예 ⋯⋯)를 가지는 형태이다. 이들 간의 상호지지는 매우 높지만 독립성과 자율성은 방해받게 된다. 다른 하나는 독립적이긴 하지만 고립되어 외관상으로도 아무 관련도 없어 보이는(유리되거나 격리된 형태, disengaged pattern) 경직된 경계(rigid boundary _____)이다. 유리된 관계는 부모의 따뜻함이나 사랑을 흡족하게 경험하지 못하게 한다. 두 가지 형태 모두 권위에 대한 명확한 경계선(clear lines)이 없다. 이 때문에 자녀들에게 지나치게 얽혀 있어 지도력이나 통제력을 발휘할 수 없게 되기도 하고, 반대로 서로 너무 떨어져 있어 효과적으로 자녀에 대한 지원을 못하는 상황도 된다.

가족들의 이러한 문제는 보이지 않는 기능적 의미의 구조(정서적 경계선 emotional boundaries과 연합 coalition) 속에 상호 관련을 맺고 있으면서 끈질기게 변화를 위한 시도에 저항하고 있다고 본다. 그래서 구조화된 가족체계를 바꾸어야 한다는 것이다. 그 방법으로 체계 자체의 변화 없이 체계 내의 변화부터 시도하도록 하는 것(일차적 변화 first-order change)과 체계 자체의 변화(이차적 변화 second-order change)를 이루도록 하는 것이 있다. 남편과 경직된 경계를 가진 아내가 밀착된 아이의 버릇을 고치려고 더욱 엄격하게 대하는 것은 일차적 시도인데, 삼각관계를 이룬 남편과의 관계나 전체 가족체계를 변화(이차적 변화) 시키기 전에는 아이의 버릇을 고치는데 큰 도움이 안 될 수 있다. 정상적인 범위(normal range)의 가족이라면 명료한 경계(clear boundary, − − −)를 가져야 하며, 공유할 수 없는 고유의 기능을 가지므로 끼어들기를 하지 않는다. 이것은 하위체계를 유지해주며 위계구조(hierarchial structure)를 안정적으로 잡아주는 역할을 한다. 기능적이고 정상가족이라면 상황변화에 적응하기 위하여 자신들의 가족구조를 바꾸어나가야 한다. 기능적이라 함은 가족의 경계가 명확하면서도 규칙과 역할이

유연하고, 의사소통과 가족체계가 개방적이고 협동적이어서 구성원 간 협상과 조정이 가능한 가족을 말한다. 기능과 적응력이 떨어져 더 이상 기능적이지 못함으로 인해 경직성을 더해가는 가족에게는 가족체계를 지속적으로 유지할 수 있도록 안정성과 환경변화에 적응할 수 있게 하는 유연성을 가지도록 도와준다.

정신역동적 접근이 대상자의 마음을 변화시키는 것이라면 구조적 접근법은 역기능적인 가족의 구조를 변화시킴(재구조화)에 있다고도 할 수 있다. 조정인은 구조적 변화를 위해 가족체계에 들어간다(합류 joining). 합류를 위해서는 가족이 조정인을 침입자로 생각하는 것이 아니라 가족의 일원으로 수용할 수 있게 하는 것인데, 가족을 존중하며 자연스럽게 적응(accommodating)하여야 한다. 그런 다음 가족구성원들에게 역기능적 행동과 반응을 실제로 해보게 하는, 소위 실연(또는 재현 enactment)을 통해 가족이 스스로 가족의 역동과 가족체계를 파악하여 수정하도록 인도함으로써 경계선을 변화시키고 하위체계를 재배치 및 재구성한다. 실연이란 가족구성원들에게 각기 얘기할 기회를 주어 가족의 구조가 파악되도록 하자는 것인데, "얘기 한 번 해보실까요?" 식의 상투적인 질문보다는 가족의 반응에서 특별한 점을 끄집어내어 대화를 촉진시키도록 한다. 이러한 대화는 가족개인별 수준을 넘어 가족체계로 그리고 과거의 여러 사건들로부터 현재 진행되는 가족 상호작용 쪽으로 초점을 옮길 수 있도록 해준다. 가족들은 사실 그대로보다는 자기들의 생각을 기준으로 어떠해야 하지를 설명하려는 경향이 있으므로, 얘기를 하다보면 가족구조에 대해 많은 것을 드러내게 된다. 속박된 가족은 간섭하고 대신해 버리려거나 대신 얘기하려고 하며, 유리된 가족이라면 서로 냉담하며 가족원의 중요 관심사항이나 정보에 대해서도 무지하거나 무신경하다.

1960년대의 주도적 이론이었던 의사소통에서의 기본규칙은 자기입장을 먼저 말하게 한 다음, 비언어적 소통의 경로까지 지적하는 것을 포함(metacommunication)하며, 인식을 촉구하기보다 변화를 유도하려 한다. 증상에 초점을 맞추어 간결하며 지시적으로 진행되는 이 방법은 전략적 모델과 해결중심적 접근의 기초가 되었다.

헤이리(Jay Haley)는 전략적 이론의 핵심적 개발자이다. 그는 영향력을 행사하는 권력(power)이 가족관계를 결정하는 주된 동기라고 생각한 반면, 그의 두 번째 아내인 매드니스(Cloe Madanes)는 애정과 보호동기를 핵심으로 보았다. 문제행동과 가족관계의 이해방식에서는 부부가 차이를 보였으나, 전략적 가족치료를 시행하고 전파하는 데는 모두 함께 공헌하였다.

전략적 접근법에서 사용하는 역설과 반역설의 기법은 밀란 학파의 이중구속이나 반역설의 개념을 활용한 것으로, 증상처방과 역설적 개입에 활용하였다. 말하자면 체중조절을 하라고 아무리 얘기해도 효과가 없는 사람에게 좋아하는 음식을 실컷 먹으라고 모순된 처방을 하는 것인데, 중요한 것은 역설적인지 여부가 아니라 해왔던 해결책이 효과가 없으므로 안하게 하는 것보다 다른 것을 하게 하는 것이다. 이렇듯 부적절한 해결책에 따른 잘못된 피드백(feedback)으로 인한 문제의 만성화와, 구조적이며 기능적인 가족문제에 대한 상호작용의 규칙을 찾아내어 이 규칙들을 변화시킬 수 있는 방법을 발견하고 실행할 수 있도록 조력함이 전략적 접근법의 핵심이다. 개입자가 구체적이거나 혹은 도발적인 지시와 과제를 주는 등의 방법을 사용하여, 가족문제에 대한 명료한 해결책을 제시하고 그 결과까지 검토하는 과정을 체계적이며 기교적으로 반복한다(지시, 과제부여, 증상처방, 역설적 개입). 의사소통이 가족체계 안에서 이루어 질 때는 가족 스스로 체계를 조절하기란 쉽지 않으므로 체계 외부에 있는 전문가의 개입이 요구되는 것이다. 이것은 가족문제에 왜 전문가가 개입해야 하는지를 설명하는 것이기도 하다. 그러나 전략적 접근이 나중에 인기를 잃게 된 것은 가족을 마치 기계처럼 가정(mechanistic assumption)하고 조작적인 기법(manipulative technique)을 사용하였으며, 가족의 역사조차도 현재 문제와는 관련 없다고 생각한 점이었다.

개인의 특성을 넘어 가족의 행동을 결정하는 영향력이 과연 무엇인가에 대한 물음은 개인으로부터 상호작용관계의 유형이 무엇인지로 관점을 전환시키게 되는데, 이것은 가족치료 분야의 핵심적인 내용의 하나로 등장했다. 즉, 가족을 살아있는 체계(a living system)이자 유기적인 전체(an organic whole)라는 관점과 개인의 변화가 체계를 변화시킨다는 사고로의 전환이 체계이론(system theory)의 출발점이다. 가족의 어느 구성원이 변화되면 전체 가족이 변화될 수도 있지만, 반대로 가족을 변화시킴이 개인을 변화시키는 가장 유효한 방법이 될 수도 있다고 본다. 복잡한 전체는 다양한 사물의 부분들의 집합체로 형성되며, 상호작용은 체계가 어떻게 기능하는지를 보여줄 수 있게 된다.

체계이론에서 등장하는 중요 개념 중의 하나가 항상성(恒常性, homeostasis)이다. 이는 역동적인 균형상태를 유지하도록 하는 자기조절기능을 뜻한다. 원래 항상성이란 용어는 homeo(same)와 stasis(to stand or to stay)의 합성어로 1932년 캐논(Walter B. Cannon)에 의해 만들어졌다고 하는데, 자동정상화장치(自動正常化裝置)라고도 하며 "생물체 내부환경을 변화시키지 않거나 일정하게 유지하는 것"으로 정의되었다. 가족은 방해나 위협을 느끼면 어떻게 해서든 내적 균형과 안정을 유지하려고 통제와 조절을 위한 환류(feedback)기능을 발휘하는데, 이것을 소위 가족항상성(家族恒常性, family homeostasis)이라고 한다. 팰로 앨토(Palo Alto) 그룹 일원이었던 잭슨(Don Jackson, 1959)은 생물학과 체계이론을 빌려, 가족을 변화에 저항하는 항상성 단위(units)로 개념화하였으며, 환자의 증상이 어떻게 하여 그들 가족들의 안정성을 유지하는가를 설명하였다. 또 모든 지속적인 인간관계는 상호작용형태이며 가족구성원들은 어떤 제한된 행동만을 반복하는, 행동적인 반복성(behavioral redundancy)을 발전시킨다고 주장하였다. 역기능적 가족이 변화를 거부하는 경향을 가족항상성의 개념을 적용하여 설명한 예이다.

항상성이라는 기제가 어떻게 붕괴(disrupt)되는가에 대한 관심은 수십 년 동안 지속된 가족치료의 지배적 개념이기도 했다. 이에 대한 이론적 설명들이 나오면서 이해하기 힘들었던 여러 가지 가족의 행동을 설명할 수 있는 수단도 얻게 되었으며 가족에 대한 이해에 큰 진전을 이루기도 하였다.

잭슨의 경험으로 보면, 치료받으러 오는 가족들은 대개가 선택의 폭이 매우 좁으며 규칙에도 지나치게 얽매여 있었다. 그리하여 어떤 가족구성원이 가진 어려운 상태가 호전되면 환자역할을 해야 하는 다른 누군가를 필요로 하였다. 긍정적인 변화까지도 질서를 유지하고자 하는 가족에게는 위협이 될 수 있다는 얘기이다. 이런 가설은 가족은 누군가의 또 다른 희생양을 찾는다는 논리이다. 그러나 이러한 논리는 부모의 잘못 때문에 자녀가 희생양이 될 수도 있으며, 구성원의 병적 행동이 반드시 가족에게 있다는 식으로 논리의 비약을 가져올 수도 있다.

베이트슨(Bateson, G.) 등은 체계이론을 적용하면 가족들이 유기체적 단위로 어떻게 기능하는지를 설명할 수 있음을 발견하였다. 살아있는 유기체의 본질적 특성은 부분이 가지지 못한 특성을 전체가 만들어낸다는 점이다. "가족은 개인의 집합체 이상이며 전체는 부분의 합보다 크다"고 말해지는 이유이다. 사실 이 말은 1947년 버타란피(Bertalanffy)라는 생물학자에 의해 주장되었다. 버타란피가 제시한 일반체계이론(general system theory)에서는 어떤 실체(entity)는 부분들의 상호작용에 의해 유지된다고 정의한다. 그리고 모든 체계는 보다 큰 체계의 하위체계(subsystem)라는 전체론(holism)적 입장이다. 이를 가족에게 적용한다면, 그 중심개념은 가족체계는 단순 사람들의 집합체 이상이며 개인의 성격보다 상관관계에 초점을 두게 된다. 버타란피의 정의에 따르면, 체계 및 시스템은 "상호작용하고 있는 요소의 복합체'이며, 살아있는 유기체로서의 가족은 환경과 계속해서 상호작용하는 개방체계를 말한다. 유기체는 자극에 단순하게 반응하는 기계와 같은 폐쇄체계가 아니며, 여러 방법과 노력을 동원하여 동일한 최종목표에 도달하는 능력(동귀결성 equifinality)을 가지고 있다. 유기체는 전체적인 것을 보호하고 회복하기 위한 통제능력이 있기 때문이다. 그러나 이 유기체는 활동적이고 창의적이므로, 만일 유기체의 현상유지를 강조하여 항상성의 유지를 행동의 규칙으로 만들어버린다면 인간을 기계의 수준으로 전락시키는 결과를 초래한다고 했다. 항상성이 인간의 다양성을 설명함에는 한계가 있다는 관점이다. 또한 체계이론은 가족구성원의 신념이 행동에 미치는 영향과 문화적인 힘이 신념을 형성함에 미치는 영향을 간과하였다.

가족이 어떻게 작동하는지를 설명하는 가장 영향력 있는 모델이 사이버네틱스(cybernetics)이론 또는 인공두뇌학인데, 수학자 위너(Norbert Wiener)의 창작품이다. 자기조절체계(self-regulating system)에서의 환류기전(feedback mechanism)에 대한 연구로서, 일반체계이론에서 파생된 분야이다. 사이버네틱스의 핵심에 환류고리(feedback loop)라는 것이 있는데, 이것은 체계가 안정성을 유지하기 위해 정보를 얻는 과정을 뜻한다. 환류고리는 정적(또는 긍정적 positive)일 수도 부적(또는 부정적 negative)일 수도 있다. 이것은 체계에 이익 또는 손해를 준다는 개념이 아니고 항상성 상태를 벗어나게 하는 영향력이다. 정적(正的)환류가 체계가 취해야 할 방향을 확인하고 강화하는 정보라면, 부적(不的)환류는 부정적인 의미가 아닌, 체계가 원래상태로 복귀하라는 신호를 보내거나 잘못을 수정하게 하는 정보를 주어 체계를 유지하게 하는 것이다. 변화를 지속하게 하면 내용의 긍정이나 부정과 무관하게 정적환류이고, 규범을 벗어나려는 행동이나 일탈 또는 변화를 감소시키고 안정성을 유지하는 쪽으로 작용한다면 부적환류가 된다. 가족문제에 개입하던 초창기의 전문가들은 부적환류를 지나치게 강조하고 변화에 저항하는 경향이었다.

　　사이버네틱스이론은 일차 사이버네틱스(first-order cybernetics)와 이차 사이버네틱스(second-order cybernetics)로도 구분한다. 버타란피의 체계이론과 위너(Norbert Wiener)의 사이버네틱스이론에 기초한, 주로 1980년대 이전의 가족치료모델들이 일차 사이버네틱스에 해당한다고 볼 수 있다. 가족문제는 실제적이며 알 수 있는 현실이므로, 관찰자는 표준이 되는 기준으로 가족구성원의 행동을 평가하고 변화시키려고 하며, 대상자의 상호작용 밖에서 관찰하려 한다(표 5).

표 5　1차 사이버네틱스와 2차 사이버네틱스의 비교(Umpleby Stuart A., 2013)

1차 사이버네틱스 (first-order cybernetics)	2차 사이버네틱스 (second-order cybernetics)
관찰된 체계(observed systems)	관찰되는 체계(observing systems)
통제된 체계(controlled systems)	자율적인 체계(autonomous systems)
체계 내 변수들의 상호작용 (interaction among variables in a system)	관찰자와 관찰대상 간의 상호작용 (interaction between observer and observed)
사회체계이론 (theories of social systems)	아이디어와 사회 간의 상호작용 (the interaction between ideas and society)

　　1980년대 이후, 인간의 인식이란 객관적으로 존재하지 아니하는 주관적인 경험이며, 모든 진리는 상대적이며 관찰자의 신경계에 의해서 관찰자의 마음형태로 구성된다는 구성주의(constructionism)의 영향으로 대두된 것이 이차 사이버네틱스이다. 이차 사이버네틱스에서는 역기능이란 없는 것이며, 단지 관찰자에 의해 관찰되는 일부의 것으로 이해한다. 즉, 관찰자와 가족원의 상호작용에서 어떤 부분이 개입자의 부분이고, 어떤 부분이 대상 가족원의 부분인지를 나눌 수 없으며, 상호영향을 주고받는 것이라고 생각한다. 관찰자는 촉진자인 동시에

대상자가 공유한 현실의 공동창조자이며, 동등하고 협동적인 자세를 취한다. 나아가 가족의 문제는 관찰자에 의해 관찰된 것이 아니라 언어에 의해서 인식된 것이고, 가족문제와 갈등은 언어를 통해서 구성되는 것이라는 사회구성주의적 사고로 발전된다. 또한 문제해결의 과정은 가족원의 굳어져 있는 신념의 피해로부터 벗어나도록 하는 것이라는 관점이다. 조정에서 언급한 바 있는 해결중심적 접근이나 이야기적 접근은 바로 사회구성주의적 관점의 예이다.

(3) 성공적이라고 인정받는 가족과 그들의 갈등해결방법

가족치료이론에서 제시된 내용들이 역기능적 가족에 대한 특성들의 탐색으로부터 기능적인 건강가족을 바라보는 관점이었다면, 반대로 건강가족의 특성으로부터 그렇지 못한 가족을 볼 수도 있다.

건강한 가족의 질적 특성을 나타내는 방법의 하나로 가족강도(family strength, 강한 가족의 특징)를 이용하기도 한다. 가족으로서 지각된 성공과 만족에 기여하는 특성을 의미하는 가족강도는 가족생애(family career 또는 가족생활주기 family life cycle)와 밀접한 관계를 가지고 변화한다. 혼인과 자녀의 출생, 자녀양육과 부모역할, 가족의 직업생활이나 자녀의 교육기간, 자녀의 혼인과 배우자의 사망 등과 같은 소위 가족의 발달단계 또는 발달과정기가 가족강도에 중요 변화를 가져오는 영향요인이 된다는 것이다. 물론 모든 가족이 동일한 단계, 동일한 변화과정을 거치는 것은 아니므로, 가족강도를 적용하거나 평가함에 있어서도 성별, 인종, 사회적 계층, 문화에 따른 차이도 고려하여야 할 것이다.

일반적으로 말해서, 가족강도에 영향을 주는 가족의 친밀감을 만들기 위해서는 가족 간에 서로 일반화 된 기대(Rotter, 1980)인 예측가능성, 의존가능성과 같은 신뢰감(trust)과 존중 그리고 정보나 감정을 공유할 수 있는 자기노출(self disclosure)과 공유된 가족역사라거나 가족원끼리 이해하며 공감적으로 반응하는 소위 감정이입의 행위가 중요하다고도 말해진다.

스틴넷 등(Stinnett 등, 1985, 1999)이 개발한 모델(6가지의 가족강도모델 International Family Strength Model)에서는 건강한 가족에게는 6가지의 특징이 있음을 관찰하였는데, 그것은 ① 애정과 존중, ② 전념, ③ 긍정적 의사소통, ④ 함께 즐거운 시간 보내기, ⑤ 영적 안녕, ⑥ 스트레스와 위기에 대한 효과적인 관리능력이라고 하였다.

스트롱(Strong, DeVault and Cohen, 2005) 등도 이와 비슷한 내용으로 강한 가족의 특징을 설명하였다. 즉, ① 전념, ② 지원, 존중, 신뢰, ③ 의사소통, ④ 책임, 도덕성, 영적 지향성, ⑤ 의식과 전통(가족의 역사와 정체감 및 연속성과 지역사회 일원으로서의 유대감), ⑥ 위기관리(높은 탄력성), ⑦ 도움을 받는 능력, ⑧ 함께 시간 보내기, ⑨ 가족건강지향성(최상의 건강상태를 유지하는 방향으로 살아가려고 결정함) 등의 9가지였다.

전념이란 가족과 자신을 동일시하며 외부적 압력에 대항하면서 가족생활에 헌신함이며, 상호구성원들의 성장을 증진시키고 구성원 각자가 개별성과 균형을 유지하면서 가족의 안녕을 위해 노력함이다. 영적 지향이란 가족이 속한 이웃공동체나 사회 및 세계를 향해 사랑이나 자비를 드러내는 통로가 되기를 지향함 등이다. 가족 간 종교적 불일치는 분열의 원인이 되기도 한다고 했다.

다른 인간관계에서와 마찬가지로 가족에서도 의사소통은 언제나 핵심적 주제의 하나로 등장한다. 의사소통은 정보와 의사를 교환하고 서로의 행동에 영향을 주는 과정에서 개인 간을 매개하는 역할을 하며 자신이 누구인지를 드러내는 자기노출은 상호 간의 친밀감을 높여주기 때문이다. 그런데 언어적 의사소통은 부호화(encoding)와 해독화(decoding) 과정이 포함된다. 생각이나 느낌을 언어라는 상징으로 표현하는 과정과 더불어 상대가 표현한 상징과 의미를 파악하고 해석하는 과정이 있으므로, 그 사이에서 부정확성이 생겨날 수 있다. 특히 가족 구성원들은 가족 내에서의 힘과 권위가 다르고 소통방식이나 성별, 연령의 차이도 존재하므로, 의사소통 자체가 갈등을 증폭시키는 요인으로 등장할 소지도 있다. 특히 비언어적 의사소통에서는 메시지의 정확성이 부족하다. 의사소통에서 대부분을 차지하는 비언어적 소통방식은 문화나 집단 간에도 심한 차이가 존재할 수 있으며, 언어적 요소와 비언어적 요소가 일치하지 않을 경우도 많아 더 큰 소통혼란이 생겨나기도 한다. 가족같이 친밀한 사이에서는 비언어적 의사소통이 빈번하므로 소통문제의 발생가능성을 더욱 높여준다. 비언어적 의사소통의 특징은 좀 더 직접적으로 개인적인 태도(손을 잡거나 안아주는 신체접촉행위 등 친밀성이나 관계의 유형을 드러내는 공간적 근접성 proximity)를 전달하는 방법인 동시에 개인의 솔직한 정서의 표현이 비교적 잘 드러난다. 또한 화자 간 상호작용의 조절자로서의 역할도 하는데, 관심이 있을 때는 화자 간에 시선접촉이 빈번하지만 얘기가 지겨워지면 시선이 돌아가는 식이다. 가족에 따라서는 권위적인 가장의 일방적인 명령이 수직적이고 하향적인 방식으로 차례차례 전달되기도 하고, 가족구성원의 어느 한 사람이 가족구성원 중 특정인을 통해 메시지를 전체에 전파하는 방식도 있고, 특정의 가족구성원에게 의사소통을 의존하고 있는 경우도 있으며, 가족구성원끼리 그 누구와도 상관없이 정보가 상호교류되기도 한다. 모든 방식은 장점도 있지만 갈등의 소지도 있다.

가족은 친밀한 관계라고 생각되어지지만, 가족구성원의 특성들이 상호보완적이지 아니할 때는 갈등으로 연결되기 마련이다. 그러나 가족갈등은 건강한 관계에 수반되는 불가피한 부분일 수도 있다. 갈등으로 인한 위기는 오히려 그 해결방식에서 기인한다고도 할 수 있다. 모리스 등(Morris, C. G. and Coleman, J. C., 1990)은 가족관계에서의 갈등을 해결하는데 장애가 되는 요소들을 제시하였는데, 이러한 장애들을 잘 극복할 때 건강한 가족이 된다는 의미이다.

키에른 등(Kieren, D. 등, 1996)의 가족문제해결을 위한 모델을 모리스 등의 장애요인과 결합시켜 보면 다음과 같은 가족문제의 갈등해결방안이 만들어질 수도 있다.

① 문제의 존재를 부정하기로부터 → 문제를 확인하기로
② 문제에 대한 논의를 거부하기로부터 → 확인된 문제논의와 목표를 설정하기로
③ 싸우려고만 들고 공격하거나 양보 혹은 위축하기로부터 → 자원에 대한 평가로
④ 정서적, 방어적, 비합리적 태도를 취하기로부터 → 대안을 생성하기로
⑤ 변화가 필요한 사람이 상대편이라고 주장하기로부터 → 대안을 평가하기로
⑥ 문제해결의 주도권을 잡기 위해 경쟁하기로부터 → 최상의 대안 선택하기로
⑦ 과거의 문제 들먹이기로부터 → 행동의 수정과 대안을 이행하기로
⑧ 갈등해결방법 자체가 새로운 갈등을 가져오기로부터 → 행동평가와 문제해결로

가족이 변화와 위기에 대처하는 방식을 모델로 설명한 이들도 있다(Hansen and Hill, 1964). 그 중에서 ABC-X 모델(A=스트레스 유발요인, B=스트레스 유발사건에 대처하는 가족의 자원과 능력, C=스트레스 유발사건에 대한 가족의 해석, X=ABC가 상호작용하여 초래되는 가족의 위기)이 잘 알려져 있다. 스트레스 유발사건은 가족 발달단계에 따라 다양하겠지만, 예를 들어 새롭게 형성된 부부로서의 적응단계(배우자와 새롭게 형성된 부모, 친인척, 혼인 전의 친구관계 등), 첫 아이 혹은 이후 자녀의 출산(새로운 가족구성원의 탄생과 양육을 위한 환경변화와 직업으로부터의 이탈), 유아기와 아동초기 및 이후 단계(양육스트레스, 자녀의 입학이나 직장복귀 등), 청소년기(자녀들과의 관계나 교육문제), 자녀들을 떠나보냄 단계(출가 등) 그리고 말년의 은퇴나 퇴직, 건강문제와 배우자와의 사별 등이다. 가족은 그들만의 규칙과 체계를 가지고 있으며 이것이 잘 구조화된 가족도 있고 그렇지 않아 매우 느슨한 상태로 체계화된 가족도 있다. 스트레스 유발사건이 생기면, 스틴넷 등이나 스트롱 등이 제시한 바와 같이 건강하고 자원과 능력을 가진 가족은 서로의 느낌을 표현하고 해결책을 논의하면서 가족규칙과 경계를 변화시키려는 노력을 하지만, 그렇지 못한 가족은 불안과 좌절, 상호비난과 다양한 방어기제를 작동하면서 문제해결을 방해하고 갈등을 고조시키다가 이혼이나 별거와 같은 가족해체의 수순으로 나아간다. 가족체계가 사건을 해석할 때 파괴성이 높고 예측이 불가능하다고 인식하면, 가족의 위기 값은 증대될 것이며 가족체계의 적응도 더욱 어려워질 것이므로, X값의 크기는 가족체계의 혼란 정도에 따라 결정된다. 이 혼란기의 역경을 학습과 상호건설적 협조 및 성장의 기회로 삼는다면 이전보다 더욱 건강한 가족으로의 재통합단계로 나아갈 수 있다. 혼란기의 가족이 스스로의 능력이나 자원을 발견하고 동원할 수 있도록 조력함이 3자적 개입을 하는 전문가의 역할일 것이다.

여기서 가족조정(family mediation)에 관련된 전문가의 역할에 관련해 조금 더 부언하고자 한다.

가족조정의 유용성이 입증되고 그 적용이 폭넓게 수용되면서 전문가의 능력(competence) 또한 중요 고려사안으로 대두되었다.

법원에서도 조정이 폭넓게 활용되면서 일련의 법률전문가들은 조정이란 무엇이며 어떻게 해야 하는지 이미 자신들이 다 알고 있으며, 협상이란 것도 항상

해온 익숙한 것들이라는 자신감을 드러내기도 한다. 그리하여 가족조정을 단순한 법률적 규제사항으로만 인식하여 가족법적 관점이나 법률적 실천의 방법을 답습하려는 태도를 취하기도 한다. 또 상담심리 영역의 일부 전문인들은 법률 이전에 가족의 내재되고 누적된 불편한 심리적 요인이 핵심내용이라고 간주하기도 하였다. 이러한 관점은 모두 가족조정과 그 과정의 특성(uniqueness)을 이해할 수 있도록 훈련되지 못한 결과이며, 또한 당사자들의 자기결정권과 상호협력 및 조정인의 불편부당성 등에 대한 인식부족이 작용한 바가 크다. 미국 등에서 1970년대 중반 이후부터 가족조정 전문 분야에서 법률이나 심리학, 가족체계이론, 사회복지, 교육, 의사소통이론, 협상기술 등 다양한 학문적 이론과 배경이 포함되는 다학제적 접근 노력과 이러한 학문 분야의 통합적 접근이 가시화되기 시작한 것은 이러한 연유에서다. 가족조정 전문인의 자격에서 다학제적 특성을 반영함이란 조정인이 어떠한 학위소지자인지와도 무관하며 어느 집단을 배제하기보다 누구를 더 포함시킬 것인가를 논의함이 필요하다는 것이다. 자칫하면 가족조정에서 비법률전문가를 제외시키는 함정에 빠질 수도 있다. 법률전문가나 정신건강전문가나 모두가 개인의 재능과 경험 그리고 여러 철학과 학문으로 형성된 지식을 습득하고 통합함(integration)이 필수적이며, 조정에 필요한 훈련을 받아야 한다. 더불어 다학제적 논의와 협력으로 합일점(interdisciplinary discussion, collaboration, and consensus)을 찾아감이 중요하다고 강조되고 있다(Kelly, John B., 2000, 2004, 2015).

(4) 부모-자녀와의 관계와 갈등

부모-자녀 관계에서의 갈등은 부부로 결합하여 가정을 이룬 자는 왜 자녀를 가지는가에 대한 물음으로부터 시작하여야 할 것 같다. 이는 왜 남녀가 사랑에 빠져드는가라는 질문으로부터 시작할 수도 있는데, 그것은 중복되는 답변을 가지고 있기도 하다.

아무튼 자녀를 가지게 되는 이유는 종족보존의 법칙에 이끌려서라거나, 자녀를 남김으로써 우리가 세상에 살고 간 흔적을 남기려는 가계의 존속 혹은 인간불멸성의 발현이라거나, 사회문화적 규준의 중시경향이나, 자녀들이 주는 보상(혼인생활의 개선기대와 부부로서의 유대감 강화, 즐거움과 행복) 그리고 사회복지

제도의 미흡에 따른 노후생활에 대한 자녀로부터의 부양기대 등으로부터 온다. 또는 여러 이유로 인한 우연적이거나 기대치 않은 임신 등 때문이라고도 설명할 수 있다.

그 어떤 이유로 부모가 되었건, 자녀출산과 자녀의 양육을 포함하는 부모의 역할로 갑작스럽게 이동하게 된 부부는 직업역할의 방해상황과 더불어 부부생활과 정체감의 큰 변화와 스트레스를 경험한다. 더구나 양육에 관련하여 좋은 부모역할(parenting)을 어떻게 해야 할 것인지는 대부분이 학습되지 않은 상황이며 부모 간 의견 차이도 발생할 수 있는데다, 고정된 것도 아니며 자녀의 성장과정에 맞추어 변화해나가야 하며 사회변화와도 함께 해야 함에 큰 어려움과 시행착오가 수반될 수 있다.

자녀출생은 부모 이전에 가졌던 부모역할과 가족생활에 대한 기대가 비현실적이었음을 깨닫게 하는 계기가 되기도 한다. 특히 많은 여성들에게는 신체적 변화와 더불어 실생활에서의 가사일과 자녀양육이 겹치게 되고 남편에 대한 양육기대가 미흡할 때면 갈등의 요인이 증대될 수 있다. 여기에 여성에게 직업역할까지 가중되면 누적되는 피로를 견뎌내기가 어렵게 되며, 반대로 직업으로부터 이탈되는 경우에는 무력감이나 사회적 고립감으로 좌절하고 우울감에 빠져들 수도 있다.

한편 남성들은 전통적으로 부양자나 보호자와 같은 도구적(instrumental) 역할에 더 기울어져 있으므로, 여성들보다 부모역할 적응에 더 큰 어려움을 느낀다. 드물게는 아내의 애정을 두고 출산한 자녀와 경쟁하거나 아이에게 질투심을 느끼며, 아내와 함께 하는 시간의 감소에 분노하여 아이를 적대시하기도 한다.

뿐만 아니라 출생한 자녀의 수면행태, 정서상태, 주의집중 수준과 활동상태를 결정하는 기질적 특성이 부모역할에 큰 영향을 준다. 토마스 등(Thomas and Chess, 1977, 1991)은 아동의 기질을 순한 아이(easy child), 까다로운 아이(difficult child), 반응이 느린 아이(slow-to-warm-up child)라는 3가지 유형으로 나누었다. 순한 아이는 규칙적인 생활의 확립이 빠르고 새로운 환경에도 쉽게 적응한다. 반응이 느린 아이는 활동수준이 낮으나 새로운 환경에 반복해서 노출되면 적응해 나간다. 그러나 까다로운 아이는 수면과 섭식이 불규칙하고 새로운 환경적응도 쉽지 않으며 달래도 울음을 잘 멈추질 않아 부모의 스트레스를 가중시키고 부모역할 적응을 어렵게 한다. 일반적으로 말해 아이들의 기질 자체가 문제가 되는 경우보다는 주로 양육자의 태도나 성격이 아이의 기질과 충돌할 때 문제가 발생하기 쉬운 것이라고 말해진다. 지금은 자신이 부모가 되어 아이를 양육하는 입장이지만, 자신들을 출산하고 양육한 그들 부모들의 임신기간이나 자신들의 아동기 동안 형성했던 부모와의 애착관계와 자신들의 기질이 아이들의 특성들과 함께 맞물리면서 서로 영향을 주고받기도 하는 것이다.

이런 부모들이 가진 갈등은 부모로서의 자신을 객관적으로 성찰하고 평가할 수 있게 될 때 해결의 실마리를 찾게 된다. 까다로운 아이들이라면 스스로 해나가려는 경향을 오히려 장점으로 수용하며, 느린 아이는 성급하게 서둘지 말고 기다려줄 수 있어야 할 것이며, 순한 아이는 자칫하면 부모 관심에서 벗어날 수도 있고 스트레스를 받으면 문제행동을 할 수도 있으므로 지속적인 관심과 사랑을 주라고 권고하고 있다.

부모와 청소년 자녀와의 사이에서 심각한 갈등을 가진 가족들의 경우 대부분이 아동기부터 갈등적 관계를 형성해온 가족들이라고도 하였다(Holmbeck 등, 1995). 청소년기 자녀들과 부모의 갈등은 대개는 일상적인 집안일, 학습관계 등이지만, 친구관계, 성, 약물, 음주, 게임 등일 수도 있다. 청소년들은 부모와의 갈등으로 갈등에 대한 인식과 그 해결을 위한 방법을 경험하게 되고, 서로 다른 견해를 존중할 수 있는 학습의 기회와 자신이 부모와는 다르다는 개별화 과정을 촉진할 수도 있다. 성인기의 자녀들도 부모의 눈에는 여전히 어린 아이처럼 여겨지기도 하며 부모의 입장에서는 뭔가 자녀에게 훈육이나 조언을 해야겠다는 책임감을 느끼면서도 진정 도움이 되는 조언의 내용이나 능력이 있는지에 대해서는 부모와 자녀 모두가 회의적일 때가 많다. 부모나 자녀 모두가 소통에 어려움과 생각이나 행동방식에서 간격을 느끼므로, 서로가 답답하고 혼란스러우며 화가 치밀기도 하여 갈등적 관계로 머물기도 한다.

성인이 되어도 경제적으로 독립하지 못하거나 독립을 거부하는 자녀, 독립하였지만 혼인에 관심이 없는 자녀는 부모에게 부담으로 작용한다. 권위주의적이거나 과보호적, 혹은 무관심한 부모는 게으르거나 자립과 독립적 선택을 두려워하며 실패를 회피하는 자녀, 부모나 타인으로부터 애정과 관심을 끌려는 의존적인 자녀, 혹은 부모에게 복수심을 가진 자녀를 길러낸다. 부모역할과 자녀의 양가적 태도 간의 갈등, 부모역할을 수행하려는 부모와 독립기능 내지 개인적 생활양식을 확립하려는 자녀관계는 부모자녀 모두에게 스트레스로 작용하며 갈등의 요인이 된다.

(5) 노부모-성인자녀 간의 관계와 갈등

가족 내에서 노부모(조부모)의 역할은 다양하다.

뉴가르텐(Neugarten, B., 1973)에 따르면, 손자녀를 둔 조부모는 ① 공식적 유형(손자녀 양육은 자녀에게, 자신들은 주어진 역할과 자녀가 요청할 때만 조언을 함), ② 기쁨추구형(친구처럼 편하고 우호적인 조부모-손자녀 관계를 유지하며, 손자녀들과 놀아줌을 가장 큰 기쁨으로 간주함), ③ 대리부모형(자녀를 대신하여 능동적으로 손자녀 양육을 수행), ④ 지혜의 원천(가족 내 최고의 권위적 위치에 앉아 지식과 지혜, 가계와 문화의 전통을 전달함), ⑤ 원거리형(특별한 날 외는 손자녀와 접촉하지 않음)의 다섯 가지로 유형화할 수 있다고 했다.

바란티 등(Barranti, C. C. and Ramirez, A., 1985)은 부모가 제공 못하는 양육방식이나 보살핌과 가르침의 제공, 부모와 자녀 간에 생긴 갈등의 해결 그리고 가족 내의 균형을 잡아주는 역할 등을 조부모가 해준다고 하였다. 새롭게 성취할 목표가 없는 노부모에게 손자녀는 유일한 삶의 보람이고 미래인 존재일 수 있어, 지나친 관대함으로 일관되는 양육방식이 부모와 배치되어 갈등의 소지가 되기도 한다.

하게쉬타트(Hagestad, 1982)의 모델에 따르면, 가장 윗세대는 부모역할만 수행하고 가장 아랫세대는 자녀역할만 수행하면 되지만, 중간세대는 부모와 자녀역할을 동시에 수행한다. 이렇게 그 역할이 이중적인 부모세대를 샌드위치 세대(sandwich generation)라거나 감금당한 세대(caught generation)라고도 한다. 실제로 우리나라의 소위 1차 베이비부머 세대가 이런 처지에 있다.

백세 시대를 바라볼 정도로 길어진 평균수명과 더불어 자녀들의 혼인연령도 전반적으로 늦추어짐에 따라, 노년기에 접어들어서도 성인기의 자녀를 경제적으로 지원하면서 동시에 더 연로한 노부모를 모셔야 하는 일이 벌어지고도 있다. 더 연로한 노부모를 모시면서 성인의 자녀와 그들의 아이들(손자녀)의 지원과 돌봄까지 제공해야만 하는 노부모가 생겨나는 것이다. 노부모에게 손자녀를 맡기는 성인자녀들이 늘고 손자녀를 돌봄이 노부모에게 기쁨이나 위안일 수도 있겠지만, 나이 들어서 좀 더 자유롭고 독립된 삶을 영위하고 싶어 하고 건강상으로도 어려움이 가중되어 가는 노부모에게는 손자녀를 돌보아야 함이 자녀들과의 관계에서 새로운 갈등이 될 수도 있다.

여전히 효의 사상과 가족주의의 가치관이 보편화된 나이든 부모들은 성인이 된 자녀들에게 정서적 지지와 경제적인 도움을 기대할 수 있다는 입장이며, 몸이 아플 때는 자녀들이 든든한 위로자이며 필요할 때는 간병인이라도 되어주었으면 한다. 자녀들도 나이 든 부모를 공양함이 자신들의 책임이며 가족의 참 모습이라는 인식이 아직은 사회문화적 정서에 부합한다. 그럼에도 어떤 형태이든 경제적 의존이나 한 쪽에 부담을 주는 부모-자녀관계는 양쪽 모두에게 부정적인 영향과 갈등을 수반한다.

한편으로는 노부모와 자녀 간의 세대차에 기인하는 가치관과 생각의 간격이 벌어지고도 있으며 여전히 일방적 주장과 힘의 구조에 의지하려는 노부모도 존재하므로 소통에 어려움이 야기되기도 한다. 성인자녀들이 노부모와 함께 생활할 때, 노부모중심으로 생활이 영위된다면 중년기 자녀들의 생활은 제약을 받을 수밖에 없다.

세대 간의 상호성 또는 호혜성을 유지함은 갈등을 감소시킬 수 있는 방법의 하나일 수도 있다. 상호성이란 성인자녀에게 경제적 지원을 받는 대가로 손자녀를 돌보아준다든지 가사 일의 일부를 분담할 수도 있고, 경제적으로 여유 있는 부모가 성인자녀에게 물질적 도움을 주는 대신 자녀의 부양을 받을 수 있다. 이럴 경우 확대가족을 형성할 수도 있게 되는데, 일반적으로 말해 성인자녀들은 노부모보다는 배우자나 자녀들과 더 가까우며 거의 모든 자원을 자녀교육에 투자해야 하므로 노부모관계는 덜 중요시 하는 경향이 있다.

건강이 쇠퇴해지고 경제적 지원이나 보살핌이 요구되어 노부모가 중년자녀의 가족체계 속으로 들어가서 자녀의 보살핌을 받게 될 때는 부모-자녀관계의 역할전환(role reversal)이 생겨날 수 있으며, 역할갈등으로 부모자녀 모두가 어려움에 처할 수 있다. 아주 효성스러운 자녀조차도 자녀들에게 제공할 자원도 없어지고 도움을 받기만 하는 노부모들에게는 자주 짜증이나 화를 내게 되며, 그러면서도 죄책감으로 고통스러워도 한다. 이런 상황에서 역기능적 형태를 가진 가족체계에서는 노부모를 학대하거나 유기하여 위기를 해결하려고도 한다.

흥미 있는 것은 늙은 어머니와 중년의 딸과의 관계이다. 이 둘의 관계는 매우 가까우면서도 자주 갈등관계를 형성하기도 한다. 여성은 어려서부터 윗세대나 아래 세대의 구성원들과 친밀한 관계를 가지도록 사회화되므로 나이 들면서 이 경향은 더욱 강해진다. 우리가 여기서 간과할 수 없는 부분이 고부갈등이다. 우리나라의 문화에서 노부모를 돌보는 역할은 대부분이 여성들이 맡는다. 여성성이 돌봄의 기능에서 우월할 수 있다고도 보지만, 여성들의 역할이 전통적으로 가사에 집중되어 왔기 때문이기도 하다. 며느리들이 노부모의 부양을 책임지는 상황에서 고부갈등은 피하기 어려울 것이다. 근래 들어 노부모들도 건강이 허락하는 한 확대가족보다 자신들의 독립된 생활을 추구하거나 성인자녀들의 돌봄보다는 다른 방법을 찾으려는 경향이며, 며느리들도 전통적 사고에 머물기를 거부하는 경향이 뚜렷하다.

부모의 사망은 남은 형제자매들에게도 영향을 준다. 이전 보다 이들을 더 가깝게 만들 수도, 혹은 더 멀어지거나 상호작용을 줄어들게 할 수도 있다. 부모 생존 시에는 부모의 눈치를 보느라 형제자매가 그들 간의 갈등을 잠복시킬 수도 있겠고, 혹은 갈등이 표면화 되더라도 부모가 개입하여 완화시키기도 할 것이기 때문이다.

노부모도 서서히 인식이 변화하여 독립적이고 자립적인 삶의 형태를 선호하는 경향을 보이거나 성인자녀들의 핍박한 삶의 어려움과 사고방식을 이해하고 적응하려는 노력이 증대되고는 있다. 사회제도나 복지정책도 노부모의 노후생활을 자녀에게 의존함이 없이도 살아갈 수 있도록 더욱 발전되어야 할 것이고 성인자녀들을 위해서도 일과 자녀양육을 병행할 수 있는 사회제도의 구축이나 보완이 제대로 이루어져야 할 것이다. 그러나 이 모든 것들이 쉽게 해결될 사안은 아닌 것 같으며 단순한 인식전환이나 소통의 촉진 등이 장기적 대안은 될 수 없다.

2) 부부갈등

부부갈등도 넓은 의미에서는 가족갈등의 하나이다. 또 부부갈등의 원인이나 범위가 그들의 자녀나 관련된 다른 가족원들과의 상호작용 속에서 설명되어야만 하는 경우도 허다하다. 그럼에도 부부갈등을 별도의 주제로 다루려고 함은 가족과 연관 짓기 어려운 부부 자신들만의 문제나 갈등이 존재하며, 부부문제가 가족갈등의 출발점이거나 중심이 되는 경우도 많기 때문이다. 여기서 부부란 법률상 혼인관계에 있거나 사실혼 관계에 있는 남녀로 제한하였다.

(1) 혼인으로 이끄는 사랑의 정체와 그 의미

부부갈등의 원인과 해결을 위해서는 부부로서 존재하게 만든 좀 근원적인 것들에 대한 이해가 도움이 될 수 있다.

남녀의 이끌림을 말할 때 가장 많이 말해지는 단어가 "사랑"이다. 그러나 그 의미는 수천가지일 수 있다. 행위를 설명하는 말일 수도 있고 감정이나 정서를 표현하는 말일 수도 있다. 행위를 설명할 때 같은 행위라도 누구는 "사랑"이라고 하지만 다른 사람은 "죄"라고도 할 수 있다. 그러나 누구나 동의할 수 있는 사랑의 정의는 존재하지 않을지라도, 각자가 사랑의 원형(prototype)은 가지고 있다. 사랑이 뭐라고 정의하기는 어려우나 사람마다 마음속에서는 사랑에 대한 전형적인 그 어떤 속성을 그리고 있다는 말이다.

페르(Fehr, 1988)의 연구에 따르면 사랑의 중심적 속성에는 정직, 신뢰, 관심, 지원, 보살핌, 함께하기, 우정, 존중, 관심, 충성심, 수용, 전념 등의 12가지가 있다고 했다. 프로이트는 사랑을 성적욕구로 단일화했지만, 여러 학자들은 다양한 유형의 사랑이 있다고 했다. 리(Lee, 1973)는 사랑의 유형으로 에로스(eros, 열정적 사랑, 강한 신체적 끌림), 아가페(agape, 이타적, 헌신적 사랑), 마니아(mania, 소유욕과 질투심을 동반한 사랑), 루두스(ludus, 장난삼아 하는 유희적 사랑), 프라그마(pragma, 실용적, 타산적 사랑), 스토르게(storge, 우애적 사랑) 등 6가지를 제시하였다.

사람마다 사랑에 대한 원형이나 유형에 공통점이나 차이가 있을 수 있고, 그것이 남녀 서로의 매력으로 작용할 수도 있겠지만, 배우자의 선택에 대해서는 별도의 이론들도 있다.

헨드릭스(Harville Hendrix, 2007)는 남녀 간의 묘한 끌림의 신비를 설명하기 위해 기존의 진화론적 관점, 교환이론, 페르소나(persona) 이론을 열거하고, 여기에 자신의 소위 "이마고(imago)이론"을 추가하였다.

무의식적으로 종의 생존을 강화해나가기 위해 배우자를 선택한다는 것이 진화론적 설명이다. 남성은 아름답고 젊으며 생식능력이 빛나 보이는 여성을 선택하고, 여성은 젊고 건강함이 반드시 남성의 생식능력을 결정짓는 요소라고 보기보다는, 무리 중에서 우뚝 서 보이는 중요한 능력이나 우월성, 지위 등을 가족의 생존보장에 더 유리하리라고 믿고 그것에 이끌린다고 했다.

교환이론에서는 자신과 수준이 맞는 배우자를 고르는 것이다. 학력, 재력, 신분, 관계망을 포함하는 총체적인 탐색이라고 할 수 있다. 철저하게 손익계산을 하여 최소비용으로 최상의 이익을 얻으려고 한다. 이것은 아마도 사회에서의 오랜 결혼관습일 수도 있다. 문화에 따라서는 결혼이 흥정의 산물이기도 한데, 우리나라에서도 신부의 지참금에 해당하는 예단을 요구한다거나, 사회적 신분이나 지위가 자신보다 우월한 배우자를 얻기 위해 자신의 경제적인 지원이나 능력으로 균형을 맞추려고도 한다.

사회교환이론에 근거한 배우자의 선택에 관련된 관계발달의 과정을 설명하는 예로 자극-가치-역할이론(stimulus-value-role theory)이 있다(Murstein, 1987). 개인이 가진 자산(assets)과 부채(liabilities)의 합으로 이루어지는 교환의 질(quality)에 따라서 자극과 가치 및 역할의 평가단계로 발전한다는 것이다. 상호작용이 이루어지기 이전에 시각, 청각적 이끌림이라는 자극단계로부터 언어적 상호작용이 생겨나면서 상대의 기본적 가치평가와 자신과의 조화여부를 가늠하는 평가과정 그리고 상호 맡은 역할수행능력을 판단하는 역할단계를 통과하면서 배우자의 선택이 이루어진다는 내용이다. 그러나 혼인적합도에 대한 개인적 평가는 흔히 오류를 수반한다.

페르소나는 융(Carl Gustav Jung, 1875~1961)의 분석심리학 이론에서 유래한 용어인데, 가면이라고도 번역된다. 개인이 다른 사람에게 자신을 드러내는 방식, 즉 남한테 자기를 어떻게 보이게 하느냐 하는, 일종의 사회적으로 드러내는 자신의 모습이다. 다른 사람이 어떻게 생각하느냐가 중요 선택요건이 되며, 내 자존감이나 자아상을 높여줄 수 있는 배우자에게 끌린다는 의미이다.

이마고이론에서는 특정 경향의 성격을 가진 배우자를 찾아야 한다는 일종의 강박관념으로 선택하는 것인데, 어린 시절의 심리적이고 정서적인 상처를 보상해줄 수 있는 사람이 나와 잘 어울리는 가장 이상적인 후보자로 등장한다. 좀 더 구체적으로 말하자면, 부모의 부정적이거나 긍정적인 특성을 가진 사람, 특히 자신의 부모와 가장 일치되는 상대가 매력적인 자로 등장하며, 그 중에서도 가장 힘 있게 끌어당기는 것은 부모의 부정적인 특성을 가진 자라고 한다. 어린 시절의 상황을 재현함으로써 좌절되고 상처받은 과거 성장과정에서의 미 해결된 과제를 바로잡아보겠다는 무의식적인 선택이다. 이마고란 무의식적 이미지 (image), 즉 내면의 그림이다. 헨드릭스의 표현을 빌리면 이마고란 "이성(異性)에 대한 내재적인 이미지인 동시에 거부된 사랑의 표상"이다. 별로 끌리지 않는 이마고를 가진 사람을 어쩌다 선택했다면, 그냥 뜨뜻미지근하게 살아갈 가능성도 높다. 배우자를 선택하는 주된 근거가 큰 상처를 준 부모였다면, 두 사람이 한때는 열정적으로 다가설 수 있지만, 언젠가는 배우자 서로의 깊은 상처들을 찌르게 되어 있다. 알코올 중독의 아버지로부터 상처받은 딸이 다시 술꾼 남편을 고르거나, 부나 모의 폭력에 시달리던 자녀가 폭력적인 배우자를 만나는 것이나, 배우자의 어떤 특성이 싫어서 이혼한 부부가 자기가 피하고 싶어 하는 바로 그 특성을 가진 자를 다시 재혼의 대상으로 반복 선택하는 이유를 인지행동 혹은 학습이론으로도 설명할 수 있지만, 이마고 이론으로도 설명한다.

　　남자와 여자가 만나서 불꽃이 튀는 듯한 이끌림이나 사랑에 빠져드는 이 낭만적 감정을 헨드릭스는 "자연적 무감각증(nature's amnesthesia)"이라고도 했는데, 사랑의 관계에서는 연인의 여러 결점에도 불구하고 무감각해지기 때문이라고 하였다. 또한 이 현상은 화학적인 반응으로, 피셔(Fisher, H. E., 1992)는 PEA (phenylethylamine)라고 하는 자연적 엠피타민(amphetamine) 때문이라고 설명한다. 이 물질은 마약류인 필로폰(philopon)과 유사 화학물질로 알려져 있는데, 뇌간 중앙부에 위치하고 있는 망상체에 작용하여 노르에피네프린(norepinephrine)을 방출시켜 뇌를 이완시키며 기분 좋고 편안하며 행복한 느낌을 가져온다고 한다. 사랑의 대상이 존재할 때 생겨난다고 하나, 그 유지기간이 2년 정도라고 했다. 테노버(Dorothy Tenov, 1979)도 결혼한 부부들을 오랫동안 연구해보니, 사랑에 빠져 있는 감정은 영원한 것이 아니고 평균 2년 정도만 지속되었다고 했다. 로맨틱한 사랑에 빠져있는 기간이 대체로 정해져 있다는 말이다.

　　이것은 무엇을 말해주는가? 서로에게 홀린 듯이 이끌린 두 남녀가 혼인생활을 시작하면, 변화된 삶의 방식을 수용하기 위해서 우선적으로 하여야 할 발달 과제는 역할규정이며, 동시에 기존의 가족과 분리되는 부부고유의 영역과 부부로서의 정체감을 확립하는 일이다. 결혼이 두 사람에게는 자아성장의 기회이지만, 의식적이고 지속적인 노력이 수반될 때 가능한 일이다. 어떤 부부가 될지는 두 사람이 성장 발전하려는 마음자세와 노력에 달려있다. 사랑의 매력에 끌려 혼인으로 그 사랑을 성장시키고자 하는 남녀들이 분명하게 의식하여야 할 내용이며, 혼인에 대한 이러한 인식이 설정되어 있지 못하다면, 혼인생활의 단꿈이 깨어진 다음에 오는 갈등에 대한 대처능력은 현저히 떨어질 것이다.

(2) 혼인생활의 지속과 관련한 혼인만족도 및 혼인생활의 유형

가. 혼인의 만족과 지속성

혼인한 부부들은 무엇을 혼인생활의 만족기준으로 삼는지 그리고 어떠한 형태의 삶을 살아가는지를 궁금해 하여 이를 연구한 학자들이 많다. 이것은 부부에 대한 이해와 부부갈등을 유발하는 요인들을 찾아내는 데도 도움을 준다.

혼인에 대한 만족도란 그 사회에서 문화적으로 관습적으로 규정하는 기준이 있을 수도 있겠다. 그러나 남들이 보기에 불행하리라고 추측하는 부부들도 자신들은 실제로 만족하며 살고 있으며, 겉으로는 무척 행복해 보이는 부부들도 스스로 불만족스러운 삶을 살고 있다고도 하므로, 혼인만족도는 부부들의 주관적 판단에 따라 평가될 수밖에 없다. 그럼에도 혼인생활의 만족과 유관되리라고 생각되는 객관적 조건을 제시하여 평가의 지표로 삼기도 한다.

웨이스 등(Weiss and Issac, 1978)은 애정(affection)과 소통(communication) 그리고 육아(child care)가 혼인생활만족도에 가장 중요한 요인이 된다고 하였다. 또 긍정적 행동으로 부부만족감을 향상시키는 것보다 불쾌한 행동으로 만족감을 떨어지게 하는 것이 더 영향력이 크다고도 했다(Wills, Weiss, Patterson, 1974). 부부관계에서는 긍정적 반응의 교환도 중요하지만, 불쾌함(unpleasantness)을 최소로 하는 게 만족도를 유지시키는데 더 중요하다는 것이다.

그런데 불만족한 혼인생활을 하면서도 계속 함께 살아가는 경우도 많으므로, 혼인생활을 지속시키는 데는 만족도뿐 아니라 혼인생활의 안정성(marital stability)이 연관되어 있다고도 본다. 일종의 이원적 적응척도(dyadic adjustment scale)이다.

스페니아 등(Spanier and Thompson, 1982)이 제시한 것을 보면, ① 일치(부부의

목표, 가치, 의사결정), ② 애정, ③ 관계만족, ④ 응집성(목표와 계획실행을 위한 공동노력의 정도) 등이 부부생활에 대한 적응성을 높인다고 했다.

카니 등(Karney and Bradbury, 1997)은 혼인생활의 안정성에 영향을 주는 요소로서, ① 혼인생활의 만족도, ② 태도의 유사성, ③ 성적만족, ④ 가족수입, ⑤ 부부의 교육수준 등을 들었다. 부부생활의 만족과 안정성은 별개일 수도 있지만, 부부에 따라서는 뚜렷하게 구분하기 어려운 부분도 있으며 혼인생활의 지속에 상호영향을 주는 요인들이라고 생각된다. 예를 들어 가족의 수입은 분명 부부의 안정성에 기여하는 요소이며, 부부에 따라서는 남편이나 아내의 수입이 혼인의 만족도에 결정적 요인이라고도 생각한다. 또 사사건건 일치되지 못해 싸우는 부부의 경우에도 가장 중요한 문제에서만은 일치되는 경우가 있는데, 이러한 부부도 혼인생활이 그런대로 만족스럽다고 생각하면서 비교적 잘 적응해나가기도 한다.

부부의 성적만족이란 것도 혼인생활의 만족도나 안정성 유지에 중요한 요인이라고 말해진다. 주로 성교(性交)에 의해 격정적이거나 낭만적인 사랑이 표현되는 것을 성적만족도로 표현하려고도 하며, 더러는 성과 생식(자녀를 가짐)을 구분하려는 경향도 있다. 전통적으로 부부의 성은 자녀출산을 전제로 한, 합법적으로 인정된 성적욕구의 충족수단으로 간주되었다. 또한 부부의 성적만족은 혼인생활에서의 남성다움, 여성다움이란 성적특성의 상호교류와 민감성(sexual sensitivity, 배우자에 대한 욕구의 인식, 정서 및 신체상태의 파악, 가능하고 바람직한 성행동의 요구나 시도의 능력)이 반영되는 친밀감, 헌신, 보살핌에 따른 만족감이며, 혼인생활의 질을 표현하는 유대감인 동시에 행복감의 척도라고도 말해진다. 성교가 혼인생활의 전부라고 생각하는 부부도 있지만, 오히려 부부의 사랑이나 친밀감과 같은 혼인생활의 질이 성적만족을 결정하며, 성교 횟수 등은 개인의 성에 대한 관심이나 건강상태에 따라 달라지는 것이라고도 했다(Mooradian and Griff, 1990). 부부의 성도 의사소통과 애정적 유대강화의 한 방식으로 보기도 했는데, 그러한 관점이라면 성교 외에도 얼마든지 다른 방법으로 부부 간의 애정표현이 가능한 것이며, 부부가 좋은 관계를 유지할 때에는 성교 횟수 자체는 별로 중요시 되지 않는다고도 했다(Cupach and Comstock, 1990). 물론 혼인한 부부에게는 다른 사람과의 성적접촉이 금지되는 성적배타성이 요구되며, 이는 일부일처제와 부부 간

신뢰의 근간이 된다.

아울러 부부로서 살아간다는 것은 고립된 부부만의 생활이라기보다는 가족을 포함한 사회와의 끊임없는 교류와 연결망 속에 있음을 의미한다. 스타포드 등(Stafford and Canary, 1991)은 혼인생활을 유지시키는 행동(maintenance behavior)으로, ① 긍정성(밝고 명랑한 관계 유지, 서로 예의 바른 행동), ② 개방성(서로 생각과 감정을 공유), ③ 확신(미래의 희망, 관계지속 의사전달 언행), ④ 공유과업(함께하는 시간)과 같은 부부로서의 생활방식뿐 아니라, ⑤ 사회적 연결망 참여(친구, 가족활동 참여로 관계지원과 부부정체감 강화)를 추가하였다.

요약하자면, 혼인생활의 만족과 안정성을 지속시키기 위해서는 부부가 서로 독립성과 개별성을 존중하면서도 충분히 친밀하고도 일치된 관계유지를 위해 끊임없이 의식적인 노력을 하여야 하며, 가족과 사회관계망 속에서 이를 지지받고 확인할 수 있는 교류를 유지해야 한다는 것이다.

나. 혼인생활의 유형

부부가 혼인생활을 유지시켜 나가는 일정의 유형이 있다고 한다.

함께 살다보면 집안의 주도권을 누가 쥐고 있는가, 혹은 남편과 아내 중 누가 우월적 위치에서 배우자를 통제하며 의사결정을 이루고 있는가에 따라서 혼인생활의 유형을 분류하기도 한다. 즉, 힘(power)의 사용형태를 기준으로, ① 남편우월적 결합(husband-dominant union), ② 아내우월적 결합(wife-dominant union), ③ 평등주의적 결합(equalitarian union), ④ 독립형태적 결합(independent type union)이 그 예이다(Blood and Wolf, 1960). 대부분의 결정이 누구의 주도로 이루어지는가, 동등하게 공유되는가, 서로 책임 영역이나 문제를 정해놓고 독립적이고 자유롭게 결정하는가에 따른 분류방식이다. 부부는 영역에 따라서 혹은 그 구분 없이, 자신이 결정을 하여야 한다고 주장하기도 하고 더러는 배우자에게 미루기도 한다. 그 힘의 영향력이 일방적이고 강압적이건 혹은 책임회피적이건 간에, 부당하고 비합리적이며 그러한 결정으로 잘못된 결과가 초래되고 있다는 생각이나 피해의식이 누적된다면 불만과 불화의 요인이 된다.

큐버 등(Cuber and Harroff, 1965)은 10년 이상 혼인생활을 해왔지만 아직 이혼을 심각하게 고려해보지 않은 부부들을 대상으로, 무엇이 혼인생활을 유지하도록 하였는지를 부부 상호작용의 형태(types)를 기준으로 관찰하였던 바, ① 갈등이 습관화된 관계(conflicted-habituated relationship), ② 활력이 상실된 관계(devitalized relationship), ③ 소극적임이 일상화된 관계(passive-congenial relationship), ④ 활력이 넘치는 관계(vital relationship), ⑤ 완전한 관계(total relationship) 등의 5가지로 분류하였다.

갈등이 습관화된 관계란 사소한 말다툼이나 논쟁, 긴장과 갈등이 일상화 되어 있으나 그것이 이혼사유로 등장하지도 않는 경우이다. 다른 사람들 앞에서는 그런 모습을 드러내지 않는 경우, 남들은 이들을 행복한 부부로 생각한다. 습관화된 갈등상황의 유지가 아마도 부부를 연결시켜주는 고리이고 부부관계의 활력소로도 보인다.

활력이 상실된 관계란 혼인 초에 가득했던 활력과 열정이 어느 사이엔가 사라지고 서로에게 무관심하고 기계적이며 의무적으로 살아가지만, 그것이 특별히 불행이라고 생각하지는 않는 관계이다. 그리고 혼인이 깨어지면 더 많은 것을 잃을 것이라고 생각한다. 우리가 가장 흔히 목격하는 형태이기도 하다.

소극적임이 일상화된 관계란 애초부터 서로 특별한 열정이나 기대 없이 혼인을 시작하였으므로, 혼인의 활력을 상실했다는 생각 자체도 없는 관계이다. 그럼에도 서로 잘 맞는다고 생각하고, 서로 정서적 개입이 적으므로 갈등도 적을 수도 있다. 각자 혼인생활 외부에서 만족을 얻으며, 배우자의 요구로부터 자유로움을 느끼면서 자신만의 취미생활이나 직장생활, 다른 사회적 지지망을 구축하고 자신에게 몰두하기도 한다. 일종의 혼인한 독신생활이다.

부부가 함께 관계와 개인적 성장에 큰 관심을 가지고 협력, 헌신, 적극 소통하며 성적조화를 이루기 위해 노력하는 것이 활력 넘치는 관계의 유형이다.

활력 넘치는 관계와 유사하나 사업이나 가게, 전문직을 함께 운영하는 등 공동강화적 활동을 공유하면서 서로가 없어서는 안 될 존재로 살아가는 유형이 완전한 관계라고 한다.

상호적 보상이 이루어지는 활력 넘치는 관계나 완전한 관계유형은 갈등이 가장 적은 유형일 것이다. 그러나 어떤 형태이든 부부가 나름대로 안정성을 확보하고 있다면, 제3자의 주관적 판단으로 의도적인 변화를 시도하거나 개입하려 함은 부부갈등을 해결함에 있어서나 부부생활을 지속시킴에 오히려 더 불리하게 작용할 수도 있다. 즉, 혼인생활의 유형만으로 갈등의 수준과 추이를 쉽게 예단하여서는 안 될 것이며, 단지 부부로서의 삶과 소통방식을 이해할 수 있는 참고로 활용함이 좋을 것이다.

(3) 일상에서 경험하는 부부갈등의 형태

부부갈등을 유발할 수 있는 요인들은 가족갈등의 탐색이나 혼인만족도 및 혼인생활 유형 등에서 이미 많이 설명되었고 그로부터 유추될 수도 있다.

우리나라의 이혼자료를 보면, 거의 절반 이상은 성격 차이로 이혼하려 하고, 경제문제와 배우자의 부정, 가족 간 불화, 정신적·육체적 학대 그리고 때로는 건강문제 등의 순서로 나타난다. 성격 차이가 실제로 중요 갈등요인이 될 수도 있겠지만, 깊은 성찰의 결과로 주어진 답변이라기보다는 구체적인 답변을 줄 수 없거나 회피하려는 목적으로, 혹은 일반적인 인식을 단순히 표현한 것일 수도 있다. 성격 차이라고 하지만 내용을 보면 기질적 성격 차이라기보다는 행동양식이나 심각한 의사소통의 문제가 원인일 때도 많다. 혼인하기 이전부터 다른 사람들과 어떻게 의사소통하여 왔는지는 혼인 후의 부부만족을 결정하는 데도 중요한데, 혼인한다고 해서 그 소통형태가 쉽게 바뀌는 것은 아니므로, 부부 사이에서도 이전에 해오던 것과 같은 부적합한 소통방식은 부부를 일치시키기보다는 더 멀어지게 하고, 갈등을 해결하기보다는 부채질하기 때문이다.

일반적으로 말해 부부의 갈등도 기대와 욕구, 목표, 현실과 당위 사이에서의 차이 등에서 생겨난다. 유형으로 보아, 가족으로서의 기능유지에 필요한 부부의 중요 역할수행에 따른 관계갈등이 하나이고, 또 하나는 현재로서는 부부생활에 직접적인 위해를 가하지는 않는 사소한 것이지만, 누적되면 더 파괴적일 수도 있는 잠복성갈등이라는 2개 유형으로 구분할 수 있다. 부부 중 어느 편이 성관계를 거부한다거나 생계유지나 자녀양육의 책임을 소홀히 한다면 이는 중요 역할에 따른 관계갈등을 초래한다. 집안청소나 설거지, 사소한 의견 차이나 작은 실수, 상대의 신경을 거슬리게 하는 일상적인 버릇, 진지하지 못한 소통태도 등으로 인한 갈등은 잠복성갈등으로 분류될 수 있다. 부부의 심리특성이나 상호작용방식 및 의사소통형태도 상황에 따라서는 부부의 중요 역할에 따른 관계갈등의 요인으로 등장할 수 있다. 부부 간의 의사소통은 이혼과 갈등의 중요 예측

지표로 활용(Stanley, Markman, and Whitton, 2002)될 만큼 중요 관계갈등의 요소라고도 말해진다. 또 유사한 심리적 특성을 가진 부부들이 더 큰 만족도를 경험한다고도 하지만(Richard, Wakefield, and Lewak, 1990), 다른 성격특성을 가진 부부라도 보완적 기능을 발휘하여 잘 적응한다면 부부가 함께 성장할 수 있는 기회가 될 수 있고, 극복 못한다면 중요 갈등의 요소가 될 수 있다.

부부의 만족도는 자녀가 청소년기 또는 청년기에 도달하면서 부모와 자녀들의 갈등이 증가하면서 가장 낮아지고, 자녀들이 다 자란 뒤 가정을 떠날 무렵부터 다시 증가한다고도 한다. 자녀가 성의 발달, 또래집단에서의 소속감, 나는 "누구인가?"라고 하는 정체성의 혼란과 함께, 가족, 친구, 공동체 등으로 표현되는 "우리"에 대한 "나"의 친밀감을 형성하는 시기에는 자녀의 반항이나 방황에 따르는 부모의 양육태도나 교육방침은 부부 간에도 일치를 이루기가 어려우므로, 서로를 비난하고 책임전가를 하면서 큰 갈등이 생겨날 수 있다. 아이가 태어나면서 양육과 집안일의 분담, 출퇴근 시간의 조절과 경제적 문제 등이 겹치면서 심각한 부부갈등을 초래하는 경우도 적지 않다. 이혼청구를 하는 젊은 부부에서는 양육분담에 관련된 갈등의 누적이 거의 단골메뉴로 등장할 정도이다. 그러나 부부로 맺어진 남녀가 눈먼 사랑에서 깨어날 즈음에 아이가 태어나므로, 자녀출생이 마치 부부만족도 감퇴나 갈등의 증가를 초래한 듯이 보일 뿐 직접적인 갈등의 원인제공자가 아니라는 주장도 있다. 자녀출생이나 양육이 부부가 위기를 견뎌나가도록 격려하는 측면도 있고, 자녀들을 통해 위로와 심리적 보상을 받아 부부관계 유지에 도움을 얻기도 한다.

부부의 만족 정도만으로 혼인생활의 지속성과 안정성을 평가하기 어려운 측면이 있지만, 부부만족도를 약화시키는 사건들이 갈등의 한 요인을 제공할 수 있음은 사실이다. 예를 들자면 가족이나 배우자에게 질병이 발생하여 장기적인 돌봄을 제공해야 하거나 장기간 노부모를 부양해야 하는 상황이 생길 때, 반복적인 일상생활이나 부부역할로 인해 권태와 피로가 누적될 때, 정년이나 은퇴, 중년을 지나면서 부부의 남성화 또는 여성화 현상이 생겨날 때, 가족생활주기를 포함하는 이러한 사건들도 부부만족도를 약화시키며 갈등을 증대시키는 요인이 될 수 있다.

(4) 부부갈등의 해결

부부들을 대상으로 한 전문상담소가 문을 연 것은 1930년경이라고 전해진다 (Paul Popenoe가 로스엔젤리스에 개설한 The American Institute of Family Relations). 이전부터 많은 학자들은 부부를 가족하위체계의 하나로 간주하고 가족갈등과 부부갈등을 함께 취급해오는 경향이었다. 그러나 역사적으로 보면 가족하위체계로 발전하기 이전부터 인지행동, 대상관계이론, 정서중심 또는 통합적 접근법 등이 문제부부들의 상담에 활용되어 왔다.

여기서 생각해보아야 할 점은 치료적 접근과 갈등해결적 접근의 차이 그리고 부부를 대상으로 하는 접근법과 가족을 대상으로 하는 접근법과의 차이가 무엇인가 하는 점이다. 기존의 치료적 접근방법에도 다양한 이론적 배경과 기법들이 있으며, 또한 모든 치료가 심리내적 문제를 깊이 다루려고 시도하는 것도 아니지만, 일반적으로 말해 가족치료에서 보다 부부를 대상으로 하는 치료적 접근법이 개인의 경험이나 심리내적 문제를 더 깊이 다루는 경향이다. 갈등조정에서도 그 기법상 치료적, 혹은 전환적 조정방법이 활용되고 있다고는 하지만, 심리적으로 심각한 문제나 증상을 가진 부부나 가족은 갈등해결의 대상이라기보다는 원칙적으로 조정 이전에 심리상담 혹은 정신과적 치료가 우선되어야 한다. 갈등해결적 접근은 그 목표가 정신병리적 증상의 완화나 치료가 아니라 갈등당사자들의 현존하는 갈등해결을 지원함에 있기 때문이다. 심각한 심리적 증상을 가진 사람들에게 정상적인 자기결정권을 기대할 수는 없을 것이다. 갈등의 해결에서 개인이나 부부 혹은 가족 내면의 깊은 심리적 현상과 역동을 고려한다고 하여도, 이것은 전문적 개입자가 당사자들의 갈등을 더 잘 이해하고 지원하기 위한 수단이지 갈등당사자의 마음 깊숙이 들어가서 근원적 치유의 방안을 모색하고자 함은 아님을 염두에 두고서 여러 치료적 이론이나 접근법의 활용성을 고려했으면 한다.

이러한 전제 아래, 몇 가지의 심리학적 접근법은 갈등의 이해와 해결에도 유용할 듯하다.

우선 인지주의적 접근법이다.

인지주의적 접근은 다른 사람의 행동에 대한 해석에 따라서 반응양식이 달라진다고 본다. 사건 자체라기보다 그에 따른 생각이다. 심사숙고하여 내린 합리적 판단결과가 아니라, 임의적 추정(arbitrary inference)에 근거한 자동적 사고(automatic thoughts)로 인해 현실을 과장하거나 왜곡하였기 때문이라는 것이다. 이로 인해 흑백논리나 과잉일반화(overgeneralization, 특수상황에서 경험한 바를 그와 무관한 상황에서도 일반화하여 적용하는 것), 개인화(personalization, 자신과는 무관한 사건임에도 자신과 관련된 것으로 잘못 해석하는 것) 등 다양한 인지오류(cognitive error, 어떠한 경험과 사건의 의미를 해석하고 받아들이는 과정에서 현실을 제대로 지각하지 못하거나 왜곡하는 등 추론이나 판단의 오류를 가져옴)와 우울증과 불안장애를 포함한 여러 가지 정신보건문제를 유발하게 된다는 것이 인지치료법을 개발한 아론 백(Aarron Beck, 1921~)의 견해이다. 부부 간에도 어느 배우자만의 어떤 신념이나 선입견과 같은 도식(圖式, schema)에 따라 심한 소통의 왜곡을 가져올 수 있다. 도식이란 피아제(Jean Piaget, 1896~1980)가 1926년 처음 사용한 용어로 개인이 가진 일종의 준거틀이다.

인지적 방법에서는 부부 각자가 가지고 있는 잘못된 정보를 수정해주는 것이 해결방안인데, 개인적 사고의 편향성과 경직성을 관찰하고 인식하도록 함으로써, 타당성과 효용성이 있고 현실적인 대안적 사고와 유연한 신념을 가질 수 있는 변화를 이끌도록 하며, 그리하여 적응적인 행동을 하도록 돕는 것이 전문가의 역할이다.

갈등의 해결에서 부부 모두 혹은 어느 편이 왜곡되고 잘못된 생각을 가져오게 하는 비합리적 신념(절대적이거나 선험적인 준거가 존재하지 않는 사고로서, 융통성 없고 현실성도 없으며 기능적으로도 유용하지 않은 신념, 즉 그러한 사고방식이 현재 부부의 행복에 별로 도움이 되지도 않는 것들)이 있다면, 이것을 확인시켜주고 합리적인 생각으로 대체시켜주는 것이 갈등해결에도 도움이 된다는 것이다. 다만 자동적 사고나 역기능적 신념이 어떻게 하여 부정적인 감정과 합리적이지 못한 행동을 유발하는 것인지에 대한 기전은 아직 명확하게 밝혀지지는 못한 상태이며, 지능이 낮거나 심한 인지적 혹은 성격상의 장애 또는 뚜렷한 위기에 처해 있는 사람에게는 인지적 접근방법을 적용하기가 어렵다는 제한점을 가진다.

둘째, 행동주의적 접근이다.

행동주의에서는 행동은 결과에 따라서 유지된다는 것을 전제로 하며, 행동을 촉진시키는 것을 강화물(reinforcers), 저지시키는 것을 징계물(punishers)이라고 한다. 남편의 관심을 받고자 하는 아내가 바가지라도 긁어서 남편의 주의를 끌 수만 있다면 바가지를 자주 긁게 될 것이다. 본인은 인식하지 못하는 상황에서도 지속될 수 있는 이 행동은 남편의 무관심(ignoring)으로 소멸(extinction)될 수 있다. 즉각 소멸되지 않거나 효과가 없는 것은 부분적으로나 간헐적인 강화가 일어나기 때문이다. 간헐적 강화는 잘못된 자녀의 행동을 수정함에도 큰 장해요인이 된다고 말한다(Ferster, 1963). 뭘 사달라고 계속 따라다니며 징징거리는 아이에게 처음에는 단호하게 거절하다가 나중에는 포기하여 사주고 마는 부모는 아이의 칭얼거림을 강화하는 것이다. 증상이란 자기도 모르는 사이에 얻게 된 문제 행동이 강화되면서 생겨난 학습된 반응이라는 의미이다. 부부 간의 바람직하지 못한 행동이 악순환을 거듭하는 것도 서로가 그 행동을 강화시키고 있기 때문이며, 잔소리에 불평불만, 징징대거나 울고, 회피하거나 처벌과 공포, 고통을 초래하는 등과 같은 소위 혐오자극으로 통제하려는 행동(혐오통제, aversive control)도 흔히 불행한 결혼으로 이끄는 중요한 결정인자라고 말해진다(Stuart, 1975).

좋은 관계에 있는 배우자들은 솔직하고 직접적으로 갈등에 대해 이야기한다. 문제에 초점을 맞추고, 문제를 전체적인 관점에서 바라보고, 문제가 되는 구체적인 행동에 대해서 논의한다. 상대를 무조건 비난하고 불평하기보다는 자신의 감정을 표현하고, 상대방의 구체적인 행동변화를 요구한다. 그러므로 좋은 관계유지를 위해서는 관계를 위한 기법이 필요하다는 것이 행동주의자들의 생각이다. 좋은 부부관계는 효과적인 대처행동들을 할 수 있게 하는 관계기법을 학습한 결과로 보기 때문이다(Nichols, 2010).

기법의 학습은 흔히 잘 짜여있고 구조화된 평가과정과 표준화된 설문지에 의한 혼인만족도의 평가로부터 시작되는데, 분석된 내용과 긍정적인 부분을 잘 설명해주면서 문제에 대한 상호책임과 변화의 가능성을 강조한다.

스튜어트(Stuart, 1975)는 문제 많은 부부의 갈등해결을 위해 5가지의 개입 전략을 제시하였다.

첫째, 부부들이 애매한 불평을 하기보다는 자신들의 행동에 대해 분명하게 설명하는 것을 배우도록 한다.

둘째, 부부에게 혐오통제보다는 긍정통제를 강조함으로써, 새로운 행동변화의 과정들을 배우게 한다.

셋째, 부부의 의사소통을 향상시키도록 도와준다.

넷째, 부부가 힘(power)을 나누고 의사결정에 이르는 분명하고도 효과적인 수단을 확고히 하도록 권장한다.

다섯째, 부부가 갈등조정과정에서 얻은 이득을 유지하면서 미래의 혼인생활로 이를 확장, 미래에 있을 문제해결의 전략을 설점함에서도 배움을 얻도록 한다.

기본적으로는 개인에 초점을 두었던 행동주의로부터 부부관계로 관심이 옮겨가면서, 보상(rewards)을 최대로 하고 비용(costs)을 최소화 하며 주고받는 것에서 균형을 이루는 것이 좋은 부부관계라는 생각을 가지게 되었다. 이는 부부상호관계성과 상호규칙성 및 이에 상응하는 상호작용에서 행동이 유지되며 부부의 만족도가 결정된다는 사회교환이론(theory of social exchange)으로 발전되었다. 부부들에게 행동교환과정을 배우게 하여 상대가 원하는 행동의 구체적인 행동을 증가시키면서, 또한 그렇게 하면 무슨 일이 생기는 지를 서로 관찰하도록 하여 원인문제의 해결보다는 서로를 기분 좋고 편하며 행복하게 만드는 방법을 배우도록 하는 방식이다.

부부는 서로 말다툼을 하면서 분노를 교환하게 되고, 그러는 과정에 서로의 차이를 직면할 수도, 상대를 수용할 수 있는 방법을 찾고 또 표현하는 것도 가능해져가는데, 단기적으로 보아서는 이러한 방법이 갈등을 자주 노출시켜 부부관계를 더 악화시킬 수 있겠다는 우려도 있지만, 장기적으로는 부부관계에 유리하게 작용한다고 한다. 그러므로 행동주의자들은 부부가 좋은 관계를 유지하려면, 특히 문제(problem)에 대해 서로가 대화로 소통할 수 있는 능력을 향상시킴이 매우 중요하다고 하였다. 문제부부의 치료나 부부갈등의 해결에서 가장 효과적인 방법이 의사소통의 기술이며, 나이 든 부부에게는 특히 의사소통훈련에 대한 반응이 좋았다고 보고하고 있다(O'Leary and Turkewitz, 1978).

행동주의자들이 사용하는 "강화계획(schedules of reinforcement)"이나 "통제행동(controlling behavior)"과 같은 기계적인 방법들은 행동의 변화나 교정 그리고 의사소통을 촉진시키는데 널리 활용되었으며 효과도 거두었지만, 아무튼 이러한 방법들이 기본적으로는 개인심리치료의 영역에 머물고 있었으므로 전체 가족을 보려는 노력은 제한적이었다고 할 수 있다.

　세 번째는 통합적 접근이다.

　인지적 접근과 행동주의적 접근이 시도되는 동안 생각과 느낌이 중요하다는 인식이 더해지면서, 행동주의와 인지주의가 통합된 접근법으로 이끌리게 되었다. 가족역동에 대한 이해를 더욱 깊이 할 수 있게 해주는 인지이론과 행동을 강조하는 행동주의 방법론이 통합되면서, 그 활용과 유용성의 범위가 더욱 확장, 정교화 된 갈등해결의 방법으로 등장하게 된 것이다. 즉, 문제 있는 부부의 상호작용에는 왜곡된 인지들이 놓여있다는 인식은 행동주의적 접근에 큰 힘을 보태 주었다. 또한 이 통합된 방법은 인지와 행동적 접근이 서로 균형을 맞출 것을 강조하고 있으므로, 결국은 가족 상호작용의 유형으로 관심이 옮겨가게 되어 있고, 이것은 체계론적 접근방식과 유사한 맥락으로 전개되었다. 부부 각자의 감정, 인지, 행동, 부부와 가족관계 등이 상호작용하고 영향을 주게 된다는 공통관점 위에 서게 된 것이다.

　여기서 부부관계를 악화시키는 전형적이고 일상적인 부부들의 삶의 형태들을 들여다보자. 우선 부부들은 친밀해질수록 배우자의 습관이나 성격을 자기중심으로 바꾸려고 한다. 또 배우자의 좋은 점, 잘해주는 것은 당연하다고 생각하거나 외면하면서, 잘못한 것, 불편한 점에 대해서는 민감하게 반응하는 벌주기의 행태를 취하기도 한다. 벌주기는 벌로 앙갚음을 하므로 방어적 태도나 선제 공격적 행동을 더욱 빈번하게 만든다. 기대에 차지 않거나 실망하게 되면, 의도적으로 불쾌한 반응을 보이거나 빈정거림, 엉뚱한 화풀이, 입을 닫아버리는 등의 행동으로 노골적인 거부감을 표현하기도 한다. 부부는 누구보다 서로의 약점이나 상처를 가장 잘 알고 있는 관계일 수 있다. 그러므로 좀 더 불쾌한 방법으로 약을 올리거나 한 방으로 상대를 분노에 떨게 하고 항복시킬 수단을 찾기도 한다. 그러면서 서로 상대를 야비하게라도 이기려는 강박적 힘겨루기의 악순환에 빠져든다. 더 나아가 상대의 과거사를 현재와 결부시켜 해석하고, 상대 배우자 가족들의 결함을 들추어서는 그것을 배우자와 연관시켜 불치의 유전적 내력이라고 비난하면서, 부부갈등은 양측 가족의 문제와 갈등으로 확전시켜 돌이킬 수 없는 파멸로 치닫는다.

콜만(Coleman, J. C., 1987)은 부부갈등의 해결에서의 장애요인을 다음 10가지로 열거하였다. ① 문제의 존재를 부정하기, ② 문제에 대한 논의를 거부하기, ③ 싸우려고 들거나 양보 혹은 위축하기, ④ 배우자를 공격하기, ⑤ 정서적, 방어적, 비합리적 태도 취하기, ⑥ 변화가 요구되는 사람은 상대편이라고 주장하기, ⑦ 부부가 서로 문제해결의 주도권을 잡기 위해 경쟁하기, ⑧ 부부 양자가 결혼 생활을 다르게 지각하기(결과 "그" 또는 '그녀"의 혼인생활이 존재), ⑨ 과거문제를 들먹이기, ⑩ 갈등해결방법 자체가 새로운 갈등을 초래하는 것 등이다. 갈등을 해결한답시고 갈등 자체를 직면하기보다는 우선 회피하려고만 한다든지, 자신의 잘못을 인정하지 않고 방어하거나 또는 상대 탓으로 돌리고 상대가 죄책감을 가지도록 조작하는 태도, 공격이나 위협 등 강압적인 수단을 사용하는 것 등은 생산적이지 못한 갈등해결의 방법이다. 이러한 것들은 갈등을 단기적으로는 잠복시킬 수도 있겠지만 더 큰 갈등으로 폭발시킬 수 있다.

팅-투미(Ting-Toomey, 1983)는 불행한 부부와 행복한 부부 간의 소통방식에서의 차이를 비교하였는데, 예를 들어 행복한 부부는 상대의 말을 잘 요약해주고 자신의 말로 상대의 말을 반복해주면서, 필요하다면 부언설명까지 요구하고 대화내용을 명확히 하지만, 불행한 부부는 서로 남 탓부터 하며 공격과 방어에 신경 쓰느라 상대의 말을 잘 듣지도 않으며, 배우자의 말보다는 다른 사람의 메시지에 더 관심이 많고 더 정확히 알아듣는다고 하였다.

부부문제나 갈등을 해결하기 위해서는 콜만이 제시한 장애요인을 제거하려는 노력과 팅-투미의 행복한 부부의 소통방식을 의식적으로라도 실천하면서 부부가 상호 원하는 해결책을 제시하되, 합의내용이 구체적 실천행동과 가능한 일정까지를 포함하도록 하며, 내용 또한 공정하여 상호만족할 수 있도록 하면서 협정서의 형태로 문서화 해두는 것도 더러는 필요하다.

신드러 등(Ludwig Schindler 등, 2013)이 부부관계 향상을 위해 제시한 내용들도 보면, ① 배우자에게 항상 민감하여 ② 적극적이고도 자주 인정과 존중, 사랑의 표현을 실천할 뿐 아니라, ③ 스스로도 자신의 생각과 느낌, 가치, 충족되지 못한 필요성과 소망 등을 배우자에게 알리도록 하며, ④ 배우자는 나와 다르므로 나를 실망시킬 수도 있지만 대화로서 해결책을 찾으려는 노력을 하겠다는 의지, ⑤ 왜 내가 꼭 먼저 그래야 하는 가라는 강박의식을 버리기, ⑥ 상대의 금기를 건드리지 않기, ⑦ 무시하거나 어떤 형태로던 폭력적 행위의 금지, ⑧ 해결책 마련이 어려워 대화가 싸움으로 발전될 때는 중단하고 가능할 때 다시 시작하기 그리고 ⑨ 상대가 변화기를 바란다면 스스로 먼저 변하기 위해 노력하기 등이다.

부부는 고유의 성격과 관계개념을 가지므로 생각과 욕구, 감정이 다를 수 있음을 인정함은 매우 중요하다. 차이나 다름이 상대를 거부하는 원인이 되어서는 안 되는 것이다. 갈등을 수용하며 오히려 건설적 방식으로 대처하면서, 배우자가 전달하는 의미의 해독능력을 키워나가는 등 갈등의 빈도를 감소시켜 나가도록 노력하여야 한다. 차이나 다름을 이해하고 인정하며 조화롭게 극복해나간다는 것은 부부에게 주어진 성장과 발전의 기회를 살리는 것이다. 대처방법에 따라 부부관계의 질과 만족도가 결정된다.

3) 이혼에 따르는 갈등과 해결

이혼은 갑작스레 이루어진다기보다 대개는 배우자 모두 또는 어느 한쪽이 자신들의 혼인생활에 대한 지속적이고 강한 부정적인 생각을 누적시켜온 결과에 기인한다. 혼인생활에서 오는 갈등해결을 위한 노력이 미흡하거나 무시 또는 회피된 상태로 지속된다면 갈등의 골은 더욱 깊어만 갈 것이고, 이는 혼인한 독신생활의 수준을 넘어 법적 이혼에 의한 가족해체의 단계로 발전될 것이다. 갈등과정에서 배우자에 대한 불신감을 노골화 함, 불평과 비판, 방어나 저항, 멸시와 조작(manipulation) 등의 반응은 이혼을 촉진시키는 가장 일반적인 위험요인이다.

법원 이혼조정현장의 경험으로 말한다면, 이혼하려는 당사자들은 모두가 흥분되어 있거나 매우 화가나 있다. 어떻게 하면 자신이 당한대로 상대에게 복수를 하거나 벌을 받게 하고 원하는 보상을 받을 수 있을지를 궁리하기도 하며, 그들이 처한 답답한 상황을 말하고 싶어 하며 법에 호소하려고도 한다. 이혼만이 현재의 갈등을 벗어나게 해주거나 자신의 괴로움을 감소시켜 줄 수는 있는 거의 유일한 대안이거나 희망이라도 되는 듯이 생각하기도 한다. 부부에 따라서는 아마도 이혼이 부부갈등의 마지막 해결수단일 수도 있다. 그러나 이혼이 당면 문제의 해결방법일 수도 있지만, 새로운 문제나 또 다른 갈등의 시작일 수도 있다. 특히 자녀들의 문제행동은 이혼으로 종식되기보다 더 심각해질 가능성이 높다. 물론 함께 사는 것이 절망적이라거나 더 큰 불행으로 이끌릴 것이라는 생각을 하는 부부이면서도 혼인생활을 종식시키지 못하는 경우도 있다. 자녀나 남은 가족에 대한 걱정, 경제적 어려움, 정서적 적응문제, 종교나 가치관, 가족이나 친구들의 만류, 사회의 부정적 시각과 체면 등이 걸리기 때문이다.

이혼의 방법에는 쌍방이 모든 사항에 합의를 통해 법적인 혼인관계를 종식시키게 되는 협의이혼과 그렇지 못하여 소송으로 결정짓는 재판상이혼이 있다. 우리나라에서의 협의이혼은 관할법원에 서류를 접수하고 1~3개월의 숙려기간을 거친 후, 판사 앞에서 확인하여, 3개월 내 주소지에 신고하면 끝난다. 만일 기간 내 신고하지 않으면 효력이 상실된다. 재판상 이혼은 조정절차에 의하거나 판결로 확정된다. 이혼조정에 의한 이혼신고도 협의이혼신고가 아니라 재판상 이혼으로 처리된다는 의미이다. 우리나라 가사소송법에서는 조정전치주의를 채용하고 있어, 법원 직권으로 조정에 회부하거나 당사자가 조정을 신청할 수 있다. 조정은 재판상 화해와 동일한 효력을 가지며, 조정조서 무효확인소송을 제기하여 그 효력을 다툴 수 없다. 그러나 당사자가 임의로 처분할 수 없는 사항에 대한 조정은 무효이다. 예를 들자면, 친생부인(친자관계의 부인)은 조정으로 처리할 수 없다. 또 조정요구내용이 적절하지 않다고 판단되는 경우, 즉 법령이나 선량한 풍속, 질서 등에 반하므로 재판으로 가는 것이 더 타당하다고 판단될 때, 당사자가 의무회피나 소송지연 등과 같은 부당한 목적으로 조정신청을 한 경우는 조정을 하지 않는다. 조정에서 합의가 이루어지지 않거나 피신청인이 조정에 출석하지 않은 사건 등에서 담당판사가 "조정을 갈음하는 결정(강제조정)"을 내리기도 한다. 강제조정의 경우 송달 전이나 송달된 때로부터 2주 이내에 이의신청을 할 수 있고 상대방 동의 하에 이의신청을 취하할 수도 있지만, 그 기간을 넘겼거나 혹은 이의가 취하되거나 각하되었을 때는 재판상 화해와 동일한 효력을 가진다.

이혼은 혼인관계를 법률적으로 소멸시키는 행위이므로, 이 과정에서 생기는 여러 갈등의 해결에는 관련된 법률이나 판례에 대한 소양이 도움이 된다.

(1) 갈등의 요인들

가. 이혼이란 법적절차에서 생기는 갈등

협의이혼이 안 되어 소송으로 이어진 경우라도 조정으로 원만하게 화해와 합의를 이루게 되거나, 첫 조정에서 비록 합의를 이루지 못하였으나 재조정(기일을 속행함)에서 합의를 이룰 때, 또는 조정과정에 전문적 부부상담 등이 유효하게 작용한 경우에는 이혼 이전의 부부관계에서나 이혼과정에서 생긴 갈등이나 상처가 더 깊어질 위험은 줄어들 것으로도 기대된다. 그러나 협의이혼이나 조정으로 합의를 이루지 못할 경우는 확정판결을 얻기까지 지루한 雙方의 공방과 변론절차가 따르게 된다.

소장(訴狀)의 기재내용들은 재판에서 자신에게 유리한 증거자료로 활용될만한 내용들로 구성되는데, 상대가 감추고 싶어 하거나 꺼려하는 온갖 사생활이 폭로되기도 하며, 상대 부모나 그 가족들에 대한 노골적인 비난이나 험담도 흔히 발견된다. 이러한 내용들은 과장되거나 혹은 사실과는 거의 무관하게 꿰어 맞추어지기도 하며, 반면에 자신의 잘못은 감추어지거나 축소되며 책임전가로 일관하기도 한다. 분명한 사실이 존재하겠으나 소장을 보면 전혀 雙方의 진술이 일치되지 않는 경우도 많다. 사실이 아닐 수도 있지만, 雙方의 관점이나 해석 차이인 경우도 있다. 雙方은 자신에게 가해지는 상대의 비난과 주장을 소장을 통해 읽는 동안, 상대에 대한 기왕의 부정적 감정까지를 포함하여 이혼으로 모두 털고 가고자 결심했던 바를 철회하게도 된다. 상대에 대한 불신과 분노 그리고 배신감과 적대감이 더욱 고조되어, 상대를 혐오스러운 복수의 대상으로 설정하게 되어, 너도 죽이고 나도 죽자는 패자-패자 식의 종결을 주저하지 않게도 된다. 자신의 위선이나 가식도 모두 상대 탓으로 투사함으로써, 자신을 더욱 정당화 하려고 한다. 자신의 이해나 욕구의 형태를 살펴보기보다 자신의 입장과 명분을 세우는 것에 더 집착하게 된다. 이 때문에, 雙方의 갈등은 증폭되고 깊어지며 해결은 더욱 어려워져 간다. 피치 못하게 이혼을 하더라도 좋게 헤어짐을 기대하기는 다시 화합하여 살아보겠다는 결심을 하는 것 이상으로 쉽지 않게 변모된다.

이러한 소송과정에서의 이전투구(泥田鬪狗) 양상과 이로 인해 雙方이 입게 되는 깊은 상처와 갈등의 심화현상은 흔히 위자료나 재산분할 그리고 미성년 자녀가 있을 경우의 친권, 양육권, 양육비, 면접교섭권 등의 주장과 연계되면서 더욱 증폭, 확대되어간다.

나. 위자료(慰藉料)와 재산분할

위자료란 혼인 파탄의 책임이 있는 사람(유책배우자)으로부터 정신적 혹은 재산적 손해에 대해 배상받음을 말한다. 원래 위자료청구권은 불법행위가 성립하는 경우의 효과로서 발생한다. 일반적으로 말해, 생명, 신체, 자유, 명예, 정조 등의 침해로 발생되는 손해에 대한 배상이다. 우리나라에서는 ① 부정한 행위, ② 악의로 상대방을 유기, ③ 배우자 또는 배우자의 직계존속으로부터 심히 부당한 대우를 받음, ④ 자기의 직계존속이 배우자로부터 심히 부당하게 대우를 받음, ⑤ 3년 이상 행방불명, ⑥ 기타 혼인을 계속 하기 어려운 중대한 사유가 있을 때를 귀책이혼사유로 규정하고 있다(민법 제840조 재판상 이혼원인). 딱히 규정하기 어려울 때, 흔히 이런저런 이유를 "기타 혼인을 계속 할 수 없는 중대한 사유"에 걸어 이혼청구를 하는 예도 종종 보게 된다. 혼인을 계속하기 어려운 중대사유가 되는 파탄으로 등장하는 것을 보면, 흔히 폭행과 학대, 중대한 모욕, 빈둥빈둥 놀고 게으른 생활과, 낭비나 도박과 게임중독, 빚을 지는 행위, 범죄행위, 배우자를 곤경에 빠뜨리기 위한 고소, 고발이나 소송제기, 친족과의 불화, 과도한 종교 활동, 성적(性的)이상, 질병과 신체장애, 성격 불일치 등이 있다.

위자료는 혼인생활의 경위와 파탄원인 그리고 그 파탄에 기여한 유책배우자의 책임 정도, 기타 남편이나 아내의 연령, 학력, 가족관계, 재산 정도 등 제반 사정을 고려하여 결정된다. 일방 당사자의 악의적인 불법행위가 있거나 재산분할에서 부족한 부분이 있을 때 증액되기도 한다. 부부 어느 편의 외도로 인한 이혼에서는 불륜가담자(상간자)에게도 위자료를 청구할 수 있다. 조정에서는 혼인파탄의 책임자를 분명히 지정하기를 원하지 않기도 하며, 이러한 때는 위자료를 합의금 또는 위로금 등의 용어로 표현하거나 재산분할에 포함시키기도 한다. 판결로 간다면야 당연히 혼인파탄의 귀책사유와 위자료가 판결문에서 적시될 가능성이 높다. 소장에서 상대에게 유책사유가 있음을 주장하려는 논리적 관점에서 단지 형식적으로 위자료를 청구하기도 하므로, 실제 합의 시에는 위자료를 군이 주장하지 않는 경우도 적지 않다. 위자료 인용의 판례를 보면 대개 1천만 원 내지 3천만 원 선이며, 재산분할이 없는 경우에는 5천만 원 이상으로도 책정되었다.

위자료에 연관하여, 상대방의 부정행위나 유기 등과 같은 유책의 원인이 있을 경우에만 이혼을 인정하는 입법주의를 유책주의라고 한다. 이혼을 청구할 때 유책배우자가 이혼청구를 하지 못하도록 하는, 소위 유책배우자의 이혼청구거부의 법리라는 소극적 파탄주의 사고방식이 판례로 정착된 것이다. 반면에 혼인관계 파탄의 책임이 어느 일방에 있다고 하더라도 혼인관계가 실질적으로 파탄되었다면, 어느 쪽에서 이혼청구를 하던지 모두 인정하자는 것이 파탄주의이다. 적극적 파탄주의인 셈이다. 우리나라는 1965년 9월부터 이혼재판에 원칙적으로 유책주의를 취해왔다. 근래 대법원에서도 유책배우자의 이혼청구를 유책주의 7 (다수의견), 파탄주의 6(소수의견)으로 기각하였다(2015년 9월 15일). 유책배우자의 이혼청구는 신의성실원칙에 위배되며, 간통죄 폐지(2015년 2월 26일, "배우자가 있는 자가 간통한 때에는 2년 이하의 징역에 처한다. 그와 상간한 자도 같다"는 형법 제241조 1항에 대해 헌법재판소가 위헌결정을 내림)에 이어 파탄주의까지 도입하면 사실상 중혼허용효과를 가지는 것이며, 이혼 후 상대방에 대한 부양적 의무부여 등 입법적 보완이 선행되어 있지 못한 상황이고, 협의이혼제도가 있으므로 반드시 파탄주의를 받아들일 필요가 없다는 취지였다. 반대로 간통죄 폐지를 파탄 난 혼인관계를 강제하는 이유로 삼아서는 안 되며, 재산분할청구나 면접교섭권 도입 등의 제도가 이미 이혼 후의 부양의무 등을 위한 입법적 보완을 이룬 것으로 보아야 하며, 특히 파탄 난 혼인관계를 강제함은 개인의 행복권 추구를 침해할 수 있을 뿐 아니라, 실질적 이혼상태를 법률적으로도 인정해주는 것이 합리적이라는 소수의견도 매우 설득력 있다. 한편에서는 파탄주의 도입에 앞서 유책배우자에게 위자료 부담률을 크게 올려 부양의무를 실제로 회피하지 못하게 하는 제도적 개선이 따라야 한다는 주장도 있다. 그럼에도 불구하고 현실에서는 파탄주의가 예외적인 경우이긴 하지만 병용되어 온 경향이다. 즉, 이혼청구는 파탄의 원인이 없는 배우자만 청구할 수 있지만, "이혼청구를 당한 상대방이 혼인관계를 계속할 의사가 없음이 객관적으로 명백한데도 오기나 보복감정에서 이혼에 응하지 않는 경우"나, 유책배우자가 이혼을 청구하였다 해도, "부부의 별

거상황이 당사자의 연령이나 동거기간으로 미루어 볼 때 상당히 장기간"에 이르렀고, "유책배우자의 책임이 반드시 이혼청구를 배척할 정도로 남아있지 않은 경우"와 미성숙 자녀가 없는 경우로서 "이혼을 인정함이 현저하게 사회정의에 위반한 사정이 인정되지 않는 경우"라면 유책배우자의 이혼청구를 허용한다는 입장도 있다. 분명히 일방의 귀책사유가 드러날 때도 있지만, 부부 한편이 완전 무결하게 귀책사유가 전혀 없는 경우란 드문 일이고, 손바닥도 마주쳐야 소리가 난다는 말이 있듯이, 이혼을 꼭 하고자면 어떤 형태로든 배우자의 흠을 찾고 이를 확대하여 이혼사유를 만들 것이므로, 비록 경중은 있다고 할지라도 법원이 파탄의 확실한 일방책임자 유무를 정확하게 가려내는 것이 언제나 가능하지는 않을 것이다. 그러므로 쌍방이 이혼을 원하면 이혼사유가 있는 것으로 간주하고, 제기된 다른 사안에 집중하는 것이 더 일반적이다. 만일 한편이 이혼을 원하지 않거나 이혼사유를 두고 쌍방이 대립되는 경우라면 당사자가 주장하는 이혼이나 귀책사유에 집중하기도 한다. 그러나 조정에서는 증거에 근거한 법적 판단을 구하는 재판과는 다른 형태가 될 것이다. 부부 쌍방이 이혼에는 합의하였으나 다른 문제로 의견접근을 잘 이루지 못하는 상황에서, 어느 일방이 이혼의사가 없고 가정을 지키고 싶다는 등 지금까지와는 다른 주장을 하면서 이혼사유 자체를 다툼의 대상으로 옮겨놓거나, 합의에 이른 사안에 대해서도 다시 다른 주장을 하는 등의 일관적이지 않은 태도를 보이기도 하는데, 이것은 소송 기술적으로 유리한 위치를 차지하기 위한 전술일 가능성도 있다. 이러한 경우, 상대당사자뿐 아니라 재판부 혹은 조정인도 피로감을 느끼게 된다. 유책배우자가 이혼청구소를 제기하거나 조정신청을 하고 잘못이 없는 배우자가 이혼을 거부하는 경우는 경제적 이유, 자녀문제, 가족문제 등 다양한 사유가 있을 수도 있으나, 이혼해주지 않음이 상대의 처지를 더욱 어렵게 하거나 배우자에게 복수하는 방법이라고 생각하여 그러는 경우도 있다.

재산분할은 이혼하는 부부 간에서도 가장 다툼이 많고 각자의 주장이 첨예하게 대립될 수 있는 분야이다. 실제로 조정이 불성립되는 중요 요인의 하나가 재산분할에 대한 의견 차이를 좁히지 못함에도 있다. 재산분할은 부부의 실질적 공유재산에 대한 청산적 요소가 주된 내용이지만, 이혼 후의 부양적 요소도 보충적으로 고려되어야 한다. 여기에 위자료적 요소가 포함된다고 하는 포괄설도 있고, 위자료는 별개의 제도로 보아야 한다는 한정설도 있지만, 절충적인 견해도 있다.

　아무튼 사실혼관계를 포함하여 혼인기간 동안에 공동으로 형성한 재산이 있을 경우에는 재산분할이 이루어진다. 분할비율은 ① 각 당사자 명의의 재산 내역, ② 각 당사자의 재산형성에 대한 기여도, ③ 혼인지속기간 등에 따라 결정되며, 특히 혼인기간에 큰 가중치를 두는 경향이다. 재산분할기여도란 부부가 공동으로 형성한 재산에서 그 노력의 비율을 말함이다. 서로의 기여율이 분명한 경우도 있겠지만, 전업주부의 예에서처럼 현금이나 현물적 기여도를 따지기 어려운 때도 있다. 일반적으로 말하면 혼인한지 20~30년 이상 된 전업주부는 재산의 50% 정도의 분할을 인정받는 경향이다. 10년 차 쯤 되면 약 30~40%를 인정받기도 한다. 그러나 이것은 아주 일반론적 얘기이고, 제반 특성과 상황에 따라 심한 편차가 생겨날 수 있다. 배우자의 미래 퇴직금이나 연금도 분할대상으로 가는 추세이다. 혼인 전부터 부부 중 일방이 가지고 있던 재산(고유재산)이나 혼인 중에 취득하였다고 하더라도 증여나 상속 등으로 일방의 소유가 된 재산은 부부가 공동으로 형성한 재산이 아닌 순수한 일방의 소유재산이다. 이를 특유재산(特有財産)이라고 하며, 원칙상 재산분할대상이 아니다. 그러나 현재 법원의 태도는 혼인 이전의 특유재산에 대해서도 일방당사자가 그 재산의 유지나 감소방지 또는 증식에 기여하고 협력한 바를 인증 받게 된다면 분할대상으로 인정한다.

　재산이 많은 사람에게서도 재산분할은 당사자 간의 큰 갈등의 요소이거나 대립의 중심이 될 수 있지만, 별로 재산이 없는 부부의 경우에는 이혼으로 인한 재산분할은 실제로 생존과 안정이 걸린 큰 갈등의 요소일 수 있다. 재산을 분할하게 되면 모두가 생존에 큰 위협을 받게 되거나 경제적 위기상황에 몰리게 될 우려가 높다. 작은 집이 하나 있거나 아니면 전세금 정도 있는 부부가 재산을 분할하게 되면 어느 쪽도 전세방 한 칸 제대로 얻을 수 없는 처지가 될 수 있다. 자녀까지 딸려있을 때는 과연 어떻게 하려는 셈인지, 매우 답답해질 때가 많다. 그러나 거리에 나앉는 처지가 될지라도 당장 이혼하는 것이 낫다고 생각하는 부부도 있는 것이다.

다. 친권자와 양육권자의 지정과 양육비 지급 및 면접교섭권

이혼하는 부부 사이에 미성년인 자녀(사건본인이라고 함)가 있을 때는 무엇보다도 자녀들의 복지와 행복을 최우선적으로 고려하여 조정이나 판결을 하게 된다. 자녀들에게는 친권자와 양육권자를 지정해주도록 하며, 양육권자로 지정된 사람은 상대당사자에게 양육비를 청구할 수 있고 양육권자에게는 양육비를 지급하여야 한다. 양육권자는 상대당사자의 자녀에 대한 면접교섭요구에 협조하여야 한다.

친권자가 양육권을 가져 양육자가 되는 것이나, 이런 저런 사유로 친권자와 양육자를 다르게 지정하는 경우도 생긴다. 예를 들어, 법률상 의무를 지닌 친권자가 실질적으로 양육에 부적합하다든지, 반대로 아이의 신상양육자로는 적합하나 재산관리나 여타 친권 전반을 행사하기에는 부적합한 경우도 있고, 부모 쌍방이 친권다툼을 할 경우에 자녀와의 애정관계를 만족시키거나 자녀의 복리에 분리함이 유리할 경우, 기타 부모 양쪽이나 어느 일방의 사정으로 분리하게도 된다.

친권이나 양육권도 이혼하는 부부에게는 매우 민감한 사안이다. 자녀를 잃어버릴까봐 두려워도 하고, 실제로 꼭 자녀를 자신이 양육하고 싶어도 하며, 자녀가 삶의 이유이며 보람이라고 여기는 부모도 있다. 반대로 친권, 양육권의 포기를 절대 고려할 수 없는 편으로부터 다른 부분의 양보를 더 얻어내기 위한 수단으로 친권이나 양육권을 주장하는 자도 있다.

친권이란 미성년 자녀의 신분과 재산에 대한 사항을 직접적으로 결정할 수 있는 권리로, 혼인 중인 부모라면 당연 공동으로 행사하는 것이다. 미성년 자녀의 법적 대리인이 되어, 자녀의 보호와 교양을 위한 권리의무, 자녀의 거주장소 지정권(거소지정권), 자녀의 보호와 교양에 필요한 징계권(법원의 허가로 감화 또는 교정기관에 위탁), 자녀명의로 취득한 특유재산의 관리권과 자녀재산의 법률행위에 필요한 대리권 등이 포함된다.

양육이란 미성년 자녀를 자신의 보호 아래에서 키우고 가르치는 것이다. 따라서 양육권이란 자녀의 "양육"에 필요한 사항을 결정할 수 있는 부모의 권리이다. 양육권 역시 혼인 중에는 부모가 공동으로 행사하는 것이다.

친권 중 자녀의 신분에 관한 사항이란 미성년인 자녀를 보호, 양육, 거소지정, 교양, 징계(감화나 교정기간에 위탁)할 수 있는 권리이다. 따라서 양육권보다는 친권이 좀 더 포괄적인 개념이겠으나, 친권자와 양육자가 다르다면 친권의 효력은 양육권을 제외한 부분에만 미치도록 되어 있어 양육권이 우선한다고도 할 수 있다.

이혼을 하게 되면 친권자와 양육자를 부모 한 쪽 또는 쌍방으로 지정하거나, 친권자와 양육자를 다르게 지정할 수도 있다. 그러나 친권과 양육권을 분리시킬 경우의 불편을 없애기 위해 양육권자를 친권자로 일치시킴이 일반적이다. 자녀의 전학, 여권의 발급, 수술, 아이의 재산관리, 주민등록상 주소지의 이전 등에서 친권자의 동의나 신청이 필요하기 때문이다. 근래에 아동학대 등이 사회문제화 되면서 공동친권 또는 일방의 친권·양육권의 행사를 제한하려는 경향도 있다. 이혼하려는 부부가 합의를 이루지 못한 경우, 법원이 미성년 자녀에 대한 친권자와 양육자를 직권으로 지정하기도 하며, 이때는 부모의 애정, 양육의사 유무, 경제적 능력, 거주현황, 자녀의 의사, 어느 부모와의 친밀도, 종전의 양육 태도, 재혼가능성, 혼인파탄의 귀책여부 등을 종합적으로 고려하여 판단한다. 최우선적인 중요 판단기준은 역시 미성년 자녀의 성장과 복리이다. 여기에는 자녀들의 양육환경을 최대한 바꾸지 않고 유지시키려는 노력도 고려대상이 된다(양육의 계속성). 이 때문에 이혼소송 전에 부부 각자가 자신이 고정적인 양육환경을 제공하는 적임자임을 증명하려는 듯이 자녀들을 서로 탈취하려는 상황도 생겨난다. 그러나 기존 양육자가 어느 쪽이었는지 보다, 실제로 양육의지가 있는지, 이를 뒷받침할 수 있는 경제적 능력은 있는지, 성실한 보조양육자(조부모나 보살핌이 가능한 가족 등)는 존재하는지 등 더 적합한 양육환경의 제공가능성 여부가 더 중요한 판단기준이 될 것이다. 또 젖먹이가 있거나 어린 딸아이가 있을 경우는 어머니가 우선시 될 수 있다(모친우선원칙). 그 외 양육자 판단의 기준으로 고려되는 것이 형제를 가능한 분리시키지 않도록 하자거나, 이혼의 유책성을 고려하거나, 면접교섭에 더 관용적인 부모가 적격성이 높다거나, 특히 아이가 자기의견을 표현할 수 있을 경우는 그 의사를 존중하자는 의견도 있다. 이혼하려는 당사자인 부부보다 당사자의 부모들(사건본인의 조부모)이 친권과 양육권에 타협을 하지 않으려는 경우도 있다. 자식이 이혼으로 헤어지더라도 손자 손녀는 양보할 수 없다는 식이다. 친권이나 양육권은 필요할 경우 변경 가능하다. 자녀의 연령, 양육자의 재산상황, 양육적합성, 양육의지, 자녀의 희망 등 여타 사정을 참작하여 변경신청이 가능하며, 특히 양육권자가 재혼할 때 비양육권자였던 아버지나 어머니가 양육자 변경신청을 하는 경우도 드물지 않다.

가사소송법에서는 장래의 양육비를 채권자의 채무자에 대한 채권과 같은 효력을 가지는 것으로 인정하고 있다. 따라서 배우자의 장래급여에 대해서도 압류명령 및 전부명령을 동시에 명할 수 있다. 양육비를 정기적으로 지급할 의무가 있는 자가 정당한 이유 없이 그 의무를 이행하지 아니할 때는 당사자의 신청에 의하여 법원이 이행명령을 내릴 수 있으며, 3기(期) 이상 그 의무를 이행하지 아니하면 30일의 범위에서 그 의무를 이행할 때까지 의무자에 대한 감치 또는 과태료 부과 등을 강제할 수 있다. 양육비직접지급명령은 양육비를 정기적으로 지급할 의무가 있는 사람인 양육비채무자가 정당한 이유 없이 2회 이상 양육비를 지급하지 아니할 때, 양육비채무자의 고용자(정기적인 급여채무를 부담하는 소득세원천징수의무자)로 하여금 양육비채무자의 급여에서 정기적으로 양육비를 공제하여 양육비채권자에게 직접 지급하도록 명령하는 것이다. 담보제공명령은 양육비를 지급할 자가 근로자가 아니라 자영업자일 때 유용한 방법인데, 양육비채무자가 양육비를 지급하지 않거나 양육비채무자의 자력이 변동되는 상황에 대비하기 위한 제도로, 장래의 채무이행을 확보하기 위해 상당한 담보의 제공을 명령하는 것이다. 양육비채무자가 정당한 사유 없이 담보제공명령을 위반하면, 1천만 원 이하의 과태료를 부과할 수 있다. 일시금지급명령은 담보제공명령이 있었음에도 이행하지 않는 경우, 양육비의 전부 또는 일부를 일시금으로 지급할 것을 양육비채무자에게 명령함이다. 양육비는 이혼당사자의 재산상황이나 경제적 능력, 추후 발생될 양육비 등을 고려하여 결정하지만, 대략 양육비부담자의 월평균 소득의 20~50%에서 결정되며, 서울가정법원에서 제시한 양육비 산정기준표가 주된 참고로 활용되고 있다.

면접교섭권도 자녀양육에 관한 처분의 하나이므로, 아이의 이익을 가장 우선해서 고려하여야 한다. 면접교섭권은 면접교섭을 요구할 수 있는 청구권이라기보다 아이를 위해 적정한 조치를 요구하는 권리라고 할 수도 있다. 면접교섭의 횟수는 2주에 1회, 1박 2일 정도가 일반적인 것 같으며, 각 사정에 따라 조정 가능한 내용이다. 면접교섭을 두고도 이혼하려는 부모가 다투는 경우가 많은데,

좀 더 면접교섭의 기회를 늘려달라거나 양육을 맡은 부모 쪽에서는 그 기회를 감소시키려 할 수 있기 때문이다. 여기에는 이혼당사자뿐 아니라, 남편과 아내의 양측 부모나 그 가족의 주장이 영향을 주기도 한다. 양육을 맡은 부모가 상대측 부모와의 관계를 의도적으로 단절시키려고 하거나, 면접교섭으로 인해 이혼한 부부가 지속적으로 교류할 수 있는 상황에 대한 불편과 우려 등도 원활한 면접교섭의 장애요인이 된다. 이혼 후에는 완전히 남남으로 잊혀지기를 원하는데, 면접교섭은 어떤 형태에서든 이혼한 부부에게 만남의 기회를 준다고 생각하기 때문이다. 자녀의 복리보다는 자신들의 입장이나 이해관계 우선으로 결정하려 함에 의해서이다.

(2) 이혼갈등의 해결방법

이혼이 기본적으로는 부부 사이를 법률적으로 해소시킴으로써 현실적 부부갈등을 해결하는 하나의 방법일 수도 있겠지만, 반드시 부부가 이혼 외의 방법으로 상황을 개선하거나 혹은 화해할 수 있는 다른 방법은 없는지를 충분하게 검토한 다음 이루어지도록 도와야 한다. 쟁점을 좀 더 명확히 정리하면서 쌍방의 의사소통을 원활하게 촉진시키며 당사자의 내면 깊은 곳에 있는 갈등을 상호이해할 수 있도록 도우다보면 화해의 기회나 가능성이 생기기도 한다.

이혼에는 대개가 자녀나 다른 가족이 연계되어 있다. 이혼으로 당사자뿐 아니라 전체 가족에게도 변화가 수반되는 것이므로, 가족에게도 새로운 시작과 재구조화의 기회가 될 수 있도록 도와야 한다. 자녀, 특히 미성년 자녀가 있을 경우, 부부 자신들의 관심사보다 자녀들의 관심사를 다룰 수 있도록 하며, 부부의 역할이나 관계로부터 부모의 역할과 관계로의 전환을 이룰 수 있도록 조력함이 선행되어야 한다.

가. 재산분할

재산분할문제로 다투는 부부들을 보면, 보유현금이나 재산상태에 대한 상호불신, 재산형성이나 그 형성기여도에 대한 이해나 관점 차이, 유책배우자에 대한 징벌적 감정(위자료 포함) 또는 이기심(어차피 헤어지는 마당에 내 몫을 더 챙기고 보자는 심리) 등이 복합되어 있다. 이혼을 마음먹으면서 혼인 이후에 형성된 재산을 일방의 명의로 해두려거나, 재산을 숨기려는 목적으로 다른 사람 명의로 빼돌리는 행위와 이를 되돌려놓으려는 사해행위(詐害行爲) 취소소송, 특히 소송에 앞서 가압류나 가처분 같은 보존처분으로 일방의 재산권 행사를 방지하려는 행위는 이혼소송에서 흔히 보게 되는 사례이다. 명의에 무관하게 쌍방의 재산은 그 기여도에 따라 분할이 이루어지게 되지만, 아무튼 재산분할은 이혼하는 부부의 가장 큰 다툼의 대상이 되기도 한다. 혼인생활 동안 불신이 누적되고 신뢰상실로 인한 상처가 깊어져서 혼인생활에 파탄을 맞게 되었기에 당연한 결과일 수도 있지만, 재산분할과정의 다툼은 쌍방이 갈등과 적대감을 더 깊게 하면서 조정불성립의 중요 이유로 등장하기도 한다. 재산의 합리적 분할을 위해서는 분명 법률전문가의 도움이 필요할 때도 있겠으나 상호보유한 적극재산이나 소극재산이 분명함에도 서로의 주장 차이를 좁히지 못해 합의점을 찾지 못하는 경우도 흔하다.

칩 로우즈(Chip Rose, 2004)는 재정이나 재산에 관한 갈등문제의 해결에는 당사자의 특정 욕구의 만족(미시개념 micro)에 초점을 두지 말고, 거시적 목표를 명확히 하며(거시개념 macro), 이 목표에 초점을 두고 과정을 관리함이 중요하다고 하였다. 로우즈의 견해에 따르면, 특정 사항에 대한 합의(미시적 하위목표)도 공정한 재산분할이라는 거시적 목표로부터 나오는 것이므로, 당사자들이 미시적 목표에 꽂히기 전에 쌍방이 공유할 수 있는 좀 더 광범위한 목표나 가치로 관심을 재설정하도록 하라고 권고한다. 그러기 위해서 조정인이 먼저 해야 할 일은 갈등당사자가 과연 무엇을 필요로 하며, 무엇을 얻기를 원하고 있으며, 조정인은 그 상황에서 어떻게 대응할 수 있는지를 평가하는 것이며, 이것은 쌍방의 문제를 해결해주는 것이 아니라 과정을 효과적으로 관리해주는 데 있다. 당사자들의 욕구를 개별화 할 수 있게 해주며, 개인의 이익과 상호이익 간의 관련성을 잘 알 수 있도록 도와준다.

개입의 전략적 질문으로, "두 분이 목표로 하는 바가 각자의 최대 이익을 얻게 해주는 문제해결방식입니까?"라는 거시적 목표지향의 질문과, "서로 주장하는 것을 합의로 얻으려면 배우자한테는 뭘 제공할 수 있겠습니까?" 식의 구체적 질문을 할 수 있다. 조정인이 당사자의 논의에 빠져들어 그 과정만을 촉진하고자 시도한다면 비생산적이 된다.

해결의 단계는 ① 쌍방으로부터 제반 정보의 수집(각 당사자의 수입이나 소득, 소득능력), ② 선택안의 확인 그리고 ③ 합의안 결정에 필요한 협상의 순으로 진행한다. 갈등해결을 위한 선택방안으로 ① 법규나 판례 등의 결과를 보아 대안을 선택하는 방법(법적 모델 law model), ② 당사자들이 재산문제의 실질적 연계로 인해 여러 가지를 고려하면서 주고받는 방식(시장-기업식 고려 market-business consideration) 그리고 ③ 쌍방이 모두 만족하며 수용 가능한 해결책을 제시하는 방법(당사자의 제시안 client-generated option)이 있다. 마지막 방안은 법적 모델에서 고려하지 못한 사항을 포함할 가능성이 높고, 개별화된 상호요구를 비교함으로써 교환이나 보상이 이루어질 수 있도록 하는 장점이 있다. 제안된 안들을 상호 비교·분석하는 기회를 통해 당사자들은 자신들의 이해에 점차 집중할 수 있게 될 것이다(Rose, C., 2004).

그러나 이러한 과정들도 상호합리적이며 적절한 의사소통이 이루어져야만 가능하며, 상대에 대한 적대감이나 복수심 또는 피해의식에 사로잡혀 있을 때, 또는 양측 또는 일방의 대리인(선임 변호사)이 재산상 이득에만 집착하도록 당사자들을 유도할 때는 조정이 아니라 판결로 귀착될 가능성이 높다. 중립적인 제3자의 입장에서 볼 때 분명히 당사자 모두에게 최선의 방안으로 보이는 선택일 수 있음에도, 그보다는 배우자에게 더 오래 고통을 줄 수 있는 방법을 찾는 사람들도 있다. "싸움에는 이기고 전쟁에서 지는 것"을 택한다.

당사자 간에 감정적 다툼이 심하여 배우자에게는 분할금액이 과하다고 생각하여 쉽게 합의를 해주지 않지만 내심은 조기의 합리적 해결책을 고심하는 자도 있다. 만일 자녀에 대한 염려나 애정을 유지하고 있는 당사자라면, 상호주장하는 분할금액의 차액에 해당하는 금액이나 부동산 등을 자녀에게 증여하거나 자녀 양육비, 학비 또는 등록금 부담으로 대체할 수 있는 방법이 경우에 따라서는 재산분할의 대안이 될 수도 있다. 어느 당사자의 고소 등으로 형사절차가 진행 중이라면, 고소취하와 재산분할을 교환하고, 추후 민형사 및 가사상 이의제기를 하지 않겠다고 제안함도 도움이 될 수 있다. 분할금액이 많을 때는 분할해서 지급하는 방안을 고려할 수도 있다. 또 젊은 당사자들일 경우, 그들의 부모가 재산분할의 핵심적 역할을 할 때도 있고, 부모가 대리인을 선임하여 모든 권한을 그에게 위임한 경우도 있으므로, 재산분할에서 실제 권한을 가진 자가 누구인지를 잘 가려서 적절한 접근방안을 고려함이 해결에 도움이 되기도 한다.

나. 친권 및 양육권자 지정과 양육비와 면접교섭권 관련 갈등의 해결

맥나이트와 에릭슨(Marilyn S. McKnight and Stephen, K. Erickson, 2004)은 자녀의 양육권을 가지게 되는 자와 그렇지 않은 자를 승자-패자 구도로 만들기보다 이혼 후 자녀의 양육계획을 할 수 있도록, 미래를 계획하는 과정으로 게임을 변화시키는 것이 친권 또는 양육권의 조정에서 가장 생산적이고 유용한 방법이라고 하였다. 부모가 자녀의 미래를 위해 서로 협력할 수 있도록 이끌어야 한다는 것이다. 부모가 자녀양육에서 서로 협력하도록 하기보다는 누가 양육하는 것이 더 나은지를 평가하는, 소위 심리적으로 적대적 경쟁체계를 조성함은 서로를 더 심각한 갈등으로 몰아가게 할 뿐 아니라, 미래의 양육에서 상호협력할 수 있는 가능성마저 감소시키게 한다고 했다. 한쪽 부모에게 책임을 부과하는 한편, 다른 쪽 부모의 권한을 덜어주는 형태로는 적대적 관계가 종식될 수 없다는 것이다. 부모 중 어느 일방을 양육자로 선택하는 것은 한 사람에게 양육책임을 부과하는 과정인데, 이것은 양육환경이란 일반적으로 판단되는 기준에 따라서 부모의 과거행동을 평가하게 되며, 사람들은 변화하지도 않고 변화할 수도 없을 것이라는 가정에 근거한 것이다. 또한 과거의 행동도 과거의 환경을 통해 평가하는 것이므로, 환경도 결코 변화되지 않을 것이라는 가정에 근거한다. 때로는 양육분쟁으로 인한 거래비용이 양육계획과정에 드는 비용보다 높을 수 있다는 점도 무시된다. 따라서 양육책임자를 결정하는 과정 자체가 존재하고 있는 혼란을 더 가중시켜 또 다른 갈등으로 이끌게 하며, 부모들의 갈등수준이 자녀들의 부정적 적응을 증대시키는 악순환으로 빠져들 가능성을 높게 한다고 했다.

양육에 관련된 갈등은 누가 적합한 양육자인가에 대한 평가과정과 더불어, 양육권(custody)과 양육(parenting)이라는 단어가 주는 영향도 큰 것이라고 했다. 예를 들어 "양육권"이라는 용어를 사용할 때는 주인의식, 점유, 소유권, 부모의 권리가 강조되며, 양육하지 않는 부모에게는 "비양육 부모"라는 오명을 씌우게 된다. 반면 "양육"이라는 용어는 소유가 아니라 함께 나눔, 협력 그리고 부모의 권리보다는 의무를 강조하게 되며, 자녀의 눈에도 부모를 동등하게 보도록 한다고 했다. 양육계획은 양육결정의 내용들(양육비용 등의 분담내용과 절차 및 방법, 면접교섭을 포함한 각 부모가 자녀들과 보낼 시간계획, 교육과 진학, 진로선택, 안전, 여행, 자녀에 대한 정보, 주거조정, 그 외 예측 불가능한 자녀의 미래에 관련된 문제의 해결방안 등)과 부모가 미래에 행동할 것에 대한 자세한 동의를 포함한다. 조정인의 관심은 양육논쟁이 아니라 양육계획을 조정해주는 것이며, 누가 더 좋은 부모냐를 가려내는 것이 아니라, 부모가 함께 자녀의 미래를 위해 구체적인 계획을 세우도록 함이고, 모두가 자녀에게 의미 있는 사람이 되도록 돕도록 하는 것이다 (McKnight and Erickson, 2004). 부부관계는 종결되더라도, 자녀와 부모의 관계는 지울 수 없다.

다. 부모의 이혼갈등조정에 자녀의 참여여부와 실행방법

자녀의 복리를 최대화하기 위한 방안의 하나로, 이혼조정과정에서 자녀를 직접 참여시키도록 할 것인가, 즉 자녀들의 반응, 필요성, 감정 및 욕구를 주의 깊게 들어주고 확인하기 위해 조정과정에 자녀를 참여시킴이 필요한가에 대한 논의도 필요하다(Donald T. Saposnek, 2004). 자녀의 참여에 대해서는 찬성 측과 반대 측 간의 논란이 있다. 물론 조정과정에 자녀를 포함함은 조정인의 개인적 성향이나 전문적이고 이론적인 토대 그리고 조정스타일에 따라서, 또는 시간과 금전상의 제약과 그 사회의 문화적 인식과 가치에 따라서도 영향을 받게 된다.

조정과정에 자녀를 포함시키기를 주장하는 여러 학자들의 견해는 다음과 같다. 사포스넥(Donald T. Saposnek, 2004)은 자녀의 관심과 부모의 관심을 분리하기가 어렵기 때문에 자녀를 조정과정의 면접에 포함시킴이 양육평가에 중요하다는 주장이다. 또한 자녀들의 독립적인 성장을 인정해주며 부모-자녀 간의 의견일치를 이루는데도 도움이 될 수 있으며, 부부 간의 적대감이 자녀에게는 어떤 영향을 주는지를 이해할 수 있는 기회가 된다고 하였다. 자녀의 욕구는 직접적으로 듣는 것이 최상이며, 부모는 자녀의 욕구에 대해 양극화되는 경향이 있다고도 하였다. 가우드(Garwood F., 1990)는 자녀도 무슨 일이 일어나고 있는지를 알 권리가 있으며, 부모가 합의한 내용을 경청함으로써 부모가 이혼하려는 이유를 이해하고 이후 변화에도 적응할 수 있는 도움을 얻게 된다는 것이다. 나아가 부부가 서로 갈등을 드러내고는 있지만, 자녀가 직접 관찰하는 과정에서 부모역할에 대한 인식은 강화될 수도 있다고 했다. 맥인토시(McIntosh, 2000)는 조정과정에 자녀를 포함시키는 것은 자녀가 자신의 권리를 얻는 것이며, 부부의 논쟁완화와 비난감소 및 부부가 상호정직해지도록 하는 효과가 있으며, 부모학습의 기회와 가족체계를 강화할 수 있는 이점도 있다고 했다.

웰러스테인 등(Wallerstein and Kelly, 1980)은 조정에서 자녀를 포함시키는 것을 반대하는 논리를 폈다. 청소년기 이전의 아동들은 자신의 관심이나 선호의 판단이 어렵기 때문이라고 주장한다. 아이들은 부모이혼 후의 양육계획을 결정함에 있어서 신뢰할만한 능력을 가지지 못하고 있으며, 부모의 정서적 반응의 변화에 대한 이해와 자신의 결정이나 판단에 대한 의견제시도 불안정하다는 것이다. 예를 들어 자녀가 3세 이하로 미성숙할 때는 의미 있거나 신뢰할만한 의견을 내놓기 어렵다고 한다(Drapkin and Bienenfeld, 1985; Garwood, 1990). 일반적으로 말해 5~6세 이하일 때는 조정과정에 포함하기보다는 부모의 결정에 따르게 하자는 것이다. 물론 어린 나이임에도 아이가 한 쪽 부모를 계속 선호하는 예외상황도 있을 수 있다. 아이들은 정보처리과정이 성인과는 질적으로 다르다. 3세 이전 아이에게 내일이란 개념은 없고 "현재"만이 존재한다. 7세 이하 아이들은 시간과 같은 추상적 개념의 이해가 매우 제한적이며, 학령기 전에는 "내일"과 "1년"을 구별할 수 없는 시기라고 한다. 7세 이상은 되어야 무한시간의 개념을 이해하기 시작한다고 했다. 이미 양쪽 부모가 자녀의 욕구에 부응하면서 발달 이론적으로 적절한 양육계획을 잘 계획하고 있다든가, 아이가 조정에 참여함을 불안해하며 심한 스트레스로 받아들이거나 저항할 때나, 또는 부모가 자신의 욕구와 아이의 욕구가 다르다는 것을 이해 못하며 아이를 조종하려 하면서 심한 압박감을 주고 있을 때도 자녀를 조정에 포함시키지 말아야 한다고 주장한다(Donald T. Saposnek, 2004). 그러나 아이가 6~12세 쯤 되어 자신의 욕구를 나타낼 수 있을 때나 7~8세 쯤의 아이가 특정의 부모를 선호한다면, 그 이유를 심사숙고해야 한다고 했다(Donald T. Saposnek, 2004).

요약하자면, 아이가 스스로 상황을 이해하고 판단하여 결정을 내리기에 너무 어린 나이에는 조정에 포함시키는 것을 반대한다는 것이고, 또한 아이가 부모의 조정현장에 있는 것 자체에 심한 스트레스를 받거나 거부감을 가지는 경우, 부모가 아이를 자기의도대로 조정하려는 의도가 분명하게 드러나는 경우 등의 상황 외에는 자녀를 조정에 참여시키는 것이 이점이 많다는 것이다. 즉, 아이가 초등학교에 다닐 정도의 나이를 먹은 다음에는 조정과정에서 부모의 의견을 듣기도 하고, 나름대로의 자기주장을 하더라도 귀담아 들어야할 만큼 의미가 있다는 것으로도 해석된다. 그럼에도 조정면접에 자녀를 포함시킴이 위험보다 얻는 것이 훨씬 많다는 확신이 설 때만 참여시키도록 해야 한다고 말한다. 한편으로 자녀의 욕구가 부모 일방 또는 양측의 바람과는 다르게 표현되었을 때 부모의 양측 또는 어느 편이 수용할 수 없다고 거부하는 상황에 처한다면, 자녀 면접이 어떤 의미가 있을 지도 고려하여 결정하여야 한다. 그런 상황이 생긴다면 자녀를 포함시킨 것이 오히려 부부 간의 갈등뿐만 아니라 부모와 자녀 간의 갈등으로까지 확대될 수도 있다. 아울러 자녀면접에 필요한 충분한 준비와 전략의 고안은 필수적인 것이므로, 객관적인 전문조정인이 관여할 것을 권고하고 있다.

자녀면접을 결정하였다면, 우선 자녀가 조정의 모든 과정을 부모와 함께 할 것인지, 만일 재조정을 포함하여 수차례에 이어지기로 예정된 조정이라면 처음 몇 회기만 자녀를 포함시킬지, 주기적으로 또는 필요에 따라 자녀를 포함시킬 것인지, 아니면 마지막 결정과정에서나 부모의 합의 후에만 참여시킬 것인지, 또는 조정인과 자녀만의 면담회기를 마련할 것인지, 조정인이 아닌 아동이나 청소년 상담전문가 등이 자녀를 분리해서 상담하고 그 결과를 부모나 조정인에게 제공해주는 방법을 취할 것인지를 결정하여야 한다. 이것은 여러 상황과 여건을 감안하고 부모의 의사를 반영하면서도 어느 것이 가장 아동의 복리에 도움이 될지를 염두에 두면서 조정인의 판단으로 결정할 사안이다. 상담전문가가 자녀를 면담토록 함은 문제자녀를 의뢰하는 것과는 다르며, 부모의 이혼과정에서 자녀의 발달적 욕구를 평가받아 양육계획의 협상정보로서 활용코자 함이다. 이러한 방법은 자녀들에게도 좀 더 편하게 자신들의 느낌과 생각을 표현할 수 있는 기회를 줄 수도 있겠지만, 조정인도 좀 더 중립적인 입장에서 편히 조정에 임할 수 있게 한다(Beck and Biank, 1977).

더불어 매우 중요한 일의 하나가 조정에 참여할 부모를 준비시키는 일이다. 먼저 양쪽 부모와 함께 얘기하면서 양측 부모 모두에게서 동의를 얻는 일이다. 한쪽만의 동의로 자녀면접이 이루어진다면, 부모의 갈등을 심하게 증폭시키거나 자녀참여를 원하지 않았던 부모로부터, 또는 자녀의 면접으로 불리하게 된 부모로부터 결과에 대한 무효소송을 당할 수도 있다. 부모가 모두 자녀면접에 동의

한다고 하여도, 그 자녀의 선택이나 요구에 과연 부모들이 어떻게 반응할지를, 부모가 원하는 긍정적인 결과뿐 아니라 원하지 않는 부정적인 자녀의 반응이나 선택의 결과까지, 다양한 결과를 상상하면서 준비할 수 있도록 한다. 그것은 부모에게 자녀의 모든 선택을 수용하고 동의할 수 있도록 마음자세를 준비시키는 것이다. 부모의 일방이 그러한 수용태도에 미치지 못할 때는 자녀참여를 재고해야 할 듯하다.

또한 자녀면접 후 부모가 자녀를 어떻게 다루어야 하는지도 중요하다. 자녀의 반응이 궁금하더라도 직접 캐묻거나 자신의 원하는 바와 다르게 조정인에게 반응한 바에 대해 화내고 냉대하지 말아야 한다. 부모는 궁금한 점이나 자녀의 반응에 대해 조정인에게 문의하면서 자제심과 성숙한 태도로 자문을 구할 수 있을 것이다. 자녀의 면접 후, 만일 부모가 자녀에게 부정적인 반응을 보이거나 자신에게 불리한 얘기를 했다고 분노하거나 공격하게 되면, 상황이 더 나빠질 뿐 아니라 자녀의 부모에 대한 신뢰감소와 희망상실로 이어진다. 이것은 자녀의 삶에서 가장 큰 스트레스가 될 것이다(Donald T. Saposnek, 2004).

다음은 자녀를 준비시키는 일이다. 어느 한편의 부모에게 자녀를 데리고 오게 한다거나, 그래서 어느 한 쪽의 부모가 자신을 양육자로 선택할 것을 아이에게 당부하거나 자신이 더 아이를 사랑한다는 식으로 말하여 충성심갈등을 유발하면, 아이는 불안해하며 조정인과 함께 하는 면담을 무섭고 위협적인 것으로 받아들이게 된다. 그리하여 조정인에게도 자신의 의견이나 감정을 드러내기를 꺼려할 것이다. "아빠 엄마가 헤어져 살아야 할 때, 그 분이 우리를 도와줄 수 있도록, 그 분(조정인)과 함께 얘기 나누려고 한단다. 그 분은 우리와 비슷한 다른 사람들에게도 많은 도움을 주셨다는구나" 식으로 말하여, 지지받고 도움을 받을 수 있으며, 안전감을 가지고 얘기 나눌 수 있는 기회를 가질 수 있게 한다. 자녀가 여러 명 있으면 형제를 함께 면접할 수도 있고 개별적으로 할 수도 있다. 함께 하면 형제 간의 지지를 얻을 수 있으며, 자녀 상호작용과 다른 사람들과의 관련 정보를 얻는데도 유리하고, 시간활용에서도 효율적인 측면이 있다. 그러나 자녀연령에 차이가 있고, 서로 따로 면담하고 싶다는 의사를 표시하거나, 한 자녀가 다른 자녀를 언행으로 압도할 가능성이 높을 때는 개별면담이 유리하다(Donald T. Saposnek, 2004).

　　그 다음은 면접과정의 대화에서 고려해야 할 사항이다. 아이들과 얘기 나눌 때는 발달단계에 맞추어 이해할 수 있는 단어를 사용하여 단순하게 질문하되, 아이가 안전감을 느끼고 자유롭게 말할 수 있는 분위기로 신뢰를 형성하여야 한다. 가능한 미소와 웃음을 잃지 않도록 한다. 아이의 발달수준에 맞는 놀이는 상호작용과 친밀감을 높여줄 수 있는 한 방법이다. 10대 아이들일 때는 유머나 농담 사용에 신중해야 한다. 매우 민감하고 놀란 상태의 아이에게는 이는 불리한 결과를 가져올 수도 있다고 한다. 아이들이 마음을 열고 쉽게 얘기 하도록 하기 위해 명심할 사항은 따뜻한 분위기 만들기와 인내 그리고 존중받고 있음을 느끼도록 하는 것이다. 조정인이 듣고 싶은 것이나 원하는 것을 말해주지 않을 때는, 특히 지시적이거나 위협적인 언사로 설득하려 말고, 진심을 다해 열정과 수용, 이해와 공감으로, 안전감과 보호받는 느낌을 주도록 노력하여야 한다.

　　아이 면접 시에 조정인의 대화진행순서는 대략 다음과 같다(Donald T. Saposnek, 2004).

　　① 친절하며 마음속 관심사를 불러오는 질문으로 시작한다. 예를 들어, "네가 좋아하는 것은(제일 재미있어 하는 것은) 뭐니?", "집에 애완동물 키우니?(그 이름은 뭐니?)", "제일 좋아하는 친구는 누구니? 걔 이름은 뭐니?" 등의 질문이다.

　　② 아이가 면접에 대해 알고 있는 내용을 질문한다. "오늘 여기 오는 거 말해준 사람이 아빠니 엄마니?" 등의 질문은 면담참여의 동기부여나 의도, 부모의 태도 등의 단서를 파악할 수 있다.

　　③ 부모의 이혼에 대해 아이가 알고 있는 것이 무엇인지를 평가한다(인식의 평가). "넌 왜 엄마 아빠가 이혼하려는지 아니?", "너 생각에는 왜 그러는 것 같아?", "넌 이혼한다는 걸 어떻게 알았니? 누가 말해주던?", "너의 아빠엄마는 이혼하는데 대해 너한테 뭐라고 말해주던?" 식의 질문은 이혼에 대한 부모 간 인식이나 설명의 차이, 자녀에게 자신들의 이혼에 대한 준비시킴이라든지 그리고 아이가 가지는 혼란까지를 평가할 수 있는 근거를 마련한다. 이혼을 결심한 대개의 부부는 정서적으로 분리되는 정서적 이혼단계를 거치게 되는데, 아이들도 이것을 경험한다. 부부가 분명한 표면적 갈등을 보이지 않은 경우에 아이들은 부모의 헤어짐을 이해하는 데 더 많이 힘든 시간을 보내야 할 것이다. 부모가

재결합할 것이라는 굳은 신념을 가지고서 현 상황이 일시적일 것이라고도 생각하는 아이는 부모의 이혼 후에도 재결합의 환상을 오랫동안 가지면서 재결합에 필요한 전략을 발전시키기도 한다(Saposnek, 1998). 재결합에 대한 자녀의 믿음과 부모가 확고히 한 현실과의 불일치에 대한 자녀의 갈등과 정서적 변화과정은 이혼하려는 부모들이 반드시 염두에 두어야 할 사항이다.

④ 양육에 대한 아이의 선호를 탐색한다. 자녀의 감정과 선호를 탐색할 때의 주의할 점은 질문형태를 간접적으로 한다는 것이다. 어떤 부모에 대해 불신을 표현하게 한다든지, 자녀의 선호를 분명히 답하도록 부담을 주는 질문은 말아야 한다. 또한 답을 얻고 싶은 주제뿐 아니라, 자녀의 변화에 적응하는 능력과 인내심, 그 외 여러 가지 아이의 기질적 성격, 부모 양측이나 어느 편과의 애착 정도, 형제, 이웃, 친구, 다른 가족 간의 애착이나 편안함 등 자녀의 신체적 정신적 상황에 대한 판단, 자녀학대의 가능성 등에 대한 충분한 정보를 얻어 판단자료로 활용할 수 있도록 구성되어야 한다. 질문의 형태는 다음과 같다.

"너의 아빠나 엄마 형제들(고모, 이모, 삼촌)이랑은 자주 만나니? 어때?"

"넌 엄마와 아빠의 어떤 점이 제일 좋아?"

"아빠 엄마가 한 가지씩만 변했으면 하는 게 있다면 뭘까?"

"엄마 아빠가 너하고는 뭘 하면서 보내고 싶어 할까?"

아이가 부모 모두에게 긍정적인 감정을 표현한다면, 한 쪽 부모에게 더 관심이 있다거나 기쁘게 해주려는 준비를 하는 것은 아니며, 부모의 선택에 대해 아이도 참고 기다릴 준비가 되어 있다는 것을 의미할 수도 있다. 만일 아이가 어떤 부모를 선호하는 경우는 직접적으로 의견을 묻는 것도 좋다.

"그래, 너한테 최고로 좋은 계획을 세운다면 어떤 게 있을까?"

그러나 선택받지 못한 부모와의 관계향상을 위한 계획이나 상담의 권유가 필요할 수 있다.

선호를 확실히 못할 때는 다음과 같은 간접 질문으로 선호를 탐색할 수 있다.

"아빠 엄마가 지금 사는 집을 바꾸어 산다면, 너는 주로 어디에 있고 싶어?"

이 질문은 거주지나 부모의 선호까지 탐색할 수 있게 해준다.

⑤ 자녀로부터 얻은 정보를 중립적이고 비심판적인 태도로 부모에게 전달한다.

조정인은 부모가 자녀의 태도에 상처받지 않도록 배려하면서, 동시에 자녀도 부모 사이에 끼어 곤란 받지 않도록 전달하도록 한다. 이는 부모가 그들의 이혼사유를 자녀에게 공동의 이야기 형태로 잘 전달할 수 있는 좋은 기회가 될 수도 있다.

조정인이 자녀의 선택을 부모에게 전달하는 방법은 다음과 같다. 이는 사포스넥(Saposnek, 2004)이 제시한 질문내용을 참고로 저자가 좀 간단하게 요약한 것이다.

"아이가 두 사람 사이에 갇혀 있는 것처럼 보여요. 부모 모두가 듣기 원하는 답을 해야 한다는 압박감과 부모 한편이 실망하고 화를 낼지 모른다는 두려움으로 감정표현을 두려워하고 무서워하더군요. 아이가 왜 이러한 감정을 가지는지, 제가 이해할 수 있도록 두 분이 좀 도와주시겠어요?"

부부는 이혼의 결정이 부부가 함께 한 결정임과 그 이유를 잘 설명하여 아이가 한 부모를 나쁜 쪽으로 간주하게 하는 양극화를 피하도록 하며 가정을 해체한 부모에 대한 아이의 비난과 배신감을 감소시키면서도 미래의 공동양육에 대해 자녀에게 안도감을 주고 이해와 협력을 얻도록 해야 한다. 조정인과 부모의 만남에는 자녀를 포함시킬 수도 있고 부모만 따로 만날 수도 있으며 그 결정에는 조정인의 기술과 자질이 요구된다. 적합한 자격을 가지고 있으면서도, 잘 준비된 조정인의 개입을 필요로 한다는 의미이다.

4) 상속(相續, inheritance)갈등과 해결

사망한 자가 살아있을 때 재산상 지위가 법률규정에 따라 특정인에게 포괄적으로 승계되는 것이 상속이다. 즉, 피상속인의 사망으로 상속이 개시되는 것이며 피상속인의 재산에 관한 권리의무가 상속인에게 포괄적으로 승계되는데, 상속을 포기하지 않는 이상 채무도 상속인에게 승계된다. 한편, 증여(贈與, gift)란 일방(증여자)이 자기재산을 무상으로 상대방에게 준다는 의사표시를 하고, 상대방(수증자)도 이를 승낙함으로써 성립하는 전형적인 무상계약의 하나이다. 세금절약이라든지 여러 가지 이유로 인해 상속 대신 증여 혹은 매매로 재산을 넘기는 형태를 취하기도 하지만, 여기서는 이들도 상속갈등의 범주에 넣어 다루기로 한다.

상속제도는 오랜 관행과 역사적 바탕이 있어, 가부장제에 바탕을 둔 가(家)와 호주제도가 폐지되고, 재산상속에서도 남녀평등이 규정되어 1인 1적제(개인을 바탕으로 한 가족과 상속제도)가 제도적으로 안착된 지금도 일부 상속에서는 여전히 이전의 관행들이 갈등의 요인으로 등장하기도 한다. 상속 관련 법이 존재한다는 자체가 상속갈등이 상존함을 말해주는 것이다.

상속갈등은 가족의 상호작용에서 생기는 일반적인 관계갈등과는 다른 양상이 많으며, 상속갈등이 법과 무관하게 조정되는 경우는 드물다. 사망자의 유산과 재산의 위임, 유언의 적법성 논란, 상속인의 법적 지위와 책임, 상속인의 수나 범위, 상속인들의 가족 내 평소 역할과 망자에 대한 의무나 친밀관계 그리고 재산의 관리에 따르는 문제 등이 복잡하게 얽혀있기 때문이다. 현존하지 않는 망자가 일종의 당사자로 등장하며 망자에 대한 불공정성이나 원망을 담을 수도 있고, 그것이 양가감정을 초래케 하여 갈등당사자인 유족들은 망자에 대해 분노나 섭섭함 또는 배신감과 동시에 미안함이나 죄책감을 느끼기도 한다. 또 심각한 수준의 가족 간의 상처와 감정적 대립을 남기며 더러는 신체적 폭력을 유발하기도 한다.

(1) 상속문제를 생기게 하는 원인

상속문제의 복잡성을 키우는 이유 중의 하나가 가족이 평소 공개적으로 상속문제를 거론함을 터부시하는 경향이다. 이로 인해 상속에 관련된 제반 법률적 내용에 대해서 대체로 준비가 미흡하거나, 법적 근거가 있어도 실행상황에서는 당사자가 법적용을 경멸하려는 태도를 보이기도 한다. 유산을 대하는 상속인의 가치기준과 고인과의 관계를 중시하는 정서적 애착의 평가기준도 다르다.

또 하나는 피상속인의 사망과 함께 상속문제가 표면화 되면서 상속인들 간에 과거부터 내재되었던 여러 갈등들이 표출되는 기회로 작용한다는 점이다. 장기간 억압된 감정들이 표면화 되고 다양한 개인적 특성과 가치관이 작용하면서 사실갈등은 사라져버린다. 한 뱃속에서 나왔지만 각기 다른 삶의 방식과 다른 생활환경과 다른 교육여건과 또 그러한 다른 환경을 제공한 복합적이고 복잡한 가족상황이 있으며, 전혀 다른 배경을 지닌 배우자가 존재할 수 있다. 그러므로 상속갈등에서는 관련 당사들 간에 누적되어 온 감정이 매우 중요하게 작용한다. 여기에 대리인이 개입되면서 법적 다툼과정에서 상속인들의 감정을 더욱 휘저어놓는 상황도 생기게 된다. 해묵은 상처가 더 벌어지고 누적된 과거갈등이 폭발함에 따라 갈등의 골이 더욱 넓고 깊어간다.

특히 다음 상황들은 상속갈등의 가능성과 복잡성을 더욱 높여준다.

첫째, 잠재적 상속대상자들이 있음에도 고인이 상속처리를 하지 않고 떠났을 때이다. 이때는 상속자가 많을수록 복잡해질 것이다. 민법에서는 상속자격을 가진 자가 다수인 경우의 분쟁을 고려하여 상속인의 순위를 정하고는 있으나 그 자체가 또 다른 다툼의 소재가 되기도 한다. 재산상속포기심판청구서를 제출한 자는 상속에서 제외되며 나중에 이를 취소할 수 없다.

둘째, 상속처리를 유언서 형식으로 처리했지만, 유언서의 내용이 명확하지 않거나 방식위배로 유언의 요식성에 흠결이 생긴 경우이다. 이는 유언서의 효력에 문제를 가져오거나 무효처리 된다. 유언은 자필증서와 유언자가 증인 2인이 참여한 가운데 공증인의 면전에서 하는 공정증서가 있다. 그 외 녹음, 비밀증서, 구수증서 등으로 이루어진다. 특히 자필증서에서는 유언내용, 연월일, 정확한 주소, 성명의 자서(스스로 서명함)와 날인 중, 그 어느 것이건 빠지면 안 된다. 전항의 증서에 문자가 새로 삽입되거나 삭제 또는 변경을 할 때도 유언자의 자서와 날인이 필요하다. 공증의 경우도 미성년자, 금치산자, 한정치산자, 상속인, 기타 유언에 의해서 이익을 받는 자 등이 증인으로 참석한 경우는 유언 전체가 무효이다.

셋째, 상속처리가 되었으나 어느 상속인에게 주관적 혹은 객관적인 피해가 생겼다고 간주될 때이다. 상속회복청구는 상속권의 침해행위가 있은 날을 기준으로 제척기간을 규정하고 있다. 유류분(遺留分) 반환청구는 유언자가 처분할 수 없는 일정 몫을 남기게 함으로써, 유언에 관계없이 일정 몫을 차지할 수 있게 하는 제도이다.

넷째, 갈등상황이 심화될 수 있는 기타의 요인들로서, 상속인끼리의 편짜기, 제3자가 편짜기에 개입하기, 맞지 않는 상속기준으로 재산을 나누려고 할 때, 유언내용이 사전 누설되는 경우 등이 있다.

(2) 상속갈등 해결방법

상속갈등의 조정에서 목표로 삼아야 하는 것은,

첫째, 현재의 상속문제를 과거갈등과는 분리하여 처리하여야 한다는 점,

둘째, 상속자들이 미래지향적 사고를 가지도록 하여야 한다는 점,

셋째, 상속자들이 지향해야할 목표와 그들의 공통적 기준점을 마련함에 있다.

과거는 과거로 돌리고, 고인이 원하고 성취하고자 했던 것은 무엇인지, 남은 가족들이 그것을 어떻게 이루어나가야 할지 등을 깊이 생각하라는 것이다.

세간에 널리 알려진 대기업의 형제 간 경영권 다툼에서 보듯이, 상속갈등이 경우에 따라서는 기업의 승계와 유관될 때도 있다. 이때는 유산기업의 후계자 문제나 기업의 지속적 발전과 운영방식, 세금문제 등과도 복잡하게 얽힌다. 상속자가 기업운영에 무관심하거나 상속자가 어릴 때, 상속에 어떤 조건이 붙을 때도 있다. 재산이 많다는 것은 합의에 방해가 되는 내용이기도 하다. 따라서 상속인들 각자에 관한 세세한 정보, 상속인들 간 또는 개별적인 의견표시나 대략적인 범위나 방향에 대한 사전 논의가 필요할 때도 많으며, 여기에는 조정인에 대한 신뢰가 조정 전제조건이 될 수도 있다.

유언장 작성 시 고인의 정신적 능력이 떨어졌던 경우에는 유언장의 근거여부나 혹은 유언장의 유효성의 논란까지 생길 수 있다. 고인의 의도파악이 분명하지 못할 때는 유언집행자와의 갈등도 예상된다. 이러한 모든 복합적인 상황에서도 합의에 이르는 것은 숨겨진 기존갈등의 여부와 그 깊이, 상속자의 가치관, 가족관계, 선입견과 감정을 어떻게 다루느냐에 달려있다.

유산갈등의 해결을 위해서는 조정인이 법률가이거나 법적 전문가와 함께 함이 유리할 것이다. 그러나 처음부터 법적 시도를 하는 것보다는 많은 부분이 감정과 관련되기도 하므로 조정자의 공감능력이 특별하게 요구된다고 하겠다. 아울러 상속할 유산이 상속인들과 어떤 연관을 가지고 있는지, 재산의 분배방식이 어떠해야 할 것인지에 대한 상속인 개인별 선호도를 충분히 파악함이 필요하다. 어떤 상속인은 많은 재산이나 동등가의 배분방식보다는 피상속인과의 깊은 추억이 깃든 물건이나 피상속인의 오랜 소지품 등을 오히려 선호할 수도 있다.

8. 집단, 조직, 공공갈등과 해결

1) 정의

(1) 집단과 조직의 정의

단순 사전적 의미(Merriam-Webster)로 보면, 집단(集團, group 또는 team)이란 함께 하는 혹은 같은 장소에 있는 사람이거나, 활동이나 이익을 나누면서 연계되어 있는 사람들을 말한다. 또한 "공동 목적달성을 위해 2인 이상의 구성원끼리 상호작용을 하면서 이해(利害)를 함께 하는 집합체"라거나, "공동의 목표달성을 위해 조직된 인간집합체로서 상호작용적이고 의존적인 구성체"라고도 설명한다.

휴세 등(Huse 등, 1973)은 "집단이란 공통된 목적을 추구하는 사람들이 함께 그 목적성취를 위해 서로 대면적 접촉으로 상호작용을 하면서, 서로가 자신이 그 집단의 한 구성원임을 알고 있는 사람들의 집합체"라고 하였다. "대면적 접촉"은 집단의 범위를 일정 한도로 제한하는 의미를 가지게 되므로, 대면접촉이 가능하지 않은 구성원으로 된 집합체는 집단이 아닌가 하는 의문을 제기토록 한다. 그러나 갈등의 심리학적 구성요인으로서는 이 제한이 일면 유용한 내용일 수도 있다.

한편 조직(組織, organization)이란 특정 목적을 위해 구성된 집단을 말한다. 사전에서는 "어떤 기능수행을 위해 협동해나가는 체계", "행정적, 기능적 구조(Merriam-Webster)"라고 정의되고 있다. "폭넓고 다양한 목표나 이루고자 하는 미래의 결과를 성취하기 위해 함께 일하면서 행동을 조직화 하는 사람들의 집단(Jones and George, 2014)"이라고도 하였다. 즉, "하나하나의 요소가 일정한 질서를 유지하면서 결합하여 일체적인 것을 이루고 있는 형태"를 말한다. 간단히 말해, 조직화된 집단이 조직이라고도 할 수 있다. 그러므로 공식적으로 조직화된 조직과 비공식적인 조직이 존재할 수 있다. 개념적으로는 구조적이고 제도적인 형태를 가진 것이 조직이고, 단순하게 인간의 집합체를 지칭할 때는 집단이란 용어를 쓰는 것으로 이해할 수도 있다.

아무튼, 제도적이며 체계를 갖추었건 아니건, 공식적이건 비공식적이건 간에, 업무현장 혹은 직장(workplace)을 포함하여, 갈등을 일으킬 수 있는 크고 작은 모든 형태의 집합체를 통틀어 집단이라 하고, 일단 공동목표의 달성과 특정의 기능수행을 위해 분업과 통합의 활동체계를 갖춘 사회적 단위(social unit)로서 구조와 과정 및 규범을 가진 집단이라면 조직이라는 용어가 더 적합하리라는 판단이다.

(2) 집단갈등 또는 조직갈등의 정의

집단갈등은 개인적 갈등의 확장개념으로도 볼 수 있으나, 개인 간 상호작용뿐만 아니라 집단의 구성과 형성의 특성에 따른 집단역동이 공존하는 것이므로, 경우에 따라서는 개인 간 갈등보다 더 역기능적이며 파괴적일 수 있다.

그러면 이러한 집단 또는 조직의 갈등은 과연 어떻게 정의될 수 있을까?

집단갈등이란 "양립할 수 없는 여러 활동들이 나타날 때의 현상이며, 하나의 행동대체안을 선택하는데 곤란을 겪는 상황(Deutch, 1973)"이라고 하였다. 집단 내에서건 혹은 집단 사이에서든, 비록 상호의존적일지라도 어떤 형태로든 추구하는 목표가 다르거나 일치하지 않을 때, 혹은 어느 한편이 반대입장에 설 때, 또 그것이 지위건 재원이건, 희소자원의 배분방식이거나 상황인식이건, 서로의 입장 간에 차이가 있어 그 이해관계로 다투는 상황이 집단갈등이라는 것이다. 이러한 상황이 제로섬 게임 양상으로 지각되거나 서로를 위협적인 대상으로 인식하면서 적대감을 쌓아간다면 그 갈등은 고조될 것임이 틀림없다.

한편 조직갈등이란 "조직 내 행동주체 간의 대립적 내지 적대적 상호작용(opposition or antagonistic interaction, Robbins, 1974)" 또는 "조직 내의 특정 대상으로 인해 욕구불만을 경험하거나 좌절 가능성을 지각할 때 나타나는 과정"이라고 하였다(Thomas, 1976). 또 "조직 내의 요인들, 말하자면 윗사람이나 동료와의 관계, 업무의 특성, 수행기술과 능력의 한계, 개인과 조직목표 간의 차이 등으로 인해 개인 내에서 양립할 수 없는 반응의 경향이며, 외부로 드러내지 않고 개인이 내부적으로 겪고 있는 심리적 갈등을 말한다"고도 하였고(Thomas and Kenneth, 1976), "여러 기능적, 위계집단 간에서 경쟁과 불일치가 생겨난 상황(Schermerhorn, 1985)"이라거나, "목표와 이해 혹은 가치가 다른 개인이나 집단이 서로 양립할 수 없을 때, 그러한 개인이나 집단이 자신들의 목표달성을 위해 상대의 시도를 차단하거나 좌절을 초래케 하는 불일치(discord, Jones and George, 2014)"라고도 정의하였다.

조직갈등의 개념을 정립함에 있어서 슈미트와 코칸(S. Schmidt and T. A. Kochan, 1972)은 다음과 같은 세 가지의 필요기준을 제시하였다. 조직갈등을 정의할 때는 ① 가치지향적 관점을 배제하며, ② 특별한 행위에 초점을 맞추도록 하고, ③ 경쟁의 개념과 구별하도록 해야 한다는 것이었다.

이러한 기준에 근거할 때, 조직갈등이란 "조직 내 의사결정단위 간의 과업수행을 위한 노력에 대한 실제적인 방해행위"라고 정의된다. 특정 집단 내에서의 다양한 경쟁상황을 단순히 갈등으로 정의할 수 없음은 명백하나 개인이나 조직의 가치지향점에 대한 배제는 학자들에 따라서 다른 견해가 있을 수 있다.

2) 갈등의 원인

집단이나 조직의 갈등원인은 개인갈등의 원인으로 설명한 내용과 유사한 점도 많으며, 학자들 간 제안내용에서도 공통점이 많다.

브렛트(Brett, Jeanne M., 1984)의 말을 빌리면, 갈등당사자들이 가치를 두고 있는 결과에 상호의존적일 때, 또한 동일결과를 가져오는 대안적 자원의 대체가 가능하지 않을 때는 개인 간, 집단 간, 조직 간을 불문하고, 갈등은 상존하는 풍토병(endemic)과도 같은 것이라고 하였다. 조직 내 갈등도 흔히 관계의 문제로 시작하거나 상호 간 의사소통의 부족 등의 원인이 내재되어 있고, 사실갈등이 감정을 수반하면서 개인 간 갈등과 부서 간 갈등으로 확대되기도 한다. 갈등상황에서나 그 이후에도 대개가 업무를 함께 수행해야하므로 오랫동안 잠복되기도 하지만, 어느 순간 내연 되고 있던 감정들이 격렬하게 표출될 수도 있다. 그러므로 갈등의 발생은 자원을 공유하여야 하거나 수행되는 조직 내의 활동이 상호의존적인 시점에서부터 시작된다는 관점이 거의 일반적이다.

해리슨(Harrison, F., 1980)도 조직갈등은 계층에서의 수직적 갈등과 조직 내 단위 간의 수평적 갈등이라는 관계갈등에서 비롯된다고 하였다. 그리고 그 결정요인은 ① 상호의존 정도, ② 의사소통문제, ③ 성과기준 및 보상, ④ 역할불만족, ⑤ 개인특성, ⑥ 지각 차이 그리고 ⑦ 목표 차이가 관계의 문제로 발전하게 된다고 하였다.

조직체가 회사나 기업단위라고 할 때 그 갈등의 주체는 노사(勞使) 사이, 혹은 임직원 간, 상사와 부하직원 간, 동료직원 등의 관계로도 규정된다. 따라서 갈등의 원인도 지도력이나 조직의 기능문제, 지위와 업무의 불일치에서 오는 갈등도 많다. 여기에 조직개발, 재구조화, 기업정책의 변환에 따른 집단 간 상황지각의 차이와 소통부족과 오해 등에서 비롯된 관계문제가 갈등의 주 요인이 될 때가 많다. 또한 비전이나 목적이나 목표의 불명, 다수의 목표가 상반되는 상황, 동일한 목표일지라도 목표달성의 수단과 자원의 배분방식이나 방법이 상충할 때, 과업달성을 위해 두 개 이상의 단위가 상호의존적 관계가 증대하게 되면 갈등의 소지가 높아질 수 있을 것으로 예측한다. 특히 추구하는 목표가 상호일치하지 않을 때, 타 집단이 위협 가능한 능력이나 힘을 가지고 있다고 판단되거나 희소자원에 대한 경쟁이 심화될 때는 상대를 적대화하면서 갈등이 증폭될 소지가 크다. 승패를 놓고 당사자들이 제로섬 게임으로 지각할 때는 갈등이 더욱 증대된다. 비록 적대적 감정이나 최소 자원에 대한 경쟁 혹은 상호작용이 없다고 해도 특정의 집단들이 가진 응집력의 강도에 따라서도 타 집단과의 갈등이 촉발됨을 목격하게 된다.

조직 내부의 다른 측면으로 눈을 돌려보면, 조직의 정책, 직원들의 관심사나 선호, 가치와 개인특성, 문화, 교육참여, 작업환경, 성별, 지위 등의 차이, 업무량 그리고 수직적 관계에서 생기는 상사-부하 간의 다양한 차이, 실수나 열등감, 우월감, 불명한 목표와 불공정한 판단, 아이디어의 배척 등으로 인한 좌절 등도 결국 갈등으로 연결되며, 동료 간 왕따나 영역침해와 신뢰악화 등이 갈등의 원인이 될 수 있다. 그 외에도 정보접근방식과 기회와 이의 사용방법 등에서 초래되는 정보획득의 차이도 갈등을 불러올 수 있는 요인이 될 수 있으며, 조직 자체의 비효율성이나 비합리적인 체계나 운영관리방식은 조직원 간의 갈등뿐만 아니라 냉소주의와 욕구불만의 원천이 되며, 대외적 이미지 추락으로 이어져 직원 전반의 사기와 자존감을 떨어뜨리게 된다.

조직의 갈등 중 가장 빈번하게 생기는 갈등이 조직원 간에 역할규명이 분명하지 못할 때 그리고 주어지는 과제가 불명확 하거나 그 분배가 부적절할 때이다. 대부분 조직에서는 요구하는 바의 역할에 대한 확인이 흔히 생략된 채 전달되므로, 개인과 조직체계에서 요구하는 역할과 기능에서 차이가 생긴다. 또 여러 사람에게 유사한 역할이 분산되어 있다든지, 역할담당자가 무능하여 그 역할을 충분히 수행하지 못하는 경우에도 과제의 부적절한 분배가 생겨나기도 하며, 이러할 때 구성원에게 그 기능과 역할에 대해서 무리한 요구나 불공정하다고 생각되는 업무가 발생한다. 이러한 조직 내 혹은 직장 내 갈등은 개인관계의 악화와 적대감의 확대로부터 생산력의 감소, 스트레스로 인한 환자 수나 퇴직자 수의 증가, 업무관계의 종결 등으로 나타날 것이다.

조직 내 갈등과는 달리, 대체로 법적인 문제가 원인이 되어 발생하는 것이 조직 간 갈등이다. 갈등의 주 내용은 특허의 침해여부, 사업이나 업무 영역의 중복과 이로 파생되는 부적절한 경쟁, 거래관계와 계약이행 여부, 보험이나 프로젝트 관련된 이해의 맞물림, 투자, 시장개척, 기업의 설립, 인수, 합병 등에 따르는 이해관계 등일 것이다. 그러나 갈등과정에서 개인적 관계가 형성되며 조직 간의 거래단절로 발전되고 소송으로 이어지기도 한다.

여러 학자들의 갈등의 원인에 대한 견해를 요약하자면 대체로 다음과 같다.

① 한정된 자원에 대한 획득경쟁, 수단 또는 자원배분의 상충, 과업 상호의존성 또는 자원의 희소성(J. G. March and H. A. Simon, 1958; Thomson, 1960; Walton and Dutton, 1969; Schmidt and Kahn, 1972; Dessler, 1980; Harrisin, 1980; Pfeffer, 1981; Gibson 등, 1982; Dubrin, 1984; Luthans, 1985)

② 목적이나 목표의 차이나 상충 또는 비양립성(J. G. March and H. A. Simon, 1958; Litterer, 1970; Schmidt, 1972; Dessler, 1980; Harrisin, 1980; Pfeffer, 1981; Gibson 등, 1982; Dubrin, 1984; Luthans, 1985)

③ 역할갈등 내지 역할불만족 또는 경계역할자의 인식(Walton and Dutton, 1969 ; Katz and Kahn, 1978 ; Aldrich, 1979 ; Harrison, 1980 ; Dubrin, 1984)

④ 현실지각 혹은 인식의 차이(J. G. March and H. A. Simon, 1958 ; Thomson, 1960; Litterer, 1970; Harrisin, 1980; Dessler, 1980; Gibson 등, 1982; Luthans, 1985)

⑤ 오해, 개인 차이나 개인특성, 인격특성, 공격적 성격 등 또는 인격적 충돌, 가치관 차이(Thomas and Schmidt, 1976; Katz and Kahn, 1978; Dessler, 1980;

Harrisin, 1980; Pfeffer, 1981; Dubrin, 1984)

⑥ 규칙과 절차의 불준수(Thomas and Schmidt, 1976; Thomas, 1976; Katz and Kahn, 1978; Dessler, 1980)

⑦ 업적평가 또는 성과기준 및 보상과 보상체계의 차이, 다른 기준, 불공정, 불평등(Walton and Dutton, 1969; Aldrich, 1979; Harrison, 1980)

⑧ 권력과 능력 간 불균형, 불합리한 종속관계, 권위불균형(Thomson, 1960; Dessler, 1980; Pfeffer, 1981), 책임문제와 책임소재의 모호성, 권위문제, 권한의 부조화, 지위문제, 지위불일치(Walton and Dutton, 1969; Litterer, 1970; Thomas and Schmidt, 1976; Dessler, 1980; Pfeffer, 1981; Luthans, 1985)

⑨ 의사소통 장애 또는 의사소통 문제(Walton and Dutton, 1969; Aldrich, 1979; Harrison, 1980)

⑩ 상호작용, (과업의) 상호의존성, 공공자원에 대한 의존, 공통관심의 욕구, 관련 업무의 균형성, 공동의사결정의 필요성 지각, 공동업무수행의 방법의 차이, 업무수행의 방해 정도, 협동부족, 욕구불만과 신경과민(J. G. March and H. A. Simon, 1958; Thomson, 1960; Walton and Dutton, 1969; Schmidt and Kahn, 1972; Thomas, 1976; Katz and Kahn, 1978; Aldrich, 1979; Dessler, 1980)

3) 갈등의 유형(categories)과 전개과정

조직갈등은 주체에 따라서(부처나 업종 간, 타 업종 또는 동종업체 간, 개인과 부처 간, 임원 간, 상하급자 간, 노사 간, 직원이나 동료 간, 직급과 직종 간, 성별 간 등), 또는 대상이 되는 갈등에 따라서(관계, 사실, 법규, 관행, 정책, 문화, 가치, 직업환경, 조직구조나 기능과 조정, 목표, 교육, 업무 영역이나 경영 등 참여, 거래관행, 지도력, 책임구분, 업무처리방식, 집단역동, 개인과 기업적 가치) 다양하게 유형화 해볼 수도 있다.

자주 인용되는 폰디(Louis R. Pondy, 1967, 1976)의 갈등유형(모형)에서는 공식적 조직에서의 갈등유형을 3가지로 나누었다.

① **협상갈등(bargaining conflict)** : 상호 이해관계를 가진 집단 간에 희소자원을 두고 경쟁할 때 발생하는 것으로, 노사관계의 분석 등에서 적용된다.

② **관료주의적 갈등(bureaucratic conflict)** : 상급자와 하급자 혹은 상사와 부하관계, 계층이나 수직적 차원에 있는 당사자(superior-subordinate) 간의 갈등을 다룰 때 활용된다.

③ **체계갈등(systems conflict)** : 측면(lateral)관계, 실무관계자(working relationship) 간 갈등접근에 유용한 방법이다.

루단스(Fred Luthans, 2006)는 갈등의 주체를 기준으로 하여, ① 조직계층 간, 경영자와 근로자 간, 최고경영자와 중간관리자 간, 최고사용자와 최하위사용자 등과 같은 계층집단 간의 갈등(hierarchial conflict), ② 생산부서와 사업부서와 같이 부서별 책임과 역할분배 등으로 인한 기능집단 간 갈등(functional conflict), ③ 조직목표의 직접적인 수행책임을 가지며 명령복종의 권한관계로 이루어진 계선집단과 전문화된 자료나 정보 혹은 지식 등을 보유한 두뇌집단인 참모집단 간에, 기본적 인식과 지향의 차이에서 생겨나는 계선집단과 참모집단 간의 갈등(line-staff conflict), ④ 지위나 직능, 권한과 의무 등에서 분업적 역할관계가 인위적으로나 형식적으로 대개 성문화된 규범 등으로 정해져 있는 공식집단과 그렇지 않은 집단, 즉 공식-비공식집단 간의 갈등(formal-informal conflict)으로 분류하였다.

마치 등(James G. March and Herbert A. Simon, 1993)은 행동주체의 조직상 위치를 기준으로, ① 협상적 갈등, ② 수직적 갈등, ③ 수평적 갈등, ④ 계선과 참모 간의 갈등으로 분류하였는 바, 폰디의 유형분석과 유사한 내용을 포함한다.

하워드(Aldrich Howard, 1971)는 조직구조의 내적 다양성과 특성에 초점을 두고서, ① 조직에서의 영역별 통제나 권위의 개념(concepts of authority), ② 조직체 내에서의 자격이나 신분(membership), ③ 조직에서 주어지는 자율성(autonomy)이라는 3개의 갈등영역으로 구분하였다.

라힘(Afzalur Rahim, 1979)은 조직갈등의 구분을 ① 개인내적(intrapersonal) 갈등, ② 집단 내(intragroup) 갈등, ③ 집단 간(intergroup) 갈등 이하는 3개 영역으로 단순화하였다. 각 영역의 갈등은 개인의 특성과 사회문화적 요인, 조직의 구성요소 등이 복합된 요인들로부터 올 수 있으며, 이 3개 영역에서의 실제적 갈등에 대한 효과적인 개입을 위해서는 갈등의 진단과 갈등에 대한 과정적이며 구조적 개입이 요구된다고 하였다(Afzalur Rahim, 2002). 또한 구성체가 각기 행동의 선호도를 가지나, 자신의 선호도가 타인의 선호도와 양립 불가능한 상태에 있다든지, 공급이 부족한 대상을 두고 상호욕구하는 자원의 결핍 등에 대해 스스로 인식을 하거나 아니면 인식하게끔 됨으로써 갈등이 등장하는 것으로 설명하였다.

죤스 등(Jones and George, 2014)은 갈등장소와 갈등 관련 사람 수가 조직의 기능상실과 와해를 불러온다고도 하면서, ① 개인 간 갈등(interpersonal conflict)과 ② 팀이나 부서갈등 같은 집단 내 갈등(intragroup) 그리고 ③ 집단 간 갈등(intergroup conflict)의 3개로 제시하였으나, 라힘의 분류와 유사하다.

조직의 갈등전개과정을 다룰 때는, 집단 혹은 다자간의 의견 불일치 정도에 따라 3단계로도 분류한다(Godschalk, 1992).

1단계는 상이한 의견을 인지하여 서로의 의견을 자율적으로 조정하는 단계로 문제제기(issue)단계라고 한다.

2단계는 양립 불가능한 대립적인 의견이 존재하지만 조정이나 타협이 이루어질 수 있는 단계로서 흔히 분쟁(dispute)단계 또는 갈등단계라고 부른다.

3단계는 서로 의견대립이 심해져서 이해당사자 간의 어떤 조정이나 타협도 불가능한 상태에 이르게 되었을 때이며, 이를 난국(impasse)단계라고도 한다.

재판으로 법적 판가름을 얻게 되는 것이 최종 난국단계일 수도 있다. 조직 안에서나 조직 사이에서나 이러한 발전단계는 흔히 관찰되는 갈등형태이다.

아울러 각 유형마다 갈등을 일련의 사건(episode)에 의한 역동과정으로 보아, ① 잠재적 갈등기(latency), ② 갈등감지기(feeling), ③ 갈등인식기(perception), ④ 갈등표면화기(manifestation), ⑤ 갈등영향기(aftermath)의 순서를 거치게 되면서, 조직에서 철수(withdrawing)를 하거나 지금까지의 관계맥락에서 자신들의 행동이나 가치를 바꾸는 행태를 취한다고 한다(Louis R. Pondy, 1967).

일반적으로 말해, 각 구성원들은 경제적 보수와 명예나 명성, 성취의 기쁨 등을 누리기를 원할 것이므로, 조직체의 갈등은 매우 여러 형태로 표면화될 수 있음은 당연하다. 또 조직의 규모가 커지고 기능이 다양해질수록 관계는 더욱 복잡해지고 갈등가능성도 증대될 수 있음이 예측된다(Luthans, 1985). 조직 내 구성원이 가진 목표와 상호작용 그리고 역할기대가 이루어지는 현장에서는 각자의 견해와 다양한 이해와 기대 등에 기인하는 차이가 상존할 것이 당연히 예상된다. 이 차이가 조직 내에서 집단적으로 형성되면 그 집단의식의 일체감을 가져올 수도 있지만, 반대로 집단 간의 대립양상을 띠면서 양립 불가능한 갈등상황으로 전개될 가능성도 얼마든지 있다. 여러 형태의 갈등이 발생함은 집단에서의 보편적 현상인 것으로 이해할 수 있다.

4) 갈등의 영향

대부분의 갈등이 그러하듯이, 조직의 갈등도 구성원 간의 불신과 오해, 감정적 반응이 개입되어 개인 간 갈등을 증폭시키며 이는 상호신뢰의 악화를 가져오게 된다. 또한 갈등의 진행과 해결을 위한 과정에서 개인이나 조직의 창의성과 진취성이 무시당할 수도 있으며, 때로는 사소한 문제에 집착하여 더 큰 조직환경 혹은 더 큰 내재적 위협요인을 간과하게 되어, 보다 더 큰 갈등으로 확대되기도 한다. 그 결과는 불신, 오해, 감정적 반응, 일반적 관철, 신뢰약화, 분노, 좌절, 열등감, 수치감, 적대감 등과 같은 관계악화, 무력감, 업무협조 저하, 환자 증가, 이직, 해고 등에 이르며, 생산력이나 직무능률의 감소, 대외적 이미지 훼손과 수치심, 업무비용 상승, 마침내는 조직의 안정이나 조화를 파괴하게 되며, 조직의 성과나 목표달성을 저해함으로써, 개인이나 조직에 더 큰 부정적이고 기업의 붕괴에 이르게 할 수도 있는 파멸적인 결과를 가져오게 할 수 있다. 더러는 조직의 갈등을 은폐하려다가 내부 갈등이 더 곪을 수도 있으며, 외부 전문가의 개입으로 해결해야 하는 상황으로 몰린다면, 비용을 감수해서라도 그렇게 노력함이 필요하게도 된다.

집단 혹은 조직갈등이란 해결해야 하거나 감소시켜야 할 대상으로서, 또는 발생 가능한 역기능적 측면을 최소화시켜야 할 대상으로서 해석할 수도 있고, 한편으로는 갈등의 표면화가 개인이나 조직의 문제점을 드러내게 되므로, 이로 인해 사람들이 그 문제에 더 많은 관심을 갖게 하고 나아가 개인과 조직의 변화와 발전에 기여하며, 마침내 조직의 발전적 변화를 초래하는 계기로 작용하는 순기능적 역할을 포함하기도 한다. 특히 갈등의 해결과정이 합리적으로 잘 이루어져나간다면, 구성원들의 다양한 심리적 요구를 충족시키면서도 창의성과 진취성, 적응성 및 융통성을 향상시킬 수 있는 기회가 될 것이며, 조직은 갈등을 관리하고 예방할 수 있는 방법을 학습하게 되면서 오히려 혼란과 침체에서 벗어나서 재통합과 쇄신 및 변화와 발전의 계기가 될 것이다.

5) 집단 또는 조직의 갈등해결이 어려운 이유

조직이나 기업의 갈등관리나 그 해결이 어려운 이유는 무엇 때문일까?

첫째는 전체 시스템이 개입되어 있다는 점이다. 해결을 위해서는 다양한 조직의 구조와 복잡한 내부적 상황을 파악해야만 한다. 조직 내에서 입장이나 가치관에 따라 집단을 형성하기도 하며 그 집단의식이 그 집단의 결속력을 가져오면서 집단 간 대립을 구체화 시켜나갈 수 있다. 갈등해결의 주체가 도대체 누구인지의 분별도 어려울 때가 있으며, 갈등당사자의 욕구충족이 조직이 원하는 바와 연결되는지 여부도 판단해야 한다는 점까지 혼재되어 있어 갈등해결을 어렵게 한다.

둘째는 조직에 종속된 사람일 경우 권력의 차이가 있다는 점이다. 상호신뢰보다는 힘의 논리가 지배할 때 갈등해결의 방법은 제한적이거나 어려워진다.

조정인은 피조정인과 같은 부서, 같은 직급의 사람이 아니라, 가능한 해당 조직과의 관련성이나 이해관계가 적거나 무관한 조직에서 온 사람이어야 하며, 독립적 개입이 보장되는 경우에만 조정이 성립된다고 할 수 있다.

셋째는 서로가 명분을 얻고자 하며 입장 차이를 줄이기보다 고수하려 하거나 자기주장이 절대적이며 그것이 자신이나 구성원의 권리를 지키는 것으로 생각하려 함이다. 이것은 서로가 입장을 수용하며 고통을 분담하려는 자세를 가지는 것을 어렵게 하므로 합의에 이르기를 어렵게 한다. 조정인이 당사자를 입장 중심에서 상호이익이나 필요성 중심으로 사고를 전환시켜야 하는 중요 이유이기도 하다.

어떤 상황이건 중립성이 확보되며, 갈등당사자 모두가 조정인에게 수용 받고 있다는 생각을 가질 수 있도록 해야 하며, 당사자의 자기결정권이 존중되어야만 한다. 내부적으로 갈등을 해결하려고 할 때, 조정을 맡은 담당자의 상사가 그 책임자들에게 "그렇게 하면 손해 볼 수 있을 텐데" 식, 혹은 업무평가 등을 통해 조정에 개입하거나, 어떤 형태이든 비밀보장을 소홀히 함은 조정의 중립성을 크게 훼손하는 행위이다.

6) 갈등의 관리와 해결을 위한 접근 및 해결방법

(1) 갈등해결을 위한 접근방법

조직갈등의 해결을 위한 접근을 시도할 때 생각해볼 수 있는 것으로, 우선 해당 조직이나 집단이 과연 갈등상황에 있는 지 여부를 판별하는 것이다. 소위 갈등의 징후라고 하는 것인데, 해리슨(Harrison, 1980)은 ① 긴장이 느껴짐, ② 불일치된 보고를 지각하게 됨, ③ 명백한 경쟁 등을 꼽았다.

왈톤 등(Walton, R. E. and Dutton, J. M., 1969)은 ① 간섭, ② 과장, ③ 정보의 보류, ④ 곤혹, ⑤ 불신 등 5가지를 갈등의 징후라고 하였다.

조직갈등을 인지함으로써 그 관리나 해결을 위한 접근을 시도할 때도 고려할 점이 있다. 흔히 그러하듯이 해결가능성에 초점을 두고서 접근하려 한다면, 첫째는 협력(collaboration)이며, 둘째는 협상(negotiation) 그리고 셋째는 힘(power)에 의한 방법을 고려하게 된다(C. Brooklyn Derr, 1978). 갈등이 해결되지 않아서 조직이 손상을 입게 될 때는 협력의 방법을, 경쟁집단 내에서 제한된 자원의 배분이 문제 시 될 때는 협상을 그리고 경쟁적 힘의 역동에 대한 균형유지가 필요할 때는 힘의 전략(power-play)을 활용한다는 것이다.

레비키(Roy J. Lewicki, 1992)는 조직갈등에 접근하는 6개의 방안을 제시하였다.

① 미시적 수준의 접근(the micro-level or psychological approach) : 개체로서의 인간 내적인 갈등이나 사람 간의 갈등에 초점을 맞추어 접근하려는 방법이다. 개인내적, 개인 간, 소집단의 행동다양성 등이 갈등의 원인과 역동 그리고 결과에 영향을 준다고 생각하기 때문이다.

② 거시적 수준의 접근(the macro-level or sociological approach) : 집단과 조직 내의 부서, 혹은 전체 조직에 초점을 맞추어 접근하려는 방법이다. 갈등역동의 이해, 그 기능과 역기능 및 갈등의 분석을 사회적 수준 혹은 그

러한 단위에 두고 연구한다.

③ 경제분석적(economic analysis) 접근 : 개인의 결정과 복잡 다양한 사회적
   행동은 경제적 합리성에 따른 선택의 결과로 해석한다. 게임이론에서 보
   듯이, 상호의존성, 대안적 행동과정, 당사자의 선호도에 따른 상황에서 합
   리적인 선택행동이 생겨난다고 본다.

④ 노사관계적 접근(labor relations approach) : 노사관계에서 발생하는 다양
   한 이해관계나 영향 등에 초점을 두어 접근하는 방법이다. 임금 관련 분
   규가 관행적인 경우가 많지만, 접근 시에는 경영참여에 대한 노사인식 차
   이, 작업장 차원의 현장 권력다툼, 근로계층 간의 노사관계 관행, 비정규
   직과 정규직 간 이익충돌, 노동시장 유연화와 구조개혁에 따른 경쟁력강
   화나 고용잠재력 확충 등에 따른 갈등, 사용자와 정부 및 노사협의체 간
   인식 차이 등이 고려대상이 된다.

⑤ 협상적 접근(bargaining and negotiation approach) : 다양하고도 효과적인
   협상방법 등이 연구되고 있으며, 노사관계나 국제관계에서 널리 활용되고
   있다.

⑥ 제3자 해결식 접근(the third party dispute resolution) : 갈등해결이나 효
   과적인 협상을 위해 외부인에 의한 행동이 개입됨을 강조한다.

초기 연구들은 조정, 중재, 컨설팅 등에서 제3자의 행태(style)나 효과성에 초
점을 맞추었으며, 갈등 자체의 역동과 원인을 이해하고 통합된 개입을 실현하기
위해 사회심리학이나 조직행동이론들을 활용하여 그 접근방법을 심화시키기도
했지만, 접근법 그 자체가 가진 고유의 전제나 기본적 가정을 심각하게 훼손할
수도 있었다.

이들 방법 중 미시적 수준의 접근과 협상 및 제3자 해결식 접근이란 3개
의 방법이 가장 현저하고도 지속적인 변화와 발전을 가져오고 있다고도 설명
된다.

이미 협상부분에서 다루어진 바 있는 토마스 등(Thomas-Kilmann)이 제시한 5
가지 접근전략도 여기서 상기할 필요가 있다. ① 상대의 희생과 자신만의 관심

사를 추구한다. 자신의 권력이나 권위를 행사하여 바라는 바나 욕구를 달성하려 하며, 갈등을 승패의 개념으로 인식하여 상대를 설득하거나 복종시키려는 방법 (경쟁적 접근), ② 상대를 위해서 자신의 관심사는 다소 소홀히 다루어지는 형태 로 갈등당사자들 간의 협조가 잘 이루어지며, 또 당사자 중 누군가가 그런 상황 에 아주 전문가적인 능력을 가지고 있어서, 자신이 원하는 목표나 결과에 꼭 부 합하지 않더라도 보다 나은 해결책이 제시되는 경우이다. 상호존중과 의사소통 이 중요시 되는 방법(수용적 접근), ③ 갈등당사자 중 어느 편이건 자신뿐 아니라 상대의 관심사에 대한 추구를 하지 않으며, 갈등논의 자체를 거부하는 형태로 어느 편이건 갈등에 관심이 없거나 개입되기를 원하지 않으며, 논쟁으로 이기고 싶은 마음도 없고, 정서적인 긴장상태도 싫으며 그냥 상황이 지나기기를 바라는 경우(회피적 접근), ④ 갈등당사자들이 부분적인 만족상태로 갈등을 해결함에 이 르는 일시적 해결수준(절충적 접근) 그리고 ⑤ 상호만족할 수 있는 해결책을 함 께 찾고자 노력하는 방안(협력적 접근) 등이다. 협력(collaboration)이란 상호만족할 만한 결과를 찾기 위해서 관심을 표명하고 들어주려고 노력함에 서로가 협조 (cooperation)함이며, 상호목적을 강조하면서 다른 관점을 이해하고 유용한 해법을 얻기 위해 함께 노력하여 승자-승자의 해결책을 구함을 의미한다.

(2) 갈등의 관리와 해결을 위한 방법

조직갈등의 해결은 문제가 드러난 조직의 전반(entirety)을 보아야 하며, 조정 으로 해결할 것인가 아니면 중재 등을 택할 것인가에 대한 단순한 선택의 문제 가 아니라, 갈등이 어떻게 해서 발생하였으며 어떻게 해결해야 할지, 과연 구성 원들이 갈등상황을 제대로 이해하고나 있는지, 갈등을 다루는 방법에 대해서도 어떤 변화의 필요성이 있는지에 대한 질문에서부터 시작하여야 한다고도 했다 (Aimee Gourlay and Jenelle Sederquist, 1997). 그런 다음 여러 가지 접근법과 해결 방 안의 검토가 따를 것이다.

갈등의 해결방안을 생각할 때, 우선 협력적인 절차나 건설적인 방법이 가능 한지를 고려하여야 한다.

가능할 때, 갈등당사자나 집단이 상호대화와 협상을 할 수도 있고, 조정이나 중재 등의 제3자적 개입방법을 동원할 수도 있다. 건설적 갈등해결의 한 방법으로서는 경영진이 솔선하여 계획이나 조직의 운영을 투명하게 하여 향후의 발전방향을 잘 알 수 있도록 하고, 조직원들이 자발적으로 참여할 수 있는 기회를 부여하는 것도 향후의 갈등을 예방하는 갈등관리방안으로서 유용할 것이다. 조정과정에서는 조직원들에게 변화 이전 상태의 장단점을 얘기하게 할 수도 있다. 이 과정은 현재 실천 가능한 것들의 발견과 새로운 아이디어를 낼 수 있는 기회를 주게 된다. 만일 창의적이고 유용한 아이디어를 수용한다면 실천적 자원을 확보할 수 있게 될 것이며 조직원의 정체성을 높이는 결과도 가져온다. 아울러 갈등이 불안, 두려움만 가져오는 것이 아니라 긍정적인 면도 있음을 알릴 수도 있게 된다. 불안이나 두려움을 최소화 하고 좋은 해결책을 찾는다는 자부심과 일 자체의 동기화 효과가 생겨난다. 이것은 갈등을 통한 생산적 효과이다. 뿐만 아니라 조정의 방법은 갈등에 대한 근본적인 이해에 접근할 수 있게 함으로써, 창의성과 유연성을 발휘할 기회를 주게 되며 많은 사람들의 긍정적인 에너지를 활용할 수 있게 해준다.

협력적인 해결방안 사용이 어려울 때는 비협력적 절차를 생각해볼 수 있다. 주로 상층으로부터의 지시적인 방법에 의한다. 당사자를 배제하거나 강제적으로 개입하고 명령하며 상부결정에 따르도록 함이다. 나아가 해고나 기업해체의 수준으로 발전할 수도 있다. 이는 전통적인 갈등해결의 한 방식이기도 했다. 접근방법에서 잘못의 근원과 책임규명에 초점을 두게 되므로, 표면적 갈등은 종료될 수 있을지 모르나 갈등의 진정한 해결에는 이르지 못하므로, 심층갈등은 내연상태로 있게 된다. 이것은 미래중심이 아닌, 변하지 않고 있는 과거중심의 갈등해결이므로, 조직원의 무력감, 관계단절을 가져온다. 상부명령이나 상부조직의 결정을 따른다고 하여도 이해당사자의 자율적 결정을 어느 정도 수용할 수도 있고 당사자를 완전히 배제할 수도 있다. 만일 재판에 의한다면 일종의 책임모면의 수순일 수도 있다. 노동법에 의한 판결, 경영권 강제개입, 경영층의 해고, 조직해체의 방법이 따를 수도 있다.

마지막으로 조직개발의 방법이 있다. 교육과 조직환경의 변화와 개선 등이다. 갈등에 대한 예방적 조처이기도 하다. 어느 개인이나 조직에서도 갈등을 완전하게 방지할 수는 없다. 그러므로 최선의 방법은 갈등이 더 커기 전에 가능한 빨리 선제적이고 확대적인 예방조처를 취하는 것이다. 적절한 방법의 동원, 창의적 대화, 혁신적이고 지속적인 해결장치의 마련 등이 포함된다.

혹 조직을 위해 갈등이 유리하다고 판단되는 경우에는 갈등을 무시할 수도 있다. 그러나 갈등이 무시할 수 없는 상황에 이르렀을 때는 대응적 조처를 취할 수밖에 없다. 좋은 조직일수록 조직의 갈등이 심화되기 전에 감지하여 조직 내외의 중립적 조정전문가로 하여금 갈등을 다루게 한다. 이것은 시간과 비용을 절감하며, 이익과 사실중심의 해결을 기대할 수 있게 하는 것이다.

마치 등(J. G. March and H. A. Simon, 1958, 1993)은 보편적인 조직갈등의 해결을 위해 다음과 같은 방안을 제시하였다.

① 문제해결(problem solving)방안을 탐색하기 : 당사자끼리 직접 접촉하여 공동의 노력으로 관련 정보의 수집과 해결에 유용한 방안 탐색을 수행한다. 당사자 자신과 상대편 그리고 조직이 진실로 원하는 것과 의미, 가치 등을 정확히 파악하여, 새로운 대안을 만들어 내고 이를 평가함으로써 당사자 모두가 만족할 수 있는 문제해결안을 찾아내는 것이다.

② 설득(persuasion)하기 : 개별목표나 하위수준의 목표에는 차이가 있더라도 조금 더 상위수준 어디선가에는 공동으로 수용 가능한 합의목표를 이끌어 낼 수도 있으며, 이를 위한 설득도 필요하다. 설득이란 상대가 적절한 행동을 하도록 납득(convince)시킴이다.

③ 협응 또는 주고받기(bargaining)식 협상 : 서로 논의하여 타협에 도달함이다. 이러한 결정은 어느 당사자에게도 최적이 아닌 결과가 생길 수도 있고, 경우에 따라서는 갈등의 원인의 제거보다는 갈등을 일시적으로 모면하게 하는 잠정적 갈등해소방법일 수도 있다.

④ 정치적인 타결(politics)을 이룸 : 갈등당사자가 정부나 언론, 대중 등과 같은 제3자의 지지나 여론을 등에 업거나 연립형성(coalition building)으로 자신들의 목표를 달성하려는 것이다. 이 또한 갈등의 원인을 제거하기보다 표출된 갈등의 해소만을 이루거나, 상황에 따라서는 원하지 않은 결과나 해결과정에서 예기치 못한 방향으로 발전될 수도 있다.

라힘(Rahim, M. Afzalur, 1992)은 조직갈등을 다룰 때(handling) 기본적으로는 자신에 대한 관심(concern for self) 영역과 타인에 대한 관심(concern for others) 영역이란 두 가지 기본 영역을 결합하여 5가지의 형태(styles)로 구분하고서, 그 형태별로 다루기에 적합한 갈등들을 예시하였다.

① 통합형(integrating, 자신과 타인에 높은 관심) : 당사자가 서로 협조와 개방, 정보의 교환과 차이에 대한 탐색을 통해 가능한 해결에 도달하려는 방법이다. 모든 안을 내놓고, 실제 문제를 직면하여 갈등을 규명하고, 모든 것에 열린 마음으로 접근한다.

복잡한 문제, 더 나은 해결을 위해 아이디어를 모아야 할 때, 상호 수용함이 필요할 때, 문제해결을 위한 시간이 있을 때, 어느 한 당사자 혼자서는 해결이 불가능할 때, 공동의 문제를 해결하기 위해 각 당사자가 가진 자원의 활용이 필요할 때 유용하다.

② 조력형(obliging, 자신에 대한 관심은 낮고 상대에게 높은 관심) : 차이를 부각시키지 않으려 하며 상대의 관심사를 만족시킬 수 있는 공통성을 강조하는 형이다. 자기희생과 관대함의 형태를 보인다.

잘못이 자신에게 있다고 믿거나 자신이 약자의 입장일 때, 관계가 중요하다고 인식할 때, 당면문제가 상대에게 더 중요한 것일 때, 상대와 교환하여 얻을 수 있는 것을 위해 기꺼이 다른 것을 포기할 수 있는 경우에 적합하다.

③ 지배형(dominating, 자신에 대한 관심은 높고 상대에게는 낮은 관심) : 승자-패자적 귀결을 가져오게 하는 형태이다. 자기권리를 주장하며 자기가 믿는 것이 옳다는 입장이다. 어떤 대가를 치르고서라도 이기려고 하며, 목적달성을 위해 타인의 행동을 강제하거나 상대의 필요성이나 기대를 무시하는 경향을 드러낸다.

사소한 문제, 그러나 자신에게는 중요한 문제, 신속한 결정을 필요로 할 때, 자기주장이 강한 하급자를 눌러야 할 때, 하급자가 기술적 결정에 필요한 전문지식이 부족할 때, 별로 달갑지 않을 상대의 결정이 부담스러울 때 등이다.

④ 회피형(avoiding, 자신이나 상대에게 모두 낮은 관심) : 철수와 책임전가, 회피의 형태를 취한다. 위협적인 상황으로부터 단순히 물러나거나 적정시기가 올 때까지 문제를 다루지 않겠다는 것이므로, 자신이나 상대의 관심사를 만족시킬 수

없게 된다.

문제가 사소하거나 상대와 직면해서 생기는 역기능적인 영향이 갈등해결의 이점을 능가할 때, 또한 냉각기를 가짐이 필요할 때 유용하다.

⑤ **절충형(compromising, 자신이나 타인에 대한 관심이 중간정도)** : 주고받는 형태 또는 서로 수용할 수 있는 결정을 위해 당사자들이 각자 뭔가를 포기하는 형태이다. 차이를 분리시키고, 서로 양보하기도 하고 신속하게 중간지대를 찾기도 하는데, 지배형보다는 더 많은 것을 포기한다고도 할 수 있지만, 조력형보다는 포기수준이 낮으며, 회피형보다는 좀 더 직접적으로 문제제기를 하지만 통합형만큼 심층탐색을 하지는 않는다.

당사자의 목표가 상호배타적이거나 당사자의 힘이 동등할 때, 어떤 이유로든 합의점에 도달하지 못하고 있을 때, 통합형이나 지배형이 성공적이지 못할 때, 복잡한 문제를 일시적이라도 해결할 필요가 있을 때이다.

지금까지 열거한 이들 방법들은 어떤 내용의 갈등에서 어떤 형태의 갈등해결방법적 접근이 유리할지를 자신과 타인에 대한 관심 정도에 따라 제시하고는 있으나, 실제 활용 가능한 구체적 방안을 포함하지는 못하고 있다.

또 다른 갈등개입방법으로 과정접근(process approach)과 구조적 접근(structural approach)방법이 있다(Rahim, M. Afzalur, 1992).

과정접근은 구성원들의 갈등에 관련된 태도와 행동을 변화시킴으로써 조직의 효과를 향상시키려는 시도를 하는 방법이다. 주로 조직구성원들에게 앞서 예시한 5가지의 갈등형태를 학습시키며, 사람들이 처한 상황별로 적합한 형태를 선택하게 한다. 역할분석기술(technique of role analysis), 교류분석(transactional analysis), 팀구축(team building), 집단 간 문제해결기법 등이 활용된다.

역할분석기술이란 개인의 과제수행상의 역할을 분명하게 정의함으로써 혼동이나 갈등을 감소시키는 방법이다. 업무나 작업과정에서 자신들의 욕구나 기대는 무엇이며, 자신이 인식하고 있는 자신의 역할은 무엇인지, 다른 사람들은 자신의 역할을 어떻게 정의하며, 또 어떤 역할을 기대하고 있는지(기대역할, expected role), 실제로 수행한 역할(enacted role)은 무엇인지를 질문한다. 그리하여 역할에 대한 정의, 역할에 대한 자신과 타인의 욕구나 기대, 역할의 혼란이나 불일치는 무엇인지를 발견하고 명료하게 할 수 있게 한다. 자신의 업무상 역할을 보다 분명하게 알게 되면 불안해소와 불일치 제거에 필요한 행동으로 나아갈 수 있다.

팀구축(team building)도 널리 이용되는 조직개발기법의 하나인데, 집단의 목적과 기능을 향상시키는 전략의 하나이다. 구성원 간의 토론을 통해 서로의 생각이나 아이디어 또는 반대의사를 자유롭게 표현하기도 하고 주의 깊게 경청하기도 하면서, 훈련 및 개발의 기회를 가지게 되며, 동시에 문제해결과 조직의 응집력을 높이게 됨으로써, 목적업무의 효율성이 향상되도록 하는 방법이다. 여기서도 역할분석기법이 활용될 수 있다.

교류분석(交流分析)이란 번(Eric Bern, 1910~1970)이 창시한 심리요법이 그 기원이다. 교류란 말 자체는 재화나 서비스, 금전 등이 어떤 사람이나 계좌로부터 다른 사람에게나 그 계좌로 넘어가는 일이 생겨나는 것(Merriam-Webster), 또는 근원이 다른 물줄기가 서로 섞여 흐르거나, 섞여 흐르는 줄기를 형성함(국어사전)을 뜻한다. 사고와 감정과 행동이라는 세 가지 차원을 조화롭게 통합하고자(교류시키고자) 함에 그 기본철학이 있으며, 본질적으로 재결단치료(re-decisional therapy)라고 한다. 고정된 삶의 방식을 자발적인 자유와 책임 하에서 재결단에 이르도록 함이다. 모든 인간은 자신의 생활, 감정, 행동에 책임을 져야 하고, 또 그렇게 할 수도 있다는 확신이 밑바닥에 깔려있다. 내용적으로는 구조분석(structural analysis)과 의사소통분석(personal transaction), 게임분석(games) 및 각본분석(life scripts)에 기초한다. 구조분석은 자아상태(일종의 인격)에 관련된 인식과 이해를 도우며, 의사소통분석은 자아상태를 활용하여 대화가 이루어질 때 생겨나는 현상을 규명하며, 게임분석에서는 인간의 언어와 행동으로 심리적 청산(psychological pay off)과정의 분석을, 각본분석은 성격이나 삶의 계획, 방법, 태도 등(미리 결정된 삶의 드라마)을 통해 예상목표를 향한 진행과정을 분석하며, 이 네 가지의 분석과 진단을 바탕으로 치료과정이 수행된다.

구조적 접근은 분화와 통합의 기전, 의사소통체계, 보상구조 등 조직의 구조설계상의 특성(organization's structural design characteristics)을 변화시킴으로써 조직효율성을 향상시키고자 한다. 다양한 수준의 조직구성원들이 경험한 갈등총량(the amount of conflict)의 변화를 통해 갈등을 해결하고자 함이다. 직무설계(職務設計, job design), 옴부즈맨운용(provision for ombudsman), 집단과제분석(analysis of group task), 2개 이상 집단의 과제독립분석(analysis of task independence) 등의 기법이 활용된다(Rahim, M. Afzalur, 1992). 직무설계란 조직업무의 효율적 수행을 위해 직무별 구체적 내용, 수행방법, 다른 직무들과의 연계 등을 설계함을 말한다. 옴부즈맨은 원래 "대리자"라거나 "대리인"이라는 의미를 가지고 있는데, 일반 국민이 어떤 기관에 가지는 불평, 불만 등을 처리하는 사람이라거나, 공무원의 위법, 비위 등을 독자적으로 조사하고 처리하는 감찰관을 칭하기도 하나, 조직에서도 이와 유사한 기능이 부여된 제도를 운영함이다.

갈등의 해결과정은 집단이나 그 구성원에게 긍정적인 결과를 가져와야겠지만 부정적인 결과를 가져올 수도 있다. 조직갈등의 존재를 인식하고 탐색하며 조사하는 행위를 통하여 카타르시스를 경험하고 얻어진 결과를 기술이나 조직의 혁신과 집단의 화합 및 발전으로 연결시킬 수도 있지만, 구성원의 적대감을 고조시키고 왜곡된 지각을 심화·고착화시키며 상호작용을 단절시키거나 화합을 깨치는 역작용을 가져올 수도 있음을 유념하여야 한다.

9. 한국사회의 갈등과 해결

일반적으로 말해, 사회갈등은 정치, 경제, 사회, 문화적 차원이 구조적으로 중첩되고 결합된 복합적 요인으로부터 기인한다. 그리고 갈등의 존재는 사회 내에 불가피한 긴장(inevitable tension)을 초래한다. 갈등은 사회가 가지고 있는 역사적, 구조적, 문화적 맥락과 사회행위자들 간의 상호작용 그리고 구성원들의 정서적 상태와 기본적 욕구 및 의사소통형태 등과 교합하면서 사회의 변화와 발전을 촉진하는 요소로 작용하여 사회적 관계를 역동적으로 만들 수도 있지만, 사회구성원 간의 분열과 발전을 저해하는 역작용을 할 수도 있다.

1) 사회갈등의 정의

사전적 의미로 사회갈등이란 "행위주체(agency) 또는 권력(power)을 쟁취하기 위한 투쟁"이다(Wikipedia). 행위주체란 개인이 독립적으로 행동하거나 스스로 자유선택을 하는 능력을 말하며, 구조(structure)와 함께 사회적 결과를 결정케 하는 중요 요인 중의 하나이다. 구조는 사회계층, 성, 윤리, 제도 등과 같이 행위주체 혹은 스스로의 판단을 제한하거나 결정함에 영향력을 행사하는 요인들이다. 또한 사회갈등은 공공성의 주체(public actors) 간 대결적 입장을 의미하기도 하며, 사회적으로 힘을 가진 주체들이 사회변화를 추구하는 형태에 따라 유형화 된다. 정치권력의 변화, 국가나 경제의 본질, 사회의 주요 이념에 초점을 두게도 된다 (http://www.ehow.com).

　마르크스(Karl Marx, 1818~1883)는 흔히 사회갈등(social conflict)의 이론적 아버지라고도 불린다. 그는 거시적 관점에서 사회현상을 보았다. 사회란 다수를 희생하여 소수가 혜택을 얻는 불평등의 구조로 되어 있기 때문에 갈등과 변화는 생기게 마련이라는 입장이었다. 불평등의 요소에는 인종, 성별, 계층, 연령 등의 요소들이 연계되어 있으며, 갈등은 제한된 자원을 얻기 위해 경쟁하는 사회집단 간의 투쟁이지만, 주된 관심은 지배, 피지배 계급 간의 갈등(class conflict)에 있다고 하였다.

　공공갈등이란 공공의 정책이나 법령을 제정하거나 개정하는 일 또는 공공에 필요한 각종 사업계획을 수립하거나 추진하는 과정에서 발생하는 다양한 이해관계나 욕구의 차이로 인한 충돌이라고 말한다. "공공(公共, public)"의 사전적 의미는 "국가나 사회의 구성원에게 두루 관계가 있는 것"이다. 따라서 사회구성원 전체에 이익이 되는 공익성으로서의 공동선(共同善)의 달성과정에서 생기는 갈등이 공공갈등이라고도 볼 수 있으며, 사회갈등의 일면으로 해석될 수 있다. 이들 갈등은 경험적으로 보아, 행정, 입법, 재판, 혹은 반대 측을 제압할 수 있는 어떤 방법의 활용도 가능하지만, 그렇다고 항상 가능하거나 효과적이지는 않다.

　한국 사회에서의 갈등은 공공갈등과 그 뿌리를 공유하거나 연관된 경우도 많다. 사회갈등이나 공공갈등의 정의에서 드러나듯이, 흔히 일컫는 공공갈등이 사회갈등과 연계되어 있기도 하고, 사회갈등이 공공갈등을 통해 표출되기도 한다. 따라서 저자는 우리가 경험하는 사회갈등의 전반과 공공갈등을 포괄하여 다루기로 한다.

2) 우리 사회 갈등의 원인

사회철학자 다렌드로프(Ralf Dahrendrof, 1988)는 사회적 갈등과 불일치는 모든 사회 안에 늘 존재하는 보편적 현상이며, 이러한 갈등과정에서 사회변동이 발생한다고 하였지만, 우리나라가 지난 반세기에 걸쳐 압축성장과 역동적 변화를 거듭하는 가운데 파생된 다양한 사회적 갈등현상은 매우 깊고도 심각한 수준인 것으로 판단된다.

사회갈등의 발생은 갈등의 요인과 관리적 측면이 깊이 연관되어 있다. 이는 소위 사회갈등지수(Social Conflict Index)의 구성요소이기도 하다. 갈등요인이 많을수록 그리고 관리수준이 낮을수록 갈등수준은 높아지게 되어 있다. 사회갈등지수로 비교 시, 갈등관리가 잘 되어 거의 1에 가까운 나라들에 비교할 때, 우리나라는 최하위인 낙제점 수준(0.4 이하)에 머물고 있다. 이것은 우리나라는 갈등의 요인도 많고, 갈등관리수준도 낮은 상황임을 드러낸다(한국보건사회연구원, 2015. 3.).

시대적 흐름에서 볼 때, 19세기 중반에서 후반에 걸쳐 마르크스와 엥겔스는 역사적 유물론을 빌려 공산주의 혁명이론을 체계화하였다. 사적소유나 계급이 철폐되면 모든 사람들이 자유롭고 평등하게 사는 새로운 이상사회를 건설할 수 있다고 주장하였다. 이러한 이상사회는 공산주의 공동체로 이루어질 수 있으며, 이는 평화적이고 점진적 방법이 아니라 물리적이며 급진적 방법으로 달성될 수 있다고 보았다. 그리고 자본주의 사회에서 노동임금으로 살아가는 무산자계급(노동자)인 프롤레타리아(proletaria)가 그 중심이 되어야 한다고 했다. 즉, 공산주의라는 이상사회는 프롤레타리아 혁명으로 건설될 수 있다는 것인데, 자칭 프롤레타리아라고 생각하는 사람이나 어떤 지식층에게는 공산주의 혁명이론이 이론적 측면에서 상당한 매력을 주었다. 공동체적 기반을 중시하는 사회주의적 성향을 가진 우리나라 국민적 정서와도 일면 부합하는 점이 있었다.

우리나라는 1945년 일제 식민통치로부터 해방되면서, 이후 수년 간은 국가와 민족의 미래에 대한 다양한 구상과 이를 실현하기 위한 이념적인 정치운동과 그 각축이 심화된 시기였다. 마침 미국과 소련 간 냉전대립이 가시화 되고 있었고, 국제적 좌우대립의 영향이 국내 분위기와도 맞물리면서 국내의 정치도 냉전구도화로 내몰렸다. 8·15 광복 직후 미국과 소련의 냉전구도 상황에서 모스

크바 삼상회의에서 한국에 대한 신탁통치(信託統治, trusteeship)의 결의와 38선을 기준으로 남쪽은 미국, 북쪽은 소련의 영향 하에 놓이게 되면서, 이념적 차이를 달리하는 남과 북으로 분리되는 결과를 가져왔다. 1950년에는 무력통일로 남한을 공산화하려는 북한의 남침으로 동족상쟁의 전쟁이 발생하였고, 크나큰 비극과 상처를 남겼다. 그럼에도 북쪽에서는 여전히 남쪽에 적대적인 공산체제가 자리 잡고 있었기에 남쪽(남한)에서는 반공사상이 강조되었다. 이러한 상황들이 이념적 적대감과 갈등을 우리 사회 근저에 뿌리내리는 계기를 만들었다.

1960년대 억압적이고 권위주의적인 정치체제 하에서 민주화의 욕구와 정치체제 극복을 위한 정치사회적 갈등이 확산되는 가운데, 급속한 자본주의적 경제발전에 따른 산업갈등의 구조화는 이념갈등의 또 다른 불씨가 되기 시작하였다. 1979년 10월 26일 사태로 인해 17년 간의 박정희 대통령의 재임시기가 마감되고 신군부의 출현 그리고 이어 1987년 6월 항쟁으로 대표되는 민주화를 위한 욕구가 분출되면서, 민주주의와 시민사회의 활성화와 급진적 성장이 이루어지는 과정에서 이념문제는 시장경제적 입장, 사회가치적 입장, 기존의 냉전 이데올로기적 입장이 복합된 다차원적 문제로 발전되어 나갔다.

정주진(2010)에 의하면 1995년 이후부터 갈등에 관한 기사가 급증하기 시작하였는데, 1990년대는 주로 세대갈등, 고부갈등, 노사갈등, 학내갈등, 지역갈등, 외교갈등 그리고 정치권갈등 등이 주로 언급되었지만, 2000년대에 들어오면서 갈등내용이 다소 변화하기 시작하였다고 한다. 즉, 남한사회 내에서의 남남갈등과 보수와 진보의 대립 등과 같은 노골적인 이념대립과 중앙정부 및 지방정부와 다양한 이익집단 및 시민들 사이의 갈등이 표면화 되었으며, 정부정책에 대한 이의제기와 도전도 증가되었다고 기술하였다. 직접적 사회참여에 대한 다중의 욕구는 2002년 월드컵의 거리응원으로도 표출되었으며, 이러한 경험은 촛불집회라거나 "~~사모" 식의 특정 정치인이나 이념을 옹호하는 행태로도 발전되었다. 이러한 현상은 인터넷과 같은 다중매체 등과 결합되면서 더욱 조직화·집단화되기도 하였다. 민주화란 거대 담론에 밀려나있던 이념이나 가치, 환경, 노동, 여성, 자치, 분권, 특정 집단, 혹은 소수자나 소외자 문제, 문화 등에 대해서도 각양각색의 주장과 결집현상이 폭발하였고, 갈등과정에서 발생한 적대주의 (antagonism)로 인한 사회분열과 대립현상은 더욱 다양하고도 심대하게 표면화되었다. 우리 사회의 다양하고 복합적인 갈등들은 억압되거나 잠재적인 상태에서 벗어나 가히 분출, 확산단계에 이르게 되었던 것이다. 아직 사회전체 갈등으로 부각되지는 않고 있으나, 근래에는 종교갈등도 여러 형태로 드러나고 있다. 거대화한 종교 내부의 재산문제나 세습적 행태로 인한 갈등이 외부로 표출되는 경우도 있지만, 특히 사적영역과 공적영역을 구분하지 못하고 공공장소에서 무분별하고 무례하게 드러내는 종교행위, 타 종교에 대한 적대적 행동, 사회적으로도 첨예하게 대립될 수 있는 환경적, 이념적 사안에까지 종교인들이 집단적으로 개입하여, 자신들이 신의 뜻을 실현하는 정의라고 자처하여 사회불안과 중립적 위치에 있는 사람들이나 중도적 입장에 있는 신앙인들의 우려와 불편과 갈등을 초래하고 있다.

　　너무 급속한 사회변화의 진행은 합리적인 갈등관리나 해결체계를 제대로 갖출 겨를을 주지 못하였으며, 여기에는 국민의 의식수준이나 준법정신이 따르지를 못하였다. 아울러 국가도 변화에 대한 적응력과 갈등대처 행정능력이 미숙했다. 여기에 누적된 갈등에 더하여 새롭고도 다양한 갈등들이 출현하였고, 기존 갈등은 장기화 되거나 교착상태로 남기도 했다. 이러한 상황에서 새로운 갈등요소가 결합되면서, 갈등이 다른 방향과 내용으로 변화되어 나타나기도 했다. 사법서비스의 접근성 또한 향상되었으며, 그 서비스 이용의 증가와 대중화는 많은 사람들에게 관계회복이 어려운 법정싸움을 부추키는 결과를 초래하였다. 열거한 이러한 상황들이 근래 한국사회의 갈등현상을 두드러지게 한 요인들이라고 생각한다. 또 허태균(2016)은 한국인들에게서 갈등이 첨예할 수밖에 없는 심리적 요인이 있는데, 그것은 한국문화의 불확실성 회피성향이라고 했다. 이것은 한국인들이 주로 단기적 관점에 관심을 가지도록 이끄는데, 예를 들자면 보다 나은 것의 추구보다는 나쁜 것의 예방에 초점두기(prevention focus), 과정보다 결과중시하기, 추상적 가치보다 물질소유를 중시하는 물질주의 등이라고 했다.

　　요약하자면, 우리 사회 갈등의 원인에는 정치, 경제, 사회, 심리, 문화적 모든 상황이 갈등요인으로 복합되어 있다고 할 수 있다. 열거하자면, 역사적 배경에 따른 이념문제, 성장위주의 발전전략과 양적성장에 따른 민주주의의 발전의 저해와 사회부분의 희생, 경쟁의 공정성이나 분배형평성 문제의 대두, 산업화와 도시화에 따라 전통적 공동체가 가지고 있던 결집력과 조화를 중시하던 삶의 방식에서 개인주의적 사고의 발달과 희생과 협동정신의 퇴색, 부정적이고 폐쇄적인 사고형태로의 변화, 민주주의의 진전과 시민의식의 성장에 따른 참여의식의 증대와 시민단체의 급증, 개인과 집단차원에서 부당한 정책이나 사회제도나 환경에 대한 이의제기와 자기이익이나 권리주장을 추구하는 경향의 급격한 증대, 그럼에도 여전히 사회구성원의 미성숙한 공동체 의식과 민주적 가치의 내면화 실패에 따른 일탈적 사고방식, 부정부패에 대한 타협과 수용의 관행화, 과거의 갈등역사나 실패로부터 성찰과 교훈을 얻음에 둔감함, "빨리 빨리"로 대표되는 심리적 조급성, 사회의 변화에 따른 새로운 갈등요소들의 추가 증대 등이다.

3) 갈등의 특성과 유형별 접근방식과 해결

사회갈등은 집단이나 지역, 국가 사회 전체의 많은 사람들의 삶과 직접 관련되어 있으며 후세대의 삶에까지 영향을 주는 것이므로 그 영향력이 매우 광범위하고 지속적이다. 방치할수록 악화될 가능성이 높으며, 해결이 빠를수록 관계손상과 심리적, 물질적 비용손실을 포함한 제반사회적 경비가 감소한다. 뿐만 아니라 갈등의 악화와 대결적 전개는 개인이나 사회 전체에 미치는 부정적 파급효과가 크고 파괴적이며 향후 다른 현안에 대한 협력을 얻기도 어려워진다. 공공갈등에서 흔히 보아오듯이, 중앙정부나 지방자치단체의 수행사업과 직접 관련되어 있다 하더라도 자신들이나 공동체의 삶의 질에 직접적으로 부정적인 영향을 주는 것으로 판단된다면 승복하려 들지 않는다.

(1) 사회갈등의 일반적 특징

개인 간 갈등에서는 대개 2인의 갈등당사자가 관계됨이 일반적이지만, 사회갈등에서는 힘의 주체인 조직이나 집단 간의 갈등형태로 나타나므로 여러 당사자가 관계하는 경우가 많아, 문제도 복잡하고 다양함이 일반적 특징이다.

갈등표출이 다양하고 형태가 복잡하다보니 대응이나 해결이 어렵고, 대립 시간도 길어지면서 점차 격렬해지는 경향이 있으며, 문제의 복잡성은 다양한 전문 지식인이나 조정인의 참여를 필요로 하기도 한다. 또한 개인갈등에서도 가치관의 차이가 등장하지만, 사회갈등에서는 공유한 가치관에 따라 조직화가 생겨나고 공동대처의 전열이 형성되면서 상대에 대해 상호자극적인 언행으로 적대감이나 상호불신을 고조시켜 나가므로, 개인갈등과는 다른 차원으로 전개될 수 있다.

　　민주주의의 성숙과 실현이 이루어지는 과정에서는 시민들의 권리주장, 개인에게 영향을 주는 정책에 대한 비판과 의견 그리고 참여기회의 요구가 분출되므로, 갈등의 표출은 보편적 현상이라고도 말해진다. 이러한 시기에서는 공공정책도 공개적이고 공정하게 집행되기 어렵지만 정책참여를 요구함에 부합되는 올바르고 성숙한 시민의식도 부족하여, 권리를 주장함에 있어서도 법질서의 준수의식이 낮고 자기주장에만 몰입하는 경향이다. 정치인이나 정당도 조정이나 화합의 구심점이 되기보다는 갈등의 원천이 되거나, 더러는 갈등의 매개자이며 촉진자의 역할을 하는 경우도 많다.

(2) 사회갈등에 대한 접근방식

　　특정 사회갈등 분야에 관여하고 있는 사람들은 그들만의 공동이익이나 목표를 위해 조직화, 집단화하면서, 보다 적극적이며 공격적인 방법으로 힘을 이용한 문제해결의 방법을 시도하려는 경향을 보인다. 상대와 대화로 문제를 해결하려는 방식보다는 조직화와 시위 등의 집단행동이나 대중매체의 이용과 법적소송의 형태를 택하는 경우가 많아진다. 집단에 소속된 개인은 집단의 목적달성이 개인의 성취를 보장한다는 생각을 가지게 되며, 개인행동이 집단구성원들의 지지나 대표성을 인정받는다면 개인적으로는 이기심이라거나 일탈이며 잘못이라고 판단되는 사안도 정당화 되는 것으로 믿으려 하며, 역할을 책임 있게 수행한다는 평가를 받으면서 고무된다. 이러한 경우 개인적 통제의 여지는 줄어들고 자기조직이나 상대측의 관심을 끌기 위해 더욱 적극적이고 공격적인 형태를 띠게도 되며 갈등을 더 악화시키는 방법을 택하기도 한다. 사회갈등의 정치화도 이러한 예의 하나이며, 우리나라의 공공정책의 수행과정에서 종종 접하게 되는 현상이다. 개인이나 특정 단체의 주장에는 이를 지원하는 외곽지원 세력이나 시민단체가 또 하나의 당사자로 합류하면서, 다른 방향으로 문제를 이슈화함으로써 당사자들의 이해가 걸려있는 실제문제의 초점을 흐리게 하거나 소멸시키게 된다. 이후로는 정치적 논쟁이 관심의 중심을 이루게 되면서 갈등은 당사자가 아닌, 정부와 대리단체나 조직 간의 대립과 이념이나 가치관 논쟁으로 흐르며 대화보다는 정치적 싸움에 몰두하게 된다. 마침내 정치화된 갈등은 여론의 심판대에 오르게 된다. 이렇게 되면 갈등당사자들은 협상력을 상실하게 되고, 당사자들의 저항과 요구보다는 여론의 향배에 따라 대응방식이 결정된다. 사회갈등의 정치화와 이념화 및 여론의 향배에 따른 결정의 수순은 우리 사회가 갈등에 접근해가는 방식에서도 여러 가지 사례를 찾을 수가 있다.

(3) 갈등의 유형별 해결방법

가. 이념갈등(ideological conflict)

역사적으로 보아 이념갈등은 한국사회 갈등의 출발점으로도 보인다. 해방 전후에는 민족주의, 사회주의, 진보주의, 공산주의, 자유민주주의 등 사상이 뒤섞여 구분이 어려운 시기였지만, 자유민주주의를 제외한 사상들을 대체로 좌익이나 좌파로 간주하는 경향이었다. 해방이후에 남쪽은 우파, 북쪽은 좌파라는 이념적, 지리적 민족분단을 가져왔고, 6·25 전쟁을 거치면서 "좌익", "좌파", "빨갱이"는 북한을 지칭하거나 이에 동조 내지는 사상적으로 가까운 사람에게 붙여지는 대명사가 되었으며, 좌우이념 논쟁과 반공주의와 공산주의의 극단적 대결은 분단국이란 현실 아래서 끊임없는 적대와 증오를 확대 재생산하였다.

좌파니 우파니 하는 말은 프랑스 대혁명 때 국민의회의 자리배치에서 유래하였다고 한다. 왼쪽은 왕정을 무너뜨려 근본적인 변화를 꾀하려는 공화파가, 오른쪽에는 왕정유지를 주장하는 왕당파가 자리하였던 바, 이로부터 급진적 개혁파는 좌파 또는 진보로, 온건하고 점진적인 개혁이나 체제의 유지파는 우파 또는 보수로 불렸다. 그러나 우리나라에서는 보수나 진보의 지향하는 바나 가치에 대해서 절대적 진리나 목표의 차이를 규명하기는 힘든 것 같다. 현실에서는 정치적 특정 이슈에 대해 반대하고 개혁과 척결을 외치면 진보이고, 온건적이거나 현상유지 쪽이면 보수라고 지칭하기도 하며, 또한 경제적으로 시장원리에 맡기자는 성향이 좀 더 두드러지면 보수, 시장체제 극복을 위해 국가가 개입하고 간섭하여 불평등을 해소시켜야 한다는 입장이 강하면 진보로 구분되기도 한다. 진보의 중요 지향점의 하나가 인권일 수도 있겠지만, 우리나라의 진보는 대체로 북한의 인권문제에 대해서는 입을 다물거나 북한과의 관계에서도 좀 더 관용적이고 온건한 경향을 보인다. 또 북한과의 화해를 중요시 하거나 더러는 북한의 주장을 옹호하고 지지적인 입장을 나타내는 것처럼 보일 때도 있다. 그 외 주체사상, 체제, 지도자, 세습 등에 대한 언급이나 평가는 북한처럼 거의 금기시하거나 회피하는 경향을 보이기도 한다. 진보진영은 자신들이 과거 권위주의 정치를 밀어내고 민주화를 이룩한 주역이라는 자부심과 함께, 일반적으로 말해, 복지나 민주화 확대 등을 통한 사회변혁에 더 관심을 가지는 사람들이라고 불리길 좋아하는 것 같다. 반면에 보수진영은 한국의 급속한 경제발전에 큰 자부심을 가지며 자신들이 그 기틀 마련에 기여한 주인공이라고 생각하며, 북한과의 관계에서도 국제관례나 그 기준의 적용을 무시할 수 없다는 관점이다.

아무튼 우리나라에서의 진보와 보수는 더러는 헷갈리고 사안마다 주장의 일관성이나 정체성이 분명하지 않음에도 불구하고, 여전히 국민들의 의식을 보수 또는 진보라는 이분법적 잣대로 맞추려는 경향이 있음도 부인할 수 없다. 사안에 따라 중도적이거나 보수 쪽으로 혹은 진보 측의 주장에 더 귀 기울이는 사람들도 많지만, 냉전반공주의에 몰입한 보수기득권 세력과 이를 타파의 대상으로 보는 진보세력 간의 적대적이고 이분법적 대결이 더 큰 목소리로 실재하면서, 대안적 이념의 생존과 합리적이고 중도적 다수를 침묵 속에 머물도록 분위기 조성을 하고 있다.

이념갈등은 대북정책뿐 아니라, 중요 사회정책과 일반적인 당면 현안들까지 이념투쟁의 대상으로 변질시켜 편견과 맹목적 불신을 키우면서, 진영대결에서 나아가 지역갈등과 계층갈등 및 세대 간의 갈등으로까지 연결시키고 있는 실정이다.

남북분단과 한국전쟁 및 남북의 상호극단적 대처 등 우리나라가 처한 역사적, 현실적 특수상황 등이 이분법적 사고를 강요토록 한 측면이 있기도 하지만, 이념문제를 우리나라 현실과 맞지 않는 어떤 정치적 목적을 지닌 이데올로기와는 구분하면서, 우리 사회에 내재된 국민들의 내면적인 욕구해결에 유용한 자원으로 활용할 수 있도록 전환시킴이 필요하다.

이념문제의 해결에는 무엇보다도 언론이나 정치인들의 역할이 중요한 것이라는 생각도 하게 된다. 언론이 자사 이기주의의 입장에서 또는 이념성향이 강한 필진이 정보원을 편향적으로 기사화 하거나 정치적으로 활용하려고 하면서,

극단적이고 파편화된 정보를 일반화 하고 대립적 이념을 확산시키거나 고착시키면서 중간지대를 소멸케 하는 부작용을 초래하기도 한다. 또한 정치인의 활동 바탕이 되는 정당활동도 한국사회 내 다양한 이념갈등의 중추적 역할을 하고 있다는 지적(김형준, 2014)도 있다. 국민의 대표자인 국회의원들이 자율성을 상실한 채 당론정치와 계파정치의 늪에 빠져 헤어나지 못하고 있어 사사건건 당파적이고 이념적 주장으로 국민들의 분파와 갈등을 증폭시키며, 공식적인 자리에서 마저 저질과 막말을 토해내어 정치에 대한 국민의 극심한 불신과 모멸감을 주고 국민의 화합이나 통합을 저해하고 있다는 것이다. 한편으로는 이러한 막된 정치인이나 정파에 표를 준 것도 국민이므로, 선출된 정치인의 수준이나 질은 전반적 국민이나 그 지역민의 이념인식이나 의식수준을 반영한 것으로도 볼 수 있다.

이숙종(2014)은 일반 국민에게 "이념갈등이 심각하나?"고 물었을 때, 2010년 11월은 61.6%, 2013년 12월은 71.9%가 심각하다는 응답을 했다고 보고하면서, 국회가 정치력을 발휘하여 편가르기식 이념갈등의 폐해를 줄이는데 앞장서야 한다고 주장하였다. 그러기 위해서 국회 스스로 절제와 타협을 통해 국민우려를 불식시키기 위해 노력해야 하고, 진보나 보수의 가치관과 정책이슈별로 제대로 된 개념화 작업을 추진하여 과장되고 단순화 된 이념논쟁을 억제토록 하면서, 개인과 집단, 진보와 보수라는 진영논리를 억제토록 해야 한다는 주장이었다.

김형준(2014)도 이념갈등의 정치적 해결방안으로써 3대 원칙과 5대 과제를 제시하였는데, 3대 원칙으로는 ① 다수주의와 합의주의의 조화와 균형을 이루고, ② 민생우선의 정책국회를 이루며, ③ 정당이 국회를 지배하는 비정상적인 상황을 종식하고 개별 국회의원 스스로 자율과 책임 하에 행동한다는 원칙을 지키라는 것이다. 5대 과제는 ① 상시 국회 운영체제를 구축함으로써 갈등고착화형 국회구조를 개혁하고, ② 국회협의적 정책시스템을 구축하며, ③ 국회차원의 공론조사(deliberative poll)의 제도화와 ④ 국회입법 지원체계의 역할강화 및 ⑤ 생산적 불문율(informal rule)의 구축 등을 제안하였다. 여기에 덧붙인다면, 다수 주민의 뜻이 정당후보자의 선정에 실제로 반영될 수 있도록 정당공천제도의 틀을 바꾸는 일이다.

우리나라는 남북분단이라는 현상 하에서 이념적 갈등의 원천적 제공이 지속적으로 이루어지는 구조에 있으므로, 어떤 형태로든 이념적 동조자들이 개별적이든 집단적이든 발생하게 되어 있다. 여기에 극단적 이념 편향적인 자들이 이분법적이고 선동적인 형태로 상호적대감을 표출토록 조장하며, 상대를 타도의 대상으로 몰아가려는 의도로 상호불신과 분노를 키우려는 노력을 지속하고 있다. 여기에 편승하여 화해나 통합, 국가나 민족에 대한 미래를 염두에 두기보다 자신들의 정치적 목적달성이나 사리사욕을 위해 이념을 악용하는 자들이 있는 한, 통일이 이루어진다고 하여도, 오랜 역사적 흐름 속에서 누적되어온 이분법적 이념의 불씨는 우리 사회의 갈등의 한 요소이며 장기적으로 해결해야할 과제로 남을 가능성이 높다.

나. 계층갈등(stratification conflict)

개인능력의 차이보다는 사회조직에 기초하거나 사회구조로 인해 형성되는 구조적이고 제도화된 불평등을 의미한다.

우리나라는 1960년대 이후 경제적으로 크게 성장하여 인구 수로 5천만 명이 넘으면서도 1인당 소득이 3만 달러 수준인 세계 경제대국 중의 하나로 진입하였다. 그러나 특히 1997년 외환위기를 겪으면서 소득분배는 점차 악화되었고(외환위기 전 지니계수가 0.27, 현재 0.35 이상), 4대 재벌(삼성, 현대, LG, SK) 등의 매출액도 1980년 대 초의 GDP의 20% 수준에서 현재는 60%에 육박하고 있음을 볼 때, 경제적 쏠림현상과 구조적 양극화도 심화되고 있는 양상이다. 1960년대의 산업화, 도시화로 인해 구조적으로 생산된 도시빈민은 외환위기를 겪으면서 더욱 확대 재생산되었다. 반면에 부유층은 건물, 토지, 금융자산 등의 투기로 부를 더욱 축적시켜 빈부격차는 장기적으로 고착되어가는 듯도 하다. 이로 인해, 소득분배보다는 자산투기로 얻어진 부유층의 경제적 성취를 바라보는 상대적 빈자의 박탈감과 상실감은 부유층의 성취에 대한 부정적 시각을 형성하고 사회구성원 간의 전반적 갈등요인으로 확산되었다. 따라서 우리 사회에서의 계층갈등은 절대적 빈곤층과 부유층 간의 문제도 있지만, 상대적 빈곤층(중산층)과 부유층의 경제적 격차가 계층갈등의 큰 갈등요인으로 부각되고 있는 것으로도 보인다. 이들은 교육의 불평등, 기술수준의 격차와 문화적 차이를 넓혀가면서, 대물림식의 지속적인 자원의 편재, 불평등 분배, 사회적 지위와 권력, 선호직종으로 쏠림의 악순환을 거듭할 것이 예견되므로, 계층갈등의 고착화 및 영속화를 초래할 가능성도 높다.

　우리 사회의 의식수준은 여전히 선성장-후분배의 관성에 젖어 있으며, 오랜 세월에 걸쳐 확립된 불공정한 분배관행이 제도화되었다고 할 정도로 굳건하게 버티고 있어 기존의 이해관계를 조정하기가 쉽지는 않을 것으로 보인다. 경제활동에 직간접적으로 참여하는 모든 이들에게 성과가 공정하고 합당하게 돌아가도록 노동시장을 정상화(대기업-중소기업의 협력적 동반관계화나 비정규직 근로조건의 개선과 안정화, 최저임금의 적정화 등) 시켜야 할 것이고, 후세들에게 건강하고 다양하며 창의력 있는 교육을 제공할 수 있도록 하며, 부정부패가 없으며 건전하고 정의로운 사회가 되도록 사회전반의 과감한 혁신이 요청되고 있다. 이 모든 것은 사회적 합의와 통합 그리고 더욱 발전된 민주적 시민의식의 바탕에서 전개되어야 할 것이다.

다.　지역갈등(regional conflict)

　둘 이상의 지역 간에 정치, 경제적 이해관계가 상충되어 생기는 갈등이다. 여기에는 지역감정과 지역주의가 개재되어 있으며 발전지역과 낙후지역 간 격차, 배제와 소외, 정치적 의도가 결합되어 있고, 여타 경제, 사회적 다양한 갈등이 다층적이고도 복합적으로 연계되어 있다.

　적대감으로서의 지역감정이란 지연에 기초하여 타 지역이나 타 지역 주민들에 대해 가지는 부정적 생각이나 편견과 같은 것이며, 지역주의란 일종의 신념체계를 말한다. 즉, 사회적 행동이나 정신적 능력에서 특정 지역을 연고로 하는 사람들 간에는 뚜렷한 이질성이 있으며 이는 구분이 가능하다는 신념으로, 집단을 우등과 열등으로 서열화하기도 한다.

　지역감정과 지역주의가 결합하면 집단의식과 지역대결주의로 진전되며, 지역발전과 관련된 경제정책갈등으로 확대되기도 한다. 집단 간의 결속과 성취도를 촉진시키며 사회적 통합에 기여하는 측면도 있지만, 집단 간의 긴장과 대립, 적대감을 조장하여, 화합을 깨치고 분열과 단절, 사회적 통합을 저해하는 부정적 결과를 가져오기도 한다. 우리나라에서는 중앙정치의 지역주의와 정치인의 정파적 이용에 따른 동원구조는 갈등을 강화, 촉진시킴으로써 지역집결과 정치적 균열구조를 고착시키는 역할을 하기도 했다. 우리나라에서의 지역갈등은 흔히 역사적 잔재로서 보거나, 정치경제적인 차별의 결과로서, 혹은 인위적인 동원의 결과로도 설명한다. 경제발전과정에서 지역편중과 부의 격차가 생겨나고, 이는 특정 지역 출신이 권력을 장기간 독점하면서 그 영향으로 초래된 결과이며, 권력의 주체를 바꾸지 않는 한 그 현상은 더욱 심화될 것이라는 피해의식은 배제된 지역민의 상실감과 소외감 그리고 분노를 누적시켜 왔다고 설명할 수 있다. 여기에 정치인이 개입, 파당적 이익을 위해 특정 지역의 정체성을 옹호하여 정치적 결집을 목적으로 갈등을 부추킨 결과라는 것이다.

1987년 민주화와 1987년 12월 16일 13대 대통령선거(1972년 10월 유신 이후 최초의 직접선거로 민정당 노태우가 36.6%, 통일민주당 김영삼이 28%, 평화민주당 김대중이 27% 득표) 이후 지역갈등의 심화와 특정 정당의 석권현상은 더욱 두드러지게 되었다(13대 선거에서 노태우는 대구와 경상북도에서 68.5%, 김영삼은 부산과 경상남도에서 53.7%, 김대중은 전라남도와 광주에서 90%를, 신민주공화당의 김종필은 충청남도에서 최다 득표하였다).

설동훈(2013)은 한국의 지역갈등 현상분석에서, 다양한 사회집단에서의 갈등은 집단 간 차이 또는 격차가 곧 갈등을 유발하는 것이 아니라 그 차이가 정당한 것인가에 대한 인식에 근거하고 있다고 하였다. 그 원인으로 일부 정치인들에 의한 지역감정의 유발과 악화, 지역발전수준의 차이(도시와 농촌 간, 서울과 지방 간, 혹은 수도권과 기타 지역 간), 지역문화의 차이(사고방식과 생활습관 등)를 들었다. 그러나 한국사회에서의 지역갈등은 차이의 정당성 여부에서 갈등이 출발하고 있다고만 말하기 어렵다. 지역갈등이 환경문제나 이념, 계층갈등 등과 결합하여 더욱 다양하고 매우 복잡한 갈등양상이 초래되고 있기 때문이다.

이현우(2013)는 지역주의의 원인으로 정치동원, 사회편견, 경제격차를 들었는데, 지역별 인식의 차이는 있었으나 대체로 정치동원이 가장 큰 요인으로 꼽혔고, 나머지는 지역별로 다소 순위가 다르기도 하였다. 갈등의 야기와 해결에는 갈등에 대한 인식(認識), 행동이나 감정을 포함하는 강도(强度), 갈등해소를 위한 방안의 제도화 여부를 의미하는 규제(規制), 참여자들의 내면화와 명시적인지의 여부, 처벌에 의한 강제 등 갈등의 복합성 여부(단일차원인지 복합차원인지) 그리고 당사자들의 권력 불평등정도의 조건이 따른다고 하였다. 그리하여 해결방안으로 정부의 질적 변화(경제적 불평등과 양극화의 해소노력)와 정치구조의 개선과 같은 정치적 영역 및 양보와 합의 등과 같은 관용에 대한 교육의 확대, 선거에 의한 선출(elected)대표제와 전문가들이 선정하는 선택(selected)대표제를 통한 이해 당사자들의 참여확대 등의 방안이 제시되었다.

라. 세대갈등(generational conflict)

동시기의 특정한 역사적·문화적 사건이나 경험을 공유하며 그 공통의 경험을 기반으로 유사한 사고방식, 이념, 정서, 가치관, 행동양식을 공유하는 일정 폭(幅)의 연령집단과 그와 다른 공유집단 간에 발생하는 갈등을 세대갈등이라고 할 수 있다.

생물학적 연령의 차이, 경험을 공유한 시기의 사회구조로부터 생겨난 차이 그리고 코호트(cohort)의 차이라는 배경 하에, 정보활용의 수단과 능력으로 인한 정보격차, 소통방식의 차이나 다름, 여기에 감정표현의 방식이나 가치관 등이 상호작용하면서 갈등이 생겨날 수 있다고 본다.

코호트란 같은 특성을 가진 집단이며 동일한 연도에 출생한 집단을 의미한다. 출생코호트(birth cohort)라는 정의에서 유래하였다. 아마도 여러 사람들에게 익숙한 "386"세대라는 말도 연령과 사회구조와 코호트를 집약적으로 표현하는 예이다. 3은 생물학적 연령이 30대임을, 8은 소위 대학의 80년대 학번으로 상징되는 시대적 상황을, 6은 60년대에 태어난 집단을 지칭한다. 우리나라의 경제개발계획이 시작된 1960년대에 태어나서 1980년대의 민주화투쟁과 정치적 격변이 있던 청년기를 지나 30대에 이른 세대라는 뜻이다.

일대기적 관점에서는 개인이 출생해서 그 첫 자녀가 태어날 때까지인, 대개 30년 정도를 한세대로 보고 있다. 그러나 3살 먹은 아이가 한 살 된 아이에게 "세대 차이가 난다"고 말한다는 농담도 있듯이, 급변하는 현 시대의 흐름 속에서는 비록 생물학적 연령 차이가 크지 않더라도 수반되는 사회구조적 변화는 큰 차이를 만들만큼 집단에게로 반영될 수 있겠다. 그럼에도 여전히 세대개념을 잘 대표할 수 있는 용어는 역시 코호트라고 볼 수 있다. 코호트는 비교적 오랫동안 사회문화적 경험을 공유한 집단을 뜻하기 때문이다. 이는 독일의 사회심리학자 칼 만하임(Karl Mannheim, 1952)의 세대개념과도 맥을 같이 한다. 비슷한 연령대의 사람들은 그들 특유의 동일사건이나 사실에 대한 경험을 축적함으로써 세대에 특유한 경험의 지층(stratification of experience)을 형성하며, 이후의 새로운 경험도 주로 지층경험으로부터 결정된다고 하였다. 이렇게 동일한 경험지층을 가진 자들이 한 사회 속에서 일정의 위치를 차지하면서 특정의 세대를 이루게 된다는 것이다. 특히 자기 삶의 문제를 현실적으로 인식하면서 자신의 태도나 세계관의 의식적 선택이 가능해지는 17세 전후 어린 시절의 경험이 중요하다고 하면서, 경험층이 다르면 이후 같은 사건을 겪어도 다르게 경험하게 된다고 했다. 세대 차이란 경험지층의 차이로부터 온다는 설명이다.

우리가 일반적으로 말하는 기성세대니 신세대니 하는 구분도, 이러한 인식에서 출발할 수 있다. 일반적으로 말해, 우리나라에서 1950년대 이전에 태어난 사람은 1960년대에 이르기까지 자신들의 성장기에서 심각한 물질적 궁핍에 대한 기층경험을 공유하고 있다. 여기에 전쟁으로 안정추구의 삶이 송두리째 무너지는 체험까지 하였다. 이들은 현재의 삶보다는 미래의 안정과 부강에 대한 염원 그리고 자신들이 겪은 고난을 다시는 자손들에게 물려주지 않으리라는 희생과 헌신정신으로 절약, 근검의 노력으로 미래를 열어가고자 노력하였다. 사회의 안정과 질서유지, 지속적 경제의 발전과 전통을 존중하며, 집단주의 문화에 가치를 부여하였다. 자산축적, 자식들의 학력증진 등으로 후대에서는 기필코 신분상승을 이루겠다는 의지로 인해, 그 목적달성을 위해서 권위에 복종하거나 자신의 자유를 억압하는 일에도 익숙해졌다. 또한 희생적이고 순응적 태도와 인내로 많은 것을 성취했다는 자부심은 자기합리화를 위해서도 권위를 중시하고 전통적 가치를 숭상하는 가치관념을 만들어나갔다. 이러한 세대에 속한 사람들을 우리는 일반적으로 기성세대라고 부르고 있다.

이 세대와는 다르게, 대략적으로 말해 1970년대 이후에 태어난 사람들은 산업화의 수혜를 입어 상대적으로 경제적 풍요를 맛보며 자라게 되었다. 우리나라는 1960년대와 1970년대를 경과하는 동안, 세계에서도 그 유래를 찾기 힘들 정도의 압축적 성장이 이루어졌다. 1980년대로 이어지면서 급격히 밀려들어오는 외래문물은 전통적인 가치관이나 사고방식과의 교류와 숙성의 과정을 거치면서, 점진적이고도 서서히 새로운 문화와 의식으로 자리 잡을 여유를 허락하지 않았다. 또한 급속한 정치적, 사회적인 욕구분출과 더불어 교육내용의 변화, 세계화,

시장개방의 파고까지 높게 밀려들었다. 지층경험이 이 시기에 이루어진 세대가 소위 신세대라고 할 수 있다. 권위적 통제나 구속보다는 자유주의와 개인주의가 확산되고 개성의 추구가 보편적으로 수용되기 시작한 시기였다. 기성세대에서 이루어진 경제발전과 산업화의 부정적 측면들도 드러나면서, 이 신세대들은 기성세대의 업적이나 사고방식, 권위적 행태나 전통에 대해 불신과 부정적 태도를 보이기도 하였다. 장래의 성취나 출세에 집착하지 않으며 현재 누릴 것을 포기하고 미래를 위해 절약, 저축하는 삶을 이해하기 힘들어 하며 소비지향적이기도 하다. 기성세대에게는 이들이 목적 없이 사는 사람처럼 보이기도 한다. 기성세대의 관점에서는 물질적 풍요 속에서 안정적으로 살아온 이 신세대는 매우 나약하고 인내심도 없으며 자신들이 마련한 물질적 풍요만 누릴 뿐 더 발전시키려는 의지가 부족하다고 생각할 수 있었다. 기존의 질서나 가치를 옹호하는 기성세대는 자신들의 성취에 대한 자부심에 집착하면서 여전히 권위주의적이며 반성의 동기가 없으므로 자기변혁에도 거부적인 경향이다. 여기에 반해 민주화를 이루고자 투쟁하며 살아온 이 세대는 기존 사회질서나 전통문화에 도전적, 반항적, 진보적이다. 신세대는 기성세대가 고집하는 가치나 질서를 부정하지만, 근거 있고 책임 있는 현실비판과 건설적인 자기반성에는 인색한 것처럼 보이기도 한다. 우리나라 국민소득 1천 달러 시대로 진입한 1970년대 출생자들이 신세대라고 한다면, 1만 달러에 진입한 1990년대 이후 출생자들은 아마도 또 다른 지층경험을 공유한 새로운 신세대군으로 떠오르게 될 것이다.

종합적으로 판단컨대, 우리 사회에서 말하고 있는 세대 차이라는 것은 경험 및 인식구조의 차이라고도 말할 수 있다. 가치관이나 현실인식의 차이가 사회경제적인 입지 차이와 맞물리면서 갈등으로 발전할 수는 있다. 그러나 우리나라에서 젊은 세대와 기성세대 간의 차이는 사회자본이나 이윤의 배분을 둘러싼 계급투쟁의 문제가 아니라, 사회변동에 따른 역사적 경험의 차이라고도 함이 더 적절한 듯하다. 그러므로 이념적 성향과는 본질적으로 다르다. 세대간격(generation gap)의 현상이라고도 할 수 있다. 노년일자리 창출이 젊은 세대의 일자리를 뺏는다는 식의 이분법적 접근태도나 정략적 접근은 경험이나 인식의 차이를 갈등의 구도로 몰아가는 것이다. 제도와 게임규칙의 공정성여부와 현재나 미래의 불확실성이 갈등반응에 동기부여를 하고 있을 뿐이다. 고용문제를 포함한 전반적 사회불안정의 해소와 다중매체를 통한 지속적이고 설득력 있는 홍보와 교육으로 세대 간 상호인식에 대한 이해를 높이면서, 소통의 기회를 지속적으로 강화해나감이 가능한 세대갈등의 해결의 한 방안이라고 생각된다.

마. 공공갈등(public conflict)

듀크스(Dukes, E. Franklin, 1996)는 경쟁구도에 있는 공공의 이해를 화합시키는 능력이야말로 선한 공공정책(good pubic policy)을 구성하기 위한 필수적인 요소이며, 이는 이웃(neighborhoods)과 공동체(community)의 통합과 상호존중, 인내에 대한 요구와 보답이 이루어지는, 소위 참여와 협력 등이 요청되는 협치(governance)의 과정이라고 하였다. 따라서 공공갈등해결을 위해서는 의사결정에 영향력을 행사할 수 있는 관련자들이 공동의 목표의식을 가지고서 제한된 힘을 나누며 다양한 이해관계를 조율하여 합의를 만들어 내는 실제적 노력이 필요하다. 그러하지 못할 때, 공공갈등은 매우 복잡한 형태의 또 다른 갈등으로 발전될 소지가 충분하다.

공공갈등은 정책수행의 거의 모든 과정에서 발생 가능한 것으로, 1980년대 이전까지만 해도 우리나라에서는 공공갈등이 크게 드러나지는 않았던 것으로 생각되나, 어느 정도 산업화의 기반이 잡혀가기 시작한 1990년대 들어, 주로 노사갈등을 중심으로 사회적 갈등으로 확대되기 시작한 것으로 보인다. 사회, 문화적 환경, 사회구성원의 의식수준과 가치관 등이 급변하고 다양화 되면서 그 분출도 매우 빈번하고 복잡한 양상을 보이고 있다. 여러 형태의 많은 집단갈등들이 터져 나오면서 그 갈등현상과는 직접적인 관련이 없는 다수의 사회구성원들이 고통을 겪기도 한다.

우리나라에서는 주로 정부나 지방자치단체, 공공기관이 갈등의 중요 주체로 등장한다. 대부분의 공공갈등은 지방정부를 포함한 중앙정부와 민간 간의 갈등이 많은 부분을 차지하고 있으며, 정부나 정치권이 제반 사회갈등을 수렴하고 조정하는 존재여야 함에도 실제로는 대부분의 갈등을 유발하는 주체가 되는 모순적 현상을 나타내기도 한다.

대규모의 공공사업에서는 특히 환경의 보존과 개발이라는 문제가 대립되고 있으며, 지역주민이 선호하지 않지만 공익성이 높은 시설 등을 추진할 경우에는 정책입안단계에서부터 첨예화된 갈등이 지속되는 경우가 흔하다. 사업자와 환경단체가 개입하는 공공갈등에서는 민과 민의 갈등이 수반되기도 한다. 더러 목격되는 바이지만, 갈등당사자가 아닌 단체나 조직 등이 개입하여 갈등을 더욱 고조시켜 놓고는 자신들은 빠져버리는 행태도 나타난다. 또 갈등해결을 자임하고 나선 어떤 조직이나 단체는 조정역할보다는 자기이익이나 오히려 갈등당사자나 그 주변 사람들에게 특정 이념을 주입하는 행동에 몰입하여 갈등상황 자체를 엉뚱한 방향으로 오도하여 혼돈 속으로 빠뜨리기도 한다. 1998년부터 시작된 동강댐 건설계획에 따른 정부와 지역주민 및 시민단체 간 갈등(2000년 정부의 백지화로 종결), 2000년 의약분업을 둘러싼 정부와 의료계의 갈등, 2001~2003년 4km 이르는 사패산 터널공사 관련 정부와 불교 및 환경단체 간 갈등(5천억 원 이상의 추정손실 발생이 주장됨), 2003년 천성산 터널공사와 도룡뇽 생태계 파괴를 이유로 공사중단 가처분신청과 이에 따른 약 3년의 공사중단(약 2조 5천억 원 이상의 추정손실이 발생했다는 일부 주장), 한강, 낙동강, 금강, 영산강 외 섬진강과 그 지류까지 포함하는 소위 "한국형 뉴딜 녹색사업"이라고도 불리던 2008년부터 2013년에 걸쳐 수행된 4대강 사업을 둘러싼 정부와 시민단체 등의 강력한 대치와 강행, 2007년부터 시작된 1조 300억 원 규모의 국책사업인 제주 서귀포시 소재 강정마을의 해군기지 건설의 저지운동과 강행 등의 예에서도 보듯이, 환경의 보존과 개발이라는 주제는 더러는 상호보완적이며, 장기적이고 체계적이면서도 과학적인 철저한 조사연구를 필요로 한다. 또한 모든 것을 표면화하기 어려운 국가적 전략과도 밀접하게 연관될 수가 있고 해당 지역 주민이나 여타의 이해관계가 복잡하게 얽혀 있을 수 있다. 따라서 이념적이거나 가치의 문제로 귀결시키려 하거나 혹은 종교적 관점에서의 접근이나 개입은 문제의 해결을 어렵게 할 뿐이며, 오히려 내부적 분열과 적대감을 파생시킬 우려 또한 크다.

공공갈등도 그 내용을 들여다보면 이익과 이익, 가치와 가치, 이익과 가치가 대립되는 경우가 흔하며, 필연적으로는 이해관계자 간의 상호양립이 불가능한 가치와 목표 또는 수단을 동반함으로써 인간관계적 갈등으로 확장될 소지가 높고, 갈등의 전개과정에서도 정보의 부재나 왜곡이 생기면서 신뢰도와 해석 차이에 따르는 사실관계갈등이 수반되기도 한다. 뿐만 아니라 정치, 경제, 사회, 문화, 지역 및 사회적 욕구 그리고 법과 제도, 사회구조 등이 관련되는 구조적 갈등이 수반될 수도 있다. 여기에 매몰비용, 사회비용, 편익의 공유화, 사익희생, 편익과 비용구조의 불일치 등으로 파생되는 갈등이 중첩되기도 한다.

또한 공공갈등으로 인한 영향과 결과는 매우 광범위하여, 개인 차원을 넘어 지역 또는 집단전체 그리고 후세대의 삶에까지 심대한 영향을 초래할 가능성 또한 대단히 높다. 중앙정부나 지방정부의 정책결정에 직접적 영향을 받는 당사자들의 입장이나 욕구가 배제될 때에는 개인의 기본적 필요성이 충족될 수 없는 상황이 초래된다. 이러한 미 충족상태는 사회 전반에 부정적 파급효과를 가져오며, 특정 시민단체의 저항과 일반 시민들의 분노와 저항으로까지 확산될 수 있다. 이것이 갈등의 장기화 내지는 고착상태를 가져오는 이유이다.

이러한 공공갈등의 관리와 해결을 위한 방법에는 어떠한 것이 있을까?

일반적으로 말해 공공갈등은 대체로 간단히 해결되어질 수 있는 내용이 아니므로, 사후적인 갈등해결보다는 예방이 중요하다고 말할 수 있다. 시간이나 비용이 다소 더 소요된다고 생각되더라도 갈등의 소지를 미리 파악하여 예측되는 갈등당사자들이 합리적인 방법으로 충분히 협의할 수 있는 환경을 제공하도록 하며, 그 결과로 발생 가능한 갈등을 최소화 시킬 수 있도록 노력하여야 한다. 이상적으로 말하면 갈등당사자의 자율적인 승자-승자 해결이라고 하는, 상호가 만족할 수 있는 방안을 도출할 수 있도록 지속적으로 노력하는 것이다. 특히 환경보호와 개발에 관련된 공공갈등의 만연을 줄이려면 지속 가능한 개발과 조화에 깊이 유의하여야 한다.

임동진(2014)이 인용한 바에 따르면, 우리나라의 경우 공공갈등의 표면적인 소멸은 행정집행, 소멸, 협상, 조정, 중재, 자진철회, 입법, 법원판결 등으로 이루어지고 있다고 하였다. 환경이나 교육문제에서는 약 30%가 행정집행으로, 노동관련 문제는 거의 절반이 협상으로 종료되나, 조정이나 중재로 해결되는 경우는 2% 이하로 매우 낮은 편이었다. 갈등의 지속일수를 보면 법원판결로 가는 경우가 평균 971일로 가장 길었고, 입법해결 786일, 협상 372일, 자진철회나 소멸 363~338일, 조정 272일 그리고 중재일 경우가 205일이었다.

아울러 갈등의 해결방안으로서, 정부나 지방단체 혹은 공공기관이 공적 문제의 수행에 따른 갈등문제를 원만히 해결하고 있지 못하므로, 범정부적인 갈등

조정을 위한 갈등관리지원기구 혹은 기관이나 갈등의 관리와 해결에 필요한 분석과 심의, 교육, 조정, 공공토론 등을 수행할 수 있는 위원회나 협의회 등을 두어, 원칙과 절차에 따라 운영되는 갈등관리나 해결에 관련된 법체계와 제도를 확립할 것을 주장하였다.

또한 갈등상황에서는 갈등이슈와 당사자 및 대표성을 명료화 하도록 하자고 제안하였다. 대화 자체가 안 되는 자나 극단주의자는 배제하되 이해관계자의 적극적인 참여와 다양한 가치의 인정과 공청회 등으로 소통문화의 정착을 유도하도록 하자는 것이다. 회의자료도 사전에 합의된 출처의 자료만 사용토록 한다거나, 지속적인 현장답사와 회의를 병행토록 하게 한다. 아울러 합리적 보상체계의 구축을 포함하는 관련 규정의 실효성을 강화하여 상호신뢰와 같은 사회적 자본을 축적토록 하자고 하였다.

갈등당사자가 직접 부딪쳐 갈등을 고조시키기보다는 신뢰할 수 있고 전문성이 있는 중립적 조정의 체계를 통해 갈등당사자를 마주 앉혀놓고 상호소통할 수 있는 방안을 제도적으로 마련함은 매우 필요하고 유용할 것이나 공공갈등의 해결을 위한 단순한 법적 체계나 제도만을 구성해 놓는다고 해서 향후의 공공갈등이 쉽게 해결되리라고 보는 것은 지나친 낙관이다. 설사 공공갈등의 조정을 위한 법적 제도가 마련된다고 하여도 이 제도가 구색을 갖추기 위한 형식상의 방편으로 운용되거나, 오히려 조정에 대한 법 규정들이 당사자들 간의 갈등해결을 위한 유연성을 상실케 한다거나, 또는 다른 갈등유발의 원천이 된다든지 조정 자체를 방해하는 요인이 될 수도 있음을 유념해야 한다. 또 조정상황이 제도적으로 잘 전개된다 하여도, 관여조정인의 신뢰나 전문성이 떨어진다면, 그것은 조정이라기보다는 해결이 어려운 더 큰 갈등으로 이행되는 결과를 초래하게 할 수도 있다. 이는 갈등조정의 전문성과 공정성에 대한 윤리의식을 제대로 갖춘 전문적 갈등조정인이 필요한 이유이기도 하며, 따라서 전문인력양성을 위한 국가적 투자와 노력이 시급하다고 할 수 있다.

아울러 사회적 구성요소나 문화적 토양이 이해관계나 갈등상황을 상호합리적으로 조정하려는 분위기로 전환되어 있어야 한다. 마련된 조정안이 사회 전반에서 수용될 수 있을 정도로 의식수준이 성숙되기 전에는, 단순히 취약한 부분을 보완하기 위한 법이나 제도를 만들어 갈등관리가 원활하게 이루어질 것이라는 기대는 성급한 것이다. 갈등의 당사자들이 갈등의 해결과 사회적 합의를 이루는 주체적인 역할에 대한 학습부족 또한 문제점으로 지적되어야 할 것이다. 덧붙여 정부나 공공기관도 소위 공익적 사업을 수행하려 할 때는 적법한 추진이어야만 그 정당성을 얻을 수 있다는 것이다. 공직자들이 단기적인 성과지상주의에 몰입되거나 윗선의 의도가 무엇인지를 파악함에 우선순위를 두고 눈치 보기에 급급하다보면, 이해당사자의 입장을 고려하기보다는 상위층의 정책의지의 실현을 더 중요시 하게 되며, 갈등이 내연하고 있음을 알고도 쉬쉬하므로 갈등이 표출되기 전까지는 어떻게든 덮어두려는 경향을 보이기도 할 것이다. 이러한 사고방식과 행태를 시정하려는 노력과 더불어 갈등대상 주체들의 입장을 잘 이해하려는 진정한 공직사회의 의식전환이 필요하다. 정부가 먼저 결정해놓고 주민을 설득하여 사업을 추진하려 보면 해당 지역 주민들도 찬반으로 갈려 크게 대립하는 예를 많이 보아왔다. 주민이나 이해관계자들을 공익적 사업수행에서 넘어야 할 하나의 장애물로만 간주하려는 발상에서 벗어남이 필요하다. 그러나 정부가 갈등해결을 한답시고 법과 원칙보다 대화와 타협을 내세우다가 딜레마에 빠지거나, 정부가 분명히 조정자의 역할을 해야 함에도 오히려 갈등당사자의 역할을 하게 되면서 극단적인 이념논쟁이나 반대운동을 초래하는 상황도 경험한다.

이러한 여러 가지 상황을 고려할 때, 우리 사회의 다양한 갈등주체들과 갈등으로 인해 직접 또는 간접적인 영향을 받고 있는 국민들의 갈등에 대처하는 전반적 의식수준이 더욱 성숙하게 변하기 전까지는, 공공갈등의 합리적이고 원만한 해결에는 더 많은 노력과 시간이 필요하고 그 해결에도 여러 가지 어려움이 따를 것으로 예견된다. 더구나 우리 사회가 아직은 당사자들이 직접적인 협상이나 대화, 자발적 참여를 통해 문제를 해결하고 합의를 이루려는 노력도 부족하고, 갈등당사자들을 한데 모아 갈등문제를 나누도록 하는 환경의 제공이나, 전문적 제3자의 도움을 줄 수 있는 조정제도 등의 기회를 제공하려는 노력도 미흡하다. 갈등해결에 필요한 구체적인 방법이나 지원에 대해서는 개인뿐 아니라 정부나 공공기관의 이해나 관심도 부족한 상황인 셈이다. 미국의 경우, 1970대부터 협상에 의한 갈등해결의 토대를 마련하기 위해, 여러 재단들이 이론형성에 필요한 연구의 지원과 갈등사례 개입에 필요한 기관비용을 지원하여 왔으며,

1990년대 들어서는 규제협상법을 제정하여, 규제나 정책결정에 앞서 관련 당사자들을 과정에 적극적으로 참여하도록 유도하였다. 오랜 기간에 걸쳐 입법, 사법, 행정결정이 아닌 당사자중심의 갈등해결을 위한 기제의 개발과 제도적 장치를 발전시켜왔던 것이다. 우리나라도 이를 본받을 필요가 있으며, 조정 등과 같은 갈등해결의 전문가의 양성과 활용의 제도화에 적극적일 필요가 있다.

바. 의료사고로 인한 갈등

소득수준이 높아지고 수명도 연장되면서 국민들의 의료서비스에 대한 욕구와 그 질적 수준도 꾸준히 증대되어 왔으며, 그에 맞춰 의료기관과 서비스의 질도 다양화·세분화 되어 왔다. 이에 따라 의료제공자와 이용자 간에 발생하는 갈등도 다양한 형태로 증가 추세에 있다. 기본적으로는 의료사고란 이용개인과 관련 의료인이나 의료기관 간의 문제이며 의료현장에서 발생하는 사회갈등이므로 사회전체의 갈등구도로 확대될 가능성은 낮다고 본다. 그러나 의료서비스의 질과 안전에 대한 욕구는 사람들이 죽고 사는 문제와도 직결된 사안이므로, 특히 특정 의료사고일지라도 대부분이 자신의 문제처럼 인식하는 경향도 있어, 사고에 대한 우려나 문제의 해결방향에 대해서는 의료인이나 국민 모두가 큰 관심을 가지는 내용이다. 이러한 인식의 반영이 "의료사고 피해구제 및 의료분쟁조정 등에 관한 법률"의 제정(2011년 4월 7일 공포)과 "한국의료분쟁조정중재원"의 개설(2012년 4월)로 이어진 것이라고 본다.

의료사고란 의료행위에 따른 예기치 못한 상해(injury)나 합병증(complication)이 발생함으로써 장애나 사망 또는 입원기간이 연장되는 등의 의료손상(adverse event)이 발생하는 경우를 말한다. 이때 의료기관의 서비스를 이용한 자(환자)가 이의를 제기함으로써 소위 "의료분쟁"이 시작되는 것이다. 사고의 원인이 의료행위상의 잘못으로 밝혀진다면 의료과실(medical malpractice)로 규정될 것이다. 그러나 대부분의 의료사고에서는 사고의 책임이 어디에 있는가 하는, 사실이나 인과관계를 규명하는 일이 결코 용이하지 않다는 점이 가장 큰 특징의 하나이다. 대개는 환자가 의사들로부터 피해를 입었다고 주장하지만 의사들도 환자들의 근거 없거나 과장된 주장으로 시달림을 당하고 있다고 호소하기도 한다. 이전에 모 대학병원에서 환자를 혼동하여 갑상선환자와 위암환자의 수술을 뒤바꾸어

한 것이나, 수술 후 환자의 체내에 수술기구를 둔 채 봉합해버리는 등과 같이 황당하고도 명백한 의료과실의 예도 있긴 하지만, 단순 예기치 못한 의료손상은 누구의 책임이라고 하기 어려우며, 실제로 특정 의료행위와 직결되는 부작용이나 손상의 인과관계를 규명하기란 쉽지 않다. 예를 들어 의사의 오진으로 통원치료만 하다가 자신의 증상이 악화되었다고 주장하면서 피해보상청구를 하는 소송이 있다고 가정할 때, 오진으로 단정할 수 있는 감별진단방법이 확립되어 있는지, 그러한 가능한 방법이 있음에도 의사의 소홀로 환자의 상태가 악화된 것인지에 대한 종합적 판단이 필요할 뿐 아니라, 확립된 감별진단검사 없이 통원치료만으로 관찰했음이 과연 잘못이었는지에 대한 검토 또한 필요하다. 또한 그러한 연유로 환자 본인이나 가족의 신체적, 정서적, 경제적인 제반 피해를 어떻게 얼마나 입게 되었는지에 대한 과실입증도 해야 한다. 그러나 이 모든 것이 용이하지 않은 경우가 허다하며, 일반인들로서는 과실입증의 접근 자체가 어렵다. 진료기록, 진단과정이나 그 결과, 병원 내 CCTV 등의 기록이나 여러 가지 수많은 진료와 처치에 관련된 자료들에 대한 접근이 어려울 뿐 아니라, 그러한 자료에 대한 해석도 전문가에 따라 달라질 수 있다. 과실책임을 환자가 찾기가 힘들므로, 소송에서도 의료인 측이 유리한 입장일 수 있음은 승소율이 이를 증명하고 있다.

기존의 해결방식을 보면 대부분은(약 63%) 해당 개인과 의료기관이 어떤 형태로든 해결하였고, 그 외 검찰이나 경찰(약 24%) 혹은 의사협회가 개입하여 해결(약 11%)하였으며, 6% 정도는 재판으로 해결하였다(의사협회 설문조사, 1987). 근래까지도 대부분의 사고를 의료기관 자체에서 해결한다고도 보고되고 있다. 의료과정에서 피해를 입었다고 주장하는 당사자들의 문제해결에 관련되는 공인기관은 한국의료분쟁조정중재원(이하 조정중재원으로 칭함) 외에도 한국소비자원, 의협공제회나 법원(소송) 등이 활용되고 있다. 조정중재원의 보고에 따르면 의료분쟁 상담건수는 해마다 증가하고 있는데, 2014년 한 해 동안만 45,096건이라고 했다. 조정개시율도 45.7%로 전년도에 비해 크게 증가했다고 했다. 또한 조정성립 비율이 89.7%라고 했다. 그러나 실제로 우리나라 전체 조정 신청건수 중 의료기관의 조정참여율은 2012년 38.6%, 2013년 39.7%, 2014년 46.6% 수준이라고 하였다(조정중재원 2014년도 의료분쟁 조정·중재 통계연보). 여전히 절반 이상의 의료사건이 다른 방법으로 해결을 시도하고 있다는 것이다. 무엇이 조정제도를 선택하지 않게 하는지 살펴볼 필요가 있다. 환자에게는 신속하고 공정하게 피해를 구제하며, 보건의료인에게는 안정적 진료환경을 제공하도록 함은 매우 중요한 일이다. 그렇지 못할 때는 의료진의 방어진료 행태를 더욱 부추기게 될 것이고, 이에 따른 의료비 상승이나 의료자원의 낭비는 결국 국민 모두의 피해로 돌아갈 것이다. 피해조정이 성립 안 되어 재판으로 가거나 또는 조정제도를 이용하지 않고 바로 소송으로 이어지게 되면, 소송기간의 장기화(소송기간 평균 26.3개월)나 과대한 소송비용(1심 변호사 비용 평균 약 500만 원)의 부담, 미제건수의 누적 등으로 환자나 의료기관 모두가 불만과 불평이 증대할 것이며 사회적 비용이 커지는 것은 물론, 환자의 권리가 적절히 보호받지 못할 가능성이 높아질 수도 있다.

의료분쟁조정법에서 정한 조정중재원의 의료갈등의 접근방법은 일단 조정신청이 들어와도 피신청인이 참여의사를 거부하면 각하되어 조정절차에 들어갈 수가 없는 실정이었으므로, 조정절차 자동개입제를 도입하거나, 또는 피신청인의 동의절차를 동의간주규정으로 개정하거나, 국가 또는 지방자치단체가 운영하는 보건의료기관에 대하여서만 절차참여를 강제한다든지, 청구금액 2,000만 원 이하의 소액사건은 조정전치주의를 도입하는 등의 방안도 제안되었다(이백휴, 2011). 조정에 넘겨진 사건은 조사 및 감정절차를 거치게 되는데, 이때 사실조사와 인과관계를 통한 과실규명 등을 하게 되며, 감정단에게는 수사기관이 행하는 압수수색에 준할 정도의 강력한 증거수집 조사권이 부여되고 있다. 그러나 감정단이 의료인 중심으로 구성되면 환자입장에서 볼 때는 감정단의 적극적 증거수집 노력이나 중립성, 감정의 명확성과 정확성에 의심을 가질 수 있다. 감정단의 정원을 늘리고 감정단의 감정절차를 탄력적으로 운영할 수 있도록 제도를 개선해야 한다는 주장도 있다(이백휴, 2011). 우리나라는 조정을 위한 감정 외에 법원 등에서 의뢰하는 수탁감정업무도 있다. 반대로 의료인 측은 의료사고보상심의위원회의 구성에 의료인의 참여 수가 적으므로, 의료사고의 불가항력적인 상황판단에서 주체적 역할을 할 수 없다는 불만을 할 수 있다. 의료기관에서는 무과실책임은 국가예산 지원의 확대를 통해 개선해야 한다고도 주장한다. 의료행위와 그 과정에 발생하는 피해의 인과관계나 사실여부와 적합성을 규명함은 행위의 법률적 해석과는 또 다른 복잡하고 매우 전문적 분야이기 때문에, 의료과정에서 발생하는 갈등의 해결을 위해서는 기존의 제도를 활용하는 것이 유용하다고 할 수 있지만, 법률상이나 제도적으로 미비한 점은 앞으로도 보완해나가야 할 과제이다. 예를 들어 손해배상금대불제도라고 해서 의료사고의 피해자가 조정결정이나 판결 등으로 손해배상금이 확정되었음에도 손해배상의무자로부터 배상금 지급을 받지 못할 경우, 피해자가 조정중재원에 미지급금의 대불을 청구하면 조정중재원이 미리 지급하고 추후에 손해배상의무자에게 대불금을 구상하는 제도가 있다. 보건의료기관의 개설자들이 납부한 재원으로 운영되다보니, 비록 강제징수가 개인의 재산권 침해가 아니라는 대법원의 판례가 있다고는 해도, 여전히 불만이 있다. 의료사고 없이 폐업하는 경우 등에는 이를 반환받을 수 있는 예치금으로 개정하는 것이 필요하다는 주장도 있으며(이백휴, 2011), 이러한 재원은 국민건강보험에서 조달하는 게 효과적이라는 의견도 있다(박대진, 2009). 정상적 의약품 사용으로 발생한 피해에 대한 "의약품 부작용피해구제제도(2014년 12월 19일 시행)"도 일종의 보완적 기능을 하고는 있다.

의료분쟁에서 의료인들이 분쟁해결을 위한 노력을 회피하거나 방관하는 것은 대체로 과도한 의료분쟁 해결비용의 부담이 두렵기 때문이며, 환자 측이 탈법적인 실력행사를 통해 갈등을 해결하려는 방식을 선택하려는 것은 합리적으로 해결할 수 있는 제도적 장치를 찾지 못하거나, 있다고 하더라도 미비하며 믿음이 가지 않기 때문이다. 합리적인 해결이나 배상을 받지 못한 피해자들이 하소연할 수 있는 유일한 방법이 탈법적으로 의료기관을 괴롭히는 일이라고 생각할 수도 있다. 이런 상황에서는 의료인 또한 의료기관 내에서의 실력행사를 두려워해 방어진료를 하게 되고 위중한 환자의 진료를 회피하는 등으로 나타나며, 이것은 전반적인 의료풍토를 어지럽히며 검사비용의 증가와 내원일수의 감소, 투약건수 증가 등으로 인한 의료비의 상승과 의료인 전체에 대한 고도의 불신 상황을 빚는 악순환의 원인을 제공하며, 궁극적으로는 국민건강을 위협하는 결과를 초래하게 되는 것이다(최장섭, 2014).

사고를 당한 환자 측 입장에서는 상황으로 보아 치료행위에 뭔가는 결정적 잘못이 있는 듯한데, 소위 정보의 비대칭으로 인한 전문지식에 대한 한계와 판단에도 어려움이 있어, 스스로 따지고 밝히기가 어렵다는 것이 답답하고 그 보상을 어떻게 받을지 자구책 마련도 막막하게만 느껴진다. 전문지식이 없는 것을 약점으로 잡아 오히려 의료기관 측에서 덮어씌우기를 했거나 악용했다는 생각에, 의사나 의료기관에 대한 불신과 분함과 억울함 그리고 피해자이면서도 자신을 옹호하고 방어할 수 없다는 무력감에 깊은 분노와 절망감을 느끼게도 된다. 의료소비자란 입장에서 볼 때 안전할 권리와 정보를 받을 권리, 선택할 권리, 의견을 반영할 권리, 보상받을 권리가 무시되거나 제대로 반영되지 못함에 따른 욕구좌절이 매우 큰 것이다. 의사나 의료기관도 자신들의 잘못으로 인한 환자의 반응과 피해보상에 대한 두려움으로 자기방어적 행동이나 합리화를 위해 온갖 전문지식을 동원할 가능성이 있다.

아마도 해당 의사나 의료기관이 의료사고를 인지하는 즉시 환자와 그 피해 가족들에게 먼저 사실을 알리고 잘 설명하면서 정중하고도 진심어린 사과를 하고, 피해보상이나 사고로 생긴 건강상 위해를 줄이기 위해 최선의 노력을 다하겠다는 의지와 노력을 보이려고 한다면, 의료사고로 인한 갈등은 최소화 될 수 있을 지도 모른다. 환자도 의사나 의료기관이 솔직하게 전달한 사고에 대한 통보를 접하면, 화나고 기가 막히지만, 이왕 벌어진 상황을 조속히 수습함을 최선으로 생각할 것이며, 적어도 억울함이나 불신과 분한 마음은 줄어들 것이다. 이러한 상황이라면, 어쩌면 피해보상 등을 위한 조정이 진행된다고 해도, 좀 더 원만하게 풀려나갈 수 있을 것이다. 그렇지 못한 상태에서는 설사 양측이 조정에 임한다고 하더라도, 조정위원회에 의사가 포함된 것을 보는 순간부터 불신과 적개감을 드러낼 수도 있다. 설사 의사인 조정위원이 합리적인 의견제시를 한다고 해도, 의사끼리 봐주기라고 간주할 수 있다. 재판에 임해서도 의사의 입장이 더 잘 반영된 의견서를 참고함으로써 불공정한 재판이 됐다는 근본적 불신감과 피해의식으로 인해 결과에 승복하기 어렵게 된다. 의료사건의 조정이 분명 보건의료전문가나 법률전문가의 중요 역할이 기대되는 바임은 틀림없으나, 피해당사자나 보건의료인 당사자들의 괴롭고 힘든 사정을 인정하고 이해해주며, 진심으로 공감하려는 조정인의 노력과 함께, 상대를 기만하거나 위협하려는 갈등당사자들의 태도가 지양될 때 합리적인 해결이 기대될 수 있을 것이다.

사. 문화와 갈등

갈등당사자들마다 여러 가지의 특징적인 갈등대응행태나 해결양식을 가지고 있다고 할지라도, 공통적으로 가지고 있거나 넓은 공감대를 이루는 중심적인 가치나 관습, 종교 등을 포함하는 문화적 배경은 갈등의 발전과 해결에서도 큰 영향을 주리라고 짐작할 수 있다. 이로부터 유래하는 갈등은 규범갈등의 하나로 도 간주할 수 있겠지만 문화의 차이로 인한 갈등으로 나누어 생각할 수도 있다.

한국 사회에는 급속한 압축성장과 세계화, 개방화의 진전 속에서 기존에 공통적으로 인식하던 문화와는 또 다른 문화가 파생되고 있음을 간과할 수 없다.

애브루치(Avruch, K., 1998)는 문화로 인한 갈등을 정의함에 있어, 개념적으로 "부적절한 생각(inadequate ideas)" 6가지를 들었다. 즉, ① 문화가 항상 동질적(homogeneous)이라는 생각, ② 인간 주체에 독립적으로 작용하는 것으로 규격화함, ③ 특정 집단에게는 한결같이 공유(uniformly distributed)되어 있으리라는 생각으로 문화 간의 다양성을 무시함, ④ 어느 개인은 오직 하나의 문화만 가진다는 생각, ⑤ 문화를 제도나 에티켓 정도로 피상적으로 규정하려 함, ⑥ 문화를 변치 않는 것으로 생각함 등인데, 우리 문화를 이해할 때도 적용될 수 있는 내용이다. 세대갈등에서도 문화적 차이가 주된 요인일 때가 있으며, 지역갈등이나 이념갈등에도 더러는 문화적 차이가 혼재한다.

아우크스부르크(Augsburger, 1992)는 갈등과 문화가 밀접한 관계에 있음을 말하면서 "갈등은 보편적이지만 문화마다 독특하다"고 하였다. 문화란 독특한 양상으로 나타난다는 것이므로, 갈등이 생기는 원인과 전개방식, 갈등에 대한 내용과 해결방식도 문화에 따라 달라져야 한다는 의미이다. 따라서 갈등을 이해하고 다루고 해결할 수 있는 방법을 찾아내기 위해서는 갈등이 어떤 문화적 맥락에서 발생했는지를 알아야 하고, 그 문화의 보편적인 갈등대응과 해결방식을 이해해야 한다고 하였다. 아울러 문화적 접근은 보편적 타당성을 가진 접근이어야 하나, 문화적 양상보다는 개인의 성격이 많은 영향을 미칠 수 있음도 간과하지 말아야 한다고 하면서, 갈등과 문화의 관계를 염두에 두되, 그것을 너무 지나치거나 소홀하게 취급하지 않도록 해야 갈등의 해결적 접근이 용이해진다고 했다.

우드로 등(Woodrow and Moore, 2002)은 문화에 대한 정의에서 "특정 집단의 사람들이 개인 및 집단의 노력과 상호작용을 통해 많은 세대를 지나면서 획득한 경험, 가치, 종교, 신념, 태도, 의미, 지식, 사회적 조직, 절차, 적절한 시기, 역할, 공간적 관계, 우주에 대한 개념, 물질적 목적과 소유 등이 축적된 결과이며,

그 자체가 언어, 행동, 활동의 형태로 나타나며 수용 가능한 일상의 상호작용과 의사소통형태를 위한 기준을 제공한다"고 하였다. 문화란 유형의 것이 아니라는 것이다.

문화와 갈등의 관계를 이해하고 개념화 함에 도움을 주는 가장 일반적인 방법이 구조로서의 문화를 구분하는 방법인데, 어느 것이 더 강한지를 보는 것이므로, 일종의 상대적 의미이다. 이에 따르면 개인주의 문화(individualistic culture)와 집단주의 문화(collectivistic culture) 그리고 저맥락소통문화(low-context communication culture)와 고맥락소통문화(high-context communication culture)로 구분된다(Edward Hall, 1976). 개인주의 대 집단주의 문화의 구분은 개인의 의존도를 이해함에 도움이 되며(Triandis, 1994), 저맥락-고맥락 문화의 구분은 의사소통방식에 따른 문화의 구분방식이다(Hall, 1976). 홀(Hall, 1976)에 따르면 의사전달행위는 고맥락, 저맥락 또는 중맥락이라는 의사소통체계에 따라 이루어지며, 아랍이나 중국의 언어 등은 고맥락적이며, 독일, 영국, 프랑스인 등의 언어는 저맥락적이라고 하였다. 아마도 언어와 관련된 문화적 관습의 학습이 일어나면서 뇌의 신경접합경로(synaptic pathway)에서 다르게 프로그램 되었기 때문일 것이다(Ramsbotham 등, 2011).

개인주의 문화(individualistic culture)에서는 갈등이 개인적 규범의 위반 때문에 발생한다고 본다. 따라서 갈등에 관계된 개인과 갈등현안분리가 상대적으로 용이하므로 갈등에 처했을 때는 갈등현안만을 다루면 된다는 것이다. 가족, 직장 또는 또래집단 등으로 대표되는 중요 내집단(in-group)의 목표와 충돌 시에 개인주의 문화에서는 내집단의 목표보다는 개인목표를 우선시하며, 자신의 이익과 행복을 추구함이 최선의 선택이고 가장 자연스러운 일로 생각한다. 자신의 입장과 이익을 관철시키기 위해서는 직접적이고 때로는 공격적인 1 : 1의 대결적인 협상 또는 대응방식을 이용하는 경향이라고도 한다. 그리고 내집단과 외집단 구성원들에게 다르게 행동하지 않으므로 다른 사람을 덜 헷갈리게 한다고 볼 수 있다. 이를 두고 아우크스부르크(Augusburger, 1992)는 "개인주의 문화에서 개인은 갈등을 야기하고 전개하는데 많은 자유를 누린다"고 표현한다. 개인주의, 독자성, 독립, 자립, 자존, 대등, 평등주의가 근간이 되는 것이 개인주의 문화라고 볼 수 있다.

개인주의 문화에 대응하는 것이 집단주의 문화(collectivistic culture)이다. 갈등은 개인이 집단적 또는 문화적 규범을 위반했을 때 발생한다고 본다. 즉, 갈등에 관계된 개인과 갈등현안이 긴밀하게 연결된다. 따라서 개인은 관계와 집단의 맥락 속에서 자신의 감정을 다뤄야 하기 때문에 조심스럽고 소극적인 대응형태를 취한다고 한다. 조화와 연대, 상호의존이나 명예와 체면유지 그리고 위계질서와 지위구분을 존중한다. 개인적으로 불편한 심기를 누르고서라도 집단의 조화를 회복하기 위해 노력하며, 결과적으로는 자신의 체면을 살리게 되고 나아가 집단 내에서 자신의 고립과 소외를 막으려고 시도한다. 우리나라 음주행태에서 개인의 취향이나 주량에 무관하게 폭탄주를 만들어 돌리고서 "우리가 남이가!" 식의 외침으로 건배를 하고 모두 마시게 하는 것도 집단주의 문화의 일면이라고 할 수 있다.

집단적 문화의 가장 큰 특징이 내집단(in-group)과 외집단(out-group)을 구분함이다. 내집단 구성원들은 성과를 함께 하며 상호의존도 등을 강조하는 공동운명체이므로, 외집단 구성원들과는 다르게 행동하려 한다. 특히 내집단 구성원 각자에게 주어진 역할수행을 가장 주요하게 생각하며 또한 개인주의 문화에서보다 개인의 이상적 역할수행에 대한 기대수준이 높고, 더 경직되어 있으며, 이성적 역할로부터의 이탈허용도가 낮다고 설명된다. 개인의 역할은 내집단 문제와 집단 내 조화문제와 연결되는 것이다. 여기서 역할이란 "집단 내 특정 위치와 관련해 기대되는 행동(Gudykunst and Ting-Toomey, 1988)"을 말한다. 따라서 집단의 목표를 우선시하며, 개인은 집단과 운명을 같이 하는 것이므로, 집단의 번영이 결과적으로 개인번영에 기여한다고 생각한다. 그러므로 갈등의 전개가 개인의 자유로운 결정보다는 문화적, 사회적 통제에 의해 더 많은 영향을 받는 형태이다(Augusburger, 1992). 이것은 통합적으로 갈등을 보게 하는 경향을 가지게 하며, 갈등의 해결에서도 비대결적이며 간접적이고 복합적인 해결방법을 이용하게 된다. 옥스버그(Augusburger, 1992)는 집단주의 문화는 개인주의 문화와는 양립하기가 어려운 가치라고 하였다.

한편, 저맥락소통문화(low-context communication culture)는 의사소통형태의 한 특성인데, 보다 명확하게 의사전달을 하며 의사소통에서 사용하는 메시지는 정보 그 자체를 전달한다. 메시지에 대부분의 정보가 포함되며 이면상황이나 맥락을 거의 포함하지 않는다는 것이다. 그러므로 언어는 진실과 사실을 대변한다고 간주된다. "아니다"라고 한다면 그 얘기는 거의 진실에 가깝다는 의미이다. 주로 개인주의 문화성격이 강한 국가들이나 그러한 문화권에서 잘 드러난다고 한다.

　　그러나 고맥락소통문화(high-context communication culture)는 의사소통내용이 확실하지 않으며 메시지를 통해 최소한의 정보만이 전달되는 형태이며, 주로 집단주의 문화의 특징을 많이 가진 문화권에서 나타내는 특징이라고 설명된다. 함축적이고 간접적이며 모호한 의사소통방법을 쓰는 경향이며, 표면적인 의사소통의 내면에 더 많은 상황이나 맥락을 포함하고 있다. 따라서 표면적 의사소통은 상황이나 맥락에 대한 자세한 정보에 접근할 수 있게 하는 매개역할만 한다고 보면 된다. 예를 들어 "아니다"라는 말이 때로는 "그렇다"의 의미를 전달하기 위한 언어적 선택일 수 있다는 것이다. 영어에서는 "~~이 아닙니까?"라는 질문에 아닌 것은 "아니다(No)"라고 분명하게 대답하지만, 우리말에서는 "아니다"란 의미를 나타낼 때도 "예" 또는 "예, 아닙니다"라는 표현을 한다. 듣기에 따라서는 헷갈리거나 많은 의미를 함축한 말로도 해석될 수 있다. 말로 표현되지 않은 것이 말로 표현된 것보다 중요할 수도 있다는 것이다(Ting-Toomey, 1985).

　　우리나라는 개인이나 집단에 따른 여러 가지 다른 일반적 특징들까지 포함되어 있어, 다양한 하위문화들의 집합체이면서도 집단주의와 고맥락적 의사소통의 문화적 특징들을 많이 가지고 있으므로, 이는 갈등의 발생과 해결에서도 많은 영향을 준다. 최재석(1979)은 "한국에는 집단이나 계층만이 존재하고 개인은 존재하지 않는다. 개인생활 영역은 거의 없고 언제나 개인이 속해 있는 집단만이 그 존재가 명확하며 개인은 그가 속해 있는 집단 속에 파묻혀 그의 존재가 애매하다고 할 수 있다"고 하였고, 정주진(2010)은 한국인은 "집단의 이익 또는 집단에 적응하기 위해 자신의 이익을 희생해야 한다는 압력을 받기도 한다"고 했다. 이러한 표현은 한국인의 인식에 대한 일부의 시대적 반영일 수도 있으나, 전통적으로 유지되어온 우리 문화의 한 측면임을 부정할 수는 없을 것 같다. 한국인은 독립된 자아보다는 다른 사람들과의 상호작용 속에 있는 자아, 즉 집단적 자아인식이 상대적으로 강하다는 의미로도 해석된다. 한국인은 선과 악(evil)을 판단할 때도 절대선이나 절대악이 존재한다기보다 상황을 고려하여 다면적 접근을 하는데, 이는 상대와 자신과의 관계에 따라 더욱 두드러지며, 선이나 악을 행한 자가 나의 가족이거나 내가 속한 집단일 때는 더욱 복잡한 과정을 거친다고 말해진다(Alford, C. Fred, 1999). 개인은 자신의 정체성을 유지하기 위해 집단에 소속되며, 집단은 개인의 정체성과 사회적 존재감을 확인시켜준다. 그러므로 개인의 이익보다는 집단의 이익을 우선하거나 개인적 이익을 희생할 수도 있게 된다. 이것은 개인이 자신의 이익에 둔감해서가 아니라 집단의 압력을 본능적으로 인지하고 있기 때문이기도 하지만, 집단의 이익을 거부함이 자칫 자신의 정체성 거부로도 이어질 수 있기 때문이며, 그 결과 집단으로부터의 소외가 더 두렵기 때문이기도 하다. 지금은 많이 달라졌으나, 이전의 우리 가족제도 안에서 장남이나 며느리의 희생 또는 장남의 입신출세를 위해 모든 가족이 희생하던 집단우선의 사고방식이 있었다. 개인이 자신의 욕구나 이익을 우선시할 때 집단의 욕구와 충돌하게 되면, 자신의 욕구를 포기토록 압력을 가하는 집단욕구와의 사이에서 갈등하게 될 것이고 저항감도 생겨날 것이다. 근래에 와서는 집단의 욕구나 이익보다는 개인의 욕구나 이익을 선행시키려는 경향이 두드러지기 시작하면서, 아직도 전통적인 사고방식을 가진 시부모와 며느리 사이의 갈등이라든지, 집단주의 문화에 익숙한 군대환경에서 개인욕구의 표출로 생겨나는 병영 내 갈등 또는 가부장적 사고방식을 가진 상사와 이에 거부감을 가진 하급자와의 갈등 등도 더욱 빈번하게 목격되고 있다.

또한 많은 한국사람들이 고맥락 의사소통에 비교적 익숙하다고는 할지라도, 말하는 사람들이 직접적인 표현보다는 간접적이고 우회적 표현의 활용에 익숙해 하면서, 또 직접적인 감정전달은 예의 있고 정중한 방식이 아니라는 생각에서 상대방의 체면도 살려주고 배려하는 전달방법을 사용하려는 상황에서는 듣는 사람도 상대방의 복잡한 의도를 쉽게 감지할 수는 없을 것이다. 상대가 의도하는 바의 모든 진실을 메시지에 담고 있지 않을 것이며 우회적으로 표현하고 있거나 혹은 봉합하거나 숨기려 할 것이라고 가정하므로, 상대의 말에서 이면의 맥락을 찾으려는 힘든 노력을 하게 되리라고 짐작할 수 있다. 이렇게 복잡한 구도 하에서는 소통이 제대로 되기 힘들 것이다. 숨겨진 의미가 없음에도 그 진실과 의도를 찾으려 하거나, 오해나 잘못된 해석과 추정으로 갈등이 누적, 심화될수 있다. 명료한 소통의 부재현상은 상호 답답함을 가중시킬 수 있고, 술자리 등과 같은 집단적 회식문화를 빌려 한꺼번에 쌓인 감정이나 생각을 전달하려고도 할 것이므로, 갈등의 해결보다는 주기적인 반복을 가져올 수 있다.

러리시(LeResche, 1992)는 미국에 사는 한국인들을 대상으로 인터뷰 조사를 실시한 결과, 몇 가지 특징을 발견하였다고 하였다. 한국인들이 어떤 다른 사람에게 적절하게 행동하지 못했을 때와 어떤 사람이 이기적으로 행동하거나 다른 사람에 모욕을 주었을 때 주로 갈등이 발생한다고 하였으며, 개인적으로 강한 소속감이나 친밀감을 느끼는 가족 혹은 집단관계에서 생기는 것을 갈등으로 간주하였다고 보고하였다. 즉, 무관한 사람들과 생기는 대립은 갈등으로 여기지 않는다는 것이다. 그러므로 갈등이란 적절하지 못한 행동이나 이기적이고 모욕적인 언행 때문에 일어나는 바람직하지 못한 상황이므로, 갈등을 부정적인 것으로 인식하게 된다. 이 연구는 당시 미국의 특정 지역(Washington D.C.)에 거주하는 한국인이 대상이었으므로, 이들은 민족 내부적인 갈등을 외부로 드러내고 싶지 않은 정서가 있었을 것이고, 한국인들 내의 유대나 친밀감 또는 집단조화를 깨치는 것을 주된 갈등요인으로 보았을 가능성이 높은 상황이므로 일반화하기에는 제한점이 많은 자료이나, 이러한 집단 우선의 정서 또는 관계 속에서 자신이 직면한 갈등을 파악하려는 태도는 현재까지도 한국인들 속에 뿌리내리고 있음을 부정하기 힘든 것으로 생각된다. 이것은 갈등의 대응태도에도 영향을 미치는 것이며, 관계의 중요도를 높게 평가할수록 개인적 대응수준이나 여지는 낮아지거나 줄어들 것이라는 예측을 가능하게 한다. 집단구성원들과의 이해와 협력이라는 상호작용과 조화유지 속에서 자신의 정체성을 찾으려는 경향은 적극적 대처가 관계의 균열과 집단적 소외나 위기를 가져올 수 있다는 생각을 가지도록 할 것이기 때문이다. 그러므로 집단문화를 중시하는 사회에서는 집단 내 갈등도 조화의 회복에 필요한 호소나 설득, 회유나 타협, 일시적 승복 등의 방법으로 해결하려고 노력할 것이다. 또 자신과 집단의 체면을 유지하는 선에서 소극적이고 조용히 처리하려 하며, 더러는 숨기거나 제 식구 감싸기 식의 굴절된 현상을 가져오기도 할 것이다. 특히 장유유서(長幼有序)와 같은 윤리규범으로 연령적 질서를 강조하는 유교적 전통과 수직적 문화의 특성이 있는 한국 사회에서는 자신보다 높은 위치에 있는 사람과의 갈등에서는 힘의 불균형이 복잡한 갈등의 요인으로 대두될 수 있을 뿐 아니라, 대립 주체 간의 인식 차이도 좁히기가 힘들 것이므로 그 해결도 쉽지 않게 된다. 집단문화와 고맥락소통문화의 전통을 가진 기성세대와 개인주의 문화나 저맥락소통문화에 좀 더 친숙한 젊은 세대 간에 소통의 어려움과 갈등을 경험함도 예측 가능한 현상이다.

제 3 장

조정인의 윤리

조/정/인/의/윤/리

조정인의 윤리

1. 조정인의 윤리에 대한 정의 – 윤리, 도덕, 가치관

　다양한 갈등조정을 수행하다보면 개입의 형태, 과정과 진행 또는 조정에 함께 참여하는 동료 조정인과의 관계 그리고 전문가로서 당사자들에게 지켜야 의무와 책무 사이에서 과연 무엇이 윤리적인 것이며, 또한 두 가지 이상의 윤리적 원칙이나 의무가 동등하게 유용하지만 서로 모순되거나 상충하는 상황에서는 무엇이 최선의 윤리적 선택인지를 결정하기가 어려운 때(dilemmas)가 있다.

　사전적으로 윤리(倫理, ethic)란 "사람으로서 마땅히 행하거나 지켜야 할 도리"이며 "도덕적으로 좋고(good) 나쁘다(bad)는 생각에 근거한 행동의 규범"을 말한다. 윤리학이란 것도 "인간 행위의 규범에 관하여 연구하는 학문" 또는 "무엇이 좋고 나쁜 행위인지에 대한 생각(ideas)을 다루는 학문으로 정의되고 있다(Merriam-Webster).

　윤리의 한자 어원을 보면, 윤리의 윤(倫)자는 사람(人)과 무리(侖)라는 의미의 결합어이며, 리(理)는 이치나 도리 등을 의미한다. 따라서 윤리는 사람들 사이 또는 무리의 관계에서 지켜나가야 하는 이치이며 도리라는 의미가 된다. 영어 "ethics(프랑스어 ethique)"는 그리스어 "에토스(ethos)"에서 유래된 말로, 축사나 동물의 서식지를 뜻하는데, 인간의 습관이나 품성을 나타내는 말로 사회 안에서 지켜야 할 행위준칙이라는 의미로 발전되어 나갔다고 한다. 독일어의 윤리(Sittliichkeit)에도 "풍습"의 의미가 있다.

영어의 "도덕(道德, moral, morality)"도 풍습, 습관이란 의미의 라틴어 "moralis"에서 유래된 것이다. 도덕이란 무엇이 옳은 행동(right behavior)이며 무엇이 그른 행동(wrong behavior)인지에 대한 신념(beliefs)을 의미한다고 했다(Merriam-Webster). 즉, 도덕이란 인간관계에서 사람이 지켜야 할 도리라거나 바람직한 행동기준이고, 사회구성원들이 가지는 양심과 여론 또는 관습에 따라 스스로 지켜나가야 하는 행동준칙이며, 사람마다 가진 내면적인 원리라는 것이다. 이것은 법률과도 다르며, 신(神)과의 관계가 아닌 인간 상호관계를 규정하므로 종교와도 다르다.

어원으로 보아 윤리나 도덕이 모두 익숙한 곳이나 사는 곳 또는 집단의 관습이나 관행의 의미를 포함하지만, 사회 내 상호공존을 위한 집단의 질서나 규범에 대한 필요성이 중대해짐에 따라 도덕에 추가적 의미부여가 된 것이 윤리인 것으로도 보인다.

존 다이(John Deigh, the University of Texas)는 윤리란 "도덕에 대한 철학적 연구(philosophical study of morality)"와 연관되어 있다고 하면서, 도덕과 윤리를 한데 엮어 윤리를 도덕의 우산 아래 들게 하였다(1995년판 캠브리지 사전 The Cambridge Dictionary of Philosophy). 옥스퍼드 영어사전(The Oxford English Dictionary)에서도 윤리를 "도덕적 원리들 중의 한 묶음(a set of moral principles)"으로 정의하였다(April Kohl, eHow Contributor). 그러므로 실제적 용법으로서는 윤리와 도덕 간에는 차이가 없는 것 같이 보이며, 도덕이 좀 더 광의로 활용된다고 할 수 있다. 굳이 구분하자면, 도덕은 사람이 마땅히 지켜야할 자각된 도리이며 실천하는 행위라고 한다면, 윤리란 도덕의 원리이고 이론적 근거가 된다고 할 수 있다.

윤리는 어떤 형태로든 기록되어 있음이 보통이고, 흔히 학문적 연구의 주제가 된다. 기업이건 개인이건, 재화나 서비스의 전달에 관한 질(quality)과 경비와 시간에 대한 성문화된 약조로서 존재할 때가 많다.

반면에 도덕은 성문화되기보다 공통의 도덕에 반대하는 사람들까지 포함하여 대부분의 사회구성원들로부터 이해되고 있는 내용이며, 어떠한 행동이 정당 (right)하고 정확(just)하며 공정(fair)한지에 대한 정의이다. 즉, 도덕은 약속의 완성 보다는 폭넓은 사회적 신념에 부합시킴에 더 초점이 맞추어져 있는 것이다. 예를 들어, 자신의 의뢰인이 중한 범죄자임을 입증하는 정보를 알려주는 변호사가 있다면, 그가 도덕적일지는 몰라도 직업윤리를 깨친 자이다(e-How).

리리(Michaele S. Riley, 2008)는 윤리란 옳고 그름의 차이이며, 흔히 공정 (fairness)이란 용어로 표현된다고 하였다. 또한 무엇이 옳고 그른지에 대한 사람들의 견해는 가치에 의해 결정되며, 그 가치는 법률이나 종교 및 문화에 기초하고 있다고 했다. 그리고 가치(values)란 사람들이 어떤 현안이나 행위와 사건의 좋고 나쁨과 옳고 그름, 도덕적인지 비도덕적인지, 공정한지 불공정한지 등의 판단에 사용하는, 자유롭게 선택한 내적 기준이라고 했다. 또한 신념, 정직, 진실, 솔직함, 평등의 기준처럼, 내가 어떤 사람인지와 같은 정체성(identity)이나 도덕의 기준이 된다는 것이다. 물론, 단지 일상생활의 안내지침 정도로 삼는 기준이나 규범과 같은 운용적 가치(operational values)도 있다.

여기서 다시 가치와 윤리의 구분이 필요하다. 일반적으로 말해, 가치는 무엇이 바람직한 것이며 또한 좋고 싫은 것인가 하는 것이다. 개인의 가치체계와 그 발달은 복잡한 사회화 과정의 결과이기도 하며 오랜 기간에 걸쳐 발달된 믿음이나 정교한 신념의 형태이다. 그러나 가치가 방향을 제시하고는 있지만 구체적인 실천을 지시하기보다는 일반적으로 선호되는 사회적 경향을 더 반영한다. 이에 비해 윤리는 가치의 기반 위에 구현된 행동의 옳고 그름에 대한 판단과 행동의 원칙이나 지침을 제공하게 된다. 윤리에서 가치문제를 중하게 다루는 이유는 가치에서 윤리의 원칙들이 나오는 것이기 때문이다. 따라서 윤리는 가치와 조화를 이루도록 만들어져야 한다. 윤리적 딜레마에는 가치가 개입되어 있으며 윤리적 갈등이 본질적으로는 가치갈등이라는 것이다. 아울러 가치란 개인이건 회사건 노력의 동기를 부여하고 행동하게 하는 핵심이 된다고 하였다(e-How).

2. 윤리기준의 형성과정

사회나 개인의 가치관이 변하면서 윤리관도 바뀌게 되었고 이전에 볼 수 없었던 여러 가지 갈등이 출현함에 따라, 조정에 관련되거나 개입되는 여러 사람들이 가지는 차이나 공통점을 체계적으로 인식하고 이해하며, 견지하고 있는 조정인의 가치관이 얼마나 정당한지를 판단하면서, 여러 사람들의 서로 다른 가치관들 사이에서 관계나 위계를 설정할 수 있는 대처능력이 요구되었다. 이러한 상황에서 외부의 규정으로부터 전문가를 보호해주며, 한편으로는 전문직 수행에 필요한 사명이나 방법론을 제시하는 구체적인 관련 규범이나 지침이 필요하게 되었다. 이러한 규범은 아울러 조정 전문인이 기준에 맞는 실천을 하였는가에 대한 판단기준으로 활용되기도 한다.

조정은 역사적으로 보아 해당 지역의 종교(그리스도교, 불교, 회교, 힌두교, 유태교, 유교 등)와 그 문화에 깊게 뿌리를 내리고 있으며 갈등조정의 규범과 지침의 형성에도 큰 영향을 준 것으로 보고 있다(Moore, C. W., 2014). 조정의 역사적 뿌리는 깊다고 해도, 이 분야에서 처음으로 갈등해결 분야의 연합체(The National Academy of Arbitration)가 나타난 것은 1947년 북미지역이었는데, 그러나 이 단체는 관련 전문가들의 전문적 발전기회의 제공과 욕구를 충족시키는 데 큰 도움을 주지는 못하였던 것 같다. 1972년에는 분쟁조정 전문가단체(The Society of Professionals in Dispute Resolution: SPIDR)가 분쟁의 평화로운 해결을 증진시킴을 목적으로 등장하였으며, 1980년대에 이르면서 다양하고도 많은 조정인단체가 설립되었다. 아울러 대학에서도 갈등관리 자격증과정이 개설되기 시작했다(Savage, 1989). 현재 갈등해결을 다루는 연구소 부설 고급과정들도 수백 개소 이상이 운영되고 있으며, 또한 2012년도를 기준할 때, 미국 내 32개 대학에서 조정을 포함하는 갈등해결 관련 석사 또는 박사과정이 개설되어 있다고 한다(Karen Feste 댄버대학교 갈등해결연구소 대학원 과정 교수, 2012). NCPCR(The National Conference on Peacemaking and Conflict Resolution, 현재는 The Network of Communities for Peacemaking and Conflict로 불림), AFM(Academy of Family Mediators), AFCC(The Association of Family and Conciliation Courts), NAME(The National Association of

Mediation in Education), CREnet(The Conflict Resolution Education Network), 미국변호사회 분쟁해결분과(The Section of Dispute Resolution of The American Bar Association: ABA), AfP(The Alliance for Peacebuilding) 등도 이 무렵 설립되었다. 이 당시 출현했던 여러 관련 단체들은 매우 느슨한 형태로 연관되어 오다가 1990년대에 와서 AFM이나 CREnet 등이 SPIDR의 분과(sector)로 들어오게 되면서, SPIDR는 갈등문제를 다루는 미국이나 전 세계에서도 가장 큰 기구인 갈등해결협회(The Association for Conflict Resolution: ACR, 2001)로 개편되었다. 아울러 미국이나 캐나다를 중심으로 갈등조정 관련 여러 기구들에 속한 조정인들에게 특정의 필요성 충족이나 정보의 교환, 조정의 활용과 확산을 목적으로 전문기관이나 단체들 간의 연대구축(network)이 시작되었고, 이것은 국제적인 협의체나 학술회의 구성 등을 기반으로 전 세계적인 기구 등의 구성으로 확장되어 나갔다. 아시아태평양지역 조정인 기구(The Asia-Pacific Organization for Mediators, 필리핀 마닐라에서 1985년에 협의회를 가짐)라든지, 평화와 갈등해결을 위한 유럽협의회(The First European Conference on Peacemaking and Conflict Resolution, Antalya, Turkey, 1992) 등이 그러한 예이다(Moore, C. W., 2014). 아시아-태평양지역을 포함한 서유럽이나 아프리카 지역에서도 갈등의 해결에 관련된 여러 단체들이 출현하였는데, ADRA(The Australian Dispute Resolution Association), 뉴질랜드의 LEADR(Lawyers Engaged in Dispute Resolution)나 CRN(Conflict Resolution Network)과 AINZ(The Arbitrators' Institute of New Zealand), AIM(The African Initiative for Mediation) 등이 있다(Moore, C. W., 2014). 이렇게 갈등해결 분야가 확장되고 참여하는 전문가들이 증가되면서 북미를 중심으로 조정의 실천기준이나 책임감을 명료히 하는 규범에 대한 필요성과 관심이 높아지기 시작하였다(Herman 등, 2002). 조정인이 다양한 분야에서의 역할과 활동에 적용할만한 윤리기준의 개발이 언제나 용이한 것도, 적합한 것이 아닐 수도 있겠으나, 세계적으로 통용될 만한 공식적 행동강령 같은 것이 현재까지 없는 것 또한 사실이다.

아무튼 최초의 윤리표준강령은 전반적인 조정업무수행에 도움을 주기 위해, 미국 콜로라도 주 정부에서 제정한 것이라고 한다(Moore, C. W., 1982). 현재 미국 갈등해결협회(ACR)의 윤리기준이며, SPIDR가 제시한 바의 "전문가의 책임에 대한 윤리기준(The Ethical Standards of Professional Responsibility of SPIDR)"이 승인된 것은 1986년도이다. 이는 당시 다양한 분야에서 일하고 있던 조정인들에게도 윤리적 행위에 필요한 참고가 되었다. 1994년에 들어 미국중재인협회(The American Arbitration Association: AAA)와 미국변호사협회의 분쟁해결분과(The American Bar Association's Dispute Resolution: ABA) 그리고 갈등해결협회(The Association for Conflict Resolution: ACR) 3개 협회가 연합하여 "조정을 위한 행동모범의 기준(The Model Standards of Conduct for Mediation)"을 만들었으며, 2005년도에는 이를 개정하였다. 이것이 현재 미국의 조정인들에게 일종의 표준적인 윤리기준으로 가장 널리 활용되고 있는 것이다. 여타 윤리강령들도 이 기준을 참고로 만들어지고 있는 경향이며, 세계적으로도 널리 알려져 있고 영향력 있는 기준이 되고 있다.

　　많은 전문가단체나 정부기관에서 조정수행을 적정화하기 위해 윤리기준들을 만들게 되었지만, 대개의 기준들은 기대(aspiration)를 담는 정도였다고 할 수 있으나, 법원과 연계된 규정 등에서는 의무적(mandatory)으로 따라야만 하는 수준도 있다. 기준이 발효되는 형태를 보면, 미국의 경우, 정부규제(주정부나 법원 포함)나 통일주법위원전문회의(The National Conference of Commissioners on Uniform State Laws: NCCUSL)에서 정하거나 전문가 조직에서 제시하는 모양새를 띤다 (Exon, S. N. 등, 2006).

3. 조정윤리규정 : 조정을 위한 행동모범의 기준(The Model Standards of Conduct for Mediation)을 중심으로

　　2005년도 개정기준이 지향하는 3가지의 중요 목표는, 첫째 조정인들이 해야 할 행동에 대한 지침을 제공함이며, 둘째는 조정당사자에게 정보를 제공함이고, 셋째는 갈등조정과정에서 조정에 대한 공공의 신뢰를 증진시킴에 있다(Model Standards, 2005).

　　또한 기준에서는 "조정이란 불편부당한 제3자가 갈등당사자들의 의사소통과 협상을 원활히 하도록 하며 자발적으로 의사결정을 할 수 있도록 촉진시키는 과정이다"라는 조정에 대한 정의를 제시하였는데, 이것은 기준에 포함된 조정의 윤리기준에 부합되는 조정업무를 수행할 수 있도록 하기 위함이다.

제시된 9개의 윤리기준(Standard Ⅰ에서 Ⅸ까지)에는 ① 자기결정(Standard I self-determination), ② 불편부당(Standard Ⅱ impartiality), ③ 이해의 갈등(Standard Ⅲ conflict of interest), ④ 능력(Standard Ⅳ competence), ⑤ 비밀보장(Standard Ⅴ confidentiality), ⑥ 조정과정의 질(Standard Ⅵ quality of the process), ⑦ 광고나 유인행위(Standard Ⅶ advertising and solicitation), ⑧ 수임료와 지불금(Standard Ⅷ fees and charges), ⑨ 조정업무의 발전에 기여함(Standard Ⅸ advancement of mediation practice)이 포함되어 있다. 기준에서는 반드시 따라야 하는 기준(shall로 표시)과 매우 바람직하지만, 조심스럽게 판단하고 신중하게 적용할 것을 요청하는 경우(should로 표시)를 구분하였다.

이 중에서 조정인의 능력(Ⅳ)이란 갈등당사자들의 합리적인 기대에 부응할 수 있는 자격이나 교육 및 훈련경험 등을 말하며, 약물이나 알코올 등으로 조정업무 수행에 지장이 있거나 적정능력이 부족하다고 판단될 때는 조정에 임하지 말아야 함(shall)을 의미한다. 조정인이 당사자의 합리적 기대를 충족시켜줄 수 있는 자질을 갖춤을 능력(competence)이라고도 한다(Feerick, John D., 1997).

조정과정에서의 질(Ⅵ)이란 제시된 기준(standard)에 따라 조정을 진행하되(shall), 신의성실과 시의적절함, 안전, 당사자들의 참여와 정직, 상호존중과 그들의 능력, 과정의 공정성 등을 촉진토록 함이다. 당사자의 참여여부도 반드시 조정인과 당사자들 간 사전 동의에 의하며, 조정의 개시도 당사자들의 동의가 수반되어야 한다. 적정 조정의 질 확보를 위해서는 조정인의 자격요건(교육, 훈련, 경험 등)이 요구되며, 다른 전문직을 함께 가지고 있는 경우에는 자신의 역할을 잘 염두에 두고서, 뒤섞이거나 문제를 일으키지 않도록 조심해야 할 것이 요구되었다(should). 또 조정진행 중 당사자의 이해가 부족할 때나 당사자들 간의 폭력행위 등이 감지될 때는 조정의 중단이나 적절한 조치방안을 검토(shall)하며 필요 시는 중재나 다른 협상으로의 전환을 권고할 수(should)도 있어야 한다.

조정인이 광고를 하거나 자신을 알리는 행위를 할 때(Ⅶ)도 당사자들이 해당 조정인을 바르게 알 수 있도록, 그 자격이나 경험, 가능한 조정업무의 내용과 경비 등을 진실 되게 알리도록 하여야 하며, 당사자의 허락 없이 그 이름을 광고에 활용하는 일이 없어야 한다(shall).

조정수행에 관련하여, 조정인의 수임료나 소요경비, 그 외 실제적으로 혹은 잠재적으로 필요한 관련 경비를 요청함에 있어서도(Ⅷ), 당사자나 당사자들을 대표하는 사람에게 소요경비 등에 대해서 진실되고도 완전한 정보를 제공하여야 하며(shall), 당사자가 달리 요구하는 바가 없다면 필요경비의 세부내용까지 문서화하여 제출토록 한다(should).

아울러 조정인에게는 조정 전문 분야의 발전을 위해서 기여(Ⅸ)할 것도 요구되고 있다(should). 해당 분야의 다양성을 고려한 조정환경 발전에 기여한다거나, 재능기부형태나 공익적 목적인 적정형태의 낮은 보수로 봉사한다거나 연구, 교육, 훈련활동에 참여하며, 전문영역의 사회적 존경과 인식제고를 위해서도 공동 노력할 것을 요구하고 있다(should).

조정기준에 반영된 조정인의 행위에 대한 가장 핵심적인 네 개의 윤리적 가치(core values)는 자기결정(self-determination), 불편부당(mediator impartiality), 중립성(mediator neutrality) 그리고 비밀보장(confidentiality)이다.

국제적 갈등개입에서 요구되는 원칙도 제안된 바 있는데(Ramsbotham, 2006, 2011), 윤리적 판단에서 참고하여야 할 내용들이다.

① **불편부당성(impartiality)과 비파당주의(non-partisanship)** : 승자-승자 결과를 지향하며, 인간의 기본적 필요성의 충족을 목적으로 한다.

② **지역문화 존중과 상호성(mutuality)** : 개입자와 피개입자에 대한 근본적 개입관계를 말하며, 당사자의 관점에서 기대에 부응(good)할 수 있도록 유의한다.

③ **지속가능성(sustainability)** : 인도주의, 발전, 갈등해결개입이 중심을 이루며, 개입전략의 적절성과 실행가능성을 평가하여 개입하도록 한다.

④ **일관성(consistency)과 미래취약성(vulnerability)** : 유사한 환경에서는 동등한 자극(provocation)이나 도전(challenge)은 동일한 반응을 가져와야 하며, 위선이나 이중기준으로 비난 받지 않도록 한다.

⑤ **상호협조(cooperation), 상보성(complementary), 통합(integrity)** : 재난구호 시 기관 간 경쟁으로 인한 피해가 없도록 한다. 개입당사자들의 진정성이 요구된다.

⑥ **책임감**(accountability) : 도움을 받는 사람과 주는 사람 모두가 그 유효성을 투명하게 평가 받을 수 있도록 한다.

⑦ **성찰성**(reflexivity) : 개입동기, 목적, 이해관계가 무엇인지를 스스로 물어보는 것이 필요하다.

⑧ **보편성**(universality) : 국제적으로도 수용 가능한 가치, 법규, 모든 문화권에서도 받아들일 수 있는 내용이어야 한다.

유럽연합에서도 조정인의 행동강령(European Code of Conduct for Mediators in Civil and Commercial Matters, 2006)을 제시하고 있으나, 조정인의 능력(competence), 약속이행(appointment), 조정업무광고촉진(advertising/promotion), 독립성과 중립성(independence and neutrality), 불편부당(impartiality), 절차의 공정성(fairness of process)과 경비, 비밀보호에 대해(4개 항목, 세부항까지 합쳐 10개항) 간략하게 언급되고 있으며, 미국기준(Model Standards)보다 훨씬 간단하다. 여기서의 독립성이란 중립성이나 불편부당성의 유지를 말함이며, 이러한 상황유지가 어렵다고 판단될 때는 사전에 공개하고 조정의 수락 및 계속여부를 결정하여야 한다.

우리나라는 아직 갈등의 해결이나 조정을 다루는 전문인의 윤리규정이 존재하지 않는다. 단지 법원에서 수행되는 조정을 위해 조정위원규칙이란 것이 있다(대한민국 조정위원규칙/대법원규칙 제2357호, 2014. 5. 30. 시행). 여기서는 조정위원의 위촉이나 상임조정위원의 겸직제한, 조정센터의 설치, 여비 숙박료, 조정인 위촉 결격사유 등을 규정하였고, "재판의 공정과 신뢰를 해할 우려가 있을 때" 또는 "조정위원으로서 부적당한 행위가 있을 때"는 조정위원의 해촉사유가 됨을 명시하였다. 가사소송법(법률 제12773호)의 "조정의 원칙(제58조)"에서는 "이해관계인의 이익을 고려하며, 평화적으로 종국적 해결방안을 마련하여 당사자를 설득"한다든지, "미성년자인 자녀의 복지를 우선적으로 고려한다"는 식으로 조정의 기본방향에 대해 간단한 제시가 있을 뿐이다.

1) 조정윤리에 관련되는 용어들

당사자들이나 조정인들의 선택과 결정의 과정 및 결과가 과연 윤리적이냐는 판단을 위해서는 기준에서 제시하는 용어의 정의나 의미전달이 분명해야 하리라고 본다. 그러나 실제로는 많은 윤리규정들이 서로 다른 정의나 용어를 혼용함으로써 혼란을 불러오기도 한다. 이러한 혼란은 윤리기준에 대한 해석과 실천방법에서도 차이를 가져오게 할 수 있다. 따라서 핵심적이고 중요한 윤리규정의 설명에 앞서, 윤리에 관련된 몇 가지의 용어에 대해서는 별도의 정리가 필요하다고 판단되었다.

국어사전에서는 공정성(公正性, fairness)을 "공평하고 올바름"으로 정의하였다. 메리엄-웹스터(Merriam-Webster)사전에서 공정이란 "옳고(right) 받아들일 만하다(acceptable)"고 생각되는 것이라고 했다. "올바름"은 가치판단을 포함하고 있어 윤리적인지 여부를 고려해야 하는 개념이므로 "주어진 상황"에 따라 달라질 수도 있다. 한편, "공평(公平 또는 衡平性, equity)"은 "어느 쪽으로도 치우치지 않고 고름"을 의미한다. "주어진 상황"과는 무관하게 일관성 있는 처사를 뜻한다는 점에서 공정과 차이가 있다. 누구나 대중교통수단을 이용할 수 있고 그 좌석에 앉을 수 있는 공평한 권리를 가지지만, 노인이나 장애인 등을 위한 특별 좌석을 마련한 것은 약자를 배려한 공정성의 발로일 수 있다. 누구에게나 노래자랑대회에 나갈 수 있다는 공평성이 주어지더라도, 노래를 잘하는 사람을 1등으로 뽑는 것은 공정한 심사의 결과이다. 성경(마태오 20, 1~16, 선한 포도밭 주인의 비유)에서 포도밭 일에 늦게 온 사람이나 일찍 온 사람들이 저녁이 되어 품삯을 받을 때는 모두가 한 데나리온씩을 공평하게 받았다는 얘기가 나온다. 이것은 더 일찍 와서 더 많은 일을 한 사람의 불평을 살 수도 있겠지만, 더 약자이면서 더 가난하고 어려운 사람들에게 더 큰 돌봄을 주려는 의도였다면, 비록 불공평했겠지만 포도밭 주인은 선량했으며, 나름 공정한 행위를 했다고도 할 수 있다. 가난한 사람을 굶지 않게 함이 공정이고 정의의 실현일 수도 있기 때문이다.

공정의 영역에는 과정, 결과, 숙지된 결정, 균형 잡힌 진행과정 등의 공정이 포함된다. 조직차원에서는 공정성을 흔히 분배(distribution)와 절차(procedure) 그리고 상호작용(interaction)의 영역으로 구분하기도 한다. 분배공정성이란 투입에 대한 산출의 비율을 준거대상과 비교하는 과정에서 보상에 대한 지각으로 나타나며(공정하게 대우받는 것이 무엇인가), 절차공정성이란 산출의 크기보다는 산출절차에서의 일관성이나 투명성을 다루게 되며(무엇이 결정되었냐보다 어떻게 결정되었는가), 상호작용 공정성이란 대인적 처우에 대한 지각(권한보유자의 솔직성, 예의바름, 권리의 존중, 중립성, 신뢰성, 지위인정 등 상호작용과 관계적 측면)을 말한다. 의미로 보아서는 공정이 공평을 포괄하며, 공평(equity)뿐 아니라 평등(equality)까지도 포함하는 개념이라고도 할 수 있다.

공정은 정의(正義, justice)로 표현되기도 한다. 그러나 정의에도 매우 다양한 견해가 있으며, 정의가 무엇인지를 묻는 책이 나올 정도이다. 정의가 사전적으로는 "어떤 말이나 사물의 뜻을 명백히 밝혀 규정함"이라거나 "사람이 지켜야 할 올바른 도리이며, 인간의 행위나 제도의 시시비비(是是非非)에 대한 판단기준"이기도 하고(21세기 정치학대사전, 한국사전연구사). 또한 범죄(crimes)나 범죄자(criminals)를 공정하게 심판하고 처벌하기 위해 법률을 활용하는 과정이나 결과를 의미하기도 하는데(Merriam-Webster), 이것은 소위 교정적 정의나 사법적인 규제적 정의(la justice répressive)에 속한다고 할 수 있다. 어떤 잘못이나 피해에 대한 대응이 공정한가와 연관된 정의이다. 잘못에 대해 어떤 처벌을 할지, 피해배상을 어떻게 할지를 결정함이다. 법의 이념은 정의에 있으며, 정의란 개인의 권리를 허가해주는 것이다. 우리나라 법원의 로고로도 사용되는 정의의 여신상은 저울과 법전을 들고 있는데, 저울은 법 집행의 형평성을, 법전은 법 적용의 상징이다. 이성적 측면에서 정의란 말은 반드시 합리적 엄정성을 포함하며, 학문이나 논리에 적용될 때는 객관성과 공정성을 추구함이다. 이렇게 이성의 요구를 인간행동과 관련시키어 정의라고도 한다.

"정의"가 무엇이지에 대한 탐구를 본격적으로 시작한 사람은 플라톤(Platōn)이며, 플라톤에게 정의란 "보편적 이상"인 동시에 "개인의 덕"을 의미하였다. 플라톤을 승계한 아리스토텔레스(Aristotelēs)는 인간이 본래 가져야 할 것을 부여함을 정의의 목적으로 하였다. 그리고 정의가 해야 할 역할이란 "경쟁하는 여러 요구 간에 적정한 균형을 확립하는 것"과, "근거 없는 차별을 제거하는 것"이라고도 하였다(21세기정치학대사전). 미국의 철학자 롤즈(John Rawls, 1921~2002)가 주장한 정의의 두 가지 원칙도 "평등의 원칙(모든 사람이 기본적 권리와 의무할당의 자유와 권리를 평등하게 가진다)"과 "차등의 원칙(사회경제적 불평등이 존재할 때, 최소 수혜자에게 가장 큰 이익을 줄 때 정의가 실현된다)"이었다. 그럼에도 키케로

(Marcus Tullius Cicero, B.C. 106~B.C. 43)의 "가장 큰 정의가 가장 큰 불의(Summum jus, summa injuria)"라고 했던 말은 음미해볼만하다. 법적인 것이 꼭 정의로운 것은 아니며, 법에는 합당하지만 도덕적으로는 불의일 수도 있다. 정의는 보전과 균형으로 기존 사회질서를 유지하려는 소극적인 대처방법이지만, 다른 사람에게 실제로 선을 행하려 하는 "사랑"이야말로 가장 적극적인 대처방법이라고도 한다. 사랑은 이해관계를 떠나며, 절대적인 공평성과 관용성을 표현하기 때문이다. 성경에서도 "남이 너희에게 해주기를 바라는 그대로 너희도 남에게 해주어라(루카, 6, 31)"고 했다. 갈등해결의 윤리에서 다루는 정의란 앞서 언급한 교정적, 규제적 사법적 정의의 실현과정인 재판 등에서는 활용될 수 있겠으나, 조정에서는 일반적으로 사용되지는 않는 용어이다.

평등(平等, equality)이란 말도 공정을 정의할 때 따라 나온다. 평등에도 정치, 철학, 경제적 측면에서의 다양한 개념이 존재하므로 모두에게 합의된 개념은 없다. 인권선언에서 "모든 인간은 권리의 면에서 동등하게 태어났다"고 했다. 모든 인간은 존엄성(dignité humaine)을 가지고 있다는 것이다. 아리스토텔레스는 평등을 수적평등(산술적 혹은 수량적 평등 numerical equality)과 비례적 평등(proportional equality)으로 나누기도 했다. 수적평등은 크기나 양에서 동일한 것이다. 모든 사람을 동일하게 취급하며, 능력, 기여 등에 차이 없이 처우함을 의미한다. 능력 등의 차이에 상관 않고 사회적 자원을 똑같이 배분하는 것이므로, "결과의 평등(equality of result)"이라고도 한다. 공평의 개념에 접근되어 있다고 하겠다. 수적평등은 소득재분배의 기능을 기대할 수도 있겠으나, 완전한 수적평등의 구현은 현실사회에서는 불가능할 것이다. 비례적 평등이란 가치(value)로서의 평등을 의미하는데, 개인의 욕구나 노력, 능력, 기여, 업적이나 공적에 따라 자원의 배분이나 처우를 달리함을 말한다. 공정에 더 가깝다. 사회복지정책의 실현에서 열등처우의 원칙(the principle of less eligibility)은 수급자의 삶의 수준이 가장 낮은 계층인 독립적 노동자의 삶보다 나은 것으로 해서 안 된다. 즉, 일하지 않는 사람이 일하는 사람보다 소득이 높아서는 안 된다는 것인데, 이것은 비례적 평등, 혹은 공정의 가치를 실현하는 예라고 볼 수 있다. 수적평등에 좀 더 가까이 있는 것이 "절대적 평등(인간 의지로 되돌릴 수 없는 부분을 제외한 모든 차이와 불평등을 거부함)"이고 "상대적 평등(능력, 업적 등 차이에 따라 보상도 달라지게 함)"은 비례적

평등과도 유사하다. 기회의 평등(equality of opportunity), 조건의 평등(equality of condition), 결과의 평등(equality of outcome)이란 용어들은 자원(지위나 권력 등 포함)의 배분단계에서 부여되는 가치에 따라 평등을 형태적으로 구분한 것이다. 일정 연령에 달한 모든 노인에게 지하철 무임승차를 하게 한다면, 해당 연령에 한해서는 균등한 몫(equal share)을 주는 결과의 평등이며 수적평등일수 있다. 기회의 균등(equal opportunity)은 개인에게 자신의 능력을 발휘할 제도적 접근의 기회와 권리를 평등하게 가지도록 하며, 동일 업적에서는 동일한 보상이 이루어지게 한다는 것이나, 현실에서는 기회를 동일하게 부여하는 것에 한계가 있기 마련이다. 이것은 가장 소극적인 평등의 개념이며 가장 최소한의 국가개입을 주장하는 사람들의 입맛에 맞는 말이기도 하다. 능력에 따른 분배라는 비례적 평등에서는 결과의 평등이 꼭 보장되지는 않는다. 평등이 있다면 불평등도 있다. 불평등에는 자연적 불평등과 인위적인 불평등이 있을 수 있다. 자연적 불평등은 재능과 적성처럼 사실적인 불평등일 수도 있다. 물론 이 차이가 가치상의 상하를 만드는 것은 아니므로 인간은 평등하다고 하며, 자연적 불평등에 대한 수정을 요구하려는 것이 정의라고도 한다. 인위적 불평등은 사회조건과 상속이나 계급제도 등으로 생겨나기도 하고 강화되기도 한다. 이렇게 공정, 정의, 공평, 평등이란 용어들은 서로 공통된 영역도 있지만 다른 의미로 활용되기도 하므로, 정확하게 정의되지 않으면 필연적으로 윤리문제의 적용이나 해석에서도 오해나 혼란을 불러온다.

2) 자기결정(self-determination)

갈등당사자들이 조정과정이나 결과에 대해 자유롭고도 충분히 잘 아는 상태에서 스스로 가장 최선이라고 생각하는 것을 선택(informed choices)할 수 있도록 하는 것이며, 당사자들이 자발적이며 강제되지 않은 결정에 이르는 행위를 의미한다. 당사자들의 권리와 욕구를 인정하는 것이다. 이것은 결과(성과)기반 혹은 결과중심 공정성(outcome-based fairness)이라고도 부른다(Riley, M. S., 2008).

자기결정권을 행사하려면 당사자도 스스로를 위해 협상할 수 있는 능력을 갖추어야 할 것이다. 조정인이 제시된 윤리기준에 맞추어 자신의 임무(obligation)

수행과 당사자의 자기결정권 사이에서 균형의 유지를 필요로 하는 경우도 있고, 조정인의 입장에서 각 당사자들이 자유롭고 충분한 정보를 가진 상태에서 선택에 도달했는지에 대한 개인적인 확신이 서지 않을 때도 있다. 이때 조정인의 공정성(fairness)에 대한 인식과 당사자의 자율성(autonomy) 혹은 자기결정권에 대한 존중 사이에서 갈등이 생겨난다.

조정인이 자기결정권을 얼마만큼이나 중시하는가에 따라서 조정에서의 지향하는 바(orientation)와 비지시적(non-directiveness) 조정형태의 유지 정도에도 영향을 주게 될 것이다. 조정인이 자신의 공정성이란 가치를 만족시키려고 한다면 그 욕구가 높을수록 더욱 지시적(directive)이 되고, 당사자의 자기결정에 더 무게를 두게 되면 역량강화(empowering) 쪽으로 기운다는 말이다. 공정성이나 자기결정에 관심이 없으면 무기력한(inactive) 조정형태를 보이며 단순히 조정인으로 조정실에 존재하고 있다는 것 이상은 아닐 수도 있다. 이 양자가 균형을 잘 잡아나간다면 이상적인 지지적(supportive) 조정형태를 이룰 것이라는 의미이다(Riley, M. S., 2008). 지시적 지향(directive orientation)을 보이는 조정인은 자기가치의 실현에 관심이 높은 반면 당사자의 자율성이나 자기결정권에 대한 관심은 낮으므로, 강제하거나 매우 지시적으로 흐를 수 있다. 즉, 갈등에서 이로운 점(merits)을 평가하면서 해결방안에 대한 실제적 권고를 하거나 특정의 합의를 수락하도록 압박전략을 사용하기도 한다. 반면에 조정인이 공정성에는 관심이 낮지만 협상결과를 결정하는 당사자의 결정권에 관심이 높다면, 역량강화라고 하는 전환적(transformative) 조정의 특징을 드러내게 된다(Bush and Folger, 1994). 전환적 조정은 역량강화(empowerment)와 인정(recognition)이라는 개념이 엮어져 있다. 역량강화가 갈등에서 각 당사자의 필요성을 분석하는 능력과 효과적인 결정을 내리는 당사자들의 능력을 강화시키는 것이라면, 인정이라 함은 갈등당사자 각자의 필요성과 인식에 반응적(responsive)이 될 수 있는 갈등당사자의 능력을 향상시킴이다. 이러한 지향은 갈등문제의 해결과 타결을 이루어내는데 중요한 역할을 한다. 지지지향적(supportive orientation) 조정이라 함은 조정인의 공정에 대한 가치와 당사자의 자기결정 유지를 동시에 만족시키는 형태이지만, 조정인이 공정성과 당사자의 자율성 유지라는 경쟁적 가치관 사이에서 그 균형점을 찾느라 갈팡질팡할 소지도 있다(그림 14).

| 그림 14 | 조정인의 관심에 따른 영향: 자기결정권과 공정성(Riley, M. S., 2008) |

3) 불편부당(不偏不黨, impartiality)

불편부당에 대한 사전적 의미는 "어느 한 쪽으로 기울어짐 없이 중정(中正), 공평(公平)함"이나, "어떤 이념, 어떤 편, 어떤 무리에도 치우치지 않고 중도적 입장을 지킴" 또는 "어느 편에 서지 않거나 편향되지 않음(not biased)", "모든 사람을 동등하게 취급하거나 동등한 영향을 주는 것이며 어느 한편을 그 누구 이상으로 호의를 보이지 않음"을 말하기도 한다. 7개 항으로 구성된 국제적십자운동 기본원칙(The Fundamental Principles of the Red Cross and Red Crescent Movement) 중에도 "impartiality"가 있는데, 이것을 우리나라 적십자에서는 "공평"이라고 번역하고 있다. 적십자 국제위원회(The International Committee of The Red Cross: ICRC)가 의미하는 불편부당이란 국적, 출신, 인종, 피부색, 종교, 신념, 계급, 경제적 지위, 정치적 입장 등이 다르더라도 상관없이, 도움이 필요한(need) 모든 사람을 차별 않고(non-discrimination) 대함이다. ICRC의 불편부당은 무차별성과 비례성(가장 위급한 재난부터 먼저) 그리고 공평성(적십자사는 개인적인 선입견, 선호, 편견과 감정의 개입이나 영향을 받지 않고, 객관적 근거를 바탕으로 모든 결정을 내림을 "공평"이라고 정의)의 원칙이다.

2005년도 조정윤리의 개정기준에서 불편부당이란 "편애(偏愛 혹은 편벽, 偏僻, favoritism)나 편향(偏向 또는 先入態度, bias) 또는 편견(偏見, prejudice)이 없음을 의미한다"고 하였다. 조정인은 불편부당한 태도로 조정에 임하여야 하며 편향성을 드러내는 행위를 피하여야 한다(shall)고 했다. 이러한 실천이 불가능하다면 조정현장을 떠나야 한다(shall). 구체적으로 말하자면, 갈등당사자의 특성이나 배경, 가치나 신념, 혹은 조정에 임하는 태도나 그 밖에 다른 이유로 인해 편파적 (partiality)이거나 편견(prejudice)을 가지는 행동을 하지 말 것이며(should), 또한 조정인의 행동이나 인지된 불편부당성에 의문을 가질만한 선물(gift), 호의(favor), 돈거래(loan), 기타 가치 있는 물품(item)을 주거나 받지도 말라는 것이다(should). 단지 조정인의 불편부당에 대한 의구심을 제기하지 않을 정도의 범위에서 제공되는 사소한 선물(微小基準, de minimis gifts)이거나 별로 중요하지도 않고 의도적이지 않게 부수된(incidental) 물품이나 서비스는 주고받을 수 있다고 했다. 여러 말들을 요약하면, 조정인은 어떤 경우에도 갈등에 관련된 당사자들을 차별적으로 대하지 말 것이며 그런 의심을 받을만한 행동도 말라는 것이다.

　여기서 편향, 편견 등의 용어는 이와 비슷한 다른 용어들과 함께 더러는 혼란을 일으키는 말이다.

　사전적 의미의 편향(偏向, bias)은 "어떤 사람이나 생각 등이 다른 사람보다 우월하다고 믿는 경향으로 인해 다른 사람을 불공정하게 대하는 것", 또는 "어떤 사안이나 이를 행하는 능력에 대한 강한 흥미"를 의미한다고 하였다(Merriam-Webster). 또 "한쪽으로 치우쳐, 중립성이 결여된 견해이며 개방적이지 못한 마음"이라고도 했으며, "치우친 인식을 견지하거나 표출하는 기질적 또는 관점적 경향이며, 흔히 대안적 관점이 가지는 가능한 장점을 고려하기를 거부하는 것"이라고도 했다. 그리고 개인, 종족, 종교, 사회계층, 정치집단, 종(species)에 대한 편향이 일반적이며, 특히 인식의 편향은 사고나 판단과 회상 및 기타 인식과정에서도 반복적이면서도 근본적인 실수를 하는데, 이것은 비합리적 추론에 기인한 판단기준의 편차 때문이라고 한다. 이러한 인지적 편향은 인식의 왜곡과 부정확한 판단이나 비합리적 해석을 가져오므로 비합리성(irrationality)의 원천이 되기도 하지만, 속도가 정밀함보다 중시되는 상황에서는 잘 적용시키면 유용할 수도 있다고 했다(Wikipedia). 편향을 통계학에서는 "편견"이라거나 일본식으로 "편기(偏嗜)"라고도 번역한다. 번역이 뭐가 됐던, 실제 값(true value)에서 벗어나 사실이 아닌 쪽으로 치우치게 되어 잘못 보거나 잘못 보이게 하는 것을 의미한다.

제대로 되지 않은 선택이나 정보에 의해서, 또는 관련이 없는데도 관련이 있는 것처럼 보이게 해서 혼란을 일으켜서(confounding) 생겨난다고도 한다. 어떻든 자연과학적 용어로 설명하자면 편향은 사실의 정확도(正確度, validity, 정확도는 정확성 accuracy를 의미하며, 민감도 sensitivity와 특이도 specificity 및 예측도 predictability로서 검증됨)와 신뢰도(信賴度, reliability, 정밀함 precision을 말하며 일정성 consistency으로 검정됨)를 보아 평가될 것이다. 로스만(Rothman, Kenneth J., 2002)은 편향이란 연구자 측의 태도이기도 하지만 계통적 오차(誤差, systemic error)를 설명하는 용어라고도 했다. 오차란 측정치(관측치)와 참 값 사이에서 발생하는 차이를 말한다. 계통적 오차는 일정성을 보이므로 신뢰도는 높으나 정확성은 떨어지게 될 것이다. 사시적(斜視的) 관점을 가진 사람이 자신이 사시적임을 모르거나 무시할 때 문제가 생기는 것이고 갈등의 요인이 된다.

편견(偏見, prejudice)이란 "인종, 종교, 성 등으로 인해 어떤 사람이나 집단에 대해 가지는 부당한 비호감(dislike)" 또는 "이성적이지도 논리적이지도 않음에도 어떤 사람이나 사물에 대해 좋거나 싫은 감정"을 가짐을 말한다(Merriam-Webster). 즉, 편견은 특정의 집단 또는 개인에 대해서 편향된 생각이나 견해를 가지는 태도이며, 부정적인 평가가 수반됨이 일반적이다. 이성적이지도 논리적이지도 않다고 함은 상대나 그가 속한 집단에 대한 객관적이고 정확한 정보의 수집이나 그 정보에 대한 처리과정도 없이 적대감, 혐오 등과 같은 부정적 감정으로 상대를 한쪽으로 평가하고 차별적인 행동을 행하기도 하기 때문이다(Sherif et al., 1961). 집단 간의 갈등상황에서 많이 목격되는 현상으로서, 편견의 작용으로 집단 간의 갈등은 더욱 악화된다(Sherif, 1966). 한편 편견은 사회를 범주화·단순화하여, 공유하는 사람들 간에는 집단적 정체성을 만들어 사회통합의 기능이 생겨나기도 하지만, 그 심리 근간에는 미지의 문화나 사회에 대한 공포감, 적의와 자기방어 그리고 인종적 편견에서처럼 상대를 무시함으로써 자신의 안정을 얻으려는 투사적(projection) 측면도 있다고 한다. 사회적으로 불우하였거나 지위가 낮은 사람일수록 인종적 편견이 강하다는 연구보고도 있다(21세기정치학대사전, 한국사전연구사).

편견은 고정관념(固定觀念, stereotype)과도 친구처럼 따라 다니면서 혼용될 때도 많지만, 명확한 차이가 있다. 편견이 특정 대상에 대한 편향된 정보의 수집과 처리 및 회상 등과 같은 인지적 과정 그리고 좋다거나 싫다는 등의 가치판단이 포함되는 주로 부정적 정서가 수반되는 것이라면, 고정관념(stereotype)은 특정 집단의 사람들이 공통적으로 가지고 있을 것이라고 생각되는 전형적인 특성에 대한 기대 또는 신념이다. 개개인보다 집단의 특성에 초점을 맞추거나, 개인차를 고려않고 사람들을 범주화 한다. 성, 인종, 민족, 직업집단 등과 같은 현존하는 특성과 고착된 사고방식으로 사람을 범주화하고 과잉일반화 하는 부정확하게 일반화된 신념이며, 사회 내에서의 부정확한 인식을 만드는 기초가 되기도 한다.

　이들과는 달리, 차별(差別, discrimination)이란 집단에 따라 차등적으로 대하는 행위로, 특정 집단이나 그 소속 개인에게 불이익이나 불평등대우 등의 행동을 나타내게 한다. 차별은 결국 편향이나 편견, 고정관념으로부터 온다(교육심리학용어사전, 심리학용어사전).

4) 중립성(中立性, mediator neutrality)

　중립성에 대한 일반 사전적 의미는 "어느 편에도 치우치지 아니하고 공정하게 처신하는 성질"이라거나 "쌍방에 대하여 공평한 태도를 유지하는 성질", "다투고 있는 어느 당사자 쪽의 편도 들지 않는 자질이나 상태"라고 설명되고 있으며, "갈등상태의 어느 당사자에게나 연합, 지지, 호의를 거부함(The American Heritage Dictionary, 1983)"이라고도 정의하고 있어, 사전적으로는 불편부당과 의미적 구분이 어려워 보인다. 페른바흐 등(Keri Szejda Fehrenbach 등, 2014)은 조정인의 중립성이 가지는 핵심적 속성은 당사자 간의 균형(symmetry)과 투명성(transparency)이라고 했다. 균형이란 당사자를 동등하게 취급함이며, 투명성은 과거나 미래의 행동에 대한 설명을 주는 것이라고 하였다. 전미사회복지사협회(the National Association of Social Workers: NASW)나 미국변호사협회(The American Bar Association: ABA) 등 전문기구의 윤리강령에서도 조정에 대한 윤리규정에서와 동일한 형태의 "이해의 충돌(conflict of interest : COI)"로 표현된 윤리조항이 나온다. "COI"란 "이해관계", "이해충돌", "이익충돌", "이해상충", "이해갈등" 등 여러 형태로 번역이 가능하며, 통일된 우리말 번역은 없는 듯도 하다. 위키피디아(Wikipedia) 온라인 백과사전에 따르면 "COI란 어떤 사람이나 조직이 다양한 이해관계에 개입되는 상황인데, 사람이나 조직의 동기(motivation)를 변질(corrupt)시킬 가능성이 있다"고 하였다. "interest"란 "이익", "흥미", "관심"에 대한 추구이므로, 이해관계가 개입되면 자연스럽게 자신이 추구하는 목적 쪽으로 기울게 되며, 본래 목적이나 순수한 동기의 변질을 가져올 수 있을 것이다. 따라서 이 윤리규정은 일반적으로 말해, 이해관계를 줄이는 제반윤리적 방법을 제시함에 그 목적이 있다. 여러 가지로 제시된 윤리적 행동 중에서, 이해관계를 줄이는 확실하고 공통된 방법의 하나가 이해관계 여부를 밝히는 것(disclose)으로 요약될 수도 있다. 한편 국제적십자(ICRC)에서 말하는 중립성이란 비정치적 관여(non-political engagement)이다. 모든 사람의 신뢰를 지속적으로 받기 위해서는 적대행위가 생겼을 때 어느 편에도 가담하지 않으며, 어떤 경우에도 정치적, 인종적, 종교적 또는 이념적 성격을 띤 논쟁에 개입하지 않음이다. 절제의 정신이 바탕이 된다고 했다. 불편부당이 "어느 누구도 차별 않음"이라면, 중립은 "편들지 않음"이라고도 할 수 있다. 이해관계에 얽혀들면 어느 편에 붙거나 편을 들게 마련일 게다.

무어(Moore, C. W., 2014)는 "중립성이란 개입자와 갈등당사자 사이의 관계(relationship)나 행동(behavior)에 관한 것으로, 독립된 조정인이라면 갈등당사자들과는 과거로부터 어떠한 관계도 가지지 않았음과, 적어도 직접적으로나 상당한 정도의 이익(benefit)을 취할 수 있던 관계를 가지지 않았으며, 당사자들의 현행 사회적 관계망(social networks)과도 연관되어 있지 않음과, 조정수행에 대한 대가로 어느 당사자로부터 이익을 취하거나 특별한 지불을 기대하지도 않음을 의미한다"고 하였다. 또 그렇다고 "조정인이 갈등의 결과에 대해 개인적 견해를 가지지도 말아야 하며 전적으로 흥미를 끊어야 함은 아니라"고 했다. "갈등당사자들 그리고 그들의 관심과 이해관계와 고통으로부터 분리되어 있거나 또는 다른 당사자보다 어느 편에 더 가까움이나 유사한 감정을 느끼지 않음을 말한다"고 했다. 실제적으로 말해 조정인이 갈등의 결과나 조정과정에서 형성된 당사자들과의 관계에서 얼마만큼 자신의 개인적 견해를 분리시킬 수 있는가에 대한 윤리적 요구라고 할 수 있다. 무어(Moore, C. W., 1986)가 제안한 조정전문가의 윤리강령(Code of Professional Conduct)에서는 조정인의 중립성 유지를 위해, 다루고자 하는 갈등에 어느 당사자라도 잠재적 혹은 실제적으로 연관이 있다면 밝혀야 하고, 그러한 연관들이 조정업무 수행에도 영향을 주리라는 것을 조정인이나 당사자가 인식하고 있다면, 그러한 조정인은 해당 조정업무를 맡을 자격이 없는 것으로 간주하였다. 중립성을 좀 더 간단히 말하자면, 어느 갈등당사자나 관련자들의 편을 들지도 말아야 하지만, 편을 들만한 상황이나 의심받을만한 소지도 없도록 행동함이다.

조정인이 중립적인지 아닌지 판단의 몫은 결국 갈등당사자들이 조정인의 행동을 어떻게 인식하느냐에 달려있는 것으로 보았다. 2005년 윤리규정 전체를 들여다봐도 "중립성(neutrality)"이란 용어는 한 번도 언급되지 않았으나, "조정과정이나 그 이후에도 이해갈등 또는 이해갈등을 드러냄을 피하라(shall)"고 한 윤리항목(Standard Ⅲ)은 그 내용으로 보아 조정인의 중립성을 나타내는 것이다. 이해갈등이 생겨나는 것은 조정인이 논란이 되는 갈등주제에 관련되어 있다거나, 그것이 과거이거나 현재이거나, 개인적이거나 혹은 전문인으로서 이건, 조정에 영향을 주는 관계로부터 발생하는 것이라고 했다. 그러므로 조정인은 모든 상황에서 어떤 형태에서든, 실제적이건 잠재적이건 자신의 개입이나 자신이 제공하는 서비스가 어느 당사자와의 관계에서라도 이해갈등을 일으킬만한 근거와 소지가 있는지에 대해 항상 합리적인 탐색을 하여야 하며(shall), 그럴 가능성이 있다고 판단되면 이를 공개하여야 하고(shall), 그러한 상황과 조건에서도 자신이 조정수행이 가능한지에 대해서는 당사자의 동의를 얻어야 하며(shall) 그러지 못할 경우는 조정수행을 말아야 한다(shall).

매스(Mass Ⅲ, Earl H., 1998)도 일차적이고 가장 공통되며, 가장 범하기도 쉽기도 하지만, 가장 단순한 윤리문제가 이해의 갈등이라고 하였다. 앞서 언급한 바도 있듯이, 그런데 이를 지키는 방법도 간단한데, "공개 혹은 알림(disclose)"에 있다는 것이다. 조정인이 이해관계에 얽힐 수 있다고 판단되는 경우 당사자들에게 미리 공개해서 동의를 얻든지 그 조정을 그만두든지 하면 간단할 수 있다는 의미다.

ICRC의 기본원칙에는 독립(independence)이 포함되어 있다. 이는 어느 때이거나 적십자의 원칙에 따라 행동할 수 있는 자율성의 유지를 말하는데, 모든 간섭에서 완전하게 독립성을 확보해야만 중립이나 불편부당의 원칙을 이행할 수 있다고 한 점은 당연한 지적이다. 사람은 자신의 신념이나 가치체계 혹은 문화적 배경에서 완전히 자유로울 수는 없으므로 어느 누구든 완벽하게 "차별(불편부당)"을 배제할 수 없으며, 또한 완전하게 자신의 이해관계를 떠나는 것도 불가능에 가까우므로 "편들기(중립성)"와도 무관함을 단언할 수 없다. 그러므로 무엇을 하지 말라는 소극적 행위규정보다, 유형무형의 외부적 압박이나 간섭, 편애, 이익, 관계 등으로부터 조정인이 독립적이면서, 오직 인간의 존엄성에 대한 존중을 위한 자율성 강화라는 적극적인 윤리실천에 관심을 더 집중할 수 있게 규정을 보완함도 고려할 수 있을 것이다.

5) 비밀보장(祕密保障, confidentiality)

비록 조금씩 해석이나 적용이 다를 수는 있으나, 대부분의 전문가 윤리규정에서는 전문적인 도움을 제공하는 사람이 전문적 상호과정에서 알게 된 정보를 누설해서는 안 된다는 원칙을 명시하고 있다. 예를 들어 전미사회복지사협회(NASW)의 윤리규정은 전문직 수행과정에서 얻게 된 모든 정보에 대해, 납득할 만한 사유가 있는 경우 외에는 비밀을 지켜야 한다고 했다. 전문과정에서 얻게 된 당사자(clients)의 비밀이나 사생활(privacy)에 대한 비밀보호를 제한할 수 있는 예외적 경우란, 전문가적 판단에서 볼 때, 당사자의 행동이나 혹은 잠재적 행동이 당사자 자신이나 타인에게 심각하고 예측 가능하며 위급한 위험을 야기할 수 있을 때이다. 이것은 자기결정권의 제한에서도 똑같이 적용되었다. 미국변호사회의 윤리규정(MRPC, ABA; Model Rules of Professional Conduct 또는 CIC; Model Code of Judicial Conduct)에서도 당사자의 숙지동의(informed consent) 없는 당사자 관련 정보누설을 금하고 있다.

조정인의 윤리규정(Standard Ⅴ)에서도 조정인이 조정과정에서 얻게 된 모든 정보에 대해, 당사자의 동의가 있거나 아니면 관련 법률규정으로 요청되지 아니하였을 때에는 비밀을 유지하여야 한다(shall)고 했다. 조정에 참가하지 아니한 자에게 당사자들이 조정에서 어떻게 행동하였는지에 대한 정보를 주고받음도 못하도록 하고 있다(should). 단지 당사자가 정해진 조정에 참석하였는지, 해결에 도달하였는지 여부에 대해서는 필요하다면 보고할 수 있다. 또 조정인이 조정 관련 교육, 연구 또는 평가에 참여하였을 때 만일 당사자들이 관련되어 있다면, 그들의 익명성을 보호하도록 하고 그들의 비밀보장에 대한 합리적 기대에 부응하도록 한다(should). 조정인이 조정 중에 당사자들을 개별적으로 면담하거나 당사자들 별로 분리된 개별회기를 가졌다면, 이러한 때 당사자들이 지켜주기를 원하는 비밀이 흔히 생기게 되는데, 이때 당사자의 동의 없이는 그 과정에서 얻은 정보를 직접 또는 간접적으로라도 다른 당사자에게 전달되지 않도록 하여야 한다(shall). 조정인이 양측 당사자의 상호이해(understanding)를 촉진시키고자 하더라도, 해당 당사자로부터 얻은 정보의 유지 범위 내에서 수행되어야 한다(shall). 조정환경에 따라서 당사자들마다 비밀보장에 대한 기대가 다양할 수 있으므로, 비밀보장에 대한 당사자 각자의 요구나 규칙이나 기대를 미리 명시할 수도 있을 것이다(may).

비록 윤리규정(The Model Standards of Conduct for Mediation)에서 세부적으로 제시된 바는 없으나, 조정인들이 조정에서 관찰된 사례들을 흔히 담소의 대상이나 토의주제로 나누는 것을 볼 수가 있는데, 익명이 전제가 된다고 하더라도, 또한 듣는 이들이 단지 특정 당사자에 대한 추정이나 상상 정도에 머물게 되는 수준의 정보전달이라고 하더라도, 당사자들의 갈등내용들이 조정을 벗어난 다른 장소에서 거론될 때는 매우 조심하여야 한다. 당사자들의 인적사항이나 갈등내용, 전화번호, 연락처 등이 기재된 문서의 외부노출은 금지사항이다. 특히 소송자료처럼 법원기록물일 경우는 조정 후 반드시 폐기될 수 있도록 조처하여야 한다. 상담심리전문 분야 등에서는 내담자가 자신의 비밀유지를 기대할 권리와 함께 사례기록에 대한 정보가 보호될 권리가 명시되고 있으며, 전문가는 기록과 자료에 대한 비밀보호조치는 물론, 학술적 목적이나 사례발표 등을 위해 타인에게 공개될 수 있는 기록이나 녹음에도 반드시 당사자의 동의를 요하고 있다. 전문가의 전문적 판단에 영향을 줄 수 있는 내담자와의 이중관계(친구, 친인척 등), 상담실 밖에서 어떤 형태의 사적인 관계, 상담 전 또는 이후로도 어떤 종류의 성적관계는 안 되며, 상담관계가 종료된 후 적어도 2년 내에는 내담자와 성적관계를 가져서는 안 된다는 규정도 있다. 참고로 할 내용들이다. 법원조정에서 법률전문가(변호사)인 동료 조정위원이 조정에서 갈등당사자 어느 편의 대리인으로 참석하였을 경우나, 조정이 진행 중인 상황(속행 등)에서 담당 조정인과 대리인이 동료로서의 사적인 만남여부 등도 윤리적 행위와 연관 지어 판단될 수 있는 문제이다. 또한 조정에 참여한 판사가 불성립된 해당 사건의 판결을 맡는 것도 비밀유지뿐 아니라 다른 윤리규정을 침해할 소지가 있다.

6) 윤리적 갈등

(1) 윤리규정 자체가 가지는 문제점으로 인한 갈등

차를 운전할 때에 주위 교통상황이라든지, 만나는 차량들, 지나는 통행인들에게 주의를 기울이며 교통법규에도 유의하는 것처럼, 조정에 임하게 될 때도 처한 상황에 따른 윤리적 책임감과 함께 제시된 여러 규정들을 떠올리기도 한다. 그러나 안전을 위한 방어운전에서도 헷갈림이나 판단이 잘 서지 않는 상황이 생기는 것처럼, 조정에서도 그러한 때가 있다. 조정의 윤리규정에 잘 명시된 내용이어서 방향타가 될 수도 있지만, 명문화된 규정이 없거나 있더라도 표현이 애매하고 더러는 제시된 규정 간의 충돌도 생기고 있으며, 각 윤리기준에 대한 정의나 설명이 다른 의미로 표현되기도 한다. 불편부당이나 중립성, 자기결정 등에 대한 설명의 내용이 유사하게 중복되거나 다른 곳에서는 다르게 설명되기도 하며, 어떻게 그 규정을 실천할지를 제시하지 못할 때가 많으며, 핵심가치들이지만 과정과 실제 또는 양자를 연관시키지를 못하기도 한다. 예를 들자면 공정성이라고 할 때, 어떤 규정에서는 정보의 수집이나 접근성에서의 공정 또는 조정에서의 영향과 조정결과에 대한 통제력 수행의 공정성처럼 구체적으로 인용한 경우가 없는 것은 아니지만, 실제로 조정과정에서 어떻게 활용할지, 무엇이 공정함이고 불공정함인지, 상세히 항목화 하여 설명하지는 않고 있다. 대개가 불공정하게 영향을 주어 합의를 이루도록 하지 말아야 한다는 식의 설명으로 끝난다. 공정성을 자기결정권이나 질적 과정의 내용에 포함시키기도 한다. 중립성도 공정성의 개념으로 설명하기도 한다. 불편부당이란 정의도 표준화 되어 있지 않아서, 어떤 규정은 조정인의 행위에, 어떤 것은 이해갈등에 더 비중을 두기도 한다. 표준기준에서도 이해갈등조항(Standard Ⅲ)에서 불편부당(impartiality)을 의심케 한다는 용어가 2번이나 나온다(Standard Ⅲ-A, C). 하나의 규정에서도 이렇게 용어의 통일을 이루지 못하고 혼용되기도 하므로, 규정 자체가 윤리적 혼란의 원인이 되기도 한다. 조정 관련 단체에 따라서 어떤 항이 포함되기도 하고 배제되기도 한다. 기준에서의 또 다른 예(Standard Ⅳ.A.10)를 보면, 당사자의 자기결정권과 조정의 질적 과정을 연관시키면서, 조정상황에 대한 이해가 부족한 일방당사자의 숙지된 자기결정과정을 도울 수 있는 권한이나 재량을 조정인에게 부여한다고 하였다. 그러나 이런 형태의 도움이 조정과정에 시작되는 순간부터 불편부당이란 윤리의 경계를 넘어서게 되면서, 다른 한편에게는 불이익을 줄 수도 있게 되는(Exon, Susan Nauss, 2006), 모순적 상황에 직면하게 되는 것이다. 때로는 조정인이 가지고 있는 공정성에 대한 윤리적 가치판단과 잘 부합되지 않는 경우도 있으며, 여러 전문직에서 제시하는 규정과의 불일치를 경험하기도 한다. 명료성과 표준화가 결여된 조정기준은 조정의 완결성과 신뢰성 손상으로 이어질 수 있다. 실제적으로 과정이나 내용을 어떻게 적용할지에 대한 설명도 없이 특정 윤리규정을 강조하기도 하며, 다른 방식으로 얼마든지 해석이 가능하므로 개인적인 습관이나 전통에 따르게 유도될 뿐, 별로 도움이 안 되는 경우도 있다. 따라서 엑슨과 같은 학자(Exon, Susan Nauss, 2006)는 공정성을 확보하려는 조정인의 책임감은 중립성이나 불편부당에 대한 요구와는 양립할 수 없는 것이라고 단언하기도 한다. 또한 제정된 윤리기준이 애매하고 내용상으로도 일치되지 않은 제안과 결함을 담고 있어 혼란이 초래되고 있으므로, 실제로 조정인의 윤리적 딜레마를 다루지는 못하고 있다고도 주장하였다. 기존의 전통적인 조정에 대한 정의가 윤리기준과 양립하기 어려운 긴장을 초래한다고도 말한다. 그럼으로 불편부당과 같은 조항을 삭제하고 조정의 정의도 좀 더 단순화시키는 등의 수정보완이 필요하다고 했다. 그가 주장하는 조정이란 "갈등당사자들을 도와 그들이 바라는 목표에 도달하기 위해 제3자를 활용하는 과정이다" 정도로 정의하면 된다는 것이다. 단순화한 조정의 정의로 모든 조정의 형태나 조정스타일의 활용을 가능하게 할 수 있다고 보았다. 랜드(Lande, John, 2000)는 현존하는 조정의 기본원리인 비밀보장이나 중립성 같은 것이 조정의 성공에 절대적인 요소라고는 할 수 없으며, 조정은 다양성(ecletic nature)을 가진다고 주장하였으며, 심지어 호니코프 등(Jamie Henikoff and Mochael Moffitt, 1997)은 이전에 만들어진 조정윤리강령들은 조정의 근간에 놓인 원리를 인식시켜주려는 목적으로 만들어진 것이긴 하나, 개념화에서 실패했다고 주장하였다. 해석에 대해서도 근거가 없고, 윤리적 딜레마에 대한 인식도 없으며 강제기전도 없는 단순한 지침서이므로, 다양한 조정소비자에게 충분한 정보도 주지 못하고 도움도 되지를 못한다고도 하였다. 벤자민(Benjamin, Robert, D., 2003)은 조정인도 체계의 한 부분이므로, 조정인이 객관적이며 중립적이거나 불편부당할 수만은 없는 것이며, 어느 한 편이라기보다 모두를 보호하기 위해서 당사자들과의 의사소통에서 "균형(balanced)"을 잡아주는 것이 중요하다고 했다. 물론 이런 생각들은 조정인의 행동을 과잉 일반화한 면이 있는 것이지만(Exon, Susan Nauss, 2006), 조정의 윤리에서 제기되는 원칙들에 대해 여러 학자들이 가지는 관점의 일면을 엿보게 한다.

그럼에도 표준화된 기준은 여러모로 좋은 도움이 된다. 영(Young, Paula M., 2006)은 개정된 윤리기준이 나온데 대해서, 적어도 이 분야에서 십여 년 간의 조정윤리에 대한 고려를 반영한 적절한 지침서가 되겠기에, 큰 기쁨과 감사를 표한다고도 하였다. 우리나라에는 아직 조정이나 관련 단체들이 활성화 되지도 못한 상태이고 제도적으로도 조정에 대한 인식이 미흡하다. 그러나 향후 우리 실정에 맞는 윤리기준은 꼭 필요할 것이다. 제정될 윤리규정은 기존의 기준에 대한 평가결과를 참고로 하되, 용어의 정의나 실제 활용방안에 대한 해석이 일관되고 명료하며, 꼭 필요한 사항에 대한 제안을 내용에 포함하여야 할 것으로 생각된다.

(2) 윤리적 갈등의 실제

현안에 대한 합의를 이루는 순간, 최종결과가 갈등당사자 모두에게 공정하게 해결되었는가 하는 생각을 떠올리게 된다. 예를 들어 이혼하는 어느 부부가 재산분할을 5 : 5로 하기로 합의했다. 그러나 조정인의 생각에 기여도나 법적 기준으로 보아 7 : 3 정도는 되어야 공정한 결정이라고 할 수 있겠다는 판단이 들었다고 하자. 이때 조정인이 법률적 정보나 근거를 들면서 그런 결정에 자신은 동의할 수 없다거나, 재고하는 것이 좋겠다고 말해주어야 할까? 또는 7 : 3 정도가 더 적정하다고 자신이 생각하는 분할비율의 의견까지 밝혀야 할까? 그 당사자가 대리인을 두지 않고 있다면, 변호사의 자문을 받아 결정함이 좋겠다며, 결정을 미루도록 조언할 것인가?

리리(Riley, M. S., 2008)가 예시한 내용들을 참고로 해보면, 기본적으로 조정인들은 갈등당사자들의 자기결정권을 존중하려고 한다. 그러나 당사자들이 해결책이나 대안을 제시해달라고 요청하는 경우가 있는가 하면, 조정인이 주도적으로 자기관점에서 자신이 생각하는 최선의 방안을 제시하려는 경우도 흔히 본다. 한편으로는 당사자들이 만들어낸 해결책에 대해서도 그 결정이 어느 강자 쪽의 입장에서 만들어진, 소위 힘의 균형이 깨어진 불공정한 결정이라거나, 그 해결책이 법조항에 위배된다거나, 어떤 형태로든 불공정하거나 부합되지 않는 결정이라거나, 또는 당사자의 그 어느 편에게도 공정하지 못한 해결책이라는 생각으로 인해, 조정인이 그 합의에 반대하는 경우도 상정할 수 있다. 이러한 경우 조정인의 어떠한 선택이 비윤리적인가? 자기결정권에서는 비윤리적이지만 공정성으로는 윤리적인가?

윤리규정에 따라서는 자기결정권은 조정에서 가장 기본적인 원리로 간주한다. 이유 여하를 떠나서, 당사자들의 자발적이며 숙지된 결정이나 합의결과에 대한 조정인이 개입하여 자기의견을 낸다면, 이는 조정인의 중립과 불편부당의 원칙을 파괴하는 것이라고 규정되기도 한다. 실제로 자기결정권을 확실하게 보장한다면, 조정의 최종결과가 모든 당사자에게 공정한지 또는 당사자들이 과연 그들의 결정을 숙지하고 있는지를 꼭 확인할 필요도 없을 것이다(Exon, Susan Nauss, 2006). 조정인이 중립적이어야 하고 편들기를 말아야 한다면서, 조정의 기술상 말이 적은 어느 편에게 더 말할 수 있는 기회를 제공하려 한다거나 어느 편을 더 옹호해주는 경우는 윤리적인가? 조정인 자신의 판단을 내세우거나 강제하는 행동을 금한다고 하면서, 자기결정을 위해 당사자 간 토론의 장을 마련하면서 당사자 간 상호의견이나 거래를 접근시키고자 노력하는 조정인의 윤리적 한계는 어디까지인가? 그렇지만, 지금까지 제정되어 있는 많은 윤리규정들이 여기에 대한 분명한 답을 포함하지 않는다. 어떤 조정규정은 숙지된 합의를 촉진시킴을 조정인의 의무에 포함시키기도 하고, 공정한 합의를 이끌어내기 위해서 조정인의 개입에 좀 더 많은 재량을 부여하기도 하므로, 이로 인해 불편부당의 원칙이 쉽게 약화되기도 한다(Exon, Susan Nauss, 2006). 조정인은 여기서 전형적인 진퇴양난의 상황에 빠지게 된다. 조정인이 어느 당사자가 제시한 내용보다 좀 더 균형 잡힌 해결책을 제안하거나 조언을 하려는 순간, 당사자의 자기결정이나 비지시적 접근방법에 손상을 입게 되기 때문이다.

또한 공정성에 대한 윤리적 고려에는 조정에 참가하지는 않고 있지만 조정결과에 영향을 받는 사람들까지도 포함하여야 한다. 예를 들어 이혼하려는 부부의 아이들이 조정과정에서 얼마나 중요하게 다루어지고 평가되며, 그들의 의견이 반영되고 있는지도 중요하다.

당사자의 조정참여의사가 결여되어 있거나, 당사자 일방 혹은 쌍방이 정신적 장애가 있어 조정이 생산적 의미를 가지지 못할 때, 또는 본질적인 공정성의 위배로 한 당사자가 피해를 보게 될 때, 당사자의 어느 편 또는 모두가 조정거부의 의사를 분명히 할 때는 조정인이 당사자들 간의 협상을 중단 또는 종결시키고자 할 수 있다. 그러나 조정의 질적 과정에서 단순하게 "적대적이지 않으며 균형 잡힌 진행(balanced process)을 촉진하여야 한다"는 식의 윤리규정은 조정인의 행동을 주저하게 만든다. 당사자의 자기결정권의 존중에 앞서, 조정인 자신의 무기력이나 자질의 결함으로 조정의 질적 진행수준 유지에 실패한 것이라는 책임감 내지 좌절감이 들기 때문이기도 하지만, 윤리규정에 명시되지 않은 사항에 대한 조정인의 재량권의 분명한 한계를 결정할 수도 없기 때문이다. 또한 조정의 중단은 힘의 균형(balance of power)을 목적으로 조정인이 개입하는 것이지만, 자칫하면 불편부당성이라는 윤리실천의 한계를 넘어설 수도 있다. 이때 "어느 당사자에 의한 조작(manipulation)이나 협박(intimidation)을 예방하기 위하여 합리적인 노력을 하여야 한다(Iowa Ass'n for Dispute Resolution Model Standards of Conducts for Mediators, 2002)" 또는 "힘의 균형이 무너지면 조정은 중단되어야 한다"와 같이 명시된 윤리규정에 근거하여 개입하게 된다 해도, 또 조정인의 판단으로 어느 한편에 의한 힘의 강제를 방지하기 위한 결정이라고는 하지만, 정말로 자신의 편향된 견해를 개입시키지는 않은 것인지, 어느 일방의 조작과 협박행위를 방지하기 위해 오히려 다른 편을 옹호하고 있는 것은 아닌지, 어느 당사자가 심리적으로나 신체적으로 정상적인지 여부에 대한 조정인의 주관적 판단과 결정에 의문을 가져야 할 부분은 없는지(Exon, Susan Nauss, 2006) 등을 두고 고민해보아야 한다. 실제로 당사자 간의 힘의 균형을 유지하기 위한 노력은 주관적인 결정일 가능성이 높다. 약자 편을 도우려는 능력, 조력 그리고 조정인의 시도는 결국 중립성과 불편부당성이라는 윤리를 침해할 수 있다. 또 당사자의 어느 편이건 불성실한 행위(bad faith)에 대한 보고나 제제에 대해서도 논란의 여지가 있다. 당사자에 대한 기대나 역량강화에 영향을 줄 수 있으며 조정인의 불편부당성과 공정성 유지에도 영향을 줄 수 있기 때문이다.

윤리규정(The Georgia Ethical Standards, 2005)에 따라서는 조정인이 정보제공의 능력이 있다하더라도 조언(advice)을 제공함이 금지되고 있다. 따라서 법률전문인이 조정과정에서 직접적인 법률적 조언을 해서는 안 되며, 당사자에게 정보가 불충분하다고 인식될 때면 전문가와 상담하라고 조언할 수 있겠다는 생각을 가지기도 한다. 그러나 한 쪽 당사자에게는 전문적 조언을 제공하면서 다른 편에게는 그렇게 하지 않는다면 중립과 불편부당의 의무를 위반하는 것이다. 어떠한 조정규정이 공정결과와 균형 잡힌 조정수행을 명문화 하고 있다면, 조정인이 공정한 결과를 얻기 위해서 법률적 조언을 직접 주거나 의뢰할 것을 요청하더라도 윤리적으로 큰 문제는 아닐 것이라고 판단되기도 한다. 당사자에게 법률적 자문을 구하도록 함은 숙지적 결정에 도움을 줄 수 있는 것이 사실이기도 하다. 따라서 조언을 하겠다면, 합의도달 전에 하거나 조정개시 시점에 양측에게 모두 알리도록 함이 윤리적 갈등을 줄일 수 있는 하나의 방법이 될 수도 있을 것이다.

조정 중에 조정인은 자신이 경험한 유사한 갈등상황을 떠올리면서, 자신도 모르게 어느 당사자에게는 냉담하게 반응하면서 어느 쪽에는 공감적으로 반응할 때가 있다. 표정이나 표현 또는 행동으로 편향성을 드러내기도 하는 이것은 조정인의 투사적 현상일 수 있다. 그럼에도 조정인은 그것을 불의에 대한 단호함의 표현이라거나 자신은 정당하며 공정하게 처신하고 있다고 믿으려 하며, 불편부당성보다는 공정성의 윤리를 들어 그 혼란을 벗어나려고도 한다. 이는 분명히 윤리규정의 위배이며, 피해야 할 상황일 것이다.

COI도 조정인이 감수해서 고려해야할 윤리적 갈등이다. 개인적으로나 어떤 계층 또는 집단의 구성원으로건 간에, 조정 전 또는 이후나 조정진행 중에, 결코 당사자와의 이해관계에 얽히지 않아야겠지만, 조정인의 성찰부족이나 부주의함은 윤리에 대한 심각한 도전을 야기할 수 있다. 조정인과 어느 갈등당사자가 서로의 관련성을 상대편이 모르게 묵인할 수도 있으며, 이때 조정인은 어떤 형태로든 윤리적 부담을 안게 될 것이다. 그러한 갈등 속에서 조정을 수행함은 윤리적으로 어긋난 행동이다.

당사자의 비밀보호에 관련된 윤리적 판단에서 곤란을 겪는 경우는, 주로 외부인에게 당사자에 관련된 범죄나 폭력혐의를 보고해야 할지 말지에 대한 것, 재판 등에 연계되어 있는 당사자의 정보를 법원에 제공해야 할지 말지, 어느 당사자의 법률적 대리인과 의견을 교환할 때 그 당사자로부터 얻은 정보를 어느 정도까지 공개해야 말지를 두고 주저할 수 있다. 또 윤리적 규정에 따르자면 당사자 모두에게 알려야 할 정보이지만, 그 정보의 공개로 오히려 숙지된 합의를 방해할 수 있다거나, 상호정보를 공개하는 것이 교착상태의 타개에 도움을 준다는 판단이 들 때는 윤리적 규정을 두고 망설이게 된다(Riley, M. S., 2008). 그러나 비밀보호에 관련된 윤리적 갈등에서는 윤리적 규정들이 그 범위나 예외적 상황을 명시하고 있는 경우가 많아 윤리적 판단이 어렵다기보다는 윤리규정에서 정하고 있는 바나 관련된 법률적 사항의 검토를 면밀히 함에 더 유의해야 할 때가 많다.

수많은 윤리규정들 거의 모두가 자기결정권과 불편부당, 중립성, 비밀보장 등에 대한 요구내용을 담고 있지만, 제안된 범위나 영역이 동일하지 않다. 어떤 것은 행위에 대한 규정보다는 단순한 선언이거나 희망을 담기도 한다. 그러나 이러한 원칙들의 적용도 결국 체계론적 시각에서 말하자면 조정의 환경적 맥락 (갈등형태, 국가, 문화, 조정제도 등)에서 달라질 수 있을 것이다. 문화에는 개인에 따른 차이(자아정의, 규범, 신념, 역할, 가치, 사회구조 등)와 문화집단 간의 차이(문화집단의 신념, 가치, 규범, 종교행위 등)가 포함된다. 이들의 상호작용과 역동 속에서 조정인과 갈등당사자 간의 상호작용 및 행동에 영향을 주게 된다(James A. Wall and Timothy C. Dunne, 2012). 또한 조정인 개인의 학문적 배경과 경험, 조정현장의 구성과 상황, 시점(timing), 조정에 참가한 갈등당사자들이 주는 영향 그리고 조정의 주제에 따라서도 달라질 수도 있다. 특히 조정인의 지향과 접근법에 따라 크게 영향을 받을 수 있다. 조정에는 거의 100여개에 이르는 선택 가능한 기술(techniques)이 있으며, 개념적으로 분류하면(categorize) 대략 24개 정도나 된다고 했다. 소위 사이버네틱의 특성(cybernetic characteristic)에 따라 다양하다(James A. Wall and Timothy C. Dunne, 2012). 보편적으로 말해 조정인의 조정방식(style, 조정인의 행동)은 평가적, 촉진적, 혹은 전환적이냐에 따라 달라진다(Exon, S. N., 2007). 이를테면, 촉진적 조정방식이라면 당사자의 이해(interest)를 강조하는 이해기반조정을 추구하게 된다. 당사자가 자신의 내부에 있는 필요성과 이해를 알 수 있도록 도와주고 스스로 문제를 창의적으로 해결할 수 있는 질문과 개인 간 의사소통에 관심을 가지게 될 것이다. 평가적 조정이라면 더 지시적 접근이 될 가능성이 높다. 법원과 연관된 조정에서 이러한 접근법이 많이 활용되고 있는 듯도 하며, 갈등당사자들이 아닌 대리인만 출석했을 때 더욱 이러한 경향은 두드러질 가능성이 높다. 그래서 정보의 제공, 실제적 조언, 가능한 해결방안을 제시, 조정인의 견해를 수용하도록 영향력을 행사하거나 조정인의 통찰적 평가를 제공하게도 된다. 이러한 접근방식에서는 불편부당성과 중립의 윤리를 훼손할 가능성이 상대적으로 높아진다. 전환적 조정방식에서는 문제해결이나 성과에 초점을 두기보다는 갈등상호작용의 과정에서 당사자들의 관계개선에 유용한 소통에 초점을 두게 된다. 어떻게 하면 당사자들의 역량강화와 인식의 변환을 통해 도덕적 성장(moral growth)과 발전, 생산적인 변화를 이끌며, 더 나은 인간 존재로 나아가도록 할 것인가에 초점을 두게 된다. 양육할 미성년 자녀가 포함된 이혼조정에서 자녀의 성장발달과 복리에 최우선적 관심을 두고 조정을 진행하거나, 가족 간의 상속갈등 혹은 이혼하려는 부부로 인한 가족갈등의 조정에서 비록 갈등당사자들이 합의도달에는 실패하더라도 가족들의 성장과 관계개선이나 화합 도모를 최우선적 과제로 여기는 조정인이 있다면, 전환적 조정방식으로 흘러갈 가능성이 높아진다. 변호사나 상담심리전문가, 의사 또는 사회복지사 등처럼 자신들의 특정 전문영역을 가진 사람들은 자신들과 관련된 분야에 더 큰 관심과 자신들의 직업윤리규정을 함께 고려하면서 조정에 임하게 될 것이다. 이때 만일 서로 배척되는 윤리규정이 있다면 어느 기준을 따라야 할지도 갈등대상이 될 수 있다.

우리는 가능한 모든 사안을 열거하면서 조정인의 윤리적 행위가 어떠해야 한다는 기준을 제안할 수는 없다. 그러나 조정인마다 그 접근법이 무엇이건, 조정인이 당사자의 필요성과 이해(interest)를 잘 드러낼 수 있도록 도움을 주기 위해 노력하면서, 당사자들이 제대로 경청하고 알아들을 수 있도록 의사소통을 효율적으로 촉진할 수는 있다. 이것이 자기결정과 불편부당이나 중립성을 이루기 위한 가장 기초적인 실천행위라고 할 것이다.

인간 사회에서 발생하는 많은 갈등들이 사실의 문제, 가치의 문제 그리고 공정성의 문제가 중심이 된다. 그리고 그 간격은 개인적 감정을 자극하여 합리적인 사고를 방해하며 자기중심의 논리를 개발하면서 상대에 대한 적대감을 쌓게 한다. 단순하게 말하자면, 사실의 문제는 근거를 확보하고 그 증거를 바탕으로 타당성을 제대로 입증하면 이외로 쉽게 해결될 수도 있다. 지지하는 가치에 대한 입장 차이로 인한 가치의 문제도 사실에 대한 고찰에 따라 그 입장이 강화될 수도 약화될 수도 있다. 공정성이나 정의의 문제는 관련 당사자들이 믿고 있는 사실이나 지지하는 가치가 서로 다른 의미로 사용됨에서도 발생한다. 그러므로 갈등당사자의 논쟁에서 사실여부를 정확히 하는 것은 관점의 차이까지도 개선시킬 수 있는 기회를 제공하게 된다. 그러나 그보다 더더욱 중요한 것이 조정인의 인간 바탕이고 됨됨이다. 인간 존중이라는 바탕 위에 여러 관점을 편향됨 없이 바라볼 수 있도록 하는, 합리적으로 유연한 사고를 가져야만 할 것이다. 모든 윤리적 사고와 행동도 이러한 능력에서 나오는 것이라고 본다. 요약하면 조정인이기에 앞서 사람이 먼저 되어야 한다는 것이다. 기술이나 규정은 이후의 일이다.

본 **QR코드**를 스캔하시면 **'갈등의 이해와 해결 – 조정을 중심으로'**의
참고 및 인용 문헌을 참고하실 수 있습니다.

인명색인

사항색인

저자 소개

배 길 한(裵 吉 漢)

서울대학교에서 역학(疫學) 전공(보건학 석사 및 보건학 박사)
가톨릭대학교에서 노인복지학 전공(사회복지학 석사)
독일 Vechta대학교에서 심리학 전공(심리학 박사 과정)

(현) 남록가족문화교육원 원장
(현) 협동조합 한국갈등조정연구소 이사장
(현) 서울가정법원 및 인천가정법원 조정위원

(전) Worldwide Marriage Encounter 수원협의회 대표
(전) 미국 국립보건원(National Institutes of Health) 연구원
(전) 결핵연구원 원장

email : athalio@naver.com

갈등의 이해와 해결 - 조정을 중심으로

초판인쇄   2016년 5월 10일
초판발행   2016년 5월 20일

지은이   배길한
펴낸이   안상준

편 집   김효선
기획/마케팅   이선경
표지디자인   권효진
제 작   우인도·고철민

펴낸곳   (주)박영story
    서울특별시 마포구 월드컵북로 400, 5층 2호(상암동, 문화콘텐츠센터)
    등록 2014. 2. 12. 제2014-000009호
전 화   02)733-6771
f a x   02)736-4818
e-mail   pys@pybook.co.kr
homepage   www.pybook.co.kr
ISBN   979-11-87010-94-4   93180

정 가   19,000원

박영스토리는 박영사와 함께하는 브랜드입니다.